高等职业学校"十四五"规划新形态一体化特色教材

职业发展与就业指导

主　编　吴业亮　翟英杰　刘大伟
副主编　王冬梅　赵　晓　谭　萍
编　者　（按姓氏笔画排序）
　　　　马玉样　王冬梅　王晓燕
　　　　刘大伟　李红丹　吴业亮
　　　　邱　波　张馨尹　武文斌
　　　　赵　晓　谭　萍　翟英杰

华中科技大学出版社
http://press.hust.edu.cn
中国·武汉

内容简介

本书是高等职业学校"十四五"规划新形态一体化特色教材。

本书根据教育部颁布的《大学生职业发展与就业指导课程教学要求》编写,全书分为四部分,第一部分是职业篇,第二部分是就业指导篇,第三部分是创业篇,第四部分是法务篇。

本书既可作为各层次职业院校、普通高等学校职业发展与就业指导课程教学的教材,也可作为职业指导与培训、职业生涯咨询等机构的参考资料和培训用书。

图书在版编目(CIP)数据

职业发展与就业指导/吴业亮,翟英杰,刘大伟主编. —武汉:华中科技大学出版社,2024.2
ISBN 978-7-5772-0423-9

Ⅰ.①职… Ⅱ.①吴… ②翟… ③刘… Ⅲ.①大学生-职业选择 Ⅳ.①G647.38

中国国家版本馆 CIP 数据核字(2024)第 053261 号

职业发展与就业指导　　　　　　　　　　　　　　吴业亮　翟英杰　刘大伟　主编
Zhiye Fazhan yu Jiuye Zhidao

策划编辑:史燕丽
责任编辑:李艳艳　李　佩
封面设计:原色设计
责任校对:李　弋
责任监印:周治超

出版发行:华中科技大学出版社(中国·武汉)　　电话:(027)81321913
　　　　　武汉市东湖新技术开发区华工科技园　　邮编:430223
录　　排:华中科技大学惠友文印中心
印　　刷:武汉市籍缘印刷厂
开　　本:889mm×1194mm　1/16
印　　张:14
字　　数:434千字
版　　次:2024年2月第1版第1次印刷
定　　价:48.00元

本书若有印装质量问题,请向出版社营销中心调换
全国免费服务热线:400-6679-118　　竭诚为您服务
版权所有　侵权必究

网络增值服务

使用说明

欢迎使用华中科技大学出版社医学资源网 yixue.hustp.com

1 教师使用流程

（1）登录网址：http://yixue.hustp.com（注册时请选择教师用户）

注册 > 登录 > 完善个人信息 > 等待审核

（2）审核通过后，您可以在网站使用以下功能：

下载教学资源　建立课程　管理学生　布置作业　查询学生学习记录等

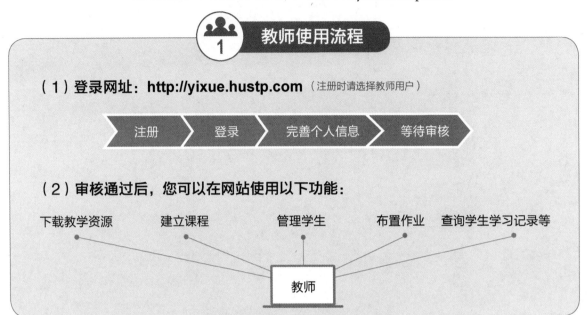

2 学员使用流程

（建议学员在PC端完成注册、登录、完善个人信息的操作）

（1）PC端操作步骤

①登录网址：http://yixue.hustp.com（注册时请选择普通用户）

注册 > 登录 > 完善个人信息

②查看课程资源：（如有学习码，请在个人中心-学习码验证中先验证，再进行操作）

首页课程 > 课程详情页（选择课程）> 查看课程资源

（2）手机端扫码操作步骤

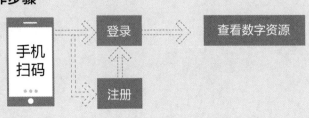

前言

党的二十大报告强调，实施就业优先战略，强化就业优先政策，健全就业公共服务体系。近年来，我国高校毕业生人数逐年增加，大学生就业问题成为社会广泛关注的重要问题。2007年，教育部、人事部和劳动保障部（现人力资源社会保障部）要求高校按照"全程化、全员化、信息化、专业化"的要求，进一步提升就业指导和服务水平，将就业指导课程切实纳入高校教学计划。结合当前形势和国家就业政策要求，统筹职业教育、高等教育、继续教育协同创新，推进职普融通、产教融合、科教融汇，优化职业教育类型定位，我们组织高校和行业、企业一线人员共同编写了本书。通过校企联合实施"就业创业促进行动"，健全就业创业促进机制，推动就业创业工作提质增效。

本书根据教育部颁布的《大学生职业发展与就业指导课程教学要求》，围绕近几年高校毕业生就业过程中遇到的问题和困惑，结合高职高专院校毕业生职业发展与就业能力提升等方面展开，帮助大学生提前了解择业、就业、创业过程中可能遇到的种种困难，更好地引导他们规划职业生涯、提升职业素养，掌握求职、创业、维权的基本技能，更好地完成从校园向社会的转变，更快地适应社会、游刃职场。

本书由枣庄科技职业学院的吴业亮，肇庆医学高等专科学校的翟英杰、赵晓，白城医学高等专科学校的刘大伟、武文斌，重庆三峡医药高等专科学校的谭萍、李红丹、张馨尹，广州体育职业技术学院的王晓燕，滕州市图书馆的王冬梅，鲁南制药集团股份有限公司的马玉样，滕州市中心人民医院的邱波共同编写。全书分为四部分，第一部分职业篇由谭萍、李红丹、张馨尹编写，其中第一章和第二章由谭萍编写，第三章由李红丹编写，第四章由张馨尹编写；第二部分就业指导篇由翟英杰、赵晓、王晓燕编写，其中第五章由翟英杰编写，第六章由赵晓编写，该章节也是广东省高等教育学会"粤港澳大湾区高职院校国际化人才培养实践性研究"课题（编号：21GQN39）的阶段性成果，王晓燕负责编写内容的整理；第三部分创业篇由刘大伟、武文斌编写，其中第七章第一节由刘大伟编写，第七章第二节、第三节由武文斌编写；第四部分法务篇由吴业亮、王冬梅编写。马玉样、邱波为本书提供了丰富的企业文化、员工成长等方面的案例内容，吴业亮、翟英杰、刘大伟、王冬梅负责审定全书内容。

本书在编写过程中，参考了大量国内外文献资料，在此一并表示衷心感谢。由于编者编写经验不足，书中难免存在错误和不足之处，恳请广大读者不吝斧正。

编　者

目录

第一部分　职业篇

第一章　初识职业 /3
第一节　职业概述 /3
第二节　职业的分类及发展趋势 /8
第三节　职业与人生 /19

第二章　职业岗位 /25
第一节　职业世界相关概念 /25
第二节　职业与专业 /35
第三节　职业技能标准 /43
第四节　职业资格 /50

第三章　职业生涯规划 /55
第一节　职业生涯 /55
第二节　大学生涯规划案例 /67

第四章　认识自我 /74
第一节　自我认知概述 /74
第二节　性格和气质的自我认知 /79
第三节　价值观与职业生涯 /90
第四节　认识自己的兴趣 /99
第五节　探索自身职业能力 /104

第二部分　就业指导篇

第五章　就业形势 /113
第一节　树立正确择业观 /113
第二节　就业政策和就业渠道 /117
第三节　就业协议书和就业程序 /131

第六章　求职 /140
第一节　就业信息的收集 /140
第二节　求职准备 /146
第三节　求职信的撰写 /149
第四节　求职礼仪 /151

第五节　应聘技巧　　/155
　　第六节　求职中常见的陷阱　　/160

第三部分　创业篇

第七章　自主创业　　/167
　　第一节　创业意识和创业素养　　/167
　　第二节　创业环境和创业方向　　/172
　　第三节　创业机会和创业实施　　/181

第四部分　法务篇

第八章　树立法治思维　　/197
　　第一节　《中华人民共和国劳动法》　　/198
　　第二节　《中华人民共和国劳动合同法》　　/205

主要参考文献　　/216

第一部分

职业篇

第一章

初识职业

扫码看PPT

学习目标

1. 掌握职业的内涵与特征；了解职业的分类和功能。
2. 了解职业环境和发展趋势。
3. 梳理职业系统，树立职业理想。
4. 领悟职业与人生的关系。

第一节 职业概述

案 例 导 入

蒋晓留学回国之后，没有立即找工作。她希望自己创业，趁着年轻，做一些自己喜欢的事情。她是学服装设计的，而且对时尚潮流有非常独到的见解，所以她希望未来能够自己创立和经营一家自有品牌的服装公司。

当然，想要一步到位是不可能的，这需要大量的启动资金，而家里为了让她能够在国外顺利完成学业，已经倾尽了所有。于是，她选择了先做自由职业者，然后一步一步向她的理想迈进。蒋晓靠承接一些私人或者企业的服装设计任务获得收入，从而维持自己的基本生活。除此以外，她还通过微博、博客等大众推广平台将自己的时尚理念、服饰搭配技巧传播出去，然后配合一些商家的产品宣传获得广告收入。蒋晓在从事设计和传播理念的过程中，在网络上积累了非常高的人气。很多追逐时尚的花季少女、都市丽人都是她的忠实粉丝，等待蒋晓的点评和分析是她们生活中非常重要的乐趣之一。

后来，某厂商看到了蒋晓的商业价值，采取合作的方式，帮助蒋晓创建了她自己的服装品牌，并在生产、运营、推广等各个环节给予蒋晓全力支持。最后，由蒋晓创办的这个服装品牌获得了非常广泛的市场好评，大获成功。独立设计师兼评论人的蒋晓和这家厂商实现了互利共赢，共同获得了事业上的大丰收。

讨论：
蒋晓所从事的工作能称为"职业"吗？

对于大学生来说，职业是一个耳熟能详的词汇，每个人都将与这个词汇产生密切的联系。职业的种类很多，不同的人可以从事不同的职业，他们在享有相应的权利、承担相应的义务与职责的同时，以创造社会财富的方式来实现自我价值。所以，在开始学习"职业发展与就业指导"这门课程之前，大学生应该先弄明白什么是职业。下面将对职业进行较为全面的介绍，使大学生对职业有一个整体认识，为合理规划职业生涯奠定基础。

一、职业的概念与特征

(一)职业的概念

1. 职业的产生 职业和我们的生活密切相关,它作为一种社会现象,但并非一直都有。职业是人类社会生产力发展到一定阶段的产物,是随着社会分工的出现而产生的。原始社会生产力水平很低,人类活动的目标简单,劳动没有形成固定的分工,一般为男性捕鱼、打猎,女性采集植物果实、料理家务,而老年人主要制作劳动工具。不过这只是在氏族内部、部落内部因性别和年龄的差别而出现的自然分工,尚不能称为职业分工。确切地说,那时还没有固定从事某项专门工作的人群,也就不能算是真正意义上的职业。

随着人类征服自然能力的提高和社会生产力的逐步发展,人类社会产生了三次社会大分工。第一次有重大意义的社会分工是畜牧业从原始农业中分离出来,一部分人长期从事打猎,开始脱离其他劳动,专门从事畜牧业劳动;第二次社会分工是工业从农业中分离出来,少数人开始从事手工业劳动,逐渐脱离了畜牧业劳动;第三次社会分工是商人和商人阶级的产生。在三次社会大分工之后,社会产生了私有制,出现了阶级,从而引发了体力劳动和脑力劳动的分工和对立。人们在社会生活中不得不对社会承担一定的责任,从事专门的业务,由此便出现了人类社会最初的职业:农夫、牧人、工匠、商人等。

2. 职业的定义 关于职业的定义众说纷纭,可谓仁者见仁、智者见智。出于不同的研究目的,一般来说,研究者着眼于不同侧面来对职业进行定义,大致上可分为两类:一类是社会学意义上的,另一类是经济学意义上的。

(1)社会学意义上的职业的定义:英国迈克尔·曼主编的《国际社会学百科全书》中指出,职业这一术语最初本是表示从事法律、教会、医疗和军事服务等传统意义上的"自由的职业"。职业乃是作为具有自我利益的职业群体在分工中力图保护和维持其垄断地位而予以运用的工具。国家通过对某一职业群体的社会承认和对其职业声望的法律有效性的认可,直接介入和发展了职业领域。美国学者泰勒在其著作《职业社会学》中写道:职业的社会学概念,可以解释为一套成为模式的与特殊工作经验有关的人群关系。这种成为模式的工作关系的整合,促进了职业结构的发展和职业意识形态的显现。日本社会学家尾高邦雄认为,职业是某种特定的社会分工或社会角色的持续实现,因此职业包括工作、工作的场所和地位,并指出职业是社会与个人或整体与个体的结合点。通过这个结合点的互动,形成了人类社会共同生活的基本结构,整体依靠个体通过职业活动来实现,个体则通过职业活动对整体的存在和发展做出贡献。

从上述诸位社会学家的说法可以看出,社会学意义上的职业的定义包括三个方面的内容:第一,职业首先是一种社会位置。个人取得这种位置的途径可能是通过社会资源的继承或社会资源的获取,但就某个具体职业位置而言,它并非继承性的,而是获得性的,是个人进入社会生产之后获得的。第二,职业与权力紧密相连。每一种职业(群体)在社会分工中都有自身的位置和作用,使别人依赖于他们,需要他们。这就在一定程度上使得他们拥有了权力,而且这些人总要维护这种权力,保持自身的垄断地位。第三,职业是国家授予的。任何一种职业必定为国家和社会所承认,职业的存在有法律效应。

(2)经济学意义上的职业的定义:美国社会学家麦尔兹认为职业是一个人为了不断取得个人收入而从事的具有市场价值的特殊活动,这种活动决定着从业者的社会地位。日本劳动问题专家保谷六郎认为职业是有劳动能力的人为了生活需要而发挥个人能力,向社会做贡献的连续活动。美国著名哲学家、教育家杜威认为,职业是人们从中可以得到利益的一种生活活动。我国学者姚裕群、朱启臻对职业的定义:所谓职业,是指人们从事的、相对稳定的、有收入的、专门类别的工作。我国管理专家程社明则把职业定义为参与社会分工,利用专门知识、技能为社会创造物质财富、精神财富,以获取合理报酬作为物质生活来源,并满足精神需求的工作。他强调职业中个人与社会、知识与技能、创造与报酬、工作与生活的关系。

不难发现,经济学意义上的职业同社会劳动的精细分工是不可分的,这并不是否认职业的社会性,只是更加侧重于强调其经济性。如果劳动者相对稳定地承担某项具体的社会劳动,或者较稳定地从事某类专门的社会工作,并可以从中获取收入,那么这种社会工作便成为劳动者的职业。

通过对上述关于职业的各种定义进行分析,我们尝试总结职业的定义:职业是社会发展到一定阶段的产物,是人们开始参与社会分工,利用自身的知识和技能为社会创造物质财富和精神财富,并获取一定报酬,实现自我价值的工作过程,是人们的生活方式、经济状况、教育水平、行为模式和思想情操等的综合反映和权利、义务、责任等的具体体现。

可见,案例导入中蒋晓从事的并不是传统的职业,但如果细细分析,我们就可以发现,她所从事的工作同样符合职业的四个特点:获得报酬、连接个人与社会、承担社会责任、实现自我价值。所以,职业有多种多样的形式,只要符合职业的四个特点,就可称为职业,就可能是施展才能的平台。

3. 职业的要素 根据职业的定义,职业由如下 5 个要素构成,见图 1-1。

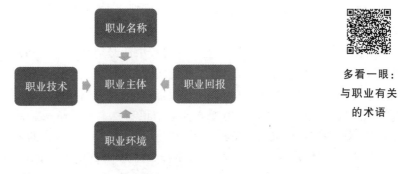

多看一眼:
与职业有关
的术语

图 1-1 职业要素图

(1)职业名称:职业的符号特征,它一般用社会通用的称谓来命名,如足球运动员、高校教师、国家公务员、企业经营者等。

(2)职业主体:从事一定社会分工,具有承担该职业活动所需要的资格和能力的劳动者。

(3)职业环境:职业活动的工作对象、内容、劳动方式和劳动场所等。

(4)职业技术:劳动者从事职业活动时使用的工具、技术方法以及个人经验等。

(5)职业回报:通过职业活动所获得的各种报酬,包括经济报酬和非经济报酬。

职业要素体现了职业是整体与个体的结合点,社会整体依靠个体通过职业活动来推动和实现发展目标,个体则通过职业活动对整体做出贡献,并获得一定的回报以维持生活。整个社会因众多的职业分工和劳动者的工作而构成人类共同生活的基本结构。

(二)职业的特征

1. 职业具有社会性和时代性 因为职业是个人在社会劳动体系中从事的一种活动,所以职业活动的过程也是为社会提供服务的过程。职业的社会性主要体现在三个方面:一是职业要体现社会功能,即一定的职业对社会的作用,它通过责任、权利、义务来体现。社会功能大的职业,任职条件高,职业层次也高。二是职业要体现社会报酬,即任职者的工资收入、福利待遇、晋升机会、发展前景等,这是一个比较综合的指标。如工资收入高,并不一定福利待遇好,也不一定晋升机会多、发展前景好。三是职业要体现社会声望。有的职业从业者经济收入高,但社会地位并不高。由于职业声望是人们对职业社会地位的主观反映,因此不可避免地带有个人偏见,并且受社会环境、舆论氛围等其他因素的影响,职业声望和社会地位出现了一定的差异。

职业是一个社会历史范畴,随着社会生产力的不断发展和劳动分工的不断细化,在特定的社会历史发展阶段,职业的性质和内容是有一定差别的,因而职业具有时代特点。一是不同时期会出现不同的职业;二是相同名称的职业在不同时期会有不同的内容,随着社会的不断发展,某些职业的内容甚至发生了根本性的变化;三是每一个社会都有自己的时尚职业,即该社会中人们所热衷的职业,而时代精神对个人的影响,往往也反映在个人的职业选择上。

2. 职业具有经济性和连续性　不管是对个人还是对整个社会来说，都需要有一定的经济效益。对于个人来说，职业能给个人带来收入，能维持日常生活的开支并积累一定的经济基础。对于社会来说，每个人各司其职能维持整个社会的有效运转、促进社会经济发展，同时又能反过来提高人们的生活水平。所以说，职业具有经济性。判断一种活动是否属于职业，需要看它是否具有连续性，临时、短期的活动都不能称为职业，职业必须是人们在一定时期内从事的同一种工作，具有一定的连续性。不过在当今社会，一些职业随着科学技术水平的发展而不断变化，而有些职业逐渐消失，职业的稳定性较从前有所降低。在职业范畴里，经济性和连续性是不可分割的，只有连续性没有经济性的工作不是职业，如家庭主妇；只有经济性没有连续性的工作也不是职业。同时，如果职业生涯出现断层，或者在一条发展良好的职业道路上突然掉转行进方向，对于人们的职业发展来说都是一种"倒退"。除非自己决心做老板，让自己成为统揽全局的多元复合型人才，否则不停地跨行业跳槽不一定是好事。

3. 职业具有专业性和群体性　职业的专业性包括知识性、技术性和规范性三个方面的内容。职业的知识性和技术性，从现代社会职业发展的情况来看，表现在从事职业活动的人员必须具备相关的知识和技术，它并不是指一定要通过学校、培训班等相对系统的学习才可能获得的知识和技术，也可以指从事某种具体职业的人员在职业行为过程中所必须掌握或具备的特定知识和技术。有些职业所需要的知识和技术比较容易掌握，有些职业所需的知识和技术不易掌握，因此有的职业活动所需的知识和技术必须在特定的学校、培训班中获得，而有的却可以在家庭、就业实践中获得。但是，随着社会的进步和发展，许多职业要求劳动者具备的知识和技术水平越来越高。职业的规范性是指每一种职业都有其特定的职业规范，这主要包括人们在就业活动中应遵守的各种操作规则及办事章程。这些职业规范或以法律、法规，或以组织章程和有关公约、守则的方式体现，或只是一些约定俗成的非正式规范。无论职业规范以什么方式体现，也不管不同职业遵从哪一类职业规范，任何职业活动都有行为规范可循，职业活动总要受一定职业规范的约束。

职业具有一定的群体性，没有哪一种职业是只由个体来从事的，且同一职业的从业人员之间存在着一定的联系，从业者们通过团队合作来共同完成职业任务目标和承担相应的社会责任。团队内部通过分工合作，明确各个从业人员的岗位职责和工作范围。大家共同朝着目标奋斗，完成职业目标。因此，职业具有群体性。

4. 职业具有同一性和差异性　所谓职业的同一性，是指某一类别的职业内部的劳动条件、工作对象、生产工具、操作内容、人际关系等都是相同的或相近的。由于情境相同，人们就会形成相同的行为模式，有共同的语言，很容易认同彼此。同行、同事就是有一定相似之处的人群。正是基于职业的同一性，才构成工会、同业公会、行会等社会组织，才有从业者的利益共同体。职业的这种同一性，往往会被打上社会印记，例如，从事侦探工作的人，人们会认为他很精明；从事文艺工作的人，人们会认为他活泼浪漫；从事教师职业的人，人们会认为他很有学问。

所谓职业的差异性，是指不同职业之间可能在职业劳动的内容、职业的社会心理、从业者个人的行为模式等方面存在巨大的差异。一般来说，人类社会作为一个有机体，必然存在分工，职业的领域非常宽广，数量巨大，种类繁多。古人云，"三百六十行，行行出状元"。现代社会则有着几千甚至上万种职业，并且不断分化出新的职业，各类职业间大相径庭，隔行如隔山。职业的这种差异性导致了不同职业者的不同社会人格，以及个体在职业转换中的矛盾与困难。每一种职业都需要特定的知识和技能，劳动者只有符合了这些特定的要求，才能胜任所从事的职业。随着劳动分工的细化、技术的进步、经济结构的变动和社会的发展，新的职业不断产生，职业差异还在继续扩大。

二、职业的功能

一切与职业相关的内容，都关系着人们的切身利益。因此，个人价值的体现是围绕职业的发展而进行的。认识职业的功能，可对大学生职业生涯的规划和管理起到积极的引导作用。

（一）职业的社会功能

1. 职业是社会存在的内容　职业不仅是人的社会身份、地位的体现，其本身也构成了人类社会存在的一个内容。职业分工及其结构,是社会经济制度与社会经济结构的重要部分,是社会经济发展水平的反映。通过人的职业劳动,创造社会财富,这也为社会的存在和发展提供了物质基础。

2. 职业是社会发展的动力 职业的社会运动,包括个人改善职业的向上流动、与社会经济结构相联系的职业结构变动、不同职业阶层间的矛盾冲突及解决等,构成了社会发展与社会进步的动力。此外,人们为了追求未来的热门职业而进行的人力投资与不断学习,更成为推动社会发展的巨大动力。

3. 职业是社会控制的手段 职业是人的重要生活方式,安居乐业是人们的共同愿望。"仓廪实而知礼节,衣食足而知荣辱""饥寒起盗心",政府为公众创造职业岗位,促进与执行"充分就业"政策,从其功能的角度上看是为了减少社会问题,达到社会控制的目的。实际上,政府在职业方面的种种政策、制度,都是为了达到大大小小的社会目标,例如,各国政府控制失业率,希望达到充分就业,就是为了维持社会稳定,实现社会控制。

4. 职业是社会组织运行的要素 从社会用人单位的角度看,职业是各单位吸收从业者的具体岗位,也是用人单位使用人力资源的具体方式。对于企业来说,选择合适的员工是完成经营目标的重要保障。事业单位和政府机关同样需要大量的人才,来从事全局性和专业性的工作。

(二)职业的个体功能

职业是人作为独立个体的一种社会活动和生活方式,又是人的一种经济行为,人们通过职业从社会中谋取各种利益的资源,它对于每一个人都极为重要。具体来说,职业对于个人具备以下功能。

1. 职业是满足个人需求的媒介,是人生必经的历程 职业作为人们参与社会生活、从事社会活动、进行人生实践的主要场所,从多方面决定了个人的特性和境遇。无职业者则在此方面大受影响。职业生活使从业者进入一种社会情境,这种社会情境因职业的差异而不同。美国著名心理学家马斯洛将人的需求由低层次向高层次进行分层概括,即生理需求、安全需求、社交需求、尊重需求和自我实现的需求,从而提出需求层次理论,如图1-2所示。

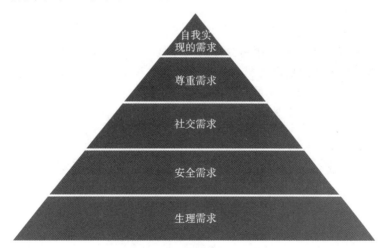

图1-2 马斯洛需求层次理论

职业是满足个人需求的媒介,只有真正意义上的自我实现,职业的效力才能得到最大限度发挥,可见个人潜能的发挥及自我实现与职业发展有密切的联系。职业在满足个体生存需要的同时,在个体潜在能力的发挥、人生价值的实现以及社会进步等方面都有重大的意义。作为自我实现的途径,职业具有以下5个方面的重要性。

第一,提供生活保障。通过工作获得报酬,以此换取我们生活所需的各种物品,如衣服、食物、住房等,从而满足人们维持生活的需要。

第二,建立安全感。稳定的工作在满足基本需要的同时,还能为我们提供医疗保险、失业保障和退休金等福利,减少人身安全、疾病等生活方面的困扰与担忧,这也是继生理需求得到满足后人们非常关心的问题。

第三,提供人际关系和社会交往。在职业发展或追求共同目标的过程中,往往需要扩大个人的生活圈子,从而建立广泛的人际交往关系。人际关系和社会交往的扩展与职业的发展是相互促进的,而工作的场所便是家庭以外非常重要的人际交往圈子。

第四,赢得他人尊重。每个人在工作或者生活中都有获得尊重的需要,不管是受人尊重还是自尊,都可以通过做出让社会认可和自己满意的成绩来实现,而职业便是实现这一目的的途径。

第五,实现自我价值,感悟人生意义。在全身心投入工作的同时,可以感受到最大限度的满足。在实现个人理想、抱负和发挥个人才能的过程中,能履行或达到自己的意愿,便是自我实现。自我实现的动力源自内心,通过努力开发自身潜力,使自己成为自己所期望的模样。而用心去投入,在平凡的工作中创造出闪耀夺目的成绩,也能绽放出让人景仰的光芒。

个人需求,特别是高层次需求的满足,与个人所从事的职业对社会的贡献度紧密相关。但是,每个人都有自己的特性,在具体的需求上有不同程度的差异,加之每个人在职业需求上的独特倾向,使每个职位存在不同的潜在价值。这对大学生职业价值观的形成和职业生涯的具体规划有重大的影响。

2. 职业是人们获取利益的手段　这种利益包括两个方面。其一,职业是人的主要经济来源。职业作为个人获得经济收入的主要手段,是个人生存和维持家庭生活的物质基础。"趋利"与"避害"一样,都是生物对外部环境的必然选择,人的"趋利"更多体现在追求高收入的职业上,这也就成为人们选择职业的重要标准。其二,职业是个人获取非经济利益的手段。职业活动可以使个人获得多种非经济利益,包括名誉、地位、权力、各种便利等,从而使个人获得心理满足。追求较高的社会地位是许多人重要的人生目标。职业类别、职业环境和职位是人社会地位的象征。人们在职业问题上的努力和奋斗,构成人们在社会地位"阶梯"中的向上流动。这种非经济利益也可能转化为金钱或者其他形式的经济利益。

3. 职业是个人发挥才能的载体　人们从事的某种特定职业类别的工作,在要求个体具备一定素质的同时,还要为个人才能的发挥提供机会,成为促进人的才能和个性发展的平台。

4. 职业是个人为社会做贡献的途径　一个人从事某种职业,就是进入一个社会劳动分工体系之中参与其活动。个人在这个体系中的活动结果,就是为社会做出的贡献。这个贡献可能是刻意的,也可能是无意的。因而,个人为社会的贡献可分为直接贡献与间接贡献两种。

5. 职业是个人与社会关系的整合　职业为人塑造了一种情景,使人进入一个社会劳动分工体系之中参与其活动,并与他人建立了一定的业务关系,从而使人们相互间建立一定的社会关系。自己所从事的某种职业和所具有的特定社会关系,成为获得社会声望的来源。

第二节　职业的分类及发展趋势

案例导入

薛伟,某大学2015届药品经营与管理专科毕业生,毕业后入职成都某医药公司做药品营销策划。做了几个月,他感觉日子特别乏味,晚上经常加班到12点,周末也少有休闲时间,于是辞职去另一家公司从事药品采购工作。又做了几个月,由于他性格比较内向,不善与人沟通,业绩平平,只拿得到保底工资,而且东奔西跑,辛苦不说还饱受冷遇。心理的落差导致他经常换工作单位、换岗位。几年时间很快过去,专升本成功了的同学学业有成,继续深造;坚持做药品营销策划的当了项目经理,做销售的成了区域经理;有的同学还自主创业开了公司。而自己不断更换职业,快而立之年了还在为生计不停地奔波。

讨论:

薛伟对自身的职业和职业发展方向有足够的认识吗?

一、职业的分层

职业分层是按照职业的社会地位和社会对职业的价值取向所做的职业等级排位,以人们从事职业的社会地位和职业声望为标准,为社会公众所认可。最早以职业角色为依据确定劳动者社会经济地位的学者,是美国人口调查局工作人员威廉·C·翰特,他将全部职业劳动者分为4个等级,依次是产业主、职员、熟练工人、一般体力劳动者。

不同的职业之间存在很大的差异,如职业活动的内容不同、工作的复杂程度不同、所需付出的体力和脑力不同、工作的环境不同、所需要的任职资格条件不同、在组织结构中的权力不同、收入水平不同等,这必然使不同职业的社会地位不同,这是职业分层的依据。如果只是笼统地讲不同的职业都是社会分工的需要,是不能令人信服的。当一个社会只注重总体而忽略作为其根本要素的个人时,就会以服从社会需要来抹杀职业层次性,这是违背客观实际的。当社会重视个人时,必然承认职业的层次性,承认职业之间存在差别,通过给人创造平等竞争、自由择业的机会,促使人们积极向上,进而促进社会的健康发展。

从个人角度来看,职业分层就是认识职业层次。职业层次是指在同一种职业或职业类型内,由于工作活动及其对人员要求的不同而造成的区别。一般按工作所要求的技能和责任心的程度,将其分为6个层次。

(1)非技能性工作:这种层次的工作简单、普通,不要求独立的决策能力和创造力。

(2)半技能性工作:要求在有限的工作范围内具有一些最低程度的技能和知识或一种高程度的操作技能。

(3)技能性工作:要求具备熟练的技能、专门的知识和判断力,才能完成所分配的工作。

(4)半专业性和管理性工作:指要求有一定的专门知识或判断力的脑力工作,对他人有低程度的责任。

(5)专业性工作:要求大量的知识和判断力,具有一定的责任和自主权。

(6)高级专业性和管理性工作:要求具有高水平的知识、智力和自主性,能承担更多的决策和监督他人的责任。

由上可知,决定一个人职业层次的应该是其能力水平。一般用一个人的受教育程度或培训水平来代表其能力水平。因此,不同层次的工作要求不同的受教育或培训程度,一个人的知识水平在很大程度上决定了其所从事的职业层次。一般来说,第5、6层次的工作要求大学生或研究生;第3、4层次的工作需要受过高等或中等教育程度的培训;而第1、2层次的工作只需要进行适当的工作培训即可。

由于社会分工的要求,人们必须在不同领域和层次上工作。因此,当人们确定了自己的工作领域后,还需要进一步发掘自己的能力和目标,以决定自己在所选择领域的哪个层次上开始工作及未来想要达到的层次。

二、职业分类

(一)职业分类的原则

1. 同一性 同一性是职业分类最基本的原则。具体来说,同一性是指在构成一个职业类别时,在工作范围、工作内容、操作方法、使用工具及工作环境等方面必须都是同一的。

2. 标准性 职业分类是一项复杂而又重要的工作,要有严格的标准。这种标准反映为一个国家的职业分类标准,即由政府有关部门组织制定和实施的国家标准。

3. 多级性 社会职业是一个庞大且复杂的体系,有着数千甚至上万类别。对于这样一个庞大的体系,需要划分为几个不同的等级或层次,每个等级或层次中有许多类别。这样,才能够把庞大而复杂的"职业"区分开。一般情况下,各国根据自己的情况,把职业分为3~4个层次。

4. 现实性 职业分类是一个现实的范畴,它反映社会实际,是基于一个社会的经济发展水平、产业结构、技术状态及社会文化状况,对人的劳动状况做出划分。职业分类的现实性要求职业分类必须紧跟时代的步伐,体现时代特点。

(二)职业分类的特点

根据职业产生的历史及其对人类社会发展的影响,职业分类具体有以下5个特点。

1. 产业性　一个国家、一个社会,从大的方面来说可以分为三类产业。第一产业和第二产业都是物质生产部门,第三产业虽然并不直接创造物质财富,但却是社会物质生产和人民生活必不可少的部门。在传统农业社会中,农业人口所占比重最大。在工业化社会中,工业领域中的职业数量和就业人口显著增加。在科学技术高度发达和经济发展迅速的社会中,第三产业的职业数量和就业人口显著增加。

2. 行业性　行业是根据生产单位所生产的产品或提供服务的人的不同来划分的,它是按企业、事业单位、机关团体和个体从业人员所从事的生产或其他社会经济活动性质的同一性来分类的。某行业的职业内部,其劳动条件、工作对象、生产工具、操作内容相同或相近。由于环境的同一性,人们就会形成相似的行为模式、共同的语言习惯和道德规范。不同职业间存在着很大的差异,劳动条件、工作对象、工作性质等都不相同。随着社会的进步和发展,新的职业不断涌现,各种职业间的差异也会不断变化。

3. 职业性　职业性是职业分类的一个重要标志,职权相同、责任一致,就是同一职位。在职业分类中,每种职业都包含职位的特性。从社会需要的角度看,职业并无高低贵贱之分,但现实生活中由于对从事职业的劳动者的素质要求不同,及人们对不同职业的看法或舆论的评价不同,因此职业便有了高低之分,这是由不同职业具有不同性质的劳动付出、不同难度的工作任务、不同的收入水平、不同的教育水平、不同的社会声望、不同的权力与社会地位等因素决定的。

4. 组群性　无论以何种依据来划分职业,职业都带有群组特点,如咨询服务行业中包括科技咨询工作者、心理咨询工作者、职业咨询工作者等。

5. 时代性　随着社会的发展和进步,职业变化迅速,同一种职业的工作内容和方式也发生了变化,所以职业的划分带有明显的时代性,不同时代有不同的热门职业。我国曾出现过"当兵热""从政热",后又发展为"下海热""外企热""IT 热"等,都反映出特定时期人们对某种职业的热衷程度。

(三)职业分类的方法

虽然不同国家和地区的社会结构、经济发展状况和产业结构各不相同,但职业的特征却是一致的。通过对职业特征的了解和认识,我们可以按照一定的标准、规则把特征和本质相同或相似的职业加以区分,并归纳到一定的系统类别中去,以便更好地对职业进行分类研究。在经济全球化的今天,大学生需要对国内外的职业状况有所了解,从而进一步对职业的总体概况形成清晰的认识。

1. 国外的职业分类　职业是依据社会分工来分类的,在分工体系的每个环节上,劳动对象、劳动工具以及劳动的支出形式都各有特殊性,这种特殊性便是各种职业之间的主要区别。由于各国的国情不同,各国划分职业的标准也存在差异。国外一般从以下3个方面对职业进行分类。

(1)按脑力劳动和体力劳动的性质、层次进行分类:这种分类方法是把职业中的工作人员划分为白领和蓝领两类。白领称谓始于20世纪20年代,主要指从事专业性和技术性工作的人,如行政管理人员、销售人员和办公室人员等;蓝领称谓始于20世纪40年代,主要指从事手工艺及类似工作的人,如非运输性的技工、运输装置的劳动者和服务性行业的劳动者等。

(2)按心理的个别差异进行分类:这种分类方法是根据美国著名职业指导专家霍兰德创立的"人格-职业"类型匹配理论,把职业人格类型划分为6种,即现实型、研究型、艺术型、社会型、企业型和常规型。

(3)依据各个职业的主要职责或工作领域进行分类:国际劳工组织依据各个职业的主要职责或工作领域对职业进行了分类,并制订了《国际标准职业分类》,为各国的职业分类提供了统一的准则。1958 年《国际标准职业分类》初版发行,经 1968 年、1988 年、2008 年 3 次修订,形成目前的最新版本《国际标准职业分类(2008)》,它将职业分为以下 10 大类。

①管理者。
②专业人员。
③技术和专业人员助理。
④办事员。
⑤服务与销售人员。
⑥农业、林业和渔业技术员。
⑦工艺和相关行业人员。
⑧机械机床操作员与装配工。
⑨非技术工人。
⑩军人。

多看一眼：
运用 PLACE 法
了解职业信息

(4)其他分类。

①谢恩从个人理想、需要的特征出发,把职业分为 5 类。

a.管理者:沿着组织阶段往上攀登,认为自己是具有管理他人才能的多面手。

b.技术专家:在专业的具体问题上集中精力,致力于成为专家。

c.安全顾问:个体只考虑稳定的工作环境,视晋升为奖励,这体现了组织对他们的重视与挽留。

d.高度自主需求者:对个体自由很重视。

e.创业者:甘愿冒险,以满足自己的创造需求。

谢恩还提出了"职业支撑点"概念,认为它影响个体职业生涯规划方向,并有三种形式:为某一思想、事业或群体而奉献;接受真正的挑战,渴望竞争或冒险;在职业与个人生活之间保持平衡。

②德里弗按照职业发展过程的特征,把职业分为 4 类。

a.稳定性职业:个体选择某一职业,并期望一生都稳定在这个职业上,表现出很高的归属感与认同感,如律师、会计员等专业性强的职业。

b.线性职业:个体在某一职业中可以获得稳定的发展,如管理者在组织权力阶梯上稳步向上攀登。

c.螺旋式职业:不断地以前一个阶段的工作技能、技术、知识、经验为基础,从一个职业换到另一个更高层次的职业上,如组织管理者转到高校做工商管理教师,再做管理咨询师等。

d.跳换式职业:个体频繁地变换工作,而这些工作在主要特征上往往毫无关系。

2.我国的职业分类 经济发达国家都非常重视对职业分类问题的研究,这不仅是对产业结构概念的认识,而且是进行产业结构、产业组织和产业政策研究的前提。我国在职业分类上的研究起步较晚,但发展较快。职业的分类不仅关系到对职业岗位的考查,而且影响到各行业阶层人员对职业方向的把握,同时也是相关行业机构进行职业技能培训的重要根据。我国现行的职业分类方式主要参照以下两个分类标准。

(1)《中华人民共和国职业分类大典》:由于社会经济的不断发展,我国的职业构成发生了很大变化。为适应发展需要,2010 年年底,人力资源和社会保障部会同国家质量监督检验检疫总局、国家统计局牵头成立了国家职业分类大典修订工作委员会,启动修订工作。2015 年 7 月 29 日,国家职业分类大典修订工作委员会召开全体会议审议、表决通过并颁布了 2015 年版《中华人民共和国职业分类大典》。2022 年 9 月 28 日,人力资源和社会保障部正式公布 2022 年版《中华人民共和国职业分类大典》,围绕数字经济、绿色经济、制造强国和依法治国等要求,专门增设或调整了相关中类、小类和职业,包括大类 8 个、中类 79 个、小类 449 个、细类(职业)1636 个。与 2015 年版《中华人民共和国职业分类大典》相比,增加了法律事务及辅助人员等 4 个中类、数字技术工程技术人员等 15 个小类,以及碳汇计量评估师等 155 个职业。

2022 年版《中华人民共和国职业分类大典》的一个亮点是首次标注了数字职业(标注为 S)。数字职业是从数字产业化和产业数字化两个视角,围绕数字语言表达、数字信息传输、数字内容生产三个维度及相关指标综合论证得出的。标注数字职业是我国职业分类的重大创新,对推动数字经济、数字技术发展以及提升全民数字素养,具有重要意义。2022 年版《中华人民共和国职业分类大典》中共标标注数字职业97个，沿用2015年版《中华人民共和国职业分类大典》做法，标注了绿色职业133个（标注为L）。2022年版《中华人民共和国职业分类大典》中，既是绿色职业又是数字职业的有23个（标注为L/S）。

(2)《国民经济行业分类》：主要依据我国近年来的经济发展状况和趋势，对门类、大类、中类、小类做出了相应的调整和修改，其门类划分如下。

①农、林、牧、渔业。

②采矿业。

③制造业。

④电力、热力、燃气及水生产和供应业。

⑤建筑业。

⑥批发和零售业。

⑦交通运输、仓储和邮政业。

⑧住宿和餐饮业。

⑨信息传输、软件和信息技术服务业。

⑩金融业。

⑪房地产业。

⑫租赁和商务服务业。

⑬科学研究和技术服务业。

⑭水利、环境和公共设施管理业。

⑮居民服务、修理和其他服务业。

⑯教育。

⑰卫生和社会工作。

⑱文化、体育和娱乐业。

⑲公共管理、社会保障和社会组织。

⑳国际组织。

3. 职业指导分类法 职业指导是一个涉及面广、意义重大的领域。从对人进行指导工作的角度来看，职业指导领域也有若干职业分类方法，且这些分类与心理学对"人"的划分紧密联系。职业指导领域的职业分类方法主要有如下6种。

(1)霍兰德的分类法：美国著名职业指导专家霍兰德以人格倾向（价值观、动机、需要）为依据创建了人格类型，将个人职业分为6种人格倾向，分别为现实型、研究型、艺术型、社会型、企业型、常规型。这是一种非常重要且应用普遍的分类法。若个体能够选择与其人格倾向相匹配的职业，则会感到能够胜任而且心情愉悦；若不相匹配，则认为不能胜任，而且感到痛苦。

(2)兴趣分类法：这一分类法把职业与人的活动兴趣相联系，将职业划分为户外型、机械型、计算型、科研型、说服型、艺术型、文学型、音乐型、服务型、文秘型10种。

(3)教育学科分类法：把专业大类分为人文科学、社会科学、理科、工科、农学、医科、家政、教育、艺术、体育10种，职业则与之近似或相关。

(4)DPT分类法：把职业分为与资料打交道为主的工作(D)、与人打交道为主的工作(P)和与事件打交道为主的工作(T)3种，有的学者还增加了思维性工作(I)的内容，使这一分类法成为DPTI分类法。

(5)人力资源管理实用分类法：从现实人力资源管理的角度看，职业、工作或岗位首先可分为体力、脑力两个最大的类别（这对应我们常说的"工人""干部"）。进一步说，能够为用人单位掌握、用于招聘选拔人员和进行岗位管理的职业，可以划分为科学研究、工程技术、经济工作、文化教育、文艺体育、医疗卫生、行政事务、法律公安、生产工人、商业工作、服务工作和农、林、牧、渔12类。在人力资源管理的具体工作业务中，也可使用上述霍兰德分类法、DPT分类法等。

(6)按职业发展前景分类。

①朝阳职业:我国的人事管理机构根据全国各类专业协会的有关统计资料,对我国未来急需人才进行了分析和预测。分析结果表明,未来世纪的主导职业包括会计、计算机、软件开发、环保、健康与保健医药、咨询服务、保险、法律、老年医学、服务、公关与服务、市场营销、生命科学、咨询与社会工作、旅游管理与服务、人力资源管理16个行业。

②夕阳职业:随着时代的变迁,一些传统的职业会慢慢减少甚至被淘汰掉,如公交车售票员、送煤工、弹棉花的人员、修钢笔的人员等。

③昨日星辰职业:该类职业曾经持续过很长一段时间,而现在已在社会的变迁下完全消失,如铅字打字员等。因而从职业发展前景的角度而言,大学生在未来进行职业的抉择时,要紧密结合时代的发展,选择朝气蓬勃、有着强劲发展潜力的职业。

三、职业的变迁与发展

(一)职业的变迁

职业是一个具有历史意义的名词,它的产生、发展、丰富都是随着历史进程演变的。职业的发展与社会分工的发展密切相关,由于社会分工和科技发展是渐进的,因此职业的演变也是缓慢的。

进入奴隶社会后,随着生产力的发展,劳动产品逐渐丰富,出现了大量的剩余产品,使社会上的一部分人脱离了体力劳动,依靠别人的剩余产品来生活。奴隶主和富商们完全摆脱了体力劳动,其中一部分人专门从事管理、组织生产等活动。职业的种类开始增加。

封建社会使职业得到进一步发展。随着封建社会农业经济和社会的发展,冶铁、纺织、陶瓷、造纸、印刷、造船、酿酒、制糖、制茶、漆器和武器制造等手工业、商业和自然科学、文学艺术等领域都有了很大的进步。除在奴隶社会已经出现的农民、手工业者、商人和生产管理者外,又出现了诸如艺术家、诗人、文学家、科学家、医生、教师等新职业。在新职业产生与兴旺的同时,落后的职业逐渐消失,如冶炼技术的兴起和发展将青铜铸造业挤出了历史舞台,从事青铜铸造业的人就改行从事其他职业了。

资本主义社会带来了职业的繁荣。从18世纪中期起,欧美一些国家发生了工业革命,完成了以机器生产代替手工劳动、以机器大工业代替工厂手工业的重大变革,大规模的机器生产使职业分工更加细化,而且带来了许多前所未有的职业,如织布机的出现使成千上万的农民离开了土地,成为纺织行业的工人。

时代发展到今天,职业得到空前的发展,职业世界展现出一幅崭新的图景。职业的变迁是一个历史演化的过程,许多职业与当时人们的日常生活息息相关,从职业的变迁能直接感知社会的发展与进步。改革开放前,我国生产力水平低,80%的人口从事农业劳动,城镇人口大部分从事工业生产。改革开放后,随着经济发展和人民生活的需要,第三产业,即商业和服务业迅速发展起来,城镇从事生产、运输、设备制造和操作职业的人员大批转岗,从事农、林、牧、渔等职业的人员减少了一半以上,而饭店、旅行社及健身场所的服务人员、社区服务人员和从事各种商业贸易的人数急剧增加。

(二)职业的发展趋势

对职业生涯规划外部环境的探讨归根结底是对经济形势的把控,进而对人力资源市场和用人单位的发展趋势进行前瞻性的考量。随着近年来经济的高速发展,科学技术的日新月异,市场竞争也日趋激烈,用人单位的要求也变得越来越高,相关的职能部门也在加大对市场的管理和调控作用,这些因素对个人职业发展方向有着重大的影响。因此,大学生在了解职业发展状况的同时,还要从职业环境的发展变化趋势和职业环境的影响因素等方面进行更多了解和认识。

1. 职业环境的发展趋势 职业环境是指某职业在社会大环境中的发展状况、技术含量、社会地位和未来发展趋势等。进行职业环境分析是为了弄清职业发展对职业环境的要求、影响和作用,综合各方面的影响因素加以衡量、评估,并做出正确的反应和判断。随着社会经济的发展,职业在不断分化的过程中也逐渐趋于完善,人们的职业期望也呈现出多元化的态势。任何一种职业的选择都要受社会环境、自身素质和其他社会因素的制约。一个人的职业期望能否变成现实,与职业环境的实际情况是分不开的。我们所面临的职业环境发展趋势主要包括以下4个方面。

(1)市场经济竞争激烈:在市场经济运行中,优胜劣汰,适者生存,竞争十分激烈。

(2)多元经济共同发展:职业环境仍将遵循以公有制为主体、多种所有制经济共同发展的经济制度。

(3)现代化建设任重道远:根据我国的发展计划,在21世纪用30～50年的时间,达到中等发达国家水平,即从现在起到21世纪中叶是我国实现现代化建设战略目标的关键时期。

(4)知识经济初见端倪:以知识经济为主导的经济环境已经出现并开始发展壮大,大学生必须做好充分准备,以适应知识经济时代的发展要求。

职业是社会分工的结果,是人类社会生产和生活进步的标志。科学技术等因素引领着社会不断进步,从而使社会职业的数量、种类、结构、要求也不停发生变化。职业环境主导着职业的未来发展方向,职业市场必将更加专业化和多元化,综合型人才的作用将越来越大,社会分工将朝着精细化的方向发展。

2. 职业变化的主要特点

(1)职业要求不断更新:新的职业层出不穷,传统职业的迁移和消亡仍在继续,一些职业因新的工作设备和条件发生变化,对职业内容有新的要求,例如,行政工作人员在以前只要求具备较好的组织协调能力、分析解决问题能力、文字能力、口头表达能力等,但现在还要求具备社会交往能力及计算机辅助管理能力、办公自动化操作能力等。

职业需求不断变迁的大致状况是以第一、第二产业社会职业的变动、消亡和重组为主,第三产业迅猛发展,如交通运输业、邮电通信业、商业、服务业、金融保险业、信息咨询业、广告租赁业、卫生、体育和文化艺术等,尤其是信息产业的潜力巨大,国外有人将其称为第四产业。这些新兴行业的出现和兴起,将为社会提供更多的就业岗位。同时,由于新技术、新成果的不断推广应用,也为第一、第二产业等传统行业提供了新的发展机遇,例如,由于新技术的应用、新的生产方法和发展思路,给农业这一传统产业带来了前所未有的职业选择机会。

就世界范围内来说,21世纪还将出现许多新的职业,如高级信息服务行业、人身安全保障和娱乐行业、太空和海洋开发专家、环保专业人员等。未来学家预测,在21世纪兴起的众多职业中,增长最快的行业将是计算机操作与信息处理、院外保健(如戒酒等)、个人供应服务和其他新的服务项目(如咨询、演讲等)。随着我国经济、社会、文化和科学技术的发展,我国的产业结构将发生根本变化。有关专家预测,我国未来10年有较大发展潜力的行业和急需的人才主要是航空航天技术、汽车技术、电子信息技术、轻工生物技术、食品营养与检验教育、稀土工程、材料科学与工程、电气信息、创意产业、影视制作、环境保护技术、公共管理、律师等。

(2)固定职业减少:未来职业的发展趋势是只有少数人能拥有"永久性"的工作,而从事计时、计件或临时性职业的人会越来越多。终身依附于一个组织的固定职业不断削减,独立的、不依赖于任何组织的自由职业不断产生。依附于一个组织的固定职业是工业革命时代的产物。工业社会组织的特征是相对较少的外部环境和内部组织结构的变化、可预期的活动序列、易于分割的流水线工作流程以及易于分解的职能和责任范围。与此特征相适应,终身为一个组织工作,从事一个稳定的、全职的、长期的固定职业成为那个时代完成各种生产活动有效的方式。但是,今天这种传统的固定职业中有相当一部分正在被项目分包、专家咨询、交叉领域的合作团队或者自由职业者代替。

造成这种局面的原因是知识经济的出现和发展。在知识经济条件下,越来越多的工作包含知识的加工而不是对物质的处理。彼德·德鲁克曾指出,"在今天真正具有控制力和起着决定作用的生产要素不是资本,不是土地,也不是劳动力,而是知识。后资本主义时代的两大阶级是知识工人和服务工人,而不是资本家和无产者。"较之制造业,知识性和服务性职业所涉及的活动很难像传统的工厂和办公室的工作那样职责界定明确,更有可能需要跨职能的团队活动,而不仅仅是流水线式的体力劳动。知识性和服务性职业比传统产业更有可能交由外部的顾问或独立专家完成,并且他们也更容易运用外部采购的方式。因此,现在越来越多的工作正在由那些并没有在相关公司拥有固定职位的人来完成。他们通常是自我雇佣的独立个体,在需要时以顾问或独立专家的身份提供上门服务,或者受雇于承担了分包任务的公司。美国职业指导专家威廉·布里奇斯在《创建你和你的公司》一书中预言,传统的固定职业越来越有可能被更加灵活的非固定职业所取代。

(3)专业化的职业教育越来越重要:各种就业岗位需要更多的受过良好教育、掌握最新技术的工人,单纯的体力劳动或机械操作职业将明显减少。在发达国家,制造业中蓝领工人失业率高于从事管理工作的白领员工;而白领员工中从事服务性工作,如银行、广告等行业的失业率又明显高于开发和研究行业。未来白领、蓝领阶层的界限将越来越模糊,职业逐渐向专业化方向发展。

多看一眼:那些正在"没落"的传统手工艺

3. 职业的发展趋势　　在社会需求的推动下,科学技术和经济在不断地发展,新的职业不断产生,过时的职业逐渐消亡。随着现代科学技术的广泛应用,职业分工越来越细,种类越来越多,知识、信息、科学技术含量高的现代职业迅速发展。与此同时,现代职业对从业人员的任职要求也将越来越高。在职业产生与消亡的客观规律要求下,选择职业类型时不仅要考虑个人职业发展意愿,还要考虑社会需求趋势的变化。职业环境和职业的发展趋势是相互影响、相互制约的,我们需要对职业环境做出合理清晰的分析,抓住关键信息,对职业发展趋势做出合理正确的判断,这样才能更好地把握未来的就业方向与机会。

大学生选择未来职业的发展方向,即是对未来发展道路的选择。所以,在职业选择过程中,要用前瞻性的眼光对未来职业的需求和发展进行分析。由于如今社会发展进入了一个新阶段,人们对创新观念的重视,使得新观念、新知识、新技术井喷式地出现,而国家对于产业结构的调整和供给侧改革的开展,让职业发展又出现了一些新的趋势,主要表现为以下几点。

(1)传统职业渐行渐远:近年来,随着经济生活的变化,过去的很多技术、手艺已经不再被需要,于是,靠这些行业谋生的人纷纷转行,另谋他业。不知不觉中,一些传统职业在萎缩、消失,逐渐退出了历史舞台。据统计,我国现有的传统职业,与30年前相比减少了近3000种。相对于一些技术陈旧的传统行业,大部分从业人员需要转行,而在新兴行业中,符合职业要求的从业人员则数量不足。打蜂窝煤、修钢笔等职业因为市场需求的缩减而没落;送煤工、补锅匠、理发匠、磨刀剪、修脚、挖耳等一些传统职业逐渐淡出市场;一些家用产品维修业也面临整合与消亡;卖凉开水、卖杂货、弹棉花等职业因为技术升级而被淘汰;电话总机、粮油票等因为政策体制改变而退出历史舞台。

(2)新职业的涌现:20世纪80年代后,随着社会的发展,职业观念也发生了翻天覆地的变化。涌现出来的大批新职业,主要集中在第一、第二产业中的高新技术产业和蓬勃发展的第三产业。从分布情况上来看,典型的新职业有第一产业中的基因和转基因工程、遗传工程、细胞工程、生态农业、生化实验等,第二产业中的加工中心、环境监测、计算机辅助设计、计算机辅助制造、纳米材料生产及航空航天材料技师和技工等,而新职业分布最广的是在社会服务领域。从我国近年来公布的10批新职业来看,"创意设计类"的职业较多。另外,信息、顾问、社会服务、科技类、保健类等职业也在不断增加。分析最近几年诞生的新职业不难发现,新职业带着鲜明的市场经济色彩,在经济高速增长、产业结构发生重大变化的时期,新职业明确地体现出了职业结构发生的变化,如色彩搭配师,就是专门为顾客设计服饰的颜色搭配的;又如无人机驾驶员,通过远程控制设备,操控无人机完成既定飞行任务。

(3)职业分类越来越细:随着社会需求的增加和技术的发展,产业细分导致社会分工的细化,职业分类也远非"三百六十行"所能概括得了的,如银行职员这个职业被更进一步地划分,更加专业化,出现了资金交易员、资金结算人员、清算人员等一些过去没有的职业;随着策划风潮此起彼伏,仅策划师一项,就有4种之多,如商务策划师、会展策划师、数字视频(DV)策划制作师、房地产策划师;挖掘机驾驶员以前一直被归属于普通驾驶员中,现在单列出来,代表了社会对该职业的重视。

(4)市场特征越来越明显:与市场经济一同成长的各类中介服务业,带动起一大批计划经济体制下不曾有的职业,如技术经纪人、房地产经纪人、人才中介服务人员,这些中介职业正成为现代信息社会人们交流沟通的桥梁。随着股份制企业的出现,各类证券交易人员也日益增多,不少人半路出家,几年下来却成为行家里手;律师职业历经20年的发展,已有从业人员10万人;保险业在我国仅有10

年历史,但从业人员已有 50 万之多。专家预计,这些随着市场经济应运而生的职业,必将随着市场经济的发展而获得更旺盛的生命力。

(5) 新需求催生新职业:浙江出现了一种新的职业陪购,即跟随客户出入商场,协助挑选适合客户的衣服并负责讲价和拎包,工资按小时计算,服务比较灵活,客户到任何一个城市,陪购都可跟随。上海出现了"职业跳车人",其主要职责是帮助出租车行政管理部门做暗访,每天的工作是打车,看出租车驾驶员是否有不文明或者不合法的经营行为。江苏还出现了专门给人点菜的点菜师、配餐师。上海出现的"信用管家"很受市场欢迎,主要职责是进行信用调查、评估和管理咨询等。近年来,一种被称为危机公关顾问的职业在国内悄然兴起。霎时间,国内各大公关公司对危机公关业务的资源展开了激烈的争夺。而在这种行业趋热的局面下,原本就稀少的专业危机公关人才显得越发珍贵,各公司高薪聘请的招聘告示随处可见。新职业的背后,往往折射出经济和社会变迁的轨迹。新职业的种类可谓五花八门,如试吃员、试睡员、汽车陪驾师、汽车交易咨询师、私家汽车保养师、房产经营代理师、私人形象顾问、商业谈判服务师、会务速记员、楼房模型制作员、宠物营养师等。

(6) 技工职业备受重视:随着办公室岗位竞争的白热化,加上技工类岗位就业环境的日渐改善,技术含量的提升,以及薪资、福利待遇的进一步提高,白领与蓝领之间的差距逐渐缩减,技工类职业重回人们的视线。技工类岗位稳定性相对较高,有利于个人的长期发展。因此,一些城市在发展新兴领域时,技工类职业也被纳入,如锁具修理工、汽车模型工、微水电利用工、激光头制造工、霓虹灯制作员、数控机床装调维修工、轮胎翻修工、城市轨道接触网检修工、陶瓷工艺师、糖果工艺师、集成电路测试员等。

(7) 一些老职业在重新崛起:20 世纪 50 年代,一些旧职业消失,如拍卖师、典当师等。在计划经济向市场经济转变后,这些职业重新兴起,并向着更加规范的轨道发展。还有一类是更新职业,比如说过去只有传统的车工,随着数字技术在制造业中的广泛应用,又出现了数控车工。

4. 未来的热门职业 热门职业是人才市场供求双方非常关心的职业,只要有可能,双方都想要率先进入热门职业。因为从事热门职业的人和录用有热门职业专长的人,都想要在激烈的市场竞争中获得更多的生存和发展机会。热门职业一般是根据经济发展的情况形成的。21 世纪是知识经济时代,高新技术、电子通信、数字信息将是新的经济增长点,所以一些与数字、信息、生物、高新科技迅速发展相关的职业将逐渐成为热门职业。

5. 未来衰落的职业 由于全球经济受互联网的影响,职业变化的速度不断加快,一些非常熟悉的职业,甚至是目前比较热门的职业可能要消亡。西方有位专家就曾撰文介绍了今后极有可能过时的职业。

(1) 传统秘书:自从个人计算机、电子邮件和传真机问世,传统秘书的工作有 45% 以上是做文件归档、传递信息、邮寄信息、邮寄信件和复印材料等,但是更先进的电子办公系统可使主管人员和经理潦草的便条变成备忘录,按一下指令键便可分发出去,传统秘书工作实际上将不复存在。

(2) 银行出纳员:所有的银行都会使用自动柜员机,只会留下为数不多的柜员负责银行业务的前台交易。

(3) 电话话务员:据预测,西方发达国家的电话电报公司有望在今后几年用自动化语音识别技术取代其一半以上的长途电话话务员,这种技术和自动化电话网与语音信息系统将会使一些人失去就业机会。

(4) 接待员:美国某些通信公司现在就可以提供能够处理打进和打出电话的极其先进的语音识别系统,许多公司也正在研制相似的系统,这使得不少大公司和政府机构将来可能取消接待员这种职业。

(5) 公共图书馆管理员:计算机已取代图书馆的卡片目录,而且不久可能取代传统意义上的图书馆,那时人们可能会向图书馆申请,通过互联网把图书内容传送过来。

(6) 矿业:由于商业区、住宅区、房地产渐有起色,加上环境的整修,公共工程公路、桥梁、水坝的兴建,建筑业将会持续发展。然而因为石油、天然气等工业的不振,煤、金属等矿产的需求不高,矿业的发展将相当有限。

（7）制造业：包含机械的设定、调整、操作及维修等，或是以手工利用小型器械来制造产品或组合零件。由于生产线的自动化，传统的人工制造业难逃日渐衰退的命运。

（8）运输业：含大众运输及货品的搬运。一般而言，运输业将会持续增长，当然也因行业相异，也会有不同的发展。操纵搬运机械者，则因机器的自动化而增长有限，水路和铁路运输也将因为新科技的发明而日益衰退。

（9）清洁工人、基层劳力：在清洁工人、基层劳力方面自动化进展缓慢，也因离职率高等因素所影响，未来也不容乐观。

四、职业系统

职业的四元素是个人、组织、社会和公共团体。

（一）职业与个体

个体的性格和价值观决定了他的职业选择和发展过程，以及个体管理职业生涯的方式。大部分人选择给企业打工，一部分人选择自主创业。组织的职业系统需要员工自主管理，在大多数情况下，组织是鼓励成员帮助其他员工管理职业发展的。当人们完成了职业选择，就会积极努力地去实现职业目标，个体会在职业发展中注入自己的内在需求和价值观。马斯洛的需求层次理论能够充分解释人们的职业选择现象。职业可以实现认知需求、自我尊重以及自我实现的需求。米尔顿·罗克奇指出，无论是个人层次、组织层次还是国家层次的价值观，都构成了态度和行为的基础。与职业系统相匹配的能力与员工的内在需求和价值观相关，价值观是形成公司管理哲学的基石，它有助于职业系统战略的开发。影响职业价值观的第一要素是家庭背景，家庭背景影响着个体的价值观、态度和行为，进而影响个体的职业选择。与遗传有关的身体特征，即基因，决定了我们的身体状况和外表，这些要素对于职业选择和取得的工作成就至关重要。智力资本是影响我们工作的重要因素，这与我们的基因、生活环境和教育背景息息相关。

（二）职业与组织

组织是职业系统，是职业发展的载体，组织规划并管理员工的职业生涯，在职业领域扮演着多重角色。组织的发展对职业生涯规划的影响主要有以下几点。

（1）组织的分散化与虚拟化：这种趋势在组织制订职业生涯规划时必须引起重视，这类工作需要组织成员具备积极主动和自律的能力，能够在独立、无监督的环境中工作。因此，家庭工作技巧的培训将受到欢迎。

（2）组织的扁平化：金字塔结构的组织逐渐被更广、更平坦的形式取代。因此，组织在制订职业生涯规划的时候，不仅要考虑组织中职位的高低，还必须考虑工作的改进和扩展。

（3）组织的多元化：社会的多元化发展，使得评价标准更为复杂，员工都期望得到更多的技能培训。一些公司正在考虑长期战略，但这样一来平均就业率就会下降。组织成员流失率严重的原因：一是因为升迁机会太少，员工决定跳槽；二是公司希望通过人员流动以提高效率。当个体进入一个新的工作领域，开始接受新的任务时，他就必须更新职业规划，并通过开展一系列新的职业活动以确保工作成功。

（4）组织的全球化：自从中国加入世界贸易组织后，经济全球化就不断加剧，随着各国间障碍的消除，去其他国家工作将变得越来越普遍。因此，在进行职业选择时，也应适当考虑外语培训和不同的文化价值观的沟通。

（5）组织信息化：据福布斯2023中国十大富豪排行榜，互联网领域占据了一半的席位（2.张一鸣，450亿美元，财富来源：字节跳动；4.马化腾，353亿美元，财富来源：腾讯；6.黄峥，302亿美元，财富来源：拼多多；8.丁磊，267亿美元，财富来源：网易；9.马云，235亿美元，财富来源：阿里巴巴），可以说是近20年来，涌现富豪和造富最快的行业了。在信息化时代，从不同产业提供的工作比例来看，发达国家在整个经济领域中制造业所占份额急剧下降，信息产业提供的就业机会不断增加，专门从事提供信息、解释信息的企业组织大规模涌现,并在世界范围内呈现出相似的趋势。

(三)协调个体与组织的需求

在劳动力市场,雇主们处于高度竞争的市场之中,面对不断变化的经济趋势,他们的需求是复杂的。雇主希望员工能力超群,可以为公司带来优良的业绩。

组织内部平衡是指组织与个人之间的平衡,主要表现在以下三个方面:第一,诱因与贡献的平衡,即组织提供给个人的可用于满足个人需求的、影响个人动机的诱因必须大于等于个人对组织的贡献;第二,从个体角度来看,个人对组织的协作意愿取决于个人从组织中获得的诱因与个人对组织贡献之比;第三,从组织层面来看,取决于组织能否提供足以维持协作过程的有效而充分的诱因数量的能力,以诱因与贡献的平衡维持成员的协作意愿,谋求组织生存发展的能力。

(四)职业与社会

影响职业发展的因素很多,其中经济和科学技术对职业环境的影响尤为明显。

1. 经济发展水平决定职业发展 职业的发展与人类历史的发展和社会进步是同步的,经济对职业的发展起着决定性的影响,经济的发展促进了社会分工的细化,分工越细,意味着职业越丰富,什么样的经济发展水平决定了什么样的职业构成。经济对职业的决定作用可以从横向和纵向两个方面进行分析。

从纵向看,在原始社会,只存在按性别、年龄而划分的不稳定的分工,到新石器时代,才出现了原始的畜牧业和农业,封建社会时期出现了职业分类。社会经济逐步发展到一个空前的繁荣阶段之后,商人出现,其他各种职业种类日益繁多。随着经济的不断发展,社会分工越来越细,生产结构发生了巨大的变化,不断涌现出大量的新职业。这些新职业是社会经济发展的产物,直接反映了经济发展水平。随着现代社会经济日新月异的发展和变化,经济发展对职业的影响也越来越迅速。

从横向看,即使在同一社会历史时期,经济发展水平不同的地区职业结构也是不同的。我国东南沿海以雄厚的经济实力吸引着国内外大量的投资,形成了许多新的产业和产业群。经济的不断发展也直接影响了当地人的生活方式和消费观念,于是,为了满足人们的需求,各种服务行业迅速兴起,大量的新职业产生,为人们提供了更多的就业机会。而在经济相对落后的西部地区,农业依旧位居主流,由于地理环境、思想观念、人才问题等原因,其他行业发展也比较缓慢,人们的生活、消费方式变化不大,相较于东南部,西部地区的职业结构比较单一。此外,农村和城市之间经济发展的差距,使得职业结构对比差异显著。由于农村的产业结构单一,职业结构较简单,于是大量剩余劳动力涌入城市,部分农民进入城市的各行各业,从而加速了城市化的进程。

2. 科学技术发展促进职业发展 科学技术作为推动人类经济发展的力量,对职业的发展起着重要的促进作用。每一次科学技术的发展和广泛应用,都会带来职业结构突破性的变化和发展。第一次工业革命促使人类历史上新职业大规模地产生,蒸汽机和其他各种机器的发明与使用,很快推动了机械制造业、煤炭业、冶金业、交通运输业的大发展,产生了成百上千的职业,从而引起了职业结构革命性的变化。第二次工业革命,使世界跨入了电器时代,随着电器种类越来越丰富,其在运营上需要大量专业化的人才,于是从生产到应用、推广,逐渐形成了稳定的职业体系,职业分类更加纷繁。从20世纪中叶至今,人类开始了第三次科技革命,以原子能、电子计算机和空间技术的广泛应用为主要标志,涉及信息技术、新能源技术、新材料技术、生物技术和海洋技术等诸多领域,是人类历史上规模最大、影响最为深远的一次科技革命,它直接引起了劳动方式和生产方式的变革,触发了人类生产、生活方式的大改变,促使新职业大量涌现。

3. 经济发展与科技进步加速新职业产生、旧职业消失 随着科学技术的进步和社会经济的发展,我国的职业结构也在不断地自我调整和更新。一些尚未形成一定规模,但很有发展前景的新职业崭露头角,人力资源管理师、企业行政管理师、项目管理员等已经发展到相当的规模,正稳步上升。伴随着这些新职业的产生,一部分旧职业渐渐退出了历史舞台,甚至销声匿迹,如寻呼小姐这一职业在火爆了十几年后,迅速淡出了人们的生活。电报在相当长的时间里扮演着最快信息传递者的角色,但随着电话的普及和手机的广泛应用,现在的人们已经很少想起发电报了。传统的排版工人、抄写工、补锅匠等都已逐渐退出了人们的生活。这些职业的产生和消失都是经济和科学技术共同作用的产物,它们验证着不同时期社会经济的发展水平,反映了各阶段人民的生活状况。

4. 经济和科技的发展改变了职业的内涵 在职业结构不断变化、调整的过程中,有一部分职业虽然还保留着原来的工作内容,称谓也没有变化,但是其职业内涵却发生了很大的变化。以前的售货员可能只需要和顾客"一手交钱一手交货",而今天的售货员必须掌握更多的知识,如货品的材质、设计、功能、如何使用等;传统的教师教学方式比较单一,教学的技能也比较简单,而现在的教师除了要具备所教科目的知识之外,更要熟悉和运用电脑知识、网络技术;理发师现在叫美发师,保姆也叫家政服务员等。这一切并非称呼的简单改变,它反映出了职业内涵的丰富和提高,折射出了社会经济的发展与进步。

(五)职业与公共团体

经济模式转变主要影响两个年龄段的人群:第一个年龄段是50岁以上的人群,他们几乎没有机会再次择业;第二个年龄段是缺少教育和就业优势的年轻人。政府负责制定就业法规以及行为规范。职业生涯的另一个发展趋势是社会诉讼问题。社会诉讼由美国兴起,随之而来的职业法律系统挑战着传统思想下的职业特权,雇主应该对员工在工作中遭受的虐待负责,如歧视、折磨和职业健康等,这些都涉及职业管理和发展的问题。政府致力于在经济繁荣的社会中保持生产力稳步增长,新的经济模型并不能完全解决失业问题。最近一次的职业模式转变发生在工业革命时期,由农业社会转向工业社会阶段,在这一时期,由于大城市和制造工业的出现,食物生产对劳动力的需要越来越少,人们开始转向生产工业。在当今这个时代,食物生产需要的人手越来越少,过剩的生产力转向了服务行业、信息技术以及对生产和服务中的品质和产量的改进,而传统职业中需要的劳动力越来越少。新型行业需要高级人才,电子商务、远程教育越来越普及,随着人们工作时间的缩短,休闲娱乐行业迅速成长,失业人口却越来越多。

第三节 职业与人生

案 例 导 入

周密进大学之初,本着"及格万岁"的思想,开始享受大学生活。转眼3年过去,他和班里绝大多数同学在学习和能力方面的差距越来越大。临近毕业,周密开始面对就业问题。他多方投递简历,参加多个医院和医药公司的招聘面试,但都没有被录用。老师建议他先去乡镇卫生院工作,可他却瞧不上拒绝了。后来他只好去了一家私人诊所,两个月后因不满意待遇就辞职了。接着他断断续续在几家私营医疗机构工作,少则几个月,多则半年,不是他对工作不满意,就是用人单位对他不满意。就这样,周密一事无成,非常灰心,不知道接下来应该怎么做,也不知道怎样把握自己的未来。

讨论:

1. 职业对人生有怎样的意义?
2. 造成周密一事无成的原因有哪些?

人生的意义在于保持前进的动力,促进职业发展,是迈向成功的力量源泉。一个人的智商、出身背景,并不是决定各阶段职业发展水平的决定性因素,只有那些保持着强劲、持久的职业发展动力,秉承着积极、乐观、向上的态度,有着明确使命感、责任感的人,才能够在职业发展的每个阶段,发现机会、抓住机会,取得更大的职业成就,最终获得人生的成功。

一、塑造成功人生

(一)什么是成功人生

不同人对什么是成功人生有着不同的理解和看法。有的人认为成功就是挣很多钱,可是,很多有钱人分明不快乐,身不由己,没法享受有钱的日子;有的人认为成功是名望,可是,很多名人活得很辛苦,他们的任何言行都有可能被置于放大镜下,没有自己的空间。在忙忙碌碌的生活中,你期望的成功人生是什么样的呢?

在人生发展中,我们需要扮演各种各样的角色,如子女、学生、朋友、长辈、同学、工作者、消费者等。大致上,可以将我们扮演的这些角色的舞台分为3种:职场、家庭和社会。在职场中,我们要努力工作,尽可能地让自己的事业有所成就;在家庭中,我们要尽家庭责任和义务,努力让自己的家庭幸福美满;在社会中,我们要尽社会责任和义务,尽可能多地为社会纳税或创造财富。各种人生角色之间的关系以及变化过程,可以用生涯彩虹图(career rainbow)(图1-3)形象地展现出来。

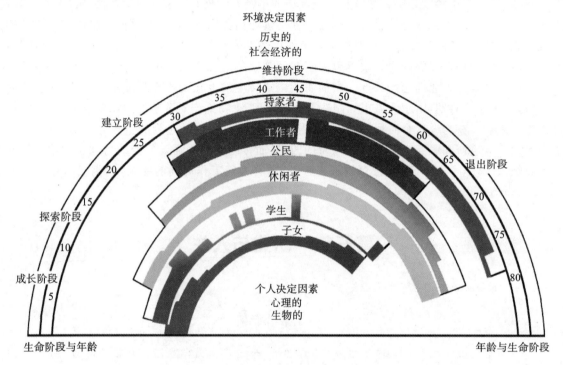

图1-3 生涯彩虹图

生涯彩虹图中,最外面的层面代表了我们人生的广度。在人生的广度中,我们要经历成长阶段、探索阶段、建立阶段、维持阶段和退出阶段5个生涯发展阶段。里面的各层面代表我们人生的空间,由子女、学生、休闲者、公民、工作者和持家者6种角色构成。不同时期不同角色的组合构成了我们独特的人生发展形态,个人也是通过扮演这些角色来寻求人生需求满足,实现人生发展的。

生涯彩虹图告诉我们,成功人生是立体的,而不是单面的。成功人生至少应该包括以下4个方面:身心健康、家庭和睦、事业有成和子女自立成才。只有这四个方面和谐发展,才能有一个成功的人生。生涯彩虹图还告诉我们,要想让自己的人生获得成功,就必须根据人生发展阶段的特点,将各种人生角色很好地组合起来,不能偏废其一,因为人生角色之间是相互影响的。一个角色的成功,将会为其他角色提供良好的基础,如在成长阶段和探索阶段,扮演好学生角色,就能为我们顺利走向工作岗位,实现工作者角色的成功打下良好基础。同时,在一个角色上投入过多精力而忽视其他角色,就会大大影响人生质量,如现实生活中,常会看到有的人过分投入工作而忽视家庭,从而导致家庭不睦,进而对其人生质量产生非常消极的影响。

(二)学业与人生

习近平总书记在二十大报告中强调,必须坚持科技是第一生产力、人才是第一资源、创新是第一动力,深入实施科教兴国战略、人才强国战略、创新驱动发展战略,开辟发展新领域新赛道,不断塑造发展新动能新优势。社会发展为我们每个人成长成才提供了客观条件。赵作斌教授曾指出,成功必须具备三要素:一定的社会环境、一定的发展机遇和主体的成功素质。在同一社会环境和发展机遇下,成功与否的决定因素是主体成功素质的高低,这就是"成功素质决定律"。所谓成功,是指具有积极意义的人生目标获得了预期的结果。一般而言,要实现人生的最高价值,学业成功是基础、是前提。对于大学生而言,追求学业成功是塑造成功人生的第一步。

1. 学业成功的内涵　学业,从狭义上讲,是指完成教学计划规定的各门课程,并取得较好的成绩。而广义上的学业不仅包括专业知识的学习,还包括专业知识之外的其他方面能力的培养。

就专业素质而言,在校大学生追求学业成功的首要任务是以优异的成绩完成各门课程的学习,同时扩展自己的知识面,大量地获取教学内容之外的知识。在学习知识的技巧上,列宁曾经说过:"我们不需要死记硬背,但是我们需要用基本事实的知识来发展和增进每个学习者的思考能力。"掌握基本知识是智力发展的前提,对基本知识能够举一反三,融会贯通,才能增进智力的发展。

就非专业素质而言,大学生要树立正确的人生观、世界观和价值观,具有敬业精神、拼搏精神和创新精神。培养良好的道德情操,包括完善的人格、顽强的意志等。掌握学习技巧、思维方式、操作方法,提高自身的学习和领悟力,锻炼个人的领导能力、组织能力、管理能力、观察能力、分析能力、表达能力、协调能力、沟通能力、应变能力、公关能力等。

一个人在实现人生目标的奋斗过程中,专业素质与非专业素质二者缺一不可,它们相互联系,相互依存,相互渗透,相互促进。也就是说,学业成功要将专业素质的培养与非专业素质的锻炼两者有机地结合起来。

2. 学业成功的保证　正确的学习方法是学业成功的保证,能熟练地使用各种学习方法和调控自己的学习心态,并能监控自己的学习过程,有效地达到学习目标是搞好学习的关键。为什么学习条件、智力水平相当,可是学习成绩却天壤之别?凡学有所成者,无不使用了科学的学习方法。所以,我们学习不仅要学习知识,还要学会学习,只有灵活运用科学的方法,才能获得学业成功。如果知识是金子,那么学习方法就是点金术,掌握了它就能获得更多的金子。

学业成功不仅需要加强自我观念,如自尊、自信、自立和自强不息,还需要学习兴趣、学习热情、勤奋、毅力、坚强的意志力和良好的人际关系等情感智力方面的因素,而且还要有正确的学习方法。有关研究指出,学业水平与学习方法有密切的关系。达尔文说:"最有价值的知识是关于方法的知识。"埃德加·富尔在《学会生存》一书中指出,"未来的文盲,不再是不识字的人,而是没有学会怎样学习的人。"

所谓学会学习,就是在获得必要的基础知识和基本技能的同时,掌握有效的学习方法,具有调控自我学习心态和监控自我学习过程以及思考学习目标的能力。美国心理学家布鲁纳认为,学会学习的实质就是掌握有效的学习方法,摈弃失败的、无效的学习方法。有很多同学对学习没有信心,不感兴趣,进而厌烦学习,表面上看是学生没有领会知识,没有学懂,没有学会,成绩差。实质上是这些学生不会学习,不会运用正确的学习方法,不会调控自己的心理状态与学习活动造成的。最后导致对学习完全丧失信心,厌恶学习,逃避学习。法国生理学家贝尔纳说:"良好的学习方法能使我们更好地发挥运用天赋的才能,而拙劣的方法则可能阻碍才能的发挥。"

总之,通过学习和反复运用,使自己形成一套正确有效的学习方法,这是成功的基石,将终身受益。

(三)职业与人生

职业不仅伴随着人的一生,而且凝聚着太多的喜怒哀乐,塑造着人的行为模式,标识出人的社会地位,体现出人生价值。因此,可以说是职业铸就了人生。人生的理想与追求、探索与奋斗决定着职业的发展。对于有些人而言,职业铸就的是幸福的人生;对于另一些人而言,职业铸就的是枯燥的人生,有些则是痛苦的人生。一个人从降生开始,就要在漫漫人生旅途中经历自己独特的生命和职业旅程。有的人看似拥有金钱、权力或一般人所羡慕的一切,但却悲观厌世、饱受痛苦折磨,甚至用自杀的方式结束生命;有的人看似贫寒、渺小、微不足道或承受着一般人悲悯同情的苦难,但却昂扬向上、乐观知足,在与不幸命运顽强搏斗的同时,享受着大自然的和谐优美、亲情的温馨和生存状态点点滴滴改善的喜悦。

职业在很大程度上决定了一个人的经济状况、社会待遇、健康保健水平,影响着个人和家庭的生存质量。职业代表着一个人应为或能为社会所做的贡献以及相应的权利和义务。职业的本质是付出和贡献,但同时也与金钱和权势相联系。金钱和权势的巨大诱惑,常常使人迷失其中而忘记了职业的本质。更有一些人甚至把追逐金钱和权利当作人生的唯一目的,认为幸福就是拥有金钱与权利。这是很危险的,也是许多罪恶与灾难的根源。

二、职业发展对人生成功的影响

在现代社会中,职业在人们生活中起到了越来越重要的作用,它是绝大部分人投入时间、精力最多的人生组成部分。由于在人生历程中职业生活占据了相当长的时间,因此职业是绝大多数人的重要核心,能帮助人们达成多重目的。

著名人本主义心理学家马斯洛曾指出,"人是永远不能满足的动物"。他指出,人的需求是由低级向高级逐层推进的,即生理需求→安全需求→社交需求→尊重需求→自我实现的需求。相信每个人都希望在自己的人生中实现较高层次的需求,最终实现自我价值。实现人生较高层次的需求与个人的职业生涯发展程度是密切相关的。

既然人的生存发展离不开职业,职业是人生存发展的载体,那么职业就和人生有着密不可分的关系。弄清楚职业与人生的关系,对于大学生建立积极的人生观、正确的价值观,树立崇高的职业理想以及规划未来职业生涯都大有裨益。围绕着职业,人的一生大致分为三个阶段:职前预备阶段、从业进行阶段和从业收益阶段。

1. 职前预备阶段 从一个人牙牙学语开始,到完成社会各级教育从事某种职业之前,均属于职前预备阶段。在这一阶段,个体在德、智、体等多方面获得良好的发展。这不仅是为谋求一份好职业做充分准备,还是为个体进行职业生涯发展规划奠定良好基础。根据年龄、学习内容以及与职业的关系,职前预备阶段可以划分为职业认知时期和职业选择时期。这两个时期既有区别,又有相互重叠的地方。对职业有一定的认识和了解,可以帮助大学生确立职业方向、树立职业目标、提升个人能力。大学生通过对自我和行业细致科学的分析和观察,在学好专业知识的基础上,就能对自身未来的职业发展有一个相对合理的规划。

2. 从业进行阶段 从业,指个体在社会中从事一定的劳动并从中获得相应劳动报酬或经营收入的过程。从业进行阶段是人生最主要的阶段,它跨度大、时间长,是人生发展规划得到检验的一个阶段。做好职业生涯发展规划,使规划在从业进行阶段准确实施。在这一阶段,家庭和社会不仅完成了对一个人的培养任务,使大学生能够顺利走向工作岗位,还使其在经济上独立,满足个人及家庭生活需求,大学生也有了不断提升自己、实现人生价值的精神需要,以及承担个人和社会责任的义务,为国家、为人民、为社会进步和发展做出自己的贡献。在工作阶段,根据个人的职业价值观、兴趣、性格、能力素质与所从事的职位进行匹配性选择。工作对个人而言,只是个人谋生,满足生理需要和安全需要的一种手段。随着个人知识的丰富、能力的提高以及个人与职位的匹配性和适应性的吻合,个人的职业生涯也就进入了第二阶段——职业阶段。在此阶段,工作成为发挥个人才干,满足其对社交需要、尊重需要的一种手段。当个人的职业生涯进入事业阶段后,个人不再把工作当作一种生存手段,而是实现其人生价值的手段。在此阶段,虽然工作负担重、责任大,但总是以工作为乐,在工作中总有用不完的激情,个人可通过工作满足发挥潜能以及实现有意义人生的追求。

随着人类社会的进步,人们逐渐追求精神生活,这也是人和其他生物的根本区别:人不是只为了活着而活着。人在满足了生存需要后,就会有不断发展自我的要求,有不断追求精神生活品质和实现个人价值的要求。这就使得职业不再是重复性的劳动,它需要一个不断学习、不断积累、不断提升的过程来满足人们发展进步的要求。大学生通过高考选拔来到高校学习,目的也是如此。他们从事各行各业,不仅仅是为了满足衣食住行,更带有使命感、责任感,用自己的行动去实现个人理想和社会理想。

3. 从业收益阶段 从业收益阶段是职业范畴中人生的最后阶段。人们依靠从业获得物质、精神财富的积累,并通过对社会做出的贡献而获得社会保障体系的回馈,如医疗、养老等方面的福利,从而能够安享晚年。在安享晚年这个阶段,人们也并非只是索取。由于人们在漫长的职业生涯中积累了大量的经验和教训,这些精神财富相比物质财富更加宝贵。这时候,人们会通过讲座、写作、聊天等多种方式,把这些精神财富传授给年轻人,从而不同程度地影响着年轻一代的职业生涯发展。

总之,虽然职业不是我们人生的全部,但却在我们的人生中起着非常重要的作用。我们人生发展的质量和人生需求满足的程度与我们职业发展的高度有着密切的关系。可以说,在现代社会,职业是人生全面发展的重要载体,而人生全面发展又是成功职业生涯的最终目的。没有完美的职业,也没有完美的人生,但大学生可以运用自己的智慧、勇气和毅力,在职场和人生中找到适合自己发展的契合点。

三、职业理想与人生

(一)职业理想的内涵

(1)职业理想反映了个人的职业愿望和需求,它源于现实的有形化构想,建立在现实的基础上,不同于脱离实际的空想,也不同于远离现实的幻想。

(2)职业理想与经济收入相联系,与人们提高物质生活、追求精神生活水平品质直接相关。

多看一眼:
富翁和渔翁
的故事

(3)职业理想追求社会对从业者劳动的认可,追求自己的职业生活对经济、社会发展的作用。

(4)职业理想表现为一个具体的职业或有一定范围、标准的方向,是具体的追求目标。

(二)职业理想的特点

职业理想随着社会职业的出现而产生,并随着社会职业的增加而不断丰富和完善。

1. 职业理想的社会性 职业理想的社会性是由人的社会性决定的。人们提出和设定职业理想建立在一定的社会形态和一定的社会条件下,同样,职业理想的实现也取决于一定的社会因素,依赖于特定的社会条件。比如职业流动,从历史上看,由于生产力低,职业种类少,人们选择职业的余地小,职业变换就很少;到了现代社会,科技进步,生产力提高,新的职业不断产生,人们选择、更换职业有了更多的可能,实现职业理想也有了更好的条件。

2. 职业理想的时代性 任何时代的职业理想都受该时代的社会生产方式的制约。生产方式越先进,社会经济越发达,社会分工越精细,职业种类就越多;科学技术越先进,职业演化越迅速,人们选择职业的机会就越多,职业理想实现的可能性也越大。

3. 职业理想的发展性 从社会发展和职业演变的总体上看,人们的职业理想随着职业声望和职业地位的变化而变化。从社会存在的个体上看,一个人的职业理想随着年龄的增长、社会阅历的增加而逐渐由朦胧、幻想变为现实,由波动、变化而趋于稳定。

4. 职业理想的阶层性 职业理想是社会意识的一个主要组成部分,因而必然受到社会中不同阶层意志的影响。

5. 职业理想的个体差异性 职业理想源于现实,带有明显的个性化特点。个人的政治思想觉悟、道德修养水准及人生观,决定着个人的职业理想方向;个人的知识结构、能力水平决定着个人职业理想追求的层次性。

(三)职业理想是人生发展的动力

缺少动力的人,犹如没有燃料的汽车,无法在人生道路上前进。

1. 职业理想是人生奋斗的目标　没有目标,就没有动力。在人生道路上,职业生活占人生的绝大部分,人们对美好生活的追求和向往,往往要通过职业活动来实现,人们通过职业活动提高精神生活、物质生活水平,追求人生价值,追求社会对自己的认同。所以,职业理想的确立,就是为人生实践活动确定了目的,为人生确定了奋斗目标。

2. 职业理想是人生力量的源泉　在力所能及的范围内,追求的目标越高,直接激发出来的动力就越强。职业理想作为一种可能实现的奋斗目标,是人们奋斗的精神支柱和力量源泉。职业理想一经确立,就会激励人们为之付出孜孜不倦的努力,就可以转化为无坚不摧的精神力量,以坚定的意志来获取事业的成功。在人生发展中,职业理想不仅可以激励人们对自己献身于事业充满自豪感和光荣感,而且促使人们产生实现理想的责任感和紧迫感。

3. 职业理想促进人生价值的实现　人生价值分为自我价值和社会价值两个层面。个人的生存、发展是个人适应社会、融入社会、改造社会的过程,是在推动经济、社会发展过程中的自我完善。无论从什么角度去实现自己的人生价值,总要依托某一职业。对职业理想的追求,必然促进人生价值的实现。志不立,天下无可成之事。立志是人生的起跑点,反映了一个人的理想、胸怀、情趣和价值观,影响着一个人的奋斗及成就。

4. 珍惜在校学习的机会,为实现职业理想奠定基础　著名寓言作家克雷洛夫曾做过一个精彩的比喻,现实是此岸,理想是彼岸,中间隔着湍急的河流,行动则是架在川上的桥梁。叩开职业理想的大门,重要的是持之以恒的奋斗。大学生必须认识到实现职业理想的持久性和艰巨性,珍惜在校的学习生活,为实现未来的职业理想打好基础。

实现职业理想要从现在做起。无冥冥之志者,无昭昭之明;无惛惛之事者,无赫赫之功。(《荀子·劝学》)意思是说:没有专心致志的学习,就没有豁然贯通的智慧;没有默默无闻的工作,就不会有显著不凡的功绩。在为实现职业理想的奋斗中,必须脚踏实地,从眼前的具体事情做起,如上好每一堂课,做好每一次实操训练,搞好每一项社会活动……人生道路是漫长的,职业理想的实现不可能一蹴而就,需要一步一个脚印地前进。

人的实践能力水平有差异,这种差异并非是先天形成的,而是所处的环境、受教育程度及自身实践状况等因素造成的。能力是在实践过程中形成,并在实践过程中表现出来的,因此,为培养实现职业理想的能力,必须积极地进行实践。

> **测试题**

1. 你对本课程有什么期望?请为本课程的学习制订一个学习计划。
2. 通过自己对大学的了解,结合自身实际,制订一份大学期间的发展计划。
3. 叙述家庭中每个人的职业情况,并绘成一棵职业树。
4. 你最羡慕的职业是什么?
5. 结合你的职业理想,谈谈如何做到奉献社会?

第二章

职业岗位

扫码看PPT

学习目标

1. 了解行业、岗位、组织等与职业相关的内容及概念;专业的设置来源。
2. 掌握职业资格标准;了解职业资格证书制度和考试相关要求。
3. 了解专业与职业的关系。
4. 掌握职业道德的内涵和作用。

第一节 职业世界相关概念

案例导入

李想读大学时就是个活泼外向的学生干部,一早就定下了职业目标——要进入世界500强医药公司,做自己喜欢的药品销售工作。因为李想认为,自己的性格适合与人打交道,他又喜欢旅游,销售工作需要经常出差,跟不同的人接触,拓展知识面和眼界,可以满足自己对职业的向往。大学毕业后,经过严格的层层筛选,李想终于如愿以偿进入一家世界500强的医药公司,并担任销售工作。可干了不到一年,李想就对工作失去了兴趣。原来,在这个公司里,工作都要按照制度规范来进行,李想更多地做药品销售的总体宏观设计与策划,出差机会并不是很多,更多的是伏案工作,这跟他原来的预期完全不一样。

讨论:
1. 李想了解这个职业的相关信息吗?
2. 他应该通过什么途径了解这个职业呢?

职业世界纷繁复杂,如何成为成功的职业人,需要对职业世界的相关概念有较为翔实的了解和认识,才能确保不会漏掉适合自己的职业岗位。

一、行业

在了解某工作前,求职者需要对该工作有一个较为宏观的认识,也就是该工作属于哪个行业、前景如何。这个问题看似简单,可是并不是每一位求职者都能明白其中之义。一份工作,往往可能隶属于多个行业,如设计师,既可以是建筑行业的,也可以是广告行业的。

(一)行业的含义

行业一般是指其按生产同类产品或具有相同工艺过程或提供同类劳动服务划分的经济活动类别,如医药行业、饮食行业、服装行业、机械行业等。

最新修订的《国民经济行业分类》将行业划分为 20 个门类,97 个大类。这 20 个门类依次为 A 农、林、牧、渔业;B 采矿业;C 制造业;D 电力、热力、燃气及水生产和供应业;E 建筑业;F 批发和零售业;G 交通运输、仓储和邮政业;H 住宿和餐饮业;I 信息传输、软件和信息技术服务业;J 金融业;K 房地产业;L 租赁和商务服务业;M 科学研究和技术服务业;N 水利、环境和公共设施管理业;O 居民服务、修理和其他服务业;P 教育;Q 卫生和社会工作;R 文化、体育和娱乐业;S 公共管理、社会保障和社会组织;T 国际组织。

其中,常见行业见表 2-1。

表 2-1 常见行业

常见行业						
互联网	电子商务	保险	银行	基金	证券	投资
房地产	广告	会展	快速消费品	贸易	进出口	教育
加工制造	医药	交通	运输	物流	旅游	培训
酒店	餐饮	美容	媒体	能源	石油	电力
水利	环保	政府	公共事业	农业	军人	娱乐
航空航天	租赁	零售	咨询	出版	学术研究	公益组织

个人的职业发展与行业发展紧密联系,行业的快速发展可以促进个人的职业发展。例如,胶卷作为 20 世纪伟大的发明之一,见证了人们的美好时刻,但随着数码浪潮的兴起,胶卷逐渐成为历史。大量与胶卷相关的从业者逐渐淡出这个行业。同时,近年来智能手机行业的兴起和更新换代,引发了电信行业爆发式的增长,带动了软件设计者和硬件工程师的职业发展。

(二)行业发展的规律

行业的发展必然遵循由低级的自然资源掠夺性开采利用和低级的人工劳务输出,逐步转向规模经济科技密集型、金融密集型、人才密集型、知识经济型。从输出自然资源,逐步转向输出工业产品、知识产权、高科技人才等。行业间收入分配总的趋势也是向技术密集型、资本密集型和新兴产业倾斜。某些垄断行业的收入水平较高,而传统的资本含量少、劳动密集型、竞争充分的行业收入水平则相对较低,2020 年分行业分岗位就业人员年平均工资见表 2-2。

表 2-2 2020 年分行业分岗位就业人员年平均工资 单位:元

行业	规模以上企业就业人员	中层及以上管理人员	专业技术人员	办事人员和有关人员	社会生产服务和生活服务人员	生产制造及有关人员
合计	79854	164979	112576	75167	61938	62610
采矿业	90899	173536	114475	98177	61109	82210
制造业	74641	152996	106681	78229	76036	61324
电力、热力、燃气及水生产和供应业	120273	205675	138741	96860	91310	109193
建筑业	64243	115687	76892	55152	52647	57805
批发和零售业	84254	166785	106225	76383	60677	57769
交通运输、仓储和邮政业	94192	181105	136132	80841	87085	79684
住宿和餐饮业	46825	93164	55828	46096	39786	39623
信息传输、软件和信息技术服务业	175258	338908	199228	123557	121406	81416

续表

行业	规模以上企业就业人员	中层及以上管理人员	专业技术人员	办事人员和有关人员	社会生产服务和生活服务人员	生产制造及有关人员
房地产业	80523	172417	101993	71569	51431	53690
租赁和商务服务业	80352	252730	131166	78999	53280	59554
科学研究和技术服务业	141864	272189	145663	93488	80024	82126
水利、环境和公共设施管理业	51053	147273	97779	64891	34914	56385
居民服务、修理和其他服务业	51827	111166	73043	62520	42747	50441
教育	90487	172895	91668	80185	75358	56841
卫生和社会工作	88203	153451	89521	65294	56529	61770
文化、体育和娱乐业	107174	192916	157694	86565	54519	54120

(三) 医疗卫生行业的前景

随着人口的老龄化和人民生活的日益富裕，医疗卫生服务行业将成为非常有前景的行业之一。不仅医生和护士、营养师、美容师、按摩师、针灸师、家庭护士将成为热门职业，医疗与养老相结合的康养衍生行业将更加受欢迎，可与旅游业和娱乐业的收入相媲美。

(四) 行业与职业的区别与联系

行业与职业有一个显著的区别，即行业是从事国民经济中同类产品的生产或提供同类劳动服务的经营单位或个体的组织结构体系，而职业是指具体所从事的某种工作。职业是针对"个人"所从事的"工作类别"而言，行业是针对"单位"所从事的主要"经济活动性质"而言。

职业和行业之间是相互交叉的，不同行业可以含有相同职业，同一行业也可以有不同的职业。有的人可能在不同的行业或组织里从事相同的职业，有的人可能在相同的行业或组织里从事不同的职业。例如，同在教育行业，有的人的职业是专职教师，有的人的职业是招生顾问。了解自己以后希望从事的职业所在的行业，对于大学生来说是非常有必要的，它不仅能帮助大学生认识未来可能接触的行业和职业，还能使大学生在了解的过程中判断自己是否真正喜欢或者适合该行业、该职业，对其职业生涯方案的制订与不断完善有很大的帮助。

在选择自己未来想要从事的行业时，可以从以下3个方面来考虑。

1. 自身情况　在考虑将来想要从事的行业时，大学生们一定要结合自身的情况。不同类型的行业对从业人员有不同的要求，比如娱乐业，需要从业人员有创造性思维，喜欢接受新鲜事物且乐于挑战；咨询行业则需要从业人员乐于助人、热心开朗；销售行业需要从业人员开朗大方、善于言辞、善于观察。大学生们对自己的性格、兴趣、价值观等要有一定的了解，从而对自己未来的行业、职业方向有一个大概的规划。

2. 所学专业　虽然很多大学生会抱怨，现在所学的专业和以后找到的工作可能会出现不对口的情况，但是从某种程度上来说，专业对大学生未来从事行业的影响还是很大的。大学生们在找工作时，最好还是以所学专业为基础。毕竟在学校里所学到的知识、技能都是与自身专业有关的，在应聘与专业相关岗位的时候，它能增强求职者的竞争力。另外，部分大学生存在不喜欢所学专业的情况，表示以后也不想从事与该专业有关的工作。但需要提醒这部分同学的是，就算不喜欢所学专业，也要努力学好专业知识和技能，不能完全放弃该专业。毕竟在毕业时，在没有任何工作经验的情况下，求职者的专业就是社会与用人单位录用与否的基本条件。在学习专业知识的同时，大学生要积极地培养与提高自己感兴趣方面的知识和技能，规划好自己的职业生涯发展道路。

3. 行业发展状况 在选择一个行业的时候，大学生首先要对该行业发展状况进行评估。通常来说，发展前景较好、整体福利待遇较高的行业比较受大学生们的青睐。如果进入了发展前景一般，甚至开始走下坡路的行业，可能会给自己的职业生涯带来不好的影响。大学生们在平时可以多关注新闻时事，多注意国家政策走向，要知道哪些是国家支持、鼓励发展的行业，哪些是国家限制与制约的行业。比如，随着我国人口老龄化现象的加剧，"未富先老"的现象普遍存在，家庭养老负担过重，国家已经开始高度重视国人的养老问题。养老产业面临着前所未有的机遇，目前属于朝阳产业。许多民间资本受到政策的鼓励和引导，开始投入养老产业市场中，带来了大量的就业岗位。随着我国市场经济的进一步发展，产业结构会不断调整与变化，这就需要大学生平时多关注一些权威的分析预测，对未来的行业发展趋势做到心中有数。

可以从两个方面来分析一个行业的发展趋势：一是看该行业的企业或者产品是否已经达到或接近供大于求的状态，是否趋于饱和；二是看该行业的持续性。所谓持续性就是预测该行业将能存在多少年。有些行业的持续时间很长，如教育、医疗；有的行业则是在特定时间出现的，并不会长期存在。因此，大学生在选择未来从事的行业时，应尽量选择持续性长、未饱和、有很大发展空间的行业，这样才能让自己的职业生涯有一个较大的成长空间。

二、职位

（一）职位的含义

职位是指企业赋予每个员工的工作职务及其所承担的责任。它是企业人力资源管理的基础性工作，是人力资源管理的基本单位。

职位以"事"为中心，因事设人，将不同工作任务、责任分配给与此要求相适应的员工。凡是需要有专人执行并承担责任的某项工作，就应设置一个职位。随着工作任务的变化，职位也相应变化，而不是一成不变的。

（二）职位的构成

职位由以下三个要素构成。

(1) 职务：指规定承担的工作任务，或为实现某目标而从事的明确的工作行为。
(2) 职权：指依法或企业的规定所赋予职位的相应权利，以提供完成某项工作任务的保障。
(3) 责任：指承担一定职务的员工，同意或承诺相应的工作标准与要求。

（三）职位的特点

1. 人与事结合 因事设人，任务与责任统一。换而言之，人们从事某项具体工作，就要有明确的工作目标，以及保证该目标实现的工作标准与具体要求等。

2. 数量有限 企业行为受预算约束，追求经济合理性，才能保证其投入与产出保持最佳比例关系，以实现良好的经济效益。职位的数量有限可体现成本最低原则，因此职位设置不可能是无限制的。职位数量又被称为编制。

3. 职位分类 虽然职位千差万别，但可根据业务性质、工作难易、所需教育程度及技术水平高低等标准进行分类，并以此作为人力资源管理的依据。

三、岗位

（一）岗位的含义

岗位是指组织为完成某项任务而确定的，由工种、职务、职称和等级内容组成。

（二）岗位与职位的区别

岗位与职位有明显的不同。首先，按照"职位"的定义，职位是组织重要的构成部分，泛指一个阶层（类），面更宽泛，而岗位则具体得多。职位是按规定担任的工作或为实现某一目的而从事的明确工作行为，由主要职责相似的岗位所组成。职位是随组织结构来定的，而岗位是随事定的，也就是我们常说的因事设岗。岗位是组织要求个体完成的一项或多项责任以及为此赋予个体的权力的总和。职位一般是将某些任务、职责和责任集于一体,而岗位则是指某个人所从事的工作。

岗位与人对应,通常只能由一个人担任,一个或若干个岗位的共性体现就是职位,即职位可由一个或多个岗位组成。例如,医院的护理部门的护士是一个职位,这个职位设有很多岗位,如具体到某个科室就是外科护士、内科护士、康复科护士、儿科护士等。

(三)岗位的具体特征

岗位描述就是确定岗位工作的具体特征,它包括以下几个方面的内容。

(1)岗位名称:指岗位所从事的是什么工作。

(2)岗位活动和程序:包括所要完成的工作任务、工作职责、完成工作所需要的资料、机器设备与材料、工作流程、工作中与其他工作人员的正式联系以及上下级关系等。

(3)工作条件和物理环境:包括正常的温度、适当的光照度、通风设备、安全措施、建筑条件等,甚至工作的地理位置。

(4)社会环境:包括工作团体的情况、社会心理氛围、同事的特征及相互关系以及各部门之间的关系等,还包括工作单位内部以及附近的文化和生活设施情况等。

(5)职业条件:由于人们常常根据职业条件来判断和解释职务描述中的其他内容,因而这部分内容特别重要。职业条件说明了工作的各方面特点,如工资报酬、奖金制度、工作时间、工作季节性晋级机会、进修和提高的机会等,以及该工作在本组织中的地位以及与其他工作的关系等。

四、组织(用人单位)

(一)组织

从广义上说,组织是指由诸多要素按照一定方式相互联系起来的系统。从狭义上说,组织就是指人们为实现一定的目标,互相协作结合而成的集体或团体,如工会组织、企业、军事组织等。在现代社会生活中,组织是人们按照一定的目的、任务和形式编制起来的社会集团,组织不仅是社会的基本单元,而且可以说是社会的基础。

(二)用人单位

用人单位指能运用劳动力组织生产劳动,并向劳动者支付报酬的单位组织。目前适用于《中华人民共和国劳动法》(以下简称《劳动法》)的用人单位有企业、个体经济组织、国家机关、事业单位、社会团体等。其中,企业指我国境内的所有企业组织,包括法人企业和非法人企业、国有企业和非国有企业、内资企业和外资企业;个体经济组织指在工商管理部门登记注册过,领取营业执照并聘用员工的个体工商户;国家机关、事业单位和社会团体指通过劳动合同与劳动者建立劳动关系的单位。组织按照不同的划分方法有不同的类型,根据组织性质可将组织分为以下几类(图2-1)。

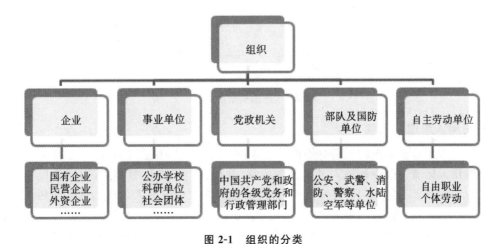

图 2-1　组织的分类

1. 党政机关 党政机关,狭义上是指中国共产党机关和国家行政机关。广义上包括党的机关、人大机关、行政机关、政协机关、审判机关、检察机关,也包括各级党政机关派出机构、直属事业单位及工会、共青团、妇联等人民团体。

2. 事业单位 事业单位是指由政府利用国有资产设立的,从事教育、科技、文化、卫生等活动的社会服务组织。事业单位一般是国家设置的带有一定公益性质的机构,但不属于政府机构。一般情况下,国家会对事业单位予以财政补助,分全额拨款事业单位、差额拨款事业单位,还有一种是自主事业单位,国家不拨款。政府部门和事业单位的工作相对比较稳定,其收入来源是中央或地方财政。当前,成为公务员和进入事业单位,仍是许多毕业生的就业首选。

3. 企业 企业一般是指以盈利为目的,运用各种生产要素(土地、劳动力、资本、技术和企业家才能等)向市场提供商品或服务,实行自主经营、自负盈亏、独立核算的法人或其他社会经济组织。

在商品经济范畴内,企业作为组织单元的多种模式之一,是按照一定的组织规律,有机构成的经济实体,一般以营利为目的,以实现投资人、客户、员工、社会大众的利益最大化为使命,通过提供产品或服务换取收入。它是社会发展的产物,因社会分工的发展而成长壮大。企业是市场经济活动的主要参与者,在社会主义市场经济体制下,各种企业并存,共同构成社会主义市场经济的微观基础。企业单位分为国有企业和非国有企业。国有企业就是属于国家所有的企业单位,非国有企业就是属于个人所有的企业单位。

现代经济学理论认为,企业本质上是一种资源配置的机制,其能够实现整个社会经济资源的优化配置,降低整个社会的交易成本。

(三)组织类型

不同的组织类型往往对劳动者提出不同的要求,为劳动者提供不同的工作条件,劳动者也会对组织有不同的期望。组织类型的划分见图2-2。

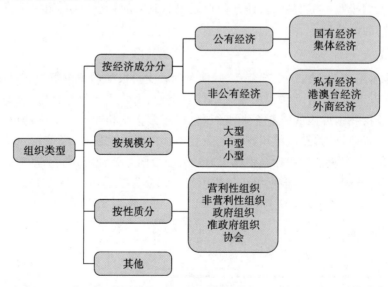

图2-2 组织类型的划分

(四)不同用人单位的招聘差别

不同的用人单位对于人员的招聘有不同的要求,如学历水平、专业背景等。

1. 企业的用人标准 企业的用人可以分为经营、管理、技术、操作等类别,根据规模和性质不同,对各类人才的专业要求不尽相同。在专业要求之外,绝大多数企业对大学生的非专业要求是一致的,如诚信品质、团队合作能力、敬业精神、创新能力、学习能力以及对企业文化的认同等。总的说来,企业青睐的大学生应该专业知识扎实、综合素质全面、善于与他人合作、富有进取创新意识。

2. 事业单位的用人标准 事业单位具有较强的专业性,其职业特点是以脑力劳动为主,对就业者的素质要求较高,职业岗位以各类专业技术人才为主,如需要良好的思想道德品质和认真细致的作风,扎实的专业知识和宽广的知识面,较强的学习能力、创新能力,较强的组织管理能力、团结协作精神等。社会团体要求从业者有一定的思想政治水平、文化水平、政策水平、专业知识和较强的工作能力;科研设计单位主要需求相关专业学历层次较高的毕业生;高校的教师一般要求学习成绩好、表达能力强、热爱教育事业、品德高尚的、具有相关专业背景的硕士生、博士生。

3. 党政机关的用人标准　在党政机关工作的人员主要是国家公务员,我国已经全面实施公务员制度,获得这一岗位一般需要经过公开考试选拔录用。一般对公务员的要求主要有以下几个方面:较高的思想政治素质和道德修养、廉洁奉公、认真负责的品德;扎实的基础知识、专业知识、管理知识和宽广的知识面;较强的文字能力、组织管理和处理、解决问题能力;较强的协调、决策和应变能力;良好的个人形象和一定的社会交往能力等。

4. 部队及国防单位的用人标准　由于部队及国防单位的特殊性质,在挑选大学生时,会对以下几方面的素质有特别的要求:有献身国防、扎根部队的精神;有不怕牺牲、艰苦奋斗、不屈不挠、服从指挥的品格;有相应的专业基础知识;有过硬的身心素质。

(五)选择用人单位的方法

大学生找工作时常面对的企业类型有国有企业、民营企业和外资企业这3种。许多大学生在初次就业的时候,会盲目崇拜一些大企业、大公司,特别是外资企业。其实外资企业在选人、用人及培养人才方面有一套非常严格的体系,而且竞争压力很大,许多资质一般或者发展不均衡的大学生往往无法通过第一轮的简历筛选,这无疑增加了自己的就业成本。而在一些小公司、小企业的招聘中,公司往往看重的是个人所表现出来的热情和拥有的特长,这对于大学生来说就业成功的概率更大。而且在小公司中,分摊在每个人手里的工作更多,也能充分锻炼自己的能力。民营企业是国家经济发展的基石和代表,虽然刚开始可能薪资不高,但是加入小公司、小企业,能够让自己跟随公司一起成长,也是一件非常有意义的事情。

不过,大学生对用人单位的具体选择见仁见智,需要结合自身情况,尤其是在学历、专业、英语等方面存在劣势的求职者,在求职时要尽可能地分析不同用人单位的特点和招聘规则,做到扬长避短,并尽可能地在自己喜欢的、适合自己的用人单位中获得就业机会。

大学生在了解用人单位招聘条件、要求时,还要关注一些细节,在求职时将这些细节纳入考虑范畴。

1. 工作时间　工作时间是指劳动者在用人单位通过劳动或生产履行工作义务的时间。工作时间的长短与是否经常加班是大学生在选择职业的时候经常考虑的因素。有的工作每天都很规律,如政府部门、学校的工作。有的工作则变化很大,如投资银行、咨询公司的工作,其工作内容都是根据项目来定的,尤其是在忙的时候,需要员工高强度地加班,不能适应工作不规律的大学生需要慎重选择这类工作。

2. 工作环境　工作环境对一个人的工作体验有很大的影响,它直接影响着人们对工作的满意程度。有关报告显示,员工对其工作环境的满意度与他们的敬业度之间存在很强的相关性。越优越的办公环境越能激发员工的敬业精神,而敬业度越高的员工往往对办公环境的满意度也越高。工作环境主要指环境氛围、工作方式和着装要求。

(1)环境氛围:分为公司整体装修环境和公司工作氛围。好的装修环境能让员工感觉轻松,而如果一进公司,一眼望去全是冷冰冰的办公设备,则会让人觉得枯燥与冷漠。现在较为流行的风景化办公室,是指把一间间办公室转换成一个大厅,使公司各级职员都在一起办公,各种办公家具组成一道亮丽的风景线。这样既有利于员工之间的交流,又能使工作透明化,提高工作效率。而对于工作氛围来说,员工往往需要的是和谐、自由的工作氛围,这样的工作氛围能让人做事不畏首畏尾,能够畅所欲言。

(2)工作方式:分为在公司办公和在家办公等。许多企业中的销售和业务人员没有固定的办公室,他们的工作性质决定了他们的工作基本是在公司之外完成的。企业里的行政人员和技术人员则基本都有自己固定的办公场所。对工作的选择,实际上就是对生活方式的选择。求职者是喜欢无固定办公场所还是喜欢在固定的场所办公,这就需要结合自己的兴趣爱好与性格进行判断。

(3)着装要求:不同的用人单位有不同的着装要求。有的用人单位在员工着装要求上面十分严格,有的统一穿公司定制的服装,让别人一看就知道这是哪家公司的员工;有的要求穿正装上班,显得十分正式和严谨。有的用人单位则对员工着装没有特别的要求。用人单位对员工的着装要求在一定程度上体现了公司的企业文化与价值观念,大学生在求职过程中也需要将这点考虑进去,看自己是否与用人单位的企业文化相适应。

综上所述,大学生在求职时,只有找到适合自己的工作环境,才能在工作时心情愉悦,充分调动自己的工作激情和积极性,从而更好地开展自己的职业生涯。

3. 工作地点　这里所说的工作地点不是针对公司或企业离家的远近而言的,而是针对用人单位所在的省份区域而言的。在选择工作地点时,大学生们需要关注以下两个方面。

(1)地区企业的发展前景:对于地区企业的发展前景,主要是看大学生们所选择的企业与行业类型。比如,一名同学想去外资企业和跨国公司工作,那么北京、上海、广州和深圳无疑是较好的选择,因为它们是跨国机构与外资企业较大的驻扎地,求职者能够有多种选择,并且能够获得较好的发展;若是对进出口贸易感兴趣,则可以选择广州、江浙地区和东部其他沿海城市,这些地区的进出口贸易发达,在全国名列前茅。总之,选择一个省份或城市的依据,主要是看该行业与企业类型在这个省份或城市的发展程度,以及能否让自身的收获最大化。

(2)地区生活水平与习惯:除关注地区的发展前景外,大学生求职者还应该考虑地区的生活水平与生活习惯。对于刚毕业的大学生来说,有可能工作的地方是一个完全陌生的城市。刚开始步入社会的时候肯定会遇到诸多的困难与不适,外界的一点刺激都可能成为压垮大学生的最后一根稻草。因此,大学生求职者应该把地区的气候环境、饮食习惯、生活节奏、物价水平等因素纳入考虑范围。如一个常年饮食清淡的同学,突然来到饮食偏辣的湖南、重庆、四川等地,肯定没有办法一下子接受;一个生活在温润潮湿地区的同学,来到干燥的北京、长春,也会觉得十分难受。那些接受能力和适应能力强的同学,可以慢慢调整从而适应;但是那些适应能力差的同学,就要慎重考虑了。

4. 薪资福利　薪资福利是所有求职者普遍关心的一个问题,很多大学生会将薪资福利作为衡量一份工作的标准。这样的做法太过片面,薪资福利水平往往和行业与企业类型有关。在诸如电信、材料、航天领域等行业里,薪资福利水平普遍较高,而在钢铁、食品等行业里,薪资福利水平就较为一般。同样的,在不同的企业类型中,外资企业的工资待遇是较高的,但是与之对应的是高强度的工作与忙碌的节奏。民营企业的薪资水平往往与个人工作绩效和企业效益挂钩;国有企业的薪资水平较低,但是其福利待遇较为优厚。当然,这里谈论的只是一般现象,具体的还需要大学生求职者自己动手搜集资料进行了解。

五、认识职业世界的意义

在求职前充分认识职业世界,对大学生来说是百利而无一害的。与其在找工作的时候慌慌张张、漫无目的地投简历,还不如提前做好准备。正所谓磨刀不误砍柴工,有了充分的准备,大学生才能在求职这场战争中,做到知己知彼,赢得胜利。

(一)建立危机意识

唐代诗人杜荀鹤在《泾溪》中写道:"泾溪石险人兢慎,终岁不闻倾覆人。却是平流无石处,时时闻说有沉沦。"这首诗的大概意思是,在礁石很险、浪很急的地方,人们路过的时候都非常小心,所以终年都不会听到有人不小心掉到里面淹死的消息。然而恰恰是在水流缓慢、没有礁石的地方,却常常听到有人淹死的消息。这充分说明危机意识对于人们的重要性。在求职的时候拥有危机意识,对大学生来说也很重要。大学生深入了解与认识职业世界,能够尽早获得有效的职业信息,了解到竞争的激烈与现实的残酷,有利于建立危机意识。

多看一眼:
职业发展通道

(二)降低就业成本

了解职业与职业世界能让大学生对自己未来的职业追求有明确的目标,能让大学生在职业生涯的起点就做出正确的职业决策,会让大学生少走许多弯路,降低就业成本。众所周知,两点之间直线最短。虽然条条大道通罗马,可是在大学生人生的大道上,尤其是在职业生涯的道路上,尽可能地少走弯路,可以让其职业生涯发展得更好。因此,一开始就找准目标,笔直地朝着目标前进,才是大学生求职者应该做的事情。

(三)整理与分析职业世界信息

职业世界信息涉及的范围很广,从不同的角度看有不同的划分方式。比如,从空间角度来讲,可以分为国际、国内环境,国内环境又包括国内市场的大环境和所在区域的小环境;从时间角度来讲,可以分为历史环境、现状和未来的发展趋势;从内容角度来讲,可以分为社会环境、行业环境、职业环境、学校环境和家庭环境等。下面主要从内容角度来整理职业世界的信息。

1. 社会环境 每个人的生活、工作都在社会这个大环境中,因此人的任何行为都会受到社会环境的影响。所以,无论个体想要做什么,首先都需要对社会这个大环境进行分析。而所谓的社会环境分析,也就是对当前社会中的政治环境、经济环境、科技环境和文化环境等宏观因素进行分析。只有对社会环境进行分析,并有了大体的把握后,个体才能更好地寻求自身的发展机会。

(1)政治环境:包括政治制度和政策方针。首先,需要大学生熟悉与职业生活有关的法律法规,如《中华人民共和国劳动合同法》《中华人民共和国就业促进法》等,若自身想要从事的行业、职业有特殊的法律法规,则更需要进行研究和理解;其次,需要了解国家和地方的政策方针。不同省市对于人才引进和就业培养的政策方针都不相同,因此在进行政治环境分析时,需要有侧重地进行认真研究。

(2)经济环境:包括国家经济发展的水平和阶段、经济制度、国家财政收支情况、收入水平和国际贸易等宏观经济环境。随着全球经济一体化进程的加快和我国市场经济的高速发展,国家对人才有了更高、更严格的要求。因此,大学生要紧跟经济环境的变化,了解经济社会对于人才具体的新要求,并以此作为自己日常生活的学习目标,努力提升自身的知识和技能水平,以适应经济社会发展的需要。

(3)科技环境:科学技术的发展日新月异,对职业的发展有着非常重要的作用。历史上三次科技革命的发生,都为职业结构带来了巨大的变化和发展。随着我国科学技术水平的不断提高,许多新兴职业不断产生,同时也使一些职业逐渐消亡。因此,大学生需要时刻关注科学技术的变化,尤其是那些与自身想要从事的行业有关的科学技术。

(4)文化环境:一个国家从历史上传承下来并经过长期沉淀形成的环境,对人们的道德观念、价值观和行为习惯等有较大的影响。虽然提及文化环境很多人会觉得很抽象,但它却实实在在影响着人们日常生活的点点滴滴,包括人们的职业生涯。因此,大学生在规划职业生涯时,要认清文化环境对自身的影响,要对自己的价值观有清晰的认识,做出符合自身状况的、科学合理的职业规划。

2. 行业环境 对行业环境进行分析,也就是要分析行业的发展阶段、未来的发展趋势以及该行业在国民经济发展中所占的地位,从而对行业有一个全方位的了解。一般来说,可以通过以下7个方面来对行业环境进行分析。

(1)该行业的定义:想要从事某个行业,首先需要全面地了解该行业的定义。不同的人或行业组织对同一个行业的定义不尽相同,因此在了解某行业定义时,应集各家所长,这能帮助自己加深对该行业的了解。

(2)该行业目前的发展阶段与前景趋势:要明确该行业目前处于萌芽期、快速上升发展期、平稳期,还是衰落期。一个行业的兴衰是有客观规律的,并不会因人的意志而转移。对于那些处于衰落期的行业,大学生要考虑是否还值得入行以及之后的转行问题。而对于那些正处于萌芽期或快速上升发展期的行业,则要对其前景及发展趋势进行分析,结合其未来的发展来确立自身的未来发展目标和方向。

(3)该行业包括的领域:可以根据政府或行业协会对该行业的分类,明确该行业包含的具体领域范围,如房地产业包括房地产经营、房地产中介服务和物业管理等。

(4)该行业对人才的需求条件:了解该行业对人才的需求,如对哪些类型的人才需求量大,对哪些类型的人才需求已经达到饱和。这样,大学生才能更好地进行职业选择。

(5)该行业具有代表性的企业和人物:对该行业领先的企业和杰出人物进行详细了解。这些企业和个人往往具有该行业突出的特点和优势,通过对他们的了解,大学生可以进一步加深对该行业的总体把握。

(6)该行业的入行条件:入行条件指一个职业在发展过程中总结出的对新人的入门要求,如具体的职业能力、相应的从业资格证书、某项特定的专业技能等。

(7)权威人士对该行业的分析和评估:可以查阅该行业所属领域的权威人士对该行业的分析与评估报告,这类人士往往对该行业了解得比较透彻,看待行业的发展问题比普通人更具有前瞻性,因此可以通过这些分析与评估报告,来完善自己对该行业环境的认识。

3. 职业环境 职业环境和行业环境不同,行业是所有同种类型企业的集合,职业则指具体的工作岗位,一种行业可以有不同的职业划分。职业环境分析需要落实到大学生求职者想要从事的某一个具体职业岗位上,职业环境分析通常包括以下两个步骤。

(1)分析该职业的社会需求、岗位竞争压力、薪资水平和未来职业发展道路等因素;如机动车驾驶员这一职业,由于社会的发展和生活水平的提高,开车几乎已经成为人人都会的技能,虽然这两年物流行业的迅猛发展带动了机动车驾驶员这一岗位需求的增多,但是其岗位增加的数量仍然赶不上求职者增加的数量,所以对于机动车驾驶员这一职业来说,目前还是处于供小于求的局面。

(2)具体落实到大学生求职者的企业上去:如有意向企业的整体实力、企业文化、企业发展状况、企业对该职业的用人需求、薪资福利待遇等方面的内容。这样才能明确自己是否适合该企业,了解如果进入该企业能有多大的职业发展和提升空间,以及自己在该企业是否能够实现自我价值。

4. 学校环境 学校环境指的是大学生在求学过程中的学校教育资源特点以及自身专业的特点,简单来说,可以分为校园文化和专业环境两个方面。

多看一眼:
沙丁鱼的
危机意识

(1)校园文化:指的是校园整体的文化熏陶氛围,包括学校提倡的价值导向、宣扬的校风校纪和大学生之间自主形成的学习风气等。校园文化是一个学校的灵魂核心,它能对外展示学校形象,对内塑造和培养学生的价值观。每个学校都有自己的培养侧重点,有其自身的发展特点,因此对校园文化进行梳理,可以了解学校教育资源的侧重点,并充分利用这些师资、软硬件的优势,努力提高自身的能力,将校园文化优势转为自身优势。

(2)专业环境:指的是所学专业对大学生职业发展的制约和影响。社会上对不同专业的人才需求量不同,随着我国经济水平和科学技术水平的快速发展,优秀的科学技术人才变得十分抢手,如航天工程、机械、电子、自动化等专业的毕业生就很受欢迎。

5. 家庭环境 家庭环境的内容包括家人的职业、家庭经济情况以及家庭人脉等。家庭环境对一个人的成长有着重大的影响,其产生的影响早于学校环境对个人的影响。因此,在做职业规划的时候,需要结合家庭的实际情况,考虑家庭成员提供的意见。对家庭环境的分析一般从以下 4 个方面来进行。

(1)家庭教育:俗话说,父母是孩子的第一位老师,家庭教育的方式和内容能影响孩子的性格和家庭的关系。民主的教育方式,会让小孩从小得到充分的尊重,有很好的思考能力,并且家庭关系和睦。这类小孩长大后在做职业决策时,能较好地结合自身条件,并充分考虑家人的意见。而从小在溺爱中长大的小孩,会盲目自大,做出不切实际的职业生涯规划,并且很少考虑家人对自己职业发展的意见。

(2)家庭资源:家庭成员的人际关系网或社会资本,如就业机会、社会关系资源等,在一定程度上能影响大学生就业的心态和择业取向。如果家庭资源丰富,可增强大学生的就业信心,减少就业前期的择业成本,还可能增加就业机会和提高就业待遇。若一个家庭的资源较差,可能会让大学生在前期的择业和工作搜寻上成本增加,使大学生就业时承担的压力相对较大。

(3)家庭经济状况:家庭经济状况在一定程度上影响着个人的职业决策。一个经济状况较好的家庭,可以减轻子女的经济压力,子女可以选择继续读书深造或自由选择工作范围;而经济状况不太好的家庭,其子女需要考虑现实需要来调整自己的职业发展路线,如暂时选择一份收益较高的职业,以减轻家庭经济负担。

(4)家庭就业观念:家里长辈的择业观在一定程度上会影响着子女的择业观,如父母希望子女从事稳定的职业,子女往往会选择当教师、考公务员等。

第二节　职业与专业

案 例 导 入

小王是某医药高等专科学校药学专业的大二学生,高考填报志愿时,其父母认为药学专业就业面较广,以后能找到一份比较满意的工作,而小王则想学习证券等相关专业。小王勉强同意父母的想法,并成功考入了药学专业。但他自进学校后就一直对自己所选专业耿耿于怀,对本专业不感兴趣,整天闷闷不乐,上课也无精打采。当辅导员知晓他的情况后,就问他想学什么专业,然后帮他分析了目前所学专业的优势和就业去向。慢慢地,小王放弃了对本专业的偏见,后来还成为本专业的优秀学生,在专业中找到了自己的兴趣和爱好。

讨论:
1.小王了解自己本专业的专业优势吗?
2.小王如何找到自己的专业与打算从事的职业的关联点?

一、专业的含义

专业一词由来已久,如"今耆儒年逾六十,去离本土,营求粮资,不得专业,结童入学,白首空归"(《后汉书》),"至如仲任置砚以综述,叔通怀笔以专业,既暄之以岁时,又煎之以时日"(刘勰《文心雕龙·养气》),"愿精选五经博士,增其员,各专业以教胄子,此风化之本"(《续资治通鉴》)等,释义为专门的学问。

专业是指人类社会科学技术进步、生活生产实践中,用来描述职业生涯某一阶段、某一人群用来谋生,长时期从事的具体业务作业规范;也指高等学校或中等专科学校根据社会专业分工的需要设立的学业类别。

中国高等学校和中等专科学校根据国家建设需要和学校性质设置各种专业,各专业都有独立的教学计划,以实现专业的培养目标和要求,大致可细分为三方面内容。

二、专业的来源

中华人民共和国成立以来,我国高校学科专业结构经历了4次重大的、影响深远的调整和变革,其发展变化主要以4次本科专业目录修订为标志。

第1次修订(1952—1963年):我国高校的专业设置始于1952年,参考苏联高等学校的专业设置、课程体系和教学计划,进行了专业划分、奠定了专业基础。至1953年初,全国高等学校本科共设215种专业。1963年9月,经国务院批准发布了《高等学校通用专业目录》和《高等学校绝密和机密专业目录》,两个专业目录共设置专业510种。

第2次修订(1982—1987年):1977年恢复高考制度后,由于社会工业化规模的扩大,专业越分越细,高等学校的专业种类一度激增到1343种。从1982年开始,原国家教委组织力量研究专业划分与设置的基本原则,进行了文、理、工、农林、医药等各类本科专业目录的修订工作,到1987年底结束。本科专业种数调整为671种,其中文科107种、财经48种、政法9种、理科70种、工科255种(含军工专业51种)、农林75种、医药57种。这次修订专业目录和专业整顿,从根本上解决了专业设置混乱的局面,增强了专业的适应性和人才培养的适应性。

第3次修订(1989—1993年):原国家教委自1989年开始进行了第3次本科专业目录的修订工作,修订工作历时4年多,形成了体系完整、比较科学合理、统一规范的《普通高等学校本科专业目录》,于1993年7月正式颁布实施。该专业目录分设哲学、经济学、法学、教育学、文学、历史学、理学、工学、农学、医学10大门类,下设二级类71个,504种专业,比修订前的专业种数减少309种,调减幅度达38%。其中哲学门类下设二级类2个,9种专业;经济学门类下设二级类2个,31种专业;法学门类下设二级类4个,19种专业;教育学门类下设二级类3个,13种专业;文学门类下设二级类4个,106种专业;历史学门类下设二级类2个,13种专业;理学门类下设二级类16个,55种专业;工学门类下设二级类22个,181种专业;农学门类下设二级类7个,40种专业;医学门类下设二级类9个,37种专业。

第4次修订(1997—1998年):为了主动适应经济与社会发展,教育部从1997年开始对普通高等学校本科专业目录进行第4次修订。修订工作是为了适应我国社会主义市场经济体制和加快改革开放的需要,适应现代社会、经济、科技、文化及教育的发展趋势,改变高等学校长期存在的专业划分过细,专业范围过窄,有的名称欠科学、规范,门类之间专业重复设置的状况为基本出发点,按照科学、规范、拓宽的原则,在立项研究、分科类调查论证、总体优化配置、反复征求意见的基础上,形成了新的《普通高等学校本科专业目录》,并于1998年7月正式颁布实施。

新的《普通高等学校本科专业目录》分设哲学、经济学、法学、教育学、文学、历史学、理学、工学、农学、医学、管理学11个学科门类,下设二级类71个,专业249种。与原目录比较,增加了管理学门类,二级类也做了较大的调整,专业种数由504种减少至249种,调减幅度为50.6%。该目录中哲学门类下设二级类1个,3种专业;经济学门类下设二级类1个,4种专业;法学门类下设二级类5个,12种专业;教育学门类下设二级类2个,9种专业;文学门类下设二级类4个,66种专业;历史学门类下设二级类1个,5种专业;理学门类下设二级类16个,30种专业;工学门类下设二级类21个,70种专业;农学门类下设二级类7个,16种专业;医学门类下设二级类8个,16种专业;管理学门类下设二级类5个,18种专业。

新《普通高等学校本科专业目录》实施后,1999年普通高校本科招生数排前20位的专业:计算机科学与技术、汉语言文学、机械设计制造及其自动化、英语、临床医学、工商管理、会计学、数学与应用数学、法学、电子信息工程、电器工程及其自动化、电子科学与技术、经济学、自动化、建筑学、物理学、体育教育、化学、市场营销、土木工程。这次调整的突出特点是按照学科设置专业,强调了人才的适应性,改变了过去过分强调专业对口的教育观念,确立了知识、能力、素质全面发展、共同提高的人才观,构建起更加注重素质,传授知识、培养能力和提高素质为一体的多样化的人才培养模式,从而把一个体制和结构更合理的高等教育体系,一个水平和质量更高、规模和效益更高的高等教育带进21世纪。

三、专业的培养规格

专业建设是高等学校的一项综合性、战略性、长远性建设,它直接关系到学校人才培养、科学研究和社会服务三大功能的发挥。一个大学生只有完成专业教学计划规定的学习任务,才是一个符合该专业培养规格的合格大学生。

从较粗放的选人、用人标准来理解,用人单位按专业来选用一定规格的人才是有一定道理的。一个大学毕业生不可避免地要被贴上专业标签,这种标签是进入某些职业的有效通行证。因此,在大学期间,大学生必须首先达到主修专业合格的基本要求,在此基础上,再进一步辅修其他专业,拓展专业技能。

培养社会需要的人才是高校的主要任务。由于各高校的发展历史不同、办学理念上的差异,因此,专业培养目标各有特色。全国有300多所独立高校,他们在专业培养目标定位上独具匠心。

(一)理工科专业

1. 计算机科学与技术、电子信息工程、自动化专业 培养目标是培养德、智、体、美全面发展,适应国家信息化建设和企业信息化建设的需要,具有较扎实的专业基础理论,具有较强的实践能力和动手能力,具有一定专业技能的应用型、复合型高级技术人才。

2. 机电一体化技术专业 培养目标是培养德、智、体、美全面发展,具有创业、创新精神和良好职业道德的高等专门人才,掌握机械、电子、计算机、检测技术等基础理论和专业知识;具备相应实践技能以及较强的实际工作能力,熟练进行机电一体化产品和设备的应用、维护、安装、调试、销售及管理的应用型、复合型高级技术人才。

3. 计算机网络技术专业 培养目标是培养德、智、体全面发展,能够适应国家信息化和企业信息化建设的需要,掌握本专业必须具备的基础理论和专业知识,具有较高的文化素养和良好的心理素质,了解计算机及网络的最新技术,能够具备网络规划、设计、安装和维护能力的应用型、复合型、技能型网络专业人才。

(二)经济与管理类专业

1. 国际经济与贸易专业 培养目标是培养能够系统掌握国际经济与贸易的基本知识和基本技能,具有良好的职业素质和文化素养,熟悉通行的国际贸易规则以及中国对外贸易的政策法规,能在涉外经济贸易企业和机构从事进出口业务的高级应用型人才。

2. 工商管理专业 培养具备管理、经济、法律及工商企业管理方面知识,掌握现代管理方法与技能,能在生产制造类行业从事生产经营、计划调度、物流供应、技术管理、质量管理的高级应用型人才。

3. 人力资源管理专业 培养具备人力资源管理的基础理论、基本知识,掌握人力资源管理相关技术和工作技能,熟悉人力资源管理的政策法规,岗位操作能力强的高级应用型人才。

4. 市场营销专业 培养具备市场营销、经济、管理与法律等基础知识,掌握现代营销管理方法与技巧,具有良好的职业素质和文化素养,能在企业从事市场调研与开发、市场营销策划与营销管理的高级应用型人才。

5. 会计学专业 培养具备会计、审计、经济、法律等方面的知识,接受会计方法与会计各项技能的专门训练,能够在企事业单位,尤其是中小型制造业从事会计、财务管理等相关业务的高级应用型人才。

6. 金融与证券专业 培养系统掌握金融、证券、投资等方面的理论知识,熟练掌握经纪、承销、投资咨询等业务技能,具备市场开拓能力和良好的业务素质,能在证券公司、金融机构和企业从事股票、债券及商品期货交易业务操作的应用型人才。

(三)工程建筑类专业

1. 建筑学专业 培养具备建筑学相关学科专业理论知识和设计技能、具备全面成功素质及先进设计理念、科学思维能力、有责任感、富创造性的全面发展的建筑设计和复合型高级专门人才。毕业后可从事室内设计、建筑设计、城市规划、园林景观等领域的工程技术及管理工作。

2. 土木工程专业 培养适应21世纪土木建筑市场,具有综合成功素质和土木工程学科基本理论、基本方法与基本技能,获得土木工程师基本训练,具备从事土木工程项目规划、设计、施工及管理能力,能在建筑工程和市政建设领域从事设计、施工和技术管理的高级专业技术应用型和复合型人才。

3. 工程管理专业 培养适应现代化建设需要,具有成功素质和具备建筑工程技术及相关的管理、经济、法律等基本知识与基本技能,为将来成长为优秀的注册建造师奠定扎实的基础,毕业后能在建筑施工企业、监理公司、造价咨询企业、房地产开发公司等单位及相关政府部门从事建筑工程管理的应用型、复合型高级工程管理人才。

4. 给水排水工程专业 培养适应现代化建设需要,具有全面发展的成功素质,具备城市给水排水工程、建筑给水排水工程、工业给水排水工程、水污染控制规划和水资源保护等方面的知识和技能,在有关市政建筑设计院、市政工程公司、建筑工程公司及环保部门从事相应的工程规划、设计、施工、运营和管理工作的应用型和复合型高级工程技术人才。

5. 工程造价专业 培养适应现代化建设需要、具有综合成功素质并具备建筑工程技术及相关的经济、法律等基本知识与基本技能,为将来成长为注册造价师奠定扎实的基础。毕业后能在工程造价咨询企业、建筑施工企业、房地产开发企业、建筑设计院、招标代理机构等单位及相关政府部门从事工程预算及相关工程管理工作的高级应用型和复合型技术人才。

6. 建筑工程技术专业 培养建筑人才市场需求的、具有综合成功素质和专项建筑工程施工技术特长、熟悉工业与民用建筑的施工技术手段及具备一定施工管理才干、能胜任二类以上工程项目施工技术管理工作的应用型和复合型人才。

7. 建筑装饰工程技术专业 培养具有建筑装饰设计和施工的基本理论和实践操作能力以及综合成功素质、掌握建筑装饰施工、装饰设计、装饰工程预算的基本知识和技能,能从事家具设计、建筑装饰设计和施工、环境艺术规划和建筑装饰管理工作的应用型和复合型专门人才。

(四)生命科学类专业

1. 生物工程专业 培养具备丰富的生物学基础知识,掌握现代生物技术基本理论、基本知识和基本技能,具有成功素质和企业管理知识,具有良好的科学思维和一定的创新能力,能从事日益发展的生物科学以及相关领域的技术、管理和营销工作的应用型高级专门人才。

2. 环境工程专业 面向环境保护部门和生产第一线,培养德、智、体全面发展,掌握环境工程专业的基本理论与专业知识,具有可持续发展理念,能进行环境规划、污染控制工程的设计、运营管理、新工艺和新设备的研究和开发,具有成功素质的应用型高级工程技术人才。

3. 护理学专业 培养具备基础医学、预防保健的基本知识及先进的护理学的基本理论和技能,具有扎实的英语听、说、写能力和成功素质,能在国内外护理领域从事临床护理、社区预防保健、护理管理等工作的复合型、应用型高级护理人才。

4. 园林专业 培养具有较系统的园林科学理论基础、基本知识和实践技能,能从事观赏植物栽培、种苗繁育、病虫害防治、绿地养护及管理、规划设计、工程施工等工作,具有成功素质的应用型高级工程技术人才。

5. 护理专业 培养具有从事护理专业所需要的相关理论知识、护理学理论与护理知识和技能的临床护理实用人才。培养学生热爱护理事业,具有敬业、自尊、自强的行为准则及专业护士所具备的仪表和素质,有严谨的科学作风、良好的思想品质和职业道德。

6. 园林技术专业 培养具有生态学、园林植物与观赏园艺、园林工程、园林规划与设计等方面的知识,能在城市建设、园林、林业部门和花卉企业从事风景区、森林公园和城镇各类园林绿地的规划、设计、施工,园林植物繁育栽培、养护及管理的应用型园林工程师。

(五)文史类专业

1. 法学专业 培养适应经济和社会发展需要,具备成功的法律素质和管理素质,动手能力强,既能在公、检、法及法律服务机构工作,又能在国家机关、企事业单位和社会团体工作的应用型、复合型人才。

2. 政治学与行政学专业 培养适应社会主义市场经济和社会发展需要,政治素质和管理素质高,具备行政学、管理学、政治学、法学等方面知识,能在党政机关、企事业单位、社会团体从事管理工作以及科研工作的高级专门人才。

3. 旅游管理专业 培养适应经济和社会发展需要的,具备成功素质,具有旅游管理、旅游规划、旅游英语等方面的知识和能力,能在各类旅游企事业单位从事管理及策划工作的复合型人才。

4. 酒店管理专业 培养适应经济和社会发展需要,具有成功素质,掌握酒店管理的基本理论和知识,能够从事现代酒店经营策划、营运管理工作的应用型专门人才。

5. 文秘专业 培养适应经济和社会发展需要的,具有成功素质,具备管理、秘书、外语等方面的知识和技能,熟练掌握办公自动化技能,具有较强的口头表达与书面写作能力以及人际沟通、协调能力,掌握参与政务、办理事务及组织公共活动的基本技能,能在各类机构、企事业单位从事文秘工作和公共事务的应用型专门人才。

(六)外语类专业

1. 英语专业 培养具备扎实的英语语言技能和商务、旅游、教育、同声传译等应用领域的专业知识,具有较高人文素质和较强交际能力和实际动手能力,能在教育、文化、经贸、科技、公司、企业、政府等部门胜任教学、翻译、管理等工作的应用型、复合型英语人才。

2. 日语专业 培养德、智、体全面发展,具有扎实的日语基础和比较广泛的科学文化知识。能在外事、经贸、文化、宣传、教育、科研、旅游等部门从事翻译、研究、教学管理工作的德才兼备的复合型日语高级人才。

3. 应用英语专业 从适应社会需求的角度出发,以培养应用型、专业型人才为目标,培养具备良好的语言能力,较好的计算机操作能力,良好的道德和心理素质,能在教育、旅游、经贸、新闻出版等部门从事教学、翻译、管理、文秘等工作的英语应用型专业人才。

(七)艺术类专业

1. 艺术设计(平面艺术设计方向)专业 培养具备艺术设计的基本理论和基本知识,具备较好平面广告设计表现技能,具有先进的设计思想、丰富的创意思维和艺术表现能力,能够独立从事平面广告艺术设计,能够利用现代化的手段从事广告设计与策划等方面工作的高级实用型人才。

2. 艺术设计(环境艺术设计方向)专业 培养具备室内外装饰设计,城市景观、园林设计,综合商业空间设计等专业能力,能在装饰设计公司、广告公司、城市规划管理部门、大型企业及学校从事环境艺术设计工作和教学的高级实用型设计人才。

3. 动画专业 培养具备动画设计与制作能力,熟练掌握计算机辅助设计、编辑、应用技能,能在影视传媒、网络、广告、新闻媒体等单位从事动画创意设计、计算机仿真与游戏、影视广告制作等复合型高级实用型专门人才。

4. 电脑艺术设计(含动画制作方向)专业 培养具备一定的艺术设计知识和审美能力,熟练掌握各种平面设计、电脑艺术设计的基本知识和技能,能从事各类设计机构及新闻媒体的设计、美术编辑等工作的实用型人才。

5. 广告设计与制作专业 培养具备综合造型基础与综合设计基础的理论与技术,掌握广告策划与制作、设计以及营销管理的系统知识和基本技能,能利用现代化的手段从事广告设计与策划的应用型人才。

6. 音乐学(师范类方向)专业 培养音乐基本功扎实,社会适应能力强,具有诚信品质和成功素质,能胜任中等专科学校音乐教学、社会文艺单位音乐工作和相关专业实用型人才。

7. 音乐表演专业 培养具备音乐表演方面的能力,具有诚信品质和成功素质,能够在专业文艺团体、艺术院校等相关部门、机构从事表演、教育及研究工作的应用型专门人才。

8. 音乐教育专业 培养掌握音乐学科基本理论、基础知识与基本技能,能从事中等专科学校音乐教学、社会文艺单位音乐工作和管理的实用型人才。

四、非专业素质的培养

专业设置主要是以学科为主进行划分。学科有其自身的科学体系和内涵,与职业并无直接联系。因此,专业的学习主要使学生掌握系统的本学科有关方面的科学知识和专业技能,并不特别注重与特定职业有关的知识与技能的学习和掌握。

由于专业调整从根本上要受到社会需求发展变化的制约,专业设置既要适应教育的外部环境,把专业置于整个经济社会大循环的动态系统中去考察,又要遵循教育的内部规律,符合学科发展需要和人才培养规律,因此教育自身所要求的人才培养有一定的超前性。

赵作斌教授经研究后总结,大学生的成功素质包括5大体系。

一是观念体系,包括人生观、世界观、价值观、敬业精神、拼搏精神和创新精神。

二是品格体系,包括人格、道德品质、诚信、意志、性格、气质、心态、修养。

三是方法体系,包括学习方法、思维方法、操作方法。

四是能力体系,包括领导能力、组织能力、管理能力、观察能力、分析能力、表达能力、协调能力、沟通能力、应变能力、公关能力和体能。

五是知识体系,包括专业和专业理论相关的知识体系。

在通往成功的道路上,大学生的非专业素质中的观念体系是基础性因素,起着基础作用;品格体系是根本性因素,发挥着前提作用;方法体系是关键性因素,是成功者的"制动"功能;能力体系是支撑性因素,是成功者的保障。

精英教育时代的大学生是社会紧缺人才资源,有广阔的就业空间。但在高等教育大众化时代,大学生只是一种优秀的社会人力资源,职业对大学生的要求越来越精细、越来越挑剔。大学生除了按教学计划学好专业知识外,提高职业适应性,即锻炼自己的非专业素质显得尤为重要。因此,在校期间,大学生必须根据职业发展需要,选择主修专业和辅修专业,合理安排学习计划,积累适应个人职业发展需要的非专业素质,增强自身的就业竞争力。

五、职业与专业的对应关系

由于社会的分工,人们从事着不同的工作,在国民经济不同的产业、行业领域中有成千上万种不同的职业。专业是学业门类,它是从学科与技术的角度进行划分的。尽管专业和职业有很大的不同,但两者之间是密切相连的。

众所周知,我们在做学业规划时,职业与专业之间的关系是必须面对又很难解决的重大问题。有人说,专业决定了职业;又有人说,专业与职业没有多少联系,所学专业与工作大相径庭的例子比比皆是。这两种极端的观点只能说明人们对二者关系认识上的片面与肤浅,职业与专业之间不是前者所说的一一对应关系,当然也不是后者所说的一点关系也没有。其实,学以致用是最符合经济效益的个人发展原则。因此,自己从事的第一份正式工作如果就是原来所学的专业,对提高个人发展效率有着非常重要的战略意义。当然,大学生也可以从事与专业有些差距的工作,但在社会分工越来越细,在每一行业所需要的知识和技能越来越专业的时候,若在非本专业上承担起相应的工作,那么要花费很大的个人代价(时间、精力、金钱等)。所以,在大学学习之前要认真选择专业,争取让自己的专业和毕业后所从事的职业联系起来,尽量少走弯路。

那么,职业和专业到底是什么关系呢?

如果说,职业理想和就业目标是目的地的话,那么专业选择就是路线的主要内容。我们知道,不同的职业需要不同的知识、技能及德、体条件,而不同的知识和技能则是专业的主要内容。从经济和效率的角度来看,我们所选择的专业最好是就业目标所需要的知识和技能。然而,从专业与职业的关系来讲,它们之间的关系可以概括为三种:一对一、一对多、多对一。

(一)一对一

这种情况最简单。一个专业方向对应一个职业目标,这类专业一般都存在于中等专科学校或高等专科院校,培养目标单一明确。此类职业的技术含量比较高,也比较单一,它属于学业规划中比较主动的一种态势。可以让我们先定目标,后选路线,在各种路线中选择求学成本最低的一条,这类专业和职业一般都适合专业技术人员,比如数控机床专业的学生毕业后最适合的就是成为企业中数控机床的操作与维护人员,最后发展成为高级技师;烹饪专业学生毕业后最适合的就是成为一名厨师。

(二)一对多

这类专业一般存在于普通高校中,人们常说的宽口径、厚基础就是指这类专业。这类专业所对应的职业目标有多个,从职业的人格特征来看,许多人都对应了两种以上人格类型的职业。比如经济学专业的学生,从职业人格来看,它可以对应研究型人格职业(比如经济学研究),可以对应企业型人格职业(企业信息管理)等。所以,首先要了解自己的职业人格,并根据具体的职业目标要求,有针对性地学习和开发其他相关的知识和技能。以经济学专业为例,你确定自己毕业后从事新闻记者这一职业,那么在学习经济学知识的同时,还要根据新闻记者这一职业所需要的其他知识和技能有针对性地学习，如写作能力、社交能力、新闻敏感度的培养等。此种类型适用于在学业规划时先确定专业后确定职业目标的形式。应该说，先定专业再定职业目标已经是一种比较被动的人生发展状态，然而这一做法可以让我们比较顺利地由被动转化为主动。因此，作为入学新生，一定要抓住这一关键时机，从被动走向主动，否则自己的人生发展将陷入更大的被动。

（三）多对一

这种类型就是多种专业都可以发展到某一种职业的形式。这类职业一般属于企业型人格，如新闻记者，它可以接收经济学、新闻、中文、哲学、历史等许多专业的学生。这种类型也适用于先确定职业目标后确定专业方向发展的情形。这其实和第一种（一对一）比较类似，但在学业规划时处于比较主动的态势，能够比较好地找到一条求学成本最低的学业路线。

总之，对于大学生来说，对于职业与专业关系的了解至关重要，这直接影响到专业的选择和毕业后行业的选择。

六、职业中的专业因素

专业是学科与职业之间的桥梁，它按照学科进行划分，对应着一定的职业群。专业是职业发展的基础，它为若干相近的职业群提供必要的基础知识和基本技能。不同的学校类别、不同的学历层次对学生专业知识和专业技能的培养有所不同。研究型的大学主要提供较为深厚的基础知识，培养学生与某些职业相关的独立思考和研究能力；高等职业院校主要针对较为具体的职业，更多地培养学生的专业技能，要求学生取得相关职业的职业资格证书；教学型大学所培养的学生，既有一定的专业基础知识，又有一定的专业技能。

与高等职业院校相比，由于普通高校的专业设置适应了较多的职业群，即所谓的宽口径，增加了学生的职业适应性，但同时也必然使学生学而不专，难以适应某些具体职位的职业要求。这种设置，为大学生根据自己的兴趣爱好和能力特点选择合适的职业方向提供了较大的空间，但同时也要求大学生必须在有了明确的职业方向之后，按照社会职业的要求，进一步充实该职业方向所必备的专业技能，提高实践能力，才能够适应职业的要求。

在对许多具有大专以上学历的从业者进行调查分析之后发现，所学专业与从事职业之间有5种类型。

(1)"专业对口"型：在专业的领域内发展职业，一生的职业发展基本上限制在专业领域内，本专业的专业知识与技能对职业发展的贡献度≥80%。特征：自己选择的职业与所修专业高度一致，如计算机及其应用专业毕业后从事电脑维护工作，英语专业毕业后从事翻译等。这一类型的在校努力方向：学精专业。

(2)"专业适应"型：以专业为基础发展职业，一生的职业发展是在专业基础上，有重点地沿着某些方向发展，本专业的专业知识与技能对职业发展的贡献度≥40%。个人选择的职业与所修专业部分一致。特征：重点掌握某些专业技能的同时，注重其他专业技能学习，如人力资源管理专业毕业后从事行政管理，机电一体化专业的毕业从事机械工艺等。这一类型的在校努力方向：学好专业，辅修其他喜欢的专业。

(3)"专业拓展"型：以专业为核心发展职业，一生的职业发展以专业为核心，有较大扩展，本专业的专业知识与技能对职业发展的贡献度≥60%。特征：个人选择的职业与所修专业较一致，但职业发展明显超越专业领域。如医药院校的临床医学专业，可以在医院做临床医生保健师，也可以从事预防检验、卫生防疫、卫生科普宣传等相关工作，还可以个体开诊所，当个体医生；法律专业毕业生可在司法部门当法官、在律师事务所当律师、在企业做法律顾问、在基层社区做法律咨询服务，在高校担任教师等。这一类型的在校努力方向：学好专业，选修与职业发展一致的课程。

(4)"专业有关"型：一生的职业发展与专业基本无关或在专业边缘发展职业，本专业的专业知识与技能对职业发展的贡献度为10%～20%，如会计专业毕业后从事行政文员等。这一类型的在校努力方向：保证专业合格，辅修其他适合的专业，也可做专业调整。

(5)"专业无关"型:一生的职业发展与专业完全无关,本专业的专业知识与技能对职业发展的贡献度为10%以下。特征:个人选择的职业与所修专业很不相符,如日语专业毕业后从事客户服务,电子信息工程专业毕业后从事酒店管理等。这一类型的在校努力方向:尽量调整专业,若不能,则辅修其他专业。

研究发现,大学生所学专业与从事职业之间的5种类型在社会中的分布因不同时期、不同高校、不同行业、不同专业而有所差异,总的来看,呈现如图2-3所示的态势。

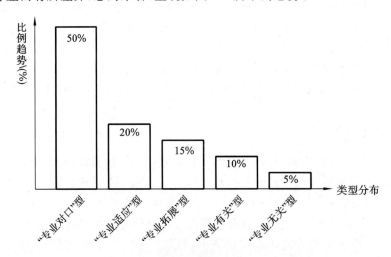

图2-3 大学生所学专业与从事职业之间的5种类型在社会中的分布态势

从图2-3中可看出,有50%的大学生在职业通道上完全从事专业对口的工作,有20%大学生在职业发展中依靠专业水平的发挥,有15%的大学生在核心专业基础上拓展新的职业环境,只有15%的大学生在职业发展中偏离了专业的方向,其中真正与所学专业完全无关者仅占5%。因此,大学生实现"学业成功"的目标中,选好专业、学好专业是至关重要的。

七、学好专业

大学阶段是大学生学习知识、培养能力、发展智力、丰富阅历、积累经验、准备承担成人责任的过渡期,也是大学生步入社会的准备期。对每一个大学生来说,大学阶段都是一生中非常重要的时期之一。大学生既要适应前所未有的生活,扮演新的角色,又要面对新的环境排除困惑,确立发展方向并通过努力找到实现理想的正确途径。而所有这一切,都必须建立在职业观念培养的基础上。然而,正是由于学校对学生职业观念培养的缺失,学生在专业学习过程中出现盲目性。

(一)大学生专业选择存在盲目性

在我国台湾、香港地区,择业指导比较普遍,高中生毕业时,都会接受所在中学设立的职业选择中心的测评,以此作为自己就业或参加高考填报志愿的参考依据。而我国的大部分学校并没有开展对学生职业选择的测评,而且在对学生进行评价时,长期实施的是相对单一的评价,学科成绩可能掩盖了很多潜能、特点。因此,学生的专业选择视野非常狭窄,不能全面审视自己的职业潜能,从而导致了在专业选择过程中的盲目性,也导致了个人的天赋优势不能充分发挥,专业方向选择中也出现了能力短缺和兴趣不足的情况。这些情况将直接影响大学生学习的积极性与主动性,并将最终影响大学生职业目标的确定。现在大学生专业思想问题非常突出,成为困扰他们健康成长的重要因素,而从另一个角度来看,这种状况又造成了人才的浪费,国家财力、物力的巨大浪费。

(二)大学生的专业学习存在盲目性

由于学校没有及时对大学生进行职业观念的培养,大部分大学生没有自己的职业规划,因此在专业学习过程中,不能有效地进行专业知识的学习,学习方案缺乏计划性,不能及时有效地了解和掌握与自己职业相关的知识。另外,由于缺少良好的职业规划,大部分学生不能主动地、有选择性地学习将来对自己有用的知识,得过且过,造成浪费,而这种浪费所造成的损失是无法弥补的。

(三)目标设定方面存在盲目性

目标明确、方向正确是成功的基础。大学教育不是职业教育,但大学毕业生面临着职业的选择和就业的压力,对社会以及工种的了解又是不明确的,有时甚至是含混不清的。大学生对自己的思维习惯、性格特征、知识储备及未来再学习的时间、可能性等缺乏清晰的认识,因而在确定自己的职业方向、目标方面存在盲目性,往往把激情当成了实情,过高地估计了自己的实力。过高地设立目标,一旦目标达不到,挫败感会使人不自信,影响更长远目标的实现。

以就业为导向,首先要找到自己喜欢从事的职业或职业发展方向,然后客观全面地了解所学的专业,了解与所选职业方向相关的专业,结合学校的具体情况,制订学业成长方案,学好专业知识和技能。一个大学生应该以就业为导向,了解专业,学好专业。

1. 与专业相关的职业 了解与专业相关的职业,要做调查研究,可以同本专业的若干同学组成一个调查小组,合作进行调查了解。我国的专业主要是以学科为主进行划分,它是人才培养规格的标志。因此,要尽可能清楚地了解专业的学科特征,了解学科门类中其他相关专业的基本情况,了解本专业人才培养规格的主要特征。

2. 了解学科特色 首先,要清楚所学专业属于哪一学科门类和哪一个哪一级学科类别。例如,机械设计制造及自动化专业属于工科门类、机械类一级学科。其次,要对一级学科的基本特色有所了解,对其相近学科和本学科的前沿知识和发展动向有所了解。最后,在对学科的内涵及生存发展的广度和深度进行了解的基础上,有效地把握所学专业在学科中的位置和生存发展空间。

3. 了解专业人才培养规格 不同学校同一专业人才培养的规格会有所差别。一般来说,各院校都会根据自身的学术水平、社会影响等对毕业生有一个基本的定位,各校人才培养的规格都是根据这一定位来确定的。人才培养规格在高等教育精英化时代和大众化时代有很大不同,从根本上来看,是受着社会需求的制约。了解专业人才培养规格,首先,要明确本专业是为谁培养毕业生,也就是明确本专业人才将进入的主要行业领域;其次,要明确本专业所培养的是哪种类型的人才,是应用型、研究型、还是复合型?是去做技术工作、管理工作、设计开发、统计分析,还是经贸营销?

4. 个人的职业发展方向与专业的关系 如果个人没有明确的职业发展方向,应该首先确定个人的职业发展方向,然后再考虑职业发展方向与专业的关系,要根据自身的性格、兴趣、爱好、能力、知识、职业倾向等,明确自己首选的职业与专业关系属于哪一种类型,再依次排序。

职业发展需要的知识和技能很多,各专业的人才培养规格和学科特征提供了一系列的知识和技能的组合。大学生应该清楚自身通过专业学习所获得的知识和技能中,哪些对职业发展有用,哪些用处较小;除专业学习获得的知识和技能之外,在个人的职业发展方面还需要补充哪些知识和技能。通常情况下,专业的针对性越强,适应性越差;而适应性增加,则专业针对性或对专业知识、技能的掌握深度就会降低。适应性主要通过基础知识、基本技能等非专业素质的培养来体现,专业性主要通过专业知识和专业技能反映出来。为进一步加深认识和了解,可设计一个表格,列出自己所学的知识和技能。

第三节 职业技能标准

社会的不断发展,催生了一些新兴行业,并促使我国职业就业标准国际化。为了与国际接轨,我国已有不少职业或工种就业准入制度相对完善。如果大学生在毕业前拥有职业资格证书,率先跨越职业准入的门槛,将大幅度促进就业进程。

一、职业技能标准

(一)职业技能标准的定义

职业技能标准是指在职业分类的基础上,通过科学划分工种,对工种进行分析和评价,根据各工种对知识和技能水平的要求对其进行概括和描述，从而形成的职业技能准则。

（二）职业技能标准的分类

职业技能标准分为国家职业技能标准、行业（地区）职业技能标准、企业职业技能标准三级。职业技能标准的内容由三部分组成，即知识要求、技能要求和工作实践，并根据技能水平的高低和工作特点的不同，分别设立初、中、高三级制，初、中或中、高二级制，初一级制。

（三）职业技能标准的功能

职业技能标准的功能是衡量从业人员技能水平和工作能力的尺度，是进行技能培训、技能鉴定、企业用人以及开展国际劳务合作交流的主要依据。

（四）职业技能标准的制定原则

1. 坚持先进合理的标准　要以我国技术装备和劳动管理水平条件下的知识、技能要求为基础，也要反映出一定发展时期内技术进步、设备更新、工艺改革、产品更新换代以及劳动管理改善等方面的趋势，同时定位于大多数劳动者经过一定的努力能够达到的水平，过高、过低都不利于生产与工艺技术、设备及装备水平和劳动者素质的改善和提高。

2. 科学划分等级　所谓等级，是指标准的内在水平梯度。要根据特定职业或工种的技术复杂程度和劳动者掌握其基本要求所需要具备的专业理论知识的深度和广度，以及熟练掌握其操作技能所需的专业培训时间的长短等，来科学地划分和设定等级。

3. 具有可操作性　可操作性是指在标准的制定过程中，要充分考虑我国现有的劳动管理水平、生产技术特点、工艺以及原材料等主要情况，符合我国大多数企业的工作环境、工作条件、管理水平的一般情况进行制定，增强标准的针对性和可行性。

4. 标准形式规范化　规范化是指制定标准时，从内容到形式都要符合国家通行的标准和要求，标准本身要标准。在实际制定过程中，从标准的内容结构、表达形式、表达方法及文字符号等，都必须按照国家公布使用的规范标准执行。

5. 借鉴国际先进经验　在制定国家职业技能标准时，要从我国国情出发，有选择地吸收国际经验，向国际先进水平靠拢，促进我国制定职业技能标准整体水平的提高，为国际交流提供条件。

二、国家职业技能标准

国家职业技能标准是在职业分类的基础上，根据职业（工种）的活动内容，对从业人员工作能力水平的规范性要求。它是从业人员从事职业活动，接受职业教育培训和职业技能鉴定以及用人单位录用、使用人员的基本依据。

（一）国家职业技能标准的用途

1. 国家职业技能标准是开展职业培训的重要依据　职业培训的培训大纲、培训教材等均是根据国家职业技能标准的要求进行编制的，并据此开展职业培训。通过职业培训，劳动者可掌握标准中某一等级的技术理论知识和实际操作技能的要求。

2. 国家职业技能标准是对劳动者的就业、上岗（转岗）、晋级进行考核的依据　根据标准内容的要求，来考核并鉴定劳动者所具有的技术能力，其中包括掌握专业知识的程度和实际操作技能等方面的情况。

多看一眼：
《国家职业标准
编制技术规程
（2023 年版）》

3. 国家职业技能标准可作为确定劳动者工资水平的参考依据　一般情况下，劳动者技能等级高低与其工作效率的贡献大小是成正比的，因此国家职业技能标准是确定劳动报酬的一个重要因素。

4. 有利于人才结构调整及劳动力资源的调整　用人单位和劳动力市场可以根据国家职业技能标准确定调整人才的结构方案，及时培养相应人才，满足市场和用人单位的需要。

（二）国家职业技能标准的内容

国家职业技能标准由职业概况、基本要求、工作要求和比重表四部分组成，其中

多看一眼：
职业活动与
职业关系

工作要求是国家职业标准的核心部分。

（1）职业概况是对本职业基本情况的描述，包括职业名称、职业定义、职业等级、职业环境条件、职业能力特征、培训要求、鉴定要求等内容。

（2）基本要求包括职业道德和基础知识，其中职业道德是指从事本职业工作应具备的基本观念、意识、品质和行为的要求，一般包括职业道德知识、职业态度、行为规范；基础知识是指本职业各等级从业人员都必须掌握的通用基础知识，主要是与本职业密切相关并贯穿于整个职业的基本理论知识及有关法律知识和安全卫生、环境保护知识。

（3）工作要求是在对职业活动内容进行分解和细化的基础上，从技能和知识两个方面对完成各项具体工作所需职业能力的描述，包括职业功能、工作内容、技能要求、相关知识等。其中职业功能是指一个职业所要实现的活动目标，或是一个职业活动的主要方面（活动项目），根据不同职业的性质和特点，可按工作领域、项目或工作程序来划分。工作内容是指完成职业功能所应做的工作，可以按种类划分，也可以按程序划分。每项职业功能一般包含两个或两个以上的工作内容。技能要求是指完成每一项工作内容应达到的结果或应具备的技能。相关知识是指完成每项操作技能应具备的知识，主要指与技能要求相对应的技术要求、有关法规、操作规程、安全知识和理论知识等。

（4）比重表包括理论知识比重表和技能比重表。其中，理论知识比重表反映基础知识和每一项工作内容的相关知识在培训考核中应占的比例；技能比重表反映各项工作内容在培训考核中所占的比例。

三、职业技能鉴定

《中华人民共和国劳动法》规定"国家确定职业分类，对规定的职业制定职业技能标准，实行职业资格证书制度，由经过政府批准的考核鉴定机构负责对劳动者实施职业技能考核鉴定"。职业技能鉴定是一项对职业技能水平的考核活动，是通过某种方式对劳动者从事某种职业所应掌握的技术理论知识和实际操作技能进行检测、评估、考察或甄别，由职业技能鉴定机构按照国家职业标准做出比照性的评判。对符合条件者核发相应的国家职业资格证书。

我国的职业技能鉴定实行政府指导下的社会化管理体制，按照国家法律政策，在政府劳动保障行政部门领导下，由职业技能鉴定指导中心组织实施，依托职业技能鉴定所（站）对劳动者的技能水平实施鉴定。

（一）职业技能鉴定的方式和内容

职业技能鉴定分为理论知识考试和操作技能考核两部分。理论知识考试一般采用笔试，操作技能考核一般采用加工典型工件、生产作业项目、模拟操作等现场操作方式进行。所用试题须从国家职业技能鉴定统一题库提取。

职业技能鉴定主要内容包括职业知识、职业技能和职业道德3个方面，是依据国家职业技能标准、职业技能鉴定规范（即考试大纲）来确定的，并通过编制试卷来进行鉴定考核。

（二）获取职业技能鉴定的渠道

我国在地级市及其以上行政机构设有职业技能鉴定中心，地市级以下设有职业技能鉴定所（站）。各类需参加职业技能鉴定的人员可向当地劳动保障部门等有关部门咨询，也可以通过职业技能鉴定中心或鉴定机构查询职业技能鉴定信息。在校学生还可以通过学校了解有关鉴定信息。

（三）我国职业技能鉴定的相关规定

一般来讲，参加职业技能鉴定以自愿为原则，企、事业单位的职工以及社会各类人员，可以根据单位实际需要或个人意愿决定是否参加鉴定。但是，根据国家就业准入制度的规定，下列人员必须参加职业技能鉴定。

（1）从事国家规定的必须取得职业资格证书职业（工种）的劳动者。

（2）职业学校和职业培训机构属于技术工种（专业）的毕（结）业生。

（3）学徒培训期满的学徒工。

(4)已取得职业资格证书的申请获取更高一级职业资格证的劳动者。

(四)申报参加职业技能鉴定方式

申报者依据个人资格条件到当地职业技能鉴定中心或职业技能鉴定所(站)办理参加相应职业(工种)职业技能鉴定的报名手续。

(五)职业鉴定的申报条件

参加不同职业资格、不同级别鉴定的人员,其申报条件各不相同,申报人要根据鉴定的有关规定,确定申报的级别。

四、选择适合自己的职业资格培训

根据我国的具体情况,人力资源和社会保障部等政府部门认证的项目比较具有权威性。这些认证项目一般由学员参加人力资源和社会保障部等政府部门统一举行的认证考试,考试合格方能取得资格证书。除国家有关部门外,还有一些行业组织、学校、企业等也有自己的资格认证。以市场营销类资格认证为例,除人力资源和社会保障部举办的营销师资格考试、推销员资格考试外,还有教育部考试中心与中国市场学会联合推出的中国市场营销资格证书考试(CMAT)。不同的认证单位,颁发的证书、考试流程、证书等级等都是不同的。

对于同一种认证培训,有的地区会有多家培训机构具有培训资格。在几家培训机构中,要选择一家合适的也是比较麻烦的事情。要了解机构的规模、品牌形象、师资力量、课时安排等情况,在选择之前最好实地考察一下,当面咨询相关老师后再定夺,有的培训机构还可以安排试听。

在校大学生如何选择适合自己的职业资格证书呢?首先是与专业相关,所选择的职业资格证书要与自己所学专业有所关联,能在考取证书过程中受到专业的培训,可以使自己的专业能力得到提高。如英语专业可以考取英语等级口译岗位等相关的资格证书,化学类专业可以考取化验师等相关的资格证书,物流类专业可以考取物流师等相关的资格证书。其次是志向趋同,即所考取的证书与自己将来的职业取向一致,但前提是在校期间要努力提高职业取向方面的专业知识,再拿证书作为自己的专业证明。最后是层次相符,就是不要考那些虽然听起来比较高级,而实际上和自身情况差距很大的证书。

能力可以通过证书来体现,但证书绝不等同于能力。所以,不管考取哪种证书,一定要弄清楚自己的目的,不要单纯地为了考证而考证。

五、职业道德概述

职业道德是调节职业活动中各种关系的行为规范,规范行为的目的是让我们的职业生活更美好,前途更光明,而不要把它看作是用来限制行动的枷锁。实际上,职业道德是职业的一部分,良好的职业道德将会为我们的职业生涯减少障碍和阻力,带来一片明媚的天空。

(一)职业道德的含义

道德是社会学范畴中的一个基本概念,在不同的社会中,由于社会制度和社会阶层的不同,道德也有其不同标准。所谓道德,由一定社会的经济基础所决定,以善恶为评价标准,以法律为保障,并依靠社会舆论和人们内心信念来维系的,是调整人与人、人与社会及社会各成员之间关系的行为规范的总和。

职业道德是指从事一定职业劳动的人们,在特定的工作和劳动中以其内心信念和特殊社会手段来维系的,以善恶进行评价的心理意识、行为原则和行为规范的总和,是人们在从事职业的过程中形成的一种内在的、非强制性的约束机制。职业道德是社会道德在职业生活中的具体化。每个从业人员,无论从事哪种职业,在职业活动中都要遵守职业道德。例如,教师要遵守教书育人、为人师表的职业道德;医生要遵守救死扶伤的职业道德;商场营业员要遵守微笑服务、百问不厌的职业道德;私营企业经营者要以守法经营、公平竞争、讲究信誉、不搞欺诈等作为职业道德。

(二)职业道德的特点

由于职业道德是同人们的职业生活相联系的,因而它具有不同于道德的特点。这些特点主要体现在以下方面。

1. 专业性和多样性 人们的具体职业活动实践是各种职业道德产生的基础,人们在某一领域里所从事的职业活动,用特殊的、专门的方式为他人和社会服务,承担着不同责任和义务,经受着不同职业活动训练,形成了不同的职业信念、情感和习惯,从而产生了一般只适用于本职业的职业道德规范,因而显现出鲜明的专业性。它的适用对象和范围是特定的、有限的,对不属于本行业的人员或本行业人员在不涉及职业活动的条件下往往不适用。不同的职业有不同的职业道德,社会上的职业千差万别,因而职业道德各具特色,多种多样,呈现出多样性,社会上有多少种职业就有多少种职业道德。

2. 继承性和时代性 职业是因社会分工和社会需要而产生的,它必然随社会分工的存在和社会的需要而世代连续。由于同一职业在不同的时代,其社会责任、服务对象、职业利益等都有大体一致的共同性,因而具有相同的职业道德要求。同时,人们由于长期从事某一种特定职业,适应特殊的职业活动要求,受特殊的职业道德规范约束,便形成了特殊的职业观念、职业习惯,并对下一代从事这一职业的人员产生深刻的影响,从而稳定并世代相传,被在不同时代从事同一职业的人员所继承和发展。同时,职业道德又是受社会经济关系和政治关系制约的,它必然会随着社会政治、经济关系变化,随着人们职业活动内容、手段的变化而发生相应变化,从而打上鲜明的、时代的烙印,显示出时代的要求和特征。

3. 适用性和实践性 各行各业为了更好地调整职业活动中人们的道德关系,为社会提供优良的服务,根据本行业活动的内容、方式等具体情况出发,适应本职业从业者的接受能力,制订出一些具体、简明扼要、行之有效的行为规范,如行业公约、规章制度等。这些具体、明确、易于接受的形式,既便于从业者理解、掌握、遵照执行,又便于社会舆论监督、检查,评价从业者职业道德水平的高低。同时,职业道德在实践上要切实可行、行之有效,它不是一种空洞的、夸夸其谈的说教,而是指导人们进行实践的行为规范。

职业道德的这些特点,必然会对各行各业的从业者的思想和行为产生具体的、深刻的影响,并且通过社会舆论和从业者的内心信念来发挥作用,促使他们把自己的行为约束于职业道德要求的范围内。

(三)职业道德基本规范

人类社会在其长期发展的过程中,逐渐形成了两大规范:道德规范和法律规范。这两者之间既有联系又有区别。从道德和法律的作用来看,以德治国和依法治国是相辅相成、相互促进的。从道德和法律的内容来看,二者有相互重叠的部分,道德和法律有相互转换、相互作用的关系。职业道德规范是根据其各个职业的特点、性质、地位和作用,按照自身职业活动的客观要求而制订的。社会主义职业道德规范除了包含这些基本原则外,还有一些各行业都必须遵守的行为规范,包括爱岗敬业、诚实守信、办事公道、服务群众、奉献社会等。

多看一眼:
一面墙改变
一个人的命运

1. 爱岗敬业 爱岗敬业作为最基本的职业道德规范,是对人们工作态度的一种普遍要求。它要求从业者首先要热爱自己所从事的职业,并要用一种恭敬严肃的态度对待它。宋朝学者、教育家朱熹对敬业的解释:专心致志,以事其业。就是说,敬业的核心要求是严肃认真,一心一意,精益求精,尽职尽责。古人提倡的这种工作态度在今天仍然没有过时。爱岗敬业是职责,更是工作精神的体现。所谓爱岗,就是热爱自己的工作岗位,热爱自己所从事的职业。它要求从业者以积极乐观的态度对待各种职业劳动,并从职业活动实践中获得相应的幸福感和荣誉感。所谓敬业,就是用一种恭敬严肃的态度来对待自己的职业。既然选择了这一职业,就要有干一行、爱一行、钻一行的职业精神,要能忍受职业中的平凡和烦琐,承受工作中的孤独和寂寞,对待工作要兢兢业业、一丝不苟。从业者只有勤勤恳恳、踏踏实实地做好自己的本职工作,努力提升自己的工作能力,才能获得晋升。一个人如果看不起本职岗位,心浮气躁,好高骛远,不但违背了职业道德规范,而且会失去自身发展的机会。

爱岗就是热爱自己的本职工作,从中找到乐趣和价值;敬业是爱岗的升华,就是以恭敬严肃的态度对待自己的职业,对本职工作一丝不苟。不爱岗的人,很难做到敬业;不敬业的人,很难说是真正的爱岗。爱岗敬业,就是对自己的工作专心、认真、负责任,为实现职业上的奋斗目标而努力。

2. 诚实守信 诚实守信不仅仅是职业道德的基本要求,更是做人的基本准则。孔子讲"民无信不立",是指国家的统治者应取信于民,否则就得不到老百姓的支持。孔子讲的是国家与民众的关系。把这句话引申开来,在个人与社会、个人与个人之间,也可以说是无信不立。在加强职业道德建设的过程中,弘扬诚实守信的精神,不仅有利于就业市场的发展,有利于用人单位的兴旺,更是个人成长、成才必须具备的精神。诚实就是真实不欺,实事求是地对人对己。诚实是一种高尚的品质,它要求人们尊重客观事实,并且能按实际情况表达出来。在工作中,诚实体现在从业者提供真实的服务信息,提供符合规格的服务,收取合理的费用,反对和杜绝任何形式的欺诈和恶意隐瞒消费者的行为。守信则要求讲信誉,一诺千金。守信让人信服,守信用的人值得信赖和尊敬。在对待工作时,守信要求每名从业者遵纪守法,对自己定下的口头和书面承诺都要负责任,对工作精益求精,注重产品质量和服务质量,并同弄虚作假、坑害人民的行为进行坚决的斗争。

3. 办事公道 办事公道是指从业者按照一定的标准和原则,实事求是地待人处事,即处理各种职业事务要站在客观公正的立场上,不偏不倚、公平公开,对不同的服务对象一视同仁,不以有色眼镜待人,不因职位高低、贫富亲疏而区别对待。办事公道是高尚道德情操在职业活动中的重要体现,它要求从业者以国家和人民的利益为重,公平合理地为人民服务,不能利用职务之便或手中权力牟取私利。另外对于手中无权的一般从业者,也存在办事公道的问题,如服务员不应以消费者的穿着打扮衡量其富贵与否,进而提供不同态度的服务;售货员对于购买不同数量的消费者应以同样热情的态度对待。办事不公道,实际上是把那些应服务于社会及人民的职业变成只服务于社会某一部分人的职业,甚至变为牟取私利的工具,使这些职业的社会性质发生根本性的扭曲和改变。如此一来,社会就没有正常的秩序,拜金主义、享乐主义、极端个人主义就会滋长,见利忘义、损公肥私的行为就会发生,以权谋私、腐化堕落的现象就会蔓延。

4. 服务群众 工作的目的是为广大人民群众服务,所以作为从业者要了解群众的需要,听取群众的意见,多为群众着想,端正服务态度,改进服务措施,提高服务质量。在按质按量完成本职工作的基础上,努力地向职业高标准方向发展,旨在为群众提供更好、更高效的服务。有些从业者一心想攀龙附凤,只将领导作为唯一的服务者,而忽视了广大群众的利益,这种空中楼阁式的服务必然会有崩塌的那一天。

5. 奉献社会 奉献社会是社会主义职业道德的最高境界和最终目的,是职业道德的出发点和归宿。奉献社会就是要履行对社会、对他人的义务,自觉地、努力地为社会、为他人做出贡献。当社会利益与局部利益、个人利益发生冲突时,要求每一个从业人员把社会利益放在首位。奉献社会是一种对事业忘我的全身心投入,这不仅需要有坚定的信念,更需要有崇高的行动。当一个人任劳任怨,不计较个人得失,甚至不惜献出自己的生命从事某种事业时,他关注的其实是这一事业对社会、对人类的意义。

(四)职业道德规范的作用

职业道德规范是从事职业活动的人们应当遵守的职业行为准则。它既是调节职业活动中人们的各种关系、解决各种矛盾的行为准则,又是评价职业活动和职业行为的具体标准。它告诉人们应该做什么、不应该做什么,应该怎样做、不应该怎样做。各行各业的劳动者只有明确并掌握职业道德规范,才能在职业活动中把职业道德要求转变成职业行为,才能协调好各种关系,解决好各种矛盾,出色地完成各项工作任务。

在现代社会中,职业道德规范通常以准则、规则、守则、条例、规定等形式表现出来,其主要内容包括有关从业者应尽的职责和义务,说明哪些行为是被允许的,属于道德的行为;哪些行为是不被允许的,属于不道德的行为等。

职业道德规范的作用体现在以下4个方面。

1. 规范作用 职业道德规范规范着人们的职业品质和行为表现。社会各职业团体和组织中的每个从业人员需要按照职业道德规范所要求的基本准则,从职业道德意识、情感、意志、行为等各个方面去要求自己。只有这样,才能引导每个从业者识大体、顾大局,尽心尽责、全心全意地为群众服务;只有这样,才能指导人们正确地处理职业生活中国家、集体和个人之间的关系。

2. 协调作用 职业道德规范能够协调职业团体和社会组织中的内部关系。它要求从业者忠于职守,敬业乐业,精通业务,提倡团结协作、共同进步,提倡尊重领导、爱护下属等。职业团体或组织内部的每个成员,如果都能遵守职业道德规范,具备良好的职业道德,那么就一定能创建和谐、融洽的职业生活氛围,使这个团体或组织充满活力、欣欣向荣。职业道德规范还能协调职业团体和组织中从业者与被服务对象之间的关系,如商业道德协调着营业员与消费者之间的关系,医疗道德协调医护人员与患者之间的关系,教师道德协调着师生关系等。

3. 教育和评价作用 职业道德规范的教育作用在于使从业者或即将从业者形成自觉的职业道德、内心信念、传统职业习惯和稳定的内在品德。这对于大学生来说尤为重要,因为在校期间接受的是专业教育,而今后从事的职业种类相对固定,所以有目的、有计划、系统地进行特定的职业道德教育,能为大学生顺利踏入社会、走上工作岗位、对国家做出贡献奠定基础。而在职业生活实践中,根据具体的职业道德规范和准则,对某种职业行为做出荣辱、善恶、高尚或卑贱的恰当评价时,从某种意义上讲是一种无形的健康向上的精神力量,是调整人们职业行为的有力武器。

4. 社会推动作用 职业道德是社会道德的重要组成部分,职业道德规范在很大程度上反映出一个社会的总体道德和精神文明的水平。只有在职业生活中树立良好的职业道德规范,才能创建良好的社会氛围,进而推动社会道德和精神文明建设的发展。

(五)职业道德的培养

职业道德不是一个空泛的概念,也不是靠豪言壮语支撑的,它最终是要落实到人的职业活动中,通过职业道德行为表现出来。职业道德修养的宗旨和目的是从业者努力提高自己的精神境界和道德情操,把自己培养成为有理想、有道德、有文化、爱岗敬业、诚实守信、办事公道、服务群众、奉献社会的新一代社会主义劳动者。因此,在职业道德素养过程中,必须采用有效的方法,才能达到预期的效果。知识学习、习惯形成、实践强化和自我修养,就是不断提高自己职业道德素养的4个主要环节和途径。

1. 知识学习 古人云:"知是行之始。"一个人要具备良好的职业道德品质,首先要懂得自己为什么必须要有职业道德品质,自己怎样才能成为一个有道德的人,这就要通过学习来解决。学习是提高职业道德认识,树立职业道德信念的方法,是职业道德品质形成的前提。职业道德不是强加给我们的戒律,它的背后包含着深刻的人生价值观,并有理论支撑,包含着具体情境中对于道德问题的判断。我们只有加强对道德知识的学习和理解,才能真正懂得职业道德规范背后的道理,认同职业道德的意义,从而提高职业道德意识,形成职业道德信念,增强培养职业道德的自觉性和积极性。职业道德的学习形式是多样的,我们可以从理论中学习,可以从先人总结的格言警句中学习,可以从职业道德行为案例中学习,还可以向具有优秀职业道德的模范、榜样学习。

2. 实践强化 实践是提高职业道德素养的根本途径和方法。职业道德意识直接影响和指导着道德行为,没有良好的职业道德意识,是不可能有正确的职业道德行为的,但职业道德意识不等于职业道德行为。如果一个人不把职业道德意识修养付诸实践,他就很难在职业生活实践中形成优良的职业道德品质。因此,必须把这种道德意识同职业活动实践结合起来,并通过从业者的多次反复实践,才能培养出优良的职业道德品质。

具体表现为一是在日常生活中养成。职业道德行为的最大特点是自觉性和习惯性,而培养良好习惯的载体是日常生活。在生活中,当某一行为频繁出现时,这一行为就可能成为习惯,久而久之,习惯就会成为一种自觉的行为。二是在专业学习中训练,专业理论知识与专业技能是形成职业信念和职业道德行为的前提和基础。职业道德行为习惯的养成,离不开知识的学习和技能的提高,而知识和技能的提高是要靠日复一日地钻研和训练才能得到的。三是在社会实践中体验。丰富的社会实践是指导人们发展、成才的基础,是实现知行合一的主要场所。职业道德行为的养成离不开社会实践,社会实践是职业道德行为养成的根本途径。在社会实践中,把学和做结合起来,以正确的道德观念指导自己的实践,理论联系实际,言行一致,知行合一。

3. 在自我修养中提高 内省即对自己内心的省视,是一种自律心理,也是一种自我反省的精神。通过内省,深刻反思自己的言行举止、待人接物、为人处事的种种表现,进而进行自我批评,调控自我行为,提升自我社会价值,达到自我完善。孔子的学生曾子说:"吾日三省吾身。"我们的无产阶级革命家都大力提倡自我批评,并严于自我解剖、省察。从业者在职业生活中哪些言行是符合职业道德的,哪些言行是不符合职业道德的,这除了靠外在的监督以外,更需要自己反躬自问。这个省察过程实际上是职业道德的内化过程。不少从业者之所以在事业上有所成就,除了勇于实践、大胆探索外,一个很重要的原因是勤于思考,善于总结,真正做到了反躬自问。

莫见乎隐,莫显乎微,故君子慎其独也。慎独指一个人在自己独处、无人监督、易犯错误的情况下,更要自觉地谨慎地按照既定的道德原则和规范做事。慎独原则意味着一个人对他所追求的道德应该具有崇高的信念、坚强的毅力、自觉的行为习惯和高尚的情操,否则无法做到慎独。因此,一个人能否做到慎独,是表明他是否达到较高道德境界的标志。慎独不仅是一种道德修养的方法,更是一种崇高的道德境界和道德水平。慎独是道德修养的精髓,核心是强调自觉性,要求人们在道德修养的"隐"与"微"的地方下功夫,也就是要在别人看不见、听不见,只是与别人间接发生关系的时候和地方,不做违反道德准则的事,而这没有高度的自觉性、主动性是难以做到的。职业道德修养中的慎独,要求我们在职业活动中,不管是在人前人后,有没有人监督,不管是否引起遭受惩罚的后果,都要按照职业道德的规范做事。堕入腐败的人,他们大多数都不是公开收受贿赂,而是在私下,自以为天知、地知,他人不知。这种违反法律、违背职业道德的行为使不少人葬送前途。职业道德修养中的慎独境界,可以从根本上夯实一个人职业道德的基础。

4. 在职业活动中强化 职业活动是检验一个人职业道德品质高低的试金石。在职业活动实践中,应强化职业道德基础知识的运用,强化职业道德行为的规范,强化职业道德基本规范的掌握与遵守。一是将职业道德知识内化为信念。内化是把学到的职业道德知识、规范变成个人内心坚定的职业道德信念,即对职业道德理想与职业道德原则及对自己履行的职业责任与义务的真诚信奉。它是职业道德知识、情感和意志的结晶,也是人们职业道德行为的强大动力和精神支柱。只有这样,职业道德行为才有坚定性和持久性。二是将职业道德知识外化为行为。外化是把内心形成的职业道德情感、意志和信念变成个人自觉的职业道德行为,指导自己的职业活动实践。不要总是梦想高尚的事情,而要去做高尚的事情。在职业活动实践中,要始终不渝地遵守职业道德规范,履行自己的职业责任和义务,做一个言行一致、表里如一的、有职业道德的人。

第四节 职业资格

案 例 导 入

王某在20年前曾自学针灸,乡亲们腰酸腿痛时常让他扎几针,但他始终没有取得医师执业资格。1997年5月,王某又开始在本乡街上逢集时占片空地行起医来。同年10月9日上午12时许,同乡53岁的村民邢某因患有支气管炎让王某针灸。王某在地上铺了塑料布让邢某坐下,用毫针在邢某的颈部、前胸部扎了几针,并拔了火罐。在针灸过程中,邢某感到疼痛、难受、出汗、口渴,王某给邢某吃了几片药,邢某仍未见好转,后被他人送往医院,经抢救无效于当日死亡。

讨论:

结合上述案例,请思考医疗卫生专业技术人员应当具备什么条件?

一、职业资格证书制度

《中共中央国务院关于深化教育改革全面推进素质教育的决定》指出,"在全社会实行学业证书和职业资格证书并重的制度"。职业资格证书制度是劳动就业制度的一项重要内容。它是指按照国家制定的职业技能标准或任职资格条件,通过政府认定的考核鉴定机构,对劳动者的技能水平或职业资格进行客观公正、科学规范的评价和鉴定,对合格者授予相应的职业资格证书。

(一)国家推行职业资格证书制度的意义

开展职业技能鉴定,推行职业资格证书制度,是落实党中央、国务院提出的"科教兴国"战略方针的重要举措,也是我国人力资源开发的一项战略措施,对于提高劳动者素质,促进劳动力市场建设,促进经济发展都具有重要意义。

(二)实施职业资格证书制度的法律依据

《中华人民共和国劳动法》第六十九条指出,"国家确定职业分类,对规定的职业制定职业技能标准,实行职业资格证书制度"。《中华人民共和国职业教育法》第八条明确指出,"实施职业教育应当根据实际需要,同制定的职业分类和职业等级标准相适应,实行学历、培训和职业资格制度"。这些法规是国家推行职业资格证书制度和开展职业技能鉴定的法律依据。

(三)职业资格证书管理部门

根据《职业资格证书规定》(劳部发〔1994〕98号),职业资格证书实行政府指导下的管理体制,由国务院劳动、人事行政部门综合管理,通过学历认定、资格考试、专家评定、职业技能鉴定等方式进行评价。劳动部负责以技能为主的职业资格鉴定和证书的核发与管理(证书的名称、种类按现行规定执行)。人事部负责专业技术人员的职业资格评价和证书的核发与管理。

(四)需要国家职业资格证书的人员

1. 在职人员 求职的劳动者到实行准入控制的工种范围内就业时,必须具有国家职业资格证书。用人单位发布技术工种人员招聘公告时,必须在应聘人员应具备的条件中注明职业资格要求。

2. 新生劳动力 普通高中、职业高中、职业中等专科学校、大学应届毕业的新生劳动力,不但要经过职业培训、职业教育取得毕业证书,还必须取得相应的职业资格证书,才能在实行准入控制的技术工种范围内就业。

3. 技术人员 对从事技术工种但还没有相应职业资格证书的在岗人员,必须参加职业技能培训,拿到职业资格证书再上岗。

4. 转岗人员 对已经有职业资格证书,但是又更换了岗位的在职人员,必须重新参加职业培训,取得现在岗位的职业资格证书再上岗。

5. 政策性安置人员 用人单位安排国家政策性安置人员从事技术工种工作的,应当先组织培训,达到相应工种(职业)技能要求后再上岗。

6. 下岗职工 下岗职工再就业前必须进行职业技能培训,拿到职业资格证书才能再就业。

二、职业资格

职业资格是对从事某一职业所必备的学识、技术和能力的基本要求。与学历文凭不同,职业资格和职业岗位的具体要求关系密切,能直接反映从业者对岗位的适应性。

职业资格包括从业资格和执业资格。从业资格是指从事某一专业(工种)学识、技术和能力的起点标准。执业资格是指政府对某些责任较大,社会通用性强,关系公共利益的专业(工种)实行准入控制,是依法独立开业或从事某一特定专业(工种)学识、技术和能力的必备标准。

职业资格分别由国务院劳动、人事行政部门通过学历认定、资格考试、专家评定、职业技能鉴定等方式进行评价,对合格者授予国家职业资格证书。职业资格证书是国家对申请人专业(工种)学识、技术、能力的认可,是求职、任职、独立开业和单位录用的主要依据。

根据《国家职业资格目录(2021年版)》,专业技术人员职业资格共有59项,其中准入类33项,水平评价类 26 项;技能人员职业资格共计 13 项。

三、职业资格证书

职业资格证书是从事某一职业所必备的知识和技能的证明,是劳动者求职、任职、开业的资格凭证,是用人单位招聘、录用的首选条件,也是境外就业、对外劳务合作人员办理技能水平公证的有效证件。职业资格证书由国家有关部门统一印制,全国通用,全国承认。

根据《中华人民共和国劳动法》和《中华人民共和国职业教育法》的有关规定,对从事技术复杂、通用性广,涉及国家财产、人民生命安全和消费者利益的职业(工种)的劳动者,只要从事国家规定的技术工种(职业)工作,必须取得相应的职业资格证书。

(一)从业资格证书的取得

从业资格的确认及证书的颁发工作中各省、自治区、直辖市人事(职改)部门会同当地业务主管部门组织实施,通过学历认证或考试取得。一般具备下列条件之一者,都可以确认其从业资格。

第一,具有本专业中等专业学校毕业以上的学历,见习一年期满,经单位考核合格者。

第二,按国家有关规定已担任本专业初级专业技术职务或通过考试取得初级专业技术职称资格经单位考核合格者。

第三,在本专业岗位工作,并取得国家或国家授权部门组织的从业资格考试合格者。

(二)执业资格证书的取得

执业资格通过考试方法取得。参加执业资格考试的报名条件根据不同专业另行规定。执业资格考试工作由人社部会同国务院有关业务主管部门按照客观、公正、严格的原则组织进行,执业资格考试由国家定期举行。考试实行全国统一大纲、统一命题、统一组织、统一时间,所取得的执业资格证书经注册后,全国范围有效。

凡符合规定条件的中华人民共和国公民,均可报名参加执业资格考试。

国务院有关业务主管部门负责组织执业资格考试大纲的拟定、培训教材的编写和命题工作,并负责组织考前培训和对取得执业资格人员的注册管理工作。培训要坚持考培分开、自愿参加的原则,参与考试管理工作的人员不得参与培训工作和参加考试。

人社部负责审定考试科目、考试大纲和审定命题,确定合格标准,会同有关部门组织实施执业资格考试的有关工作。各地人事(职改)部门会同当地有关业务部门负责本地区执业资格考试的考务工作。

(三)执业资格注册

注册是对专业技术人员执业管理的重要手段,未经注册者,不得使用相应名称和从事有关业务。国务院有关业务主管部门为执业资格的注册管理机构,各省、自治区、直辖市业务主管部门负责审核注册并报国务院业务主管部门备案,各省、自治区、直辖市人事(职改)部门负责对注册工作的监督、检查。

申请执业资格注册,必须同时具备下列条件:①遵纪守法,遵守职业道德;②取得《执业资格证书》;③身体健康,并能坚持在相应的岗位工作;④经所在单位考核合格。再次注册者,应经单位考核合格并取得知识更新和参加业务培训的证明。

国务院有关业务主管部门负责确定必须由取得执业资格的人员就任的关键岗位及工作规范,并负责检查、监督关键岗位的执业人员上岗及执业情况。对违反岗位工作规范者要进行处罚;对已在须由取得执业资格人员就任的关键岗位工作,但尚未取得执业资格证书的人员,要进行强化培训,限期达到要求;对经过培训仍不能取得执业资格证书者,必须调离关键岗位。

应特别注意,取得执业资格证书者,应在规定期限内到指定的注册管理机构办理注册登记手续。逾期不办者,执业资格证书及考试成绩不再有效。还应注意,不同专业的执业资格注册规定有所不同。

四、执业药师资格考试

(一)执业药师资格考试的目的及意义

(1)加强药师队伍的建设,提高药师的职业道德、业务素质和服务能力,保障药师的合法权益,保护人民健康。

(2)执业药师资格考试是《中华人民共和国药品管理法》《中华人民共和国药品管理法实施条例》规定的行业准入制度,加强对药学技术人员的职业准入管理,确保药师队伍的整体素质。

(3)规范药师行为,发挥执业药师指导合理用药与加强药品质量管理的作用,通过实施药师执业注册制度,要求药师按照注册的执业地点、执业类别和执业范围执业,促进了药师依法执业,保障和促进公众用药安全有效。

(二)执业药师资格考试介绍

1. 执业药师的定义 执业药师是指同时具有执业药师职业资格证书和执业药师注册证,并在药品生产、流通、使用单位执业的医药技术人员。执业药师主要提供药物知识及药事专业服务,他们是药物的专家,同时也是解答大众有关药物问题的适当人选,分为执业中药师、执业西药师两类。

2. 执业药师资格考试的组织管理 执业药师资格考试实行全国统一大纲、统一命题、统一组织的考试制度。原则上每年举行一次。国家药品监督管理局负责组织拟定考试科目和考试大纲、建立试题库、组织命审题工作,提出考试合格标准建议。人力资源社会保障部负责组织审定考试科目、考试大纲,会同国家药品监督管理局对考试工作进行监督、指导并确定合格标准。

3. 执业药师资格考试的条件 凡中华人民共和国公民和获准在我国境内就业的外籍人员,具备以下条件之一者,均可申请参加执业药师资格考试。

(1)取得药学类、中药学类专业大专学历,在药学或中药学岗位工作满5年。

(2)取得药学类、中药学类专业大学本科学历或学士学位,在药学或中药学岗位工作满3年。

(3)取得药学类、中药学类专业第二学士学位、研究生班毕业或硕士学位,在药学或中药学岗位工作满1年。

(4)取得药学类、中药学类专业博士学位。

(5)取得药学类、中药学类相关专业相应学历或学位的人员,在药学或中药学岗位工作的年限相应增加1年。

4. 考试时间 执业药师资格考试报名时间一般在每年的7—8月,具体时间由当地人事考试中心公布。考试时间一般安排在10月中旬,考试分4个半天进行,每个科目的考试时间均为两个半小时。原则上只在省会城市设立考点。执业药师资格考试现场审核一般分为考前审核和考后审核两种,考前审核地区一般在报名之后进行资格审核,考后审核地区一般在分数线公布后发布审核通知,考生凭相关资料审核通过,即可获得证书。

5. 考试科目 药事管理与法规、(中)药学专业知识(一)、(中)药学专业知识(二)、(中)药学综合知识与技能。

6. 报考流程 网上上报名→现场审核→领取准考证→参加考试→成绩查询→合格后领取证书

7. 执业药师职业资格证书的取得 执业药师资格考试合格者,由各省、自治区、直辖市人社部颁发执业药师职业资格证书。该证书由人社部统一印制,国家药品监督管理局与人社部用印,在全国范围内有效。

8. 执业药师资格实行注册制度 国家药品监督管理局为全国执业药师资格注册管理机构,各省、自治区、直辖市药品监督管理局为注册机构,人社部及各省、自治区、直辖市人事(职改)部门对执业药师注册工作有监督、检查的责任。执业药师注册有效期为3年,有效期满前3个月,持证者须到注册机构办理再次注册手续。

> **测试题**

1. 回顾行业、岗位、职位等的概念及相关内容。
2. 结合职业环境相关知识,分析自己向往的职业可能的职业环境。
3. 阐述职业与专业的关系。
4. 结合所选择专业,梳理自己的学习状态与专业培养目标的距离。
5. 给你的同学写一封信,谈谈自己对所学专业的认识。
6. 什么是国家职业技能标准?国家职业技能标准的内容包括哪些?
7. 职业道德的内涵和构成要素是什么?
8. 职业道德规范有哪些具体内容?
9. 结合自身实际,谈谈大学生应该如何培养良好的职业道德?
10. 什么是职业资格证书?职业资格证书与其他证书的区别是什么?
11. 如何选择适合自己的职业资格证书?

第三章

职业生涯规划

扫码看 PPT

第一节 职业生涯

学习目标

1. 熟悉职业生涯规划的内涵和相关理论。
2. 明确职业生涯规划的内容、作用和意义。
3. 学会进行合理的职业生涯规划。
4. 学会撰写职业生涯规划书。

案例导入

张艺谋是中国非常著名的导演,他给中国影视界带来了许许多多的优秀作品。大家对他的印象可能都停留在电影上,其实,他的职业生涯规划对我们来说也有很强的借鉴意义。

1968年张艺谋在初中毕业后,成为一名工人,但他并没有放弃自己的梦想。在10年后进入北京电影学院学习摄影,毕业后成为广西电影制片厂的摄影师。他开始拍摄属于自己的作品,并慢慢出现在大家的视野中,不断受到大家的好评。1984年,他拍摄的作品《黄土地》让大家开始慢慢认识到他的才华。他还主演了电影《老井》,受到了大家的一致好评。

在这些经历中,他开始认识到自己的长处,开始探寻自己的兴趣。1987年,他有了自己导演的第一部作品《红高粱》,这部作品让许多大师赞不绝口,也奠定了张艺谋在中国影视界的重要地位。在这之后,他拍摄了许多艺术片,但是并没有把自己的事业局限在艺术片这个领域。在积累了大量的经验之后,他开始制作商业片,拍摄了《十面埋伏》等精妙绝伦的大片,让自己的导演生涯不断走向高峰。2008年奥运会,他担任了开幕式的总导演,在这个舞台上,他向世界展现了他卓越的才华,成为中国电影界的领军人物。

讨论:

1. 这个故事对你有哪些启发?
2. 大学生应如何进行合理的职业生涯规划?

纵观张艺谋的职业生涯,我们可以学到很多有价值的东西。张艺谋的职业生涯规划可以分为职业准备期、职业转型期、职业冲刺期和职业发展期。张艺谋出生在一个特殊的历史环境下,在那个时期,读书是一件非常困难的事情,所以他先成为一名工人。在那段时期,他不断坚定自己的意志,积累生活的经验,这些经历都成为他以后拍摄电影的素材。在阅历不断丰富之后,他开始进入大学学习更加专业的知识,他明白,要成为一名专业的导演,只有学习专业的知识才是捷径。在北京电影学院的这段学习经历,让他的摄影技术有了质的提升。而他在社会底层的那些经历,为他的事业奠定了非常牢固的基石。

从学校出来之后,他开始有了自己的事业,并不断优化自己的处境。从一个普通的摄影师到演员再到著名的导演,在这段时期,他经历了非常重要的转型期。拍摄《红高粱》之后,他的事业开始进入冲刺期。在这段时间里,他珍惜每分每秒,积极为大家展示他的一个又一个优秀作品,从文艺片到商业片,他不断走向成功。在2008年北京奥运会,他通过自己的努力,蜚声海外,不断发展自己的事业。

一、职业生涯规划与管理

莎士比亚曾说过:"人生就是一部作品,谁有生活理想和实现的计划,谁就有好的情节和结尾,谁便能写得十分精彩和引人注目。"21世纪是产业与就业竞争日益加剧的时代,经济全球化的持续深化,科学技术的突飞猛进,生活方式的不断变革,科技浪潮源源不绝,人才竞争日益激烈,给人们的职业带来了新的机会和挑战。

做好准备的人们会很好地利用这些稍纵即逝的良机,做出正确的抉择,从而实现自己的人生理想。在众多的抉择中,对人生影响长远的就是职业发展的抉择。古语有云:"凡事预则立,不预则废。"做任何事都要有明确的规划和目标,否则就会感到迷惘,迷失方向。站在人生的十字路口上,做出正确的选择,对个人未来发展至关重要。职业生涯规划就像在大海中航行时的灯塔,使我们能够始终把握前行的方向,坚定自己的目标,迎接未来的各种困难和挑战,在职业发展中实现人生的价值。

一个有效的职业生涯规划必须是在充分且正确认识自身条件与相关环境的基础上进行,要审视自己、认识自己、了解自己,做好自我评估,包括自己的兴趣、特长、性格、学识、技能、智商、情商、思维方式等,即要弄清楚我想干什么、我能干什么、我应该干什么,在众多的职位面前我会选择什么等问题,所以要想成功,就要先正确评估自己。

(一)职业生涯与人生

有一个伐木工人身体强壮,工作勤奋,可是他发现自己伐木的数量在日渐减少。他想,一定是自己的工作时间不够长。于是,他除了睡觉和吃饭,其他时间都用来伐木。但是,他每天伐木的数目却还是有减无增,他更怀疑自己的工作能力了。他把自己的烦恼告诉了一位前辈。前辈看了看他,再看看他手中的斧头,问道:"你有没有把斧头磨锋利再使用呢?"工人回答:"我每天勤劳工作,伐木的时间都不够,哪有时间去磨斧头呢?"前辈笑道:"你可知道,这就是你伐木数量每天递减的原因。你没有先准备好自己的工具,又如何能提高工作效率呢?"

工具是否好用,决定了工作效率的高低。职业生涯理论知识反映的是职业生涯发展的一般规律,对这些规律的学习和应用,就如同伐木工人打磨他的斧头一样。进行生涯规划就如同伐木有了更好的斧头,可以避免走弯路。

在一个人有限的生命中,与职业有关的活动往往占据重要的位置。根据相关调查统计,大部分人平时用于职业相关活动的时间占其可利用社会活动时间的71%~92%。然而,我们要真正享受生命旅程,享受职业带给我们的快乐,就要不断突破自己,挖掘自己的潜能,把个人爱好与职业、事业和国家民族的命运结合起来,同时做到正确处理人生需求与职业生涯的关系,正确区分个人理想与职业目标之间的关系,为未来职业做好准备,认识和避免职业误区。具体来说,职业生涯对人生的重要意义有以下2点。

1.职业生涯帮助人们满足人生需求 美国著名社会心理学家、人格理论家和比较心理学家马斯洛认为,人是一种不断需求的生物,人身上存在着一些共性的且和人生发展、人格健全密切相关的需求。为满足这一个又一个的需求,人产生了源源不断前进的动力。他提出了著名的需求层次理论,指出人的需求由低级依次向高级推进,即生理需求→安全需求→社交需求→尊重需求→自我实现的需求。需求层次的高低排序是有意义的,人优先满足低层次的需求,当其得到满足后,高一层次的需求随之出现。如饥饿等生理需求得不到满足时,人很难去寻求安全需求,其主要行为只能朝着满足生理需求而努力;当生理需求得到基本满足后,安全就成为下一个需求的主体。从低级到高级,旧需求满足和新需求产生的过程是动态的、逐步的、有因果关系的,呈交叠发展的模式。

每个人在不同的人生阶段都会有不同层次的需求。如果饿了,吃了饭就不饿;如果渴了,喝了水就不渴。虽然这是最低层次的生理需求,但在现代社会,即使是最低级的生理需求,也需要个人在社会分工中扮演一定的角色、从事一定的职业之后,才能得到满足。而更高的需求,如一个人想满足自己的尊重需求,他一定得先满足别人的一些需求,即高级需求必须通过外界环境对他所做贡献的折射才能得到满足。一个人想要充分发挥自己的能力,实现自己的梦想,得到社会的承认,就一定要努力工作,为社会做贡献。成功或个人的自我实现,是在满足他人的需求后社会环境对他的回报,这是一个客观规律。因此,我们大部分的人生需求都要通过职业生涯来满足。

刚参加工作的时候,主要是为了满足基本的生理需求,随着个人对企业、社会的贡献越来越大,高层次的需求会逐渐得到满足。职业生涯开发与管理可以帮助我们在持续增加基本需求满足程度的同时,提高高层次需求的满足程度。

2. 职业生涯帮助人们实现人生价值 每个人都想活得有价值,那么什么是价值呢?价值是客体对主体的有用性。物的价值通过其自身具备的属性或功能被人利用得到体现,而人的价值则是通过为社会创造物质财富或精神财富来体现,即人的价值就是人的贡献,人的社会价值就是个人对社会需求的满足。可以理解为,一个人对社会的贡献越大,他的人生价值就越高,即人生价值的大小是由其对社会贡献的多少来决定的。一个人的人生有价值,即人作为价值客体能满足他人、集体和社会的需要,对他人、集体和社会有一定的积极作用。实现人生价值就是实现自我价值、人格价值和社会价值的统一,三者缺一不可。在市场经济社会中,个人对社会的贡献越大,提高自我价值、获得人格价值的机会也就越多。而唯有经历完整的职业生涯,我们才可能充分发挥潜能,实现人生价值。

(二)职业生涯规划的内涵

1. 职业生涯 职业生涯是一个人的人生中重要的历程,决定着个人追求自我和实现自我的内容。个人在职业、职位的变动及工作理想实现的过程中,需要对职业生涯进行具体的设计,以实现个人职业生涯的合理规划。职业生涯贯穿每个人的生命历程,而职业生涯规划则是对这一历程的策划、经营与管理。在进行职业生涯规划之前,我们有必要对职业生涯和职业生涯规划进行细致且全面的认识。

2. 职业生涯规划 职业生涯规划又称职业生涯设计,指个人对职业生涯和人生的发展进行系统而持续的计划。一个完整的职业生涯规划由职业定位、目标设定和通道设计3个要素构成。职业生涯规划可表述为个人通过与外部环境结合,对职业环境等外在因素进行测定、分析和总结,再结合个人的兴趣、爱好、能力和个性等内在因素进行综合分析与权衡,然后根据个人的职业倾向和时代特点,确定最佳的职业定位和人生目标,并为实现这一目标做出行之有效的安排和策划。

职业生涯规划主要的目的是帮助个人真实、全面地了解自己,从而引导个人寻找最合适的方式和方法,最终实现人生目标。特别是当代大学生,在为自己定下人生职业道路时,需结合主观条件和客观条件设计出科学可行的职业生涯发展方案。

3. 大学生职业生涯规划的含义 大学生职业生涯规划是指学生在大学期间进行系统的职业生涯规划的过程。它包括大学期间的学习规划、职业规划。拥有成功的职业生涯规划直接影响大学期间的学习生活质量,更直接影响求职就业,甚至未来职业生涯的成效。

从职业生涯规划狭义的角度来看,此阶段主要是职业的准备期,主要目的是为未来的就业和事业发展做好准备。客观而言,进行系统的学习和实践至关重要,而能够担此教育重任的人应该具备丰富的职场经验,并接受过系统的职业生涯辅导训练,从而确保大学生是在了解自我的基础上确定适合自己的职业方向、目标,并制订相应的计划,以避免就业的盲目性,降低就业失败的可能性,为个人的职业成功提供更有效率的路径,或者设计出合理且可行的职业生涯发展方案。

从职业生涯规划广义的角度来看,它包括了自己打算选择什么样的行业、什么样的职业、什么样的单位,想达到什么样的成就,想过一种什么样的生活,如何通过自己的学习与工作达成自己的目标等。在对一个人职业生涯的主、客观条件进行测定、分析、总结的基础上,对自己的兴趣、爱好、能力和个性等进行综合分析与权衡,结合时代特点,根据自己的职业倾向,确定最佳的职业奋斗目标,并为实现这一目标做出行之有效的安排。职业生涯规划是对个人职业前途的展望,是实现职业理想的重要途径。

大学生在朝着目标奋斗的过程中,需明确把握发展方向,制订相应的培训、教育和工作计划,并按照职业生涯发展的方案具体实施,把达成目标作为人生的核心任务。由于职业生涯贯穿人的一生,因此,大学生进行职业生涯规划就是给自己的未来绘制理想蓝图。大学生在进行职业生涯规划时应注意以下几个方面。

(1)对职业生涯及其规划有清楚的认识。
(2)对外界环境有相对透彻的分析。
(3)了解自己的特质,尤其是优势与长处。
(4)通过沟通、分析、心理测评,找到自己感兴趣的职业方向。
(5)对综合素质与个人职业能力进行全方位的精确评估,确定自己的发展方向,并最终确定自己的职业定位。
(6)围绕人生理想、愿望和价值取向,确立人生及职业目标。
(7)对职业生涯进行具体的解析和明确的管理,设计出最优发展途径,并在实施过程中,结合实际情况对目标和发展方向进行适当调整。
(8)进一步发掘自己的特质和优势,提高自己的职业适应能力。
(9)扮演好自己的社会角色,为职业生涯的成功坚持奋斗。

(三)大学生职业生涯规划的作用和意义

职业生涯将伴随我们大部分的人生历程,因此对其进行规划和管理的重要性不言而喻。大学生想要做出优质的职业生涯规划,需要明确职业生涯规划的作用和意义,以便在职业生涯探索过程中更好地把握职业方向和探寻人生价值。职业生涯规划对个人的成长和发展产生的作用和意义可归纳为以下8个方面。

1. 有利于自我定位 认识自我是职业生涯规划的前提。充分了解和认识自我,我们便能根据自身的能力和需要对职业发展方向进行探索,而不盲目从众、随大流。职业生涯规划中的认识自我,需要我们对自身进行深层次的剖析,以便加深对自己的能力、优势和劣势了解,根据生活中掌握的经验,解析出未来工作的方向,从而彻底解决"我想干什么"和"我能干什么"的问题。在此基础上,我们通过对就职要求、就业渠道、工作内容和职业发展前景,以及行业的薪资待遇等相关因素的了解和认识,找到自己的职业和人生定位,理性分析所具备的能力和资本,从而做出长远打算,这是人生规划得以实现的理论依据,正所谓"知己知彼,百战不殆"。

2. 有助于个人确定职业发展的目标 事业成功在于能尽早地明确职业生涯的目标,并且为之坚持和奋斗。英国哲学家罗素说过,选择职业是人生大事,因为职业决定了一个人的未来。事实上,明确的目标能激励人们积极地去创造条件,并为这一目标的实现而努力。大学生在进行职业生涯规划时,首先要对自己进行了解,分析自身的长处和兴趣,发现自己的缺点与不足,然后结合社会的发展变化和环境特征,制订出符合个人实际情况且切实可行的目标。一个人如果缺少对职业生涯的规划,便不能明确自己的理想,失去职业方向的引导,导致浪费宝贵的时光,造成职业生涯的延误,甚至是人生的失败。若有了明确的职业生涯规划,大学生便能在朝着职业目标努力的道路上充分发挥自己的才能,从而增加事业和人生成功的筹码。

3. 激励个人努力工作 职业生涯规划的制订,不仅需要大学生对自己的未来有明确的想法,而且需要对自己有全面透彻的认识。每个人对未来都有着憧憬和幻想,要将职业目标和人生愿望变为现实,就需要结合自身情况制订具体的行动计划,努力工作,克服出现的困难,为早日实现目标而奋斗。一般来说,职业目标都会对个人产生强烈的吸引力,大学生要想获得职业生涯发展的成功,只有靠自己脚踏实地完成。对此,大学生需要懂得在学习和工作中珍惜时间,不断地完善自我,朝着自己的目标迈进。

4. 有助于挖掘个人的潜能 每个人都有自己的潜能。潜能大多数时间都是沉睡着的,甚至人们自己都不了解自己的潜能。通过对职业生涯进行规划,憧憬未来,实现理想的强烈愿望便在人们心中扎根。引导大学生正确认识自身的个性特质、现有与潜在的资源优势,帮助其挖掘个人的潜能,使其重新对自己的价值进行定位并使其持续增值;引导大学生对自己的综合优势与劣势进行对比分析,使其树立明确的职业发展目标与职业理想;引导大学生评估个人目标与现实之间的差距;引导大学生将前瞻与实际相结合进行职业定位,搜索或发现新的或有潜力的职业机会,使其学会如何运用科学的方法采取可行的步骤与措施,不断增强职业竞争力,实现自己的职业目标与理想。

5. 可以提升竞争力 当今社会处在变革中,到处充满着激烈的竞争,物竞天择,适者生存。职业活动的竞争非常突出,要想在这场激烈竞争中脱颖而出并立于不败之地,必须制订好自己的职业生涯规划,这样才能做到心中有数,不打无准备之仗。而不少大学生不是首先坐下来做好自己的职业生涯规划,而是到毕业时拿着简历与求职书到处乱跑,幻想会撞到好运,找到好工作,结果是浪费了大量的时间、精力与金钱,到头来感叹招聘单位"有眼无珠",感叹自己"英雄无用武之地"。这部分大学生没有充分认识到职业生涯规划的意义与重要性,认为找到理想工作仅仅靠的是学识、业绩、耐心、关系、口才等条件,职业生涯规划纯属纸上谈兵,简直是耽误时间,还不如多跑两家招聘单位。这是一种错误的观念。"磨刀不误砍柴工",实际上未雨绸缪,先做好职业生涯规划,有了清晰的认识与明确的目标之后,再把求职活动付诸实践,这样的效果要好得多,也更经济、更科学。

6. 有利于实现人与职业的和谐发展 职业生涯规划的目的是促进个人健康、持续、协调和全面发展,将人与职业的发展有机结合起来,从而在人职和谐的基础上,将职业发展作为实现人生价值的内容和工具,让个人的发展成为推动和促进职业发展与进步的主导力量,达到自我与职业的双赢。个体的人生目标是多样的,如生活目标、职业发展目标、社会地位目标、人际环境目标等。在所有目标构成的体系中,各目标之间相互交叉影响。而职业发展目标是整个目标体系中核心的部分,它的实现与否,直接关系着人们对成功与挫折、愉悦与遗憾的感受,影响着生命的宽度和质量,人与职业的和谐发展也是事业成功的保证。

7. 有助于评估自身的收获和成绩 评价自身学习和工作成绩的状况,需要有相对明确的参照物。通过对职业生涯规划的前后分析,便有了对自己目前学习和工作成绩状况进行评估和比较的标准。大学生可以根据职业生涯规划实施的进程,来评价当前的学习和工作成绩,分析自身的收获和不足,并有针对性地进行修正。如果学习和工作的成绩与预期的效果和花费的时间相符,这便是最好的肯定,在处理后续的学习和工作任务时,会更加明确目标并增强信心。若当前的学习和工作成绩与目标有差距,则需要找出原因,结合实际情况做出适当的调整,以便接受新任务的挑战。若缺少职业生涯的合理规划,必然会缺少对自身取得的进展进行评估的标准,从而难以感知到进步与不足,得不到激励,或进展缓慢,或半途而废,最终都会导致职场的平庸和人生的碌碌无为。

8. 有利于大学生适应社会经济发展的需要 随着人类社会文明的不断发展,当今知识经济社会对人力资源的要求,不仅需要人才具有合理的知识结构,还要求人才必须具备较强的逻辑思维能力、社会活动能力和创新能力等综合素质。现代大学生是我国青年一代中的佼佼者,也是未来我国社会主义事业的建设者和中流砥柱。为适应社会和时代的要求,把握好每一个可能成功的机遇,必然要借助科学、合理的职业生涯规划,认识自我、发展自我、完善自我,培养个人的素质和修养,设计一生职业发展的最优路径。

二、职业生涯规划的指导理论

(一)帕森斯特质因素理论

特质因素理论是职业选择与职业指导领域中经典的指导性理论。1909 年,美国波士顿大学教授帕森斯在《选择一个职业》一书中提出,个人和职业都具有稳定的特征,职业选择就是在这二者之间进行适当的取舍,即人与职业相匹配是职业选择的焦点。

帕森斯特质因素理论明确阐述了职业选择的三大要素:第一要素是个人特质,应清楚地了解自己的兴趣、能力、态度、价值观和其他身心特征;第二要素是外界条件,应把握好职业选择成功的条件、所需知识以及自己在不同工作岗位上的优势和劣势、机会和前途;第三要素则是上述两者的平衡,帕森斯认为职业选择的关键在于个人特质与职业的匹配。只有个人特质与外界条件和环境相协调,才是个人和职业的最佳搭配形式,这会使个人和用人单位最大限度受益。从这个理论出发,我们可以得出职业选择和职业生涯规划的三大基本原则。

(1)了解自我:对自我进行探索,包括了解个人的性格、能力、资源、优势和劣势等内容。

(2)了解并关注:职业能力素质和知识经验、工作环境、薪酬、晋升机会及发展前途等相关因素。

(3)协调匹配:将资料进行综合分析,得出个人特质与外界条件相协调和匹配的最佳职业。

(二)霍兰德职业兴趣理论

20世纪60年代,美国著名职业指导专家霍兰德在帕森斯特质因素理论的基础上,提出了职业兴趣理论,将职业与兴趣做出了更为直接的关联。经过近60年的实践验证,职业兴趣理论具有非常大的影响力。霍兰德在特质因素理论的自我了解原则上进行深入分析后指出:人的人格类型、兴趣与职业密切相关,而职业方面的兴趣与人格之间存在很高的相关性;兴趣有促使人们活动的作用,凡是具有吸引力的职业,都可以提高人们的工作积极性,从而促使人们积极、愉快地从事该职业。霍兰德把人格与兴趣结合起来研究,将个人特质分为现实型、研究型、艺术型、社会型、企业型和常规型。同样,他把人所处的外界环境和工作条件也进行了归类,划分出对应的6种职业环境类型,即现实型、研究型、艺术型、社会型、企业型和常规型。具有不同特质的人,最适合在其所对应的职业环境中工作,由此获得的职业满意度、职业稳定性与职业成就感也更高。职业生涯规划的首要目标便是寻求这种个人特质与职业环境类型的适配与一致。

(三)舒伯职业生涯发展理论

自20世纪50年代起,舒伯以新的方式对职业生涯发展进行思考,经过不断研究,最终确立了一套围绕生涯这一过程的"彩虹理论"。该理论较好地概括了人生的职业发展历程。舒伯指出,职业发展是人生成长的一部分,除了职业角色,个体在生活中还扮演着孩子、学生、休闲者、公民、持家者、配偶、伴侣、退休者、父母或祖父母等角色。他把人的职业生涯划分为5个主要阶段:成长阶段、探索阶段、建立阶段、维持阶段和衰退阶段。

1. 成长阶段　0~14岁是成长阶段。该阶段是对职业从好奇、幻想到兴趣,到有意识培养职业能力的逐步成长过程。舒伯将这一阶段具体分为以下3个时期。

(1)幻想期(10岁之前):儿童从外界感知到许多不同的职业,对于自己觉得好玩和喜爱的职业充满幻想,并进行模仿。

(2)兴趣期(11~12岁):以兴趣为中心理解、评论职业,开始做职业选择。

(3)能力期(13~14岁):开始考虑自身条件与喜爱的职业是否相符,有意识地对自己进行能力培养。

2. 探索阶段　15~24岁是探索阶段,为择业、初就业阶段,也可分为以下3个时期。

(1)试验期(15~17岁):综合认识和考虑自己的兴趣、能力与职业社会价值、就业机会,开始进行择业尝试。

(2)过渡期(18~21岁):查看劳动力市场,或者进行专门的职业培训。

(3)尝试期(22~24岁):选定工作领域,开始从事某种职业。

3. 建立阶段　25~44岁是建立阶段,一般经过两个时期。

(1)尝试期(25~30岁):对初就业选定的职业不满意,再选择、变换工作岗位,变换次数因人而异,也可能满意初选职业而无变换。

(2)稳定期(31~44岁):最终确定职业,开始致力于稳定工作。

4. 维持阶段　45~64岁是维持阶段。人们一般达到常言所说的"功成名就"阶段,不再考虑变换职业,只力求维持已取得的成就和社会地位。

5. 衰退阶段　65岁以上是衰退阶段。在这一阶段,人的健康状况和工作能力逐渐衰退,即将退出职场,结束职业生涯。

(四)格林豪斯的职业生涯发展阶段理论

格林豪斯研究人生不同年龄段职业发展的主要任务,并以此将职业生涯划分为5个阶段。

1. 职业准备阶段 职业准备阶段的典型年龄段为0~18岁。其主要任务是发展职业能力,培养职业兴趣,对职业进行评估和选择,接受必要的职业教育。

2. 进入组织阶段 18~25岁为进入组织阶段。其主要任务是在一个理想的组织中获得一份工作,在获取足量信息的基础上,尽量选择一种合格的、较为满意的职业。

3. 职业生涯初期 职业生涯初期的典型年龄段为25~40岁。其主要任务是学习职业技术,提高工作能力;了解和学习组织纪律和规范,逐步适应职业工作,融入组织,为未来的职业成功做好准备。

4. 职业生涯中期 40~55岁是职业生涯中期。其主要任务是对早期职业生涯重新评估,强化或改变自己的职业理想;选定职业、努力工作,有所成就。

5. 职业生涯后期 从55岁直至退休时是职业生涯后期。其主要任务是继续保持已有的职业成就,维护尊严,准备退休。

(五)我国的相关研究

国内的职业生涯规划专家一般主张将职业生涯分为职业准备期、职业选择期、职业适应期、职业稳定期、职业衰退期5个阶段,只有在不同阶段完成了相应的任务,个人才能实现事业的成功。

(1)职业准备期:即职业前期,多为24岁之前,这是为将来从事的职业进行知识储备的时期。此时应当以学业为主,在此基础上可以对社会做一些了解。"磨刀不误砍柴工",专家不主张越过这一阶段过早地进入职业生涯。

(2)职业选择期:多为24~27岁。大学毕业后走上社会,把找到的第一份相对稳定的工作作为事业发展的起点。因此这一阶段的主要任务:在充分做好自我分析和环境分析的基础上,选择适合自己的职业,设定人生目标,制订以后的职业生涯规划。

(3)职业适应期:多为27~32岁。进入工作岗位后的5年,应当做到4个"学会":①学会做事,在找到合适工作后,要学会如何去做,如何才能成为这一领域的行家里手;②学会共事,即学会与人相处,梳理个人形象,创造良好的工作氛围;③学会共识,工作后的学习应更有方向性和目的性,知道学什么可以弥补过去单纯学习的漏洞;④学会生存,学会如何被同事、环境所接受。在这一阶段取得现实中第一次真实的工作经历,可为今后的职业发展提供宝贵的经验。

(4)职业稳定期:应在32~45岁,这是职业生涯中时间最长、劳动效果最好、发展和成就事业最宝贵的时期。此时要根据形势的变化和自身的条件,不断修订事业目标,攀向新的高度。

(5)职业衰退期:多为45岁以后,此时是事业收获和人生享受的季节。此时的收获建立在前4个时期完成相应任务的基础上,如果到了职业衰退期还一事无成,那肯定是前几个阶段的任务完成得不太理想。

我国人才专家王通讯提出的职业生涯六阶段说见表3-1。

表3-1 职业生涯六阶段说

年龄阶段	生涯阶段	主要任务
16~22岁	拔根期	多数人离开父母,争取独立自主,力求寻找工作,实现经济上的自我支持
23~29岁	成年期	寻找配偶,建立家庭,做好工作,搞好人际关系
30~32岁	过渡期	进展不易,忧虑较多,很多人改变工作和单位,以求新的发展
33~39岁	安定期	有抱负、希望成功的人,将专心致志地投入工作,以求有所创新,取得成就
40~43岁	潜伏的中年危机期	对大部分人来说,工作变动性降低,意识到年轻时的抱负很多没有完成,希望获得职业生涯的进展和改变方向的机会已经不多了
44~59岁	成熟期	当职业生涯的重大问题得到满意解决后,往往会安于现状,希望安定下来,抱负还有,但水平不及中年高了;有的出现事与愿违的现实情况,在组织内部关系上,还想得到发展和加深

三、大学生职业生涯规划的原则、内容、步骤及实施

(一)大学生职业生涯规划的原则

康德曾经说过,没有目标而生活,恰如没有罗盘而航行。人生是碌碌无为、虚度韶华,还是踏踏实实、拼搏奋斗,这取决于自己,更取决于自己的职业生涯规划。因此,要使自己的人生精彩,首先应给自己一个明确的目标和方向。在这快节奏的时代中,结合自己的优势,认清自己的发展方向,这样未来的路才会走得更远。大学阶段只是职业的准备期,大学生进行职业生涯规划的主要目的是为进入工作世界做好各种准备。职业生涯规划具有很强的导向作用,如果大学生的职业生涯目标定位准确,职业路线选择正确,且措施得当,方案科学,就能够引导其走向成功,否则,就是一个失败的规划。为了使大学生的职业生涯规划科学合理,切实可行,在制订职业生涯规划的时候,应把握以下几个原则。

1. 清晰性原则 无论是目标、措施,还是规划本身,都要清晰、明确,各阶段的划分、路线及具体措施一定要具体、可行。

2. 长期性原则 规划一定要从长远考虑,明确个人职业发展的大方向。如果大方向定位不准确,阶段性目标和措施制订得再好,也不会产生好的效果。

3. 挑战性原则 所确定的目标要有一定的高度,一个轻易就能够实现的目标不能反映一个人的真实能力,也不能充分体现一个人的人生价值。因此,目标要具有一定的挑战性,这样在每一个阶段性目标实现时,都能够有一种成就感,从而激励自己向新的更高目标迈进,直至达到最终目标。

4. 可行性原则 目标或措施应充分考虑到个人、社会和企业环境的特点与需要,从实际出发。各阶段的路线划分与措施安排要脚踏实地、切实可行,不搞花架子、不搞形式主义。

5. 阶段性原则 对大学生来说尤为重要,只有充分注意到这一点,才能意识到对大学阶段进行科学规划的重要性。

6. 可持续性原则 制订职业生涯规划方案时要考虑职业生涯发展的整个历程,持续连贯,做到主要目标与次要目标相一致,目标与措施相一致,个人目标与组织发展目标相一致。

7. 可评估原则 目标要明确,措施要具体,完成时间要有限定,以便检查和评估,方便自己随时掌握执行情况,为规划的修正和调整提供参考依据。

(二)大学生职业生涯规划的内容

职业生涯规划的内容主要包括可行性研究(包括审视自我、职业分析与选择、外部环境分析等)、确立职业生涯目标及其分解和组合、职业生涯策略(目标实施计划)以及职业生涯规划评估与反馈。我们所讨论的主要是后3项内容。著名职业生涯研究专家程社明博士曾提出,职业生涯规划需包括以下10项内容。

(1)题目:包括姓名、年限、年龄跨度、起止时间。

(2)职业方向及总体目标:主要指从业方向、职业类别、职业岗位和长远目标。

(3)社会环境分析:包括对政治环境、经济环境、法律环境、职业环境的分析。

(4)企业分析:包括行业分析,具体包括对企业制度、企业文化、企业领导人、企业的产品和服务、企业效益、发展领域等的分析。

多看一眼:
华罗庚的人生
目标追求

(5)自身条件及潜力测评:包括了解自己的目前状况和发展潜能。

(6)角色建议:记录对自己职业生涯影响较大的一些人的建议。

(7)目标分解及目标组合:目标分解即目标的展开,就是将目标按目标管理的原则进行自上而下的层层分解、落实。目标组合是处理不同目标之间相互关系的有效措施,主要着眼于各目标之间的因果和互补关系。通过分析实现目标的主要影响因素,采用目标分解和目标组合的方法做出果断明确的目标选择。

(8)成功标准:成功的职业标准对职业生涯的策划者是一种积极参照。

(9)差距:自身现实状况与实现目标要求之间的差距。

(10)缩小差距的方法及实施方案:根据差距制订出相应缩小差距的方法及实施方案。

个人职业生涯规划实例如下。

小z,女,22岁,本科学历。

基本情况:上海某财经类大学毕业,国际会计系,应届毕业生。

同学评价:刻苦,有上进心,性格坚强,学习能力强。

个人职业目标:高级财务经理。

面临问题:收到英国某大学行政管理专业的录取通知书,同时收到一份国际四大会计师事务所之一的录用通知,做审计师。小z必须做出选择,是留学还是先就业?

职业设计意见:先就业,然后再选择合适的机会出国深造。

设计理由:小z原本希望出国进修工商管理类课程,但国外大学都要求申请工商管理类专业的学生要有工作经验,所以最后只收到了行政管理专业的录取通知书。小z学会计,喜欢商务,对行政管理专业的兴趣不大,若此时出国留学而放弃原有的兴趣并不明智。先工作或先出国留学都应该是为了将来有更好的职业发展前景,违背个人兴趣和职业理想而选择出国留学,为出国而出国,从个人职业发展来看并不可取。

从职业发展考虑,国际会计师事务所有完善的培训计划、良好的工作氛围、规范的工作机制,对职业技能发展大有好处,出国学习行政管理一年课程所获专业资质、资历和在该事务所工作一年积累的经验技能相比,前者在职业市场上的价值未必比后者高。并且审计师工作与小z大学所学专业基本对口,且小z勤奋刻苦,有上进心,应该能在工作中有所表现。

作为刚刚毕业的大学生,选择合适的职业发展方向尤为重要,人生精力有限,必须选准方向,强化发展。职业方向的确定必须结合个人特长、兴趣所在,并综合考察行业前景来确定。在这一点上,大学生有疑问时,可以求助学校的就业指导老师或者专业的职业顾问。应届毕业生面临的,表面上看是就业问题,实际上是择业问题。择业就是要做选择,选择适合自己的职业发展方向。集中目标,强化发展,通过若干年的工作,实现从无工作经历者到行业人才的提升。同理,应届毕业生选择出国深造,也要以职业发展为目标,选择合适的深造途径,在学历资质上提高自己的含金量。

(三)大学生职业生涯规划的步骤

大学生职业生涯规划是指大学生根据自己的特点,对所处的组织环境和社会环境进行分析,制订自己对事业发展的战略思想与计划安排。职业生涯规划的基本步骤如图3-1所示。

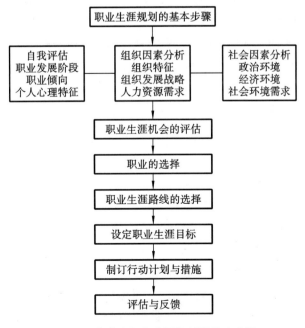

图3-1 大学生职业生涯规划的基本步骤

1. 确定人生目标 目标是事业成功的基本前提,没有目标,事业的成功也就无从谈起。目标是人生的起跑点,反映着一个人的理想、胸怀、情趣和价值观,影响着一个人成就的大小。因此,设计职业生涯时,首先要确立人生目标。

2. 自我评估 自我评估的目的是认识自己,了解自己。因为只有认识了自己,才能对自己的职业做出正确的选择,才能选定适合自己发展的职业生涯路径,才能对自己的职业生涯目标做出最佳选择。自我评估包括自己的兴趣、特长、性格、学识、技能、智商、情商、思维方式、思维方法、道德水准以及社会中的自我等。

3. 职业生涯机会的评估 在充分认识组织环境与社会环境之后,应评估各种环境因素对自己职业发展的影响,根据自己的兴趣、爱好与特长,考虑自己的性格、气质与能力等特征是否适合在这样的环境发展,对职业发展中的各种机会进行评估。在所有机会的评估工具中,SWOT 分析法是最基本的一种。SWOT 是四个英语单词 strength、weakness、opportunity 和 threat 的缩写,分别表示优势、劣势、机会和威胁。一般来说,优势和劣势属于个体本身,而机会和威胁则更可能来自外部环境(包括组织环境和社会环境)。

优势:自己出色的方面,尤其是与竞争对手相比具有优势的方面,如语言表达能力强,身体素质好等。劣势:与竞争对手相比处于落后地位的方面,如不善于交际,活动能力比竞争对手差等。机会:有利于职业生涯规划和职业发展的一些机会,如组织中部分老干部退居二线,组织产品市场扩大需要一名市场经理等。威胁:存在潜在危险的方面,如所在组织走向衰落,不喜欢自己这种性格的人来担任直接上司等。

优势分析:分析自己出色的地方,特别是与竞争对手相比,自己具有优势的方面。劣势分析:如性格的弱点,经验或经历中所欠缺的方面。机会分析:包括对社会大环境的分析,对所选择职业的外部环境分析以及对人际关系的分析。威胁分析:主要指对潜在危险的分析。

通过 SWOT 分析,一幅清晰的职业生涯机会前景就呈现在你面前。想要知道你有什么样的生涯发展机会吗?请填写 SWOT 分析表。SWOT 分析表填写示例见表 3-2。

表 3-2　SWOT 分析表填写示例

S(优势)	具有较强的人际沟通能力;思维敏捷,表达流畅;担任过学生干部,有组织协调能力;在饭店做过服务员,不怕吃苦,有很强的服务意识;有很强的学习愿望和学习能力。心地善良,为人随和,有极强的逻辑性,处事讲原则,有责任感,能够尽职尽责地完成工作
W(弱势)	在毕业院校上有比较明显的劣势;做事过于感性,缺乏理性思考,做事情难以持之以恒;社交圈小;记忆力差;经济基础薄弱
O(机会)	内部条件:年轻、精力旺盛、求知欲强、思想意识活跃、敢于挑战自我、做事专注 外部条件:国内外经济正在快速发展,急需高端的财务人才以及管理人才;大批外资企业涌入国内,面临本土化改造
T(威胁)	经济危机较为严重,就业人数逐年增加、外来人才涌向国内,导致竞争越来越激烈,对从业人员的素质及综合能力要求越来越高

运用 SWOT 分析法进行职业生涯机会评估时,要尽可能地对面临的各种职业发展机会进行评估,然后确定职业生涯目标,选出最优发展机会。职业生涯机会评估是制订职业生涯规划相当重要的阶段,职业生涯机会评估往往关系到以后的发展机会。错误的职业生涯机会评估只会使自己耽误时机,错过其他好的发展机会;正确的职业生涯机会评估更容易让自己抓住机会,使事业取得成功。

> **知识链接**
>
> **自我分析练习**
>
> (1) 我在哪里。先分析在生活与职业生涯中当前的位置。首先要用几分钟时间思考你的一生,从摇篮到坟墓,然后画出图表,表示生命的始终,用波峰表示发生过或将发生的重大事件,画出过去,也画出你所认为的将来。仔细思考,你想要让它成为什么样子?然后在上面标上"+"表示你现在的位置。
>
> (2) 我是谁。思考你所扮演的各种角色与你的特征,如儿子、兄长、父亲等;内向的、善表达的、爱好交友的等。尽量多地写出各种答案,你将会清楚你承担的责任、角色和具有的性格。然后按其重要次序列成表。想想哪些是暂时的,哪些是永久的,哪些是应该继续保留的,哪些是必须抛弃或改正的。
>
> (3) 我将是什么样子。写下你的墓志铭与颂词并回答这些问题:那时,我完成了哪些事?有哪些成就?仔细思考,然后写在纸上——你已经树立了一些生活目标了。
>
> (4) 我的理想职业。回到眼前,思考你的职业梦想。首先想一想你想在职业中得到的特定东西,然后再想,你需要为这项职业进行何种教育和培训?最后再想,怎样应用你的培训成果?
>
> (5) 目标导向职业生涯。让我们再为你目前的职业生涯列一目录:在你职业生涯与生活中,什么方面你做得好?什么方面做得不好?你还需要学习什么?扩大权力,增加经验,还是你拥有什么资源?那么,现在你应该开始做什么?停止做什么?你的职业生涯的长期目标是什么?
>
> 这个练习是让人们回答简单的但却不易回答的问题。这个系列的问题需要阶段性的回顾与预测,是一个自我教育与训练的过程。它不仅有趣,而且能有效地帮助人们树立自己的职业生涯的阶段性目标和长远目标。

4. 职业的选择 职业生涯规划正确与否,直接关系到职业生涯的成功与失败。据统计,在选错职业的人当中,有80%的人在事业上不太如意。由此可见,职业生涯规划对人生事业发展是何等重要。如何才能选择正确的职业呢?至少应考虑以下几点:①性格与职业的匹配;②兴趣与职业的匹配;③特长与职业的匹配;④内外环境与职业相适应。

5. 职业生涯路线的选择 在确定职业和职业发展目标后,就面临着职业生涯路线的选择,即是向行政管理路线发展,还是向专业技术路线发展?是先走技术路线,再转向行政管理路线?发展路线不同,对职业发展的要求也不相同。因此,在职业生涯规划中,必须做出选择,以便使自己的学习、工作以及各种行动措施沿着职业生涯路线或预定的方向前进。职业生涯路线的选择是人生发展的重要环节之一。

在选择职业生涯路线时,首先要对职业生涯要素进行系统的分析,可以考虑以下4个方面。

(1) 希望向哪条路线发展?主要是根据个人的爱好兴趣、价值观、理想和成就动机等,计划出自己希望朝哪条路线发展,如向专业技术方向发展,或向行政管理方向发展,以便确定自己的目标取向。

(2) 适合往哪条路线发展?指的是分析个人适合向哪一条路线发展,主要考虑自己的性格、经历、特长、学历、家庭影响等一些客观条件对职业生涯路线选择的影响,确定自己的能力取向。

(3) 能够朝哪条路线发展?个人能够向哪一条路线发展,主要考虑自身所处的社会环境、经济文化环境、政治环境和组织等环境,决定自己的机会取向。

(4) 哪条路线可以取得发展?选择自己希望的发展路线后,进一步综合分析各方面的因素,判断自己的这条路线是否可以取得发展。

(四) 大学生职业生涯规划的实施

在基本确定好自己的毕业去向之后,我们必须对大学期间的时间和内容很好地进行分解和组合。

职业生涯规划既可以按学年或学期制订,也可以按内容制订,但最好是将两者整合,以毕业去向为纲领,制订具体的去向规划。

1. 按内容制订自己在校期间的生涯规划　按内容制订自己在校期间的生涯规划是以内容为主线来规划大学生涯的一种方法,具体可分为学业规划、生活成长规划和社会实践规划。在此基础上,又可按时间段(年度、学期、月、周、日)进行规划。

学业规划主要从学习方法、文化基础课、专业基础课、专业课以及与毕业去向有关的考试要求等多方面考虑。生活成长规划主要从身体健康、心理健康、理财、时间管理和正确交友等方面考虑。社会实践规划主要包括参加校园社团、见习实习、假期社会服务及兼职、参加公益活动等内容。

不同学年的学业内容、生活成长内容、社会实践内容等都不相同,而且每个人的实际情况也不一样,所以每个人都可以罗列出众多的目标,这些目标可以各不相同。下面简单进行阐述。

(1)学业规划:大一学业规划的重点是掌握自学方法,学好文化基础课、专业基础课,外语学习以英语应用能力考试为中心,学会充分利用图书馆等。

大二学业规划重点是专业基础课和专业课,特别是大二下学期,这时一般应该进入了专业课学习的高峰期,在众多的专业课中,有的学生可能会找到自己特别感兴趣的课程,而且可能因为自己对这门课程的喜好而关注相关的学科和行业、职业,开始搜集相关的专业信息,甚至撰写和发表相关学术论文。英语学习已经开始围绕全国大学英语四级考试做准备。准备出国的学生,这时忙于为雅思或TOEFL做准备。想考公务员的同学,则必须关注和搜集有关公务员考试的信息,准备相关复习资料。

大三学业规划重点是参加实习,并准备毕业考试。打算继续深造的同学,要准备复习考试;打算留学的同学,则要开始搜集国外学校的资料,并进行联系;准备创业的同学,则必须做好创业前的准备,比如创业说明书的编制、融资,了解企业申请的程序、相关规定等。

(2)生活成长规划:大学期间的生活成长规划主要包括养成良好的生活习惯、培养健康的兴趣、树立正确的交友观以及学会财务管理、时间管理和人脉管理。

大一新生首先要解决的是如何从万事依赖父母到逐渐独立处理一些事情的问题,其次要解决学习的主动性的问题。在思维习惯上,要学会独立思考,不人云亦云;在生活习惯方面,则以形成良好的生活习惯为目标,学会管理财务、管理时间,合理地安排开支、作息时间;加强体育锻炼,保持身体健康。

大二在生活成长方面则要重点关注思想道德的培养,学习一些做人的基本道理,培养敬业、刻苦、坚韧、忠诚的品质,形成感恩的心态,树立爱祖国、爱人民、愿意为祖国的现代化建设做贡献的雄心。

大三要多学习礼仪、演讲技巧,学会沟通技巧;另外还要学会简历的制作方法,自荐信的写作技巧等。还要注意从学生到社会人、职业人的转变,要多了解社会、职场与校园的不同,了解离校手续的办理流程,了解国家关于就业的各项政策规定,了解求职过程中的各种陷阱及其应对方法等。

(3)社会实践规划:大学期间的实践活动也应根据不同阶段有所侧重地安排。

大一新生,第一,要尽早和同寝室同学搞好关系,要和同组同班同学搞好关系,善于和同学交流;第二,要了解和选择校内的学生社团,积极参加社团活动,积累社交能力;第三,要走出校门,了解学校所在的城市,包括这个城市的环境、文化背景等;第四,要定期参加公益活动。

大二时,要争取在社团内担任一定的职务,锻炼自己的组织和领导能力;积极参与社区的公益活动;适时做些家教等兼职;寒暑假参与社会调查和服务。

大三时,结合本专业的学习,要尽可能参加相关企业的活动,到相关企业见习或实习,从而了解相关行业所需要的知识和技能,为自己的专业学习提供更加明确的方向。

大学生们在实习中可以应用自己学到的知识,可以学到自己在课堂上无法学到的技能,甚至可以在技术革新、流程再造、管理理念等方面向企业提出自己的意见,从而让企业更了解自己,为自己毕业后的就业、深造或创业奠定基础。

以上只是我们对大学时期相关活动内容的一个简单举例,实际生活中要规划的内容会更复杂,但是在掌握了方法之后,同学们可以举一反三。

2. 按学年或学期制订自己在校期间的生涯规划 按学年或学期制订自己在校期间的生涯规划是以时间为主线来规划大学生涯的一种方法,即分为大一、大二、大三的规划,还可以再细分为上学期计划、下学期计划,甚至月计划、周计划、日计划等。在时间规划的基础上,再对内容(学业、成长和实践)进行规划。

> **总结案例**
>
> 陈敏是某财经类大学财经类专业的大一新生,为了大学毕业后就业时少走弯路,她根据自己所掌握的职业生涯规划知识为3年的大学生活做了一个规划。首先,根据大家的评价和各种测评,她发现自己是一个性格较外向、开朗的人,对社会经济问题感兴趣,擅长分析,对数字很敏感,语言表达能力强。弱点:气势压人,不擅长合作;考虑问题深度不够,文字表达能力欠佳。其次,确定目标。长远目标:毕业后进入知名管理顾问公司。短期目标:加强文字表达和沟通能力,英语表达流畅;专业学习上有成果。然后,她制订了如下的计划。
>
> 大一的目标:初步了解期望职业,提高人际沟通能力。
>
> 主要内容:①和学长学姐们交流,询问就业情况;②以学习为主,在学好基础知识的前提下,积极参加学校活动,学习交流技巧;③学习计算机知识,辅助自己的学习。
>
> 一般来说,新生首先应进行自我评估,了解自己的优缺点;其次,确定短期和长期目标;然后开始制订行动计划,按年级进行。在拟好了计划后,还需要提醒自己,在具体实施时可能会碰到困难。对于难以预料或难以控制的事情,如社会经济衰退、生病、环境突然发生变化等,同学们需要等待,或者寻求其他方法,调整自己的计划来适应社会需求。

第二节 大学生涯规划案例

大学生涯规划没有固定的模式,每个人的条件不同,每个人的梦想也不一样,而随着自身的成长和能力的提升,每个人的理想也会发生不同的变化。但我们要清楚,在我们的总体目标之下,有每一阶段的目标和某一方面的局部性目标,比如这段时间要练好英语听力,要达到什么水平,而培养这个能力会为今后考研或出国提供必要的语言条件,是为考研或出国这个总体目标服务的。也就是说,总体目标是由阶段性、局部性小目标组合形成的。没有明确的方向和阶段性、局部性目标,则可能使总体目标很空洞,很容易使自己虚度光阴。下面介绍几个成功的规划案例,供大家参考。

一、就业的规划案例

1. 自我分析

(1)我的性格:我的性格很复杂,具有综合性,内向外向兼备,但内向稍占上风,比较开朗活泼,易与人交往;喜欢结交新的朋友,而且一旦与人建立朋友关系,便会全身心投入去经营友谊,所以在朋友中有着较高的评价。

我有着较强的上进心,不甘心屈居人后,一旦落后便会奋起直追。高中以前我不允许自己在任何方面做得不好,而且非常重视别人对我的评价,但是高中之后我渐渐明白了,人外有人。接触的人越来越多,我也发现了自己越来越多的缺点,有好多是无法和其他同学比较的。于是,从那时候起,我就渐渐开始改变自己,不再要求自己在各个方面都必须做到优秀,因为人都不是全能的。

这种认知使我的生活不再像以前那般累,也使我开始正确认识自己,开始接受现实。我应对挫折的能力也因此而变强,懂得了微笑面对生活,而不应该斤斤计较一些不开心或失败的事。

(2)兴趣爱好:可能受家庭环境的影响,我自认字起便喜欢读书,哪怕有不认识的字也会看得津津有味,直到现在,读书仍然是我最大的爱好,没有别的事情可以取代它的地位。我读书的范围比较广,不会拘泥于固定的范围,只要有兴趣的领域,我都会涉猎。但是很遗憾,不清楚是自己读书的方法有问题还是别的什么原因,虽然看过很多书,但现在能记得的不太多,掌握的知识也是一知半解。每次提笔想运用看过的东西,总感觉无法很好地驾驭,以后还需要加强读书能力。

(3)优势所在:能结交各类朋友并且能与他们维持牢固的关系是我的一大优势。我还喜欢追求新奇事物和知识,促使我不断地提高自己,不断地丰富自己的内涵以更好地适应现代社会的需求。而且我的适应能力很强,到了陌生的环境中,我会在短时间内让自己适应环境。

(4)劣势所在:从高中开始懂得正确且现实地认识自己之后,我学到了很多,但也失去了很多。我在不断的怀疑中,不再相信自己有着能与别人竞争的能力,确切说是有些不敢再去与别人竞争。于是,我变得越来越低调,越来越沉默。渐渐地,我发现在持续的沉默中,我已经从各种活动的竞争者变成了一个沉默的看客,对很多活动都没有激情和兴趣,这是我自从上了大学以来到现在一直想改变的。

(5)改进设想:在以后的日子里,我会积极抓住各种适合我的机会去证明和提升自己,不要太在乎失败。经过了很长一段时间的思考,我开始懂得,大学就是一个给我们提供各种机会去提前体验失败的试验场,它提供给我们一切机会为以后做准备,因为经历过失败,并从中吸取了教训,在将来我们踏入社会的时候,不会太仓促和紧张,这些都是我们以后竞争中的优势。

2. 职业选择及决策理由

(1)职业选择:虽然当初填报志愿时,新闻学专业不是我自己的选择,但是我深入学习之后,我发现其实我还是很喜欢这个专业的,所以我想我未来的职业选择应该是新闻从业者,记者、编辑或是其他从事新闻工作的职位。

(2)选择理由:我渴望比较多彩的生活,我不喜欢自己的日子如同白开水一样乏味,这是我选择新闻媒介行业的原因之一。还有,我从小就对记者这一职业很崇敬,羡慕他们可以用自己的笔和思维来揭示一些社会问题,解决一些平常人无法触碰的问题,可以伸张正义,可以去了解很多普通人永远无法知道的事情,这对一直追求新奇的我来说是非常具有吸引力的。而且,如今新闻行业的工资水平与其他行业比起来也是很不错的,这符合我的需求和父母的愿望。

(3)具体要求及存在的差距:可能以我目前的状况实现这些梦想很渺茫。有时我也会想,是不是自己的目标定得有些不切实际?毕竟如今对新闻从业者的要求是相当高的,尤其是记者。

掌握多种技能的社会活动型记者是现代的需求。一个高度开放、信息高度发达、经济趋向全球化、生活节奏加快的时代,对记者能力的要求越来越高。记者不仅要有快速反应能力,在关键时候,听到一个新精神、一个新提法、一个新题目,就要马上在头脑中有所反应,而且要有探索新闻的能力。新闻记者的分辨能力渗透于新闻报道的各个环节,如选题视角、主题等,要在瞬息万变的信息面前迅速识别哪个是新闻事件,从而在有限的时间内抓住新闻的本质。除此之外,还要有冷静而清醒的头脑、充满正义、善听八方、能说会道等,总之就是对新闻记者综合素质要求很高,各方面都要有很好的技能。综合素质不过关,应聘记者将是一个很大的挑战。

如此苛刻的要求,我也想过自己与之存在的差距。首先,从我自身来讲,虽然我目前对一些活动不够积极和主动,有些不太符合未来新闻记者的素质要求,但我知道,我不是一个轻易服输和不思进取的人,不会对自己的未来不负责任,我会努力改变。而且,我有着很好的交往能力和不错的沟通能力,可能还有很多的不足,但我可以继续进步。从外部因素来说,新闻工作在社会上是一个不错的选择,同时也是父母对我的一种期盼,我不希望辜负他们的期望。随着我国社会的发展和进步,再加上我国正处于各种制度或政策的转型期,未来新闻行业将会是一个不缺少新闻、不缺少工作岗位的行业。

3. 未来两年的计划 首先,我要努力学好专业知识,打好牢固的基础,不让基础专业知识出现欠账和漏洞。其次,充实地度过每一天,不需要有惊天动地的成绩,但是必须要比昨天有进步和收获。最后,不再迷茫,设定清晰且现实的目标,每天为之而努力。

(1)大二阶段:在学习专业课的同时,多读有关本专业的书籍,以补充课上知识的不足,扩展自己的视野。每天认真做好预习和复习,不将需要阅读的课本全部堆到期末才看。在正常学习的同时,还要加倍努力学习英语,以应对学期末的全国大学英语四级考试。每天为自己制订英语学习计划,提高单词量,每天练习听力,以弥补听力上的不足;早上早起去操场大声朗读英语,提高自己的英语发音和听力水平;平时有机会就要加强口语练习,不再因张嘴吐不出英语而苦恼,更为自己日后的职业奠定基础。毕竟,从事新闻工作要接触的人很多,用英语的场合会非常多。还有,要拿到全国计算机等级考试二级合格证书和普通话水平测试等级证书。这些都是作为一个未来求职者所必需的。

加强实践能力的锻炼,积极地参加各种活动,不再只作为看客,在各种活动中锻炼动手能力。在闲暇时间,找机会去一家新闻单位实习,以了解未来工作的能力需求和工作流程。

(2)大三阶段及以后:当今社会专科学历并不够用,我们必须面对就业的压力,这是一条无法逃避的道路。这促使我大三以后,除了做好实习工作外,要将精力放在就业的准备上,争取在提高实际工作能力的同时,进一步提高就业能力和职业素养,更好地开始自己的职业生涯。

这就是我基本的大学生活规划,通过这些计划,使自己每天都有目标,每天都有新的收获和发现,每天都比前一天有更大的进步。抓住每一天,充实度过每一天。

二、专升本的规划案例

1. 自我分析

(1)我的性格:我的性格很难一下子说清楚。我不是一个外向的人,面对陌生人,常带着一点点羞涩;但也不是一个内向的人,在某些场合,我可以表现得很热情,也很大胆。我不自信、不乐观、不够坚强、情绪化、脾气不好,但我能吃苦、懂得节俭、做事认真,能积极完成任务。我是个急性子,我容不得做事拖拖拉拉。

(2)我的兴趣:还没发现。

(3)我的技能:此项改为我的能力或许更为贴切。我的表达能力不强,导致写作能力也不强。我的交际能力很差,面对陌生人,不太想去主动交谈,所以目前我的交际圈不大。我自控能力差,曾经雄心勃勃地要每天记住多少个单词,但每次面对诱惑都无法自控。

2. 职业决策 我的目标是专升本,毕业后成为一名优秀的律师。

3. 决策理由 现在社会竞争越来越强烈,只有专科的学历水平是很难在社会上立足的,所以我要专升本,掌握足够的知识和技能,在社会上闯出一片天地。我选定的专升本目标是中国政法大学或吉林大学。本科毕业后,我会努力成为一名优秀的律师。选择这个职业的原因很多。

第一,法律的职责是保护弱小,伸张正义。而律师正好可以为处于无助境地的人提供帮助,保护他们的合法权益。

第二,律师的压力比较大,要成为一名好律师、大律师更是极具挑战性。青年人朝气蓬勃,肩负重担,寻求一个挑战性极强的职业能更好地促进自身发展,督促自我成长。

第三,人是要生存的,而仅仅能生存还不是最终目的,还要生存得好,生存得有一定质量。成为一名优秀的律师,能让我的个人生活得到保障,同时也能让操劳了一辈子的父母享享福。成为一名律师是父母一直以来对我的期望,我自己也觉得对于我来说,律师是不错的选择。

4. 律师的岗位说明 作为辩护律师,在刑事或民事审判中代表一方,在法庭上提呈证据和辩词支持当事人。作为法律顾问,对客户关于合法权利和责任等方面的疑问提出相关建议,并提议其在商业和个人事务中采取相应行动。律师按不同的专业领域分为许多种,包括经济法、知识产权法、国际法或环境法等。

(1)律师应当具备的能力或要求如下。

①法律书写能力:书写诉讼书等要求很严格的公文。

②辩论与沟通技能:能和当事人很好地沟通,能在法庭上依靠自己的强辩能力为当事人争取最大利益。

③英语能力:熟练运用英语处理法律事务,扩展律师的工作范围,带来更多机会。

④严密的逻辑推理能力。

⑤资格：律师执业证，从业一年需拿到。
⑥熟悉法庭规则和策略。

(2)成为一名优秀的律师还应具有坚定的法律信仰、完善的知识结构、严密的思维能力、深厚的人文素养以及娴熟的实务操作能力。从事法律工作要求很高，对比我的实际情况，我与职业要求还有很大差距。我应该发展和掌握的能力主要如下。

①系统完善的法律知识：只有掌握足够、充实的法律知识，才能以法服人，才能为当事人争取最大的利益和保护；也只有掌握系统的知识，才能让我在竞争激烈的社会立于不败之地。

②有关思维逻辑、逻辑推理方面的知识，具备一定的逻辑推理能力：法律本身就是逻辑推理的结果，法律实务工作本身也离不开逻辑推理，只有掌握这一技能，才能条理清晰地处理案件。

③法律写作能力：写作能力一直是我头疼的弱项，但却是我不得不提高的一项。

④辩论与沟通能力：不善言谈是我一直以来意识到但却没能改善的弱项，没有这一能力，我怎么和我的客户沟通？怎么让我的当事人相信我？怎么在法庭上维护我的当事人？

⑤英语能力：具备较高的英语能力能拓展业务，带来更大的竞争力和更广泛的工作机会。

⑥实务操作能力：法学是一个应用性非常强的学科，为此，法学教育不仅仅要进行知识教育，更重要的是要进行实践能力教育。必须进行系统的法律知识灌输和科学严格的职业训练，既要掌握丰富的法律知识，又要掌握法律的实践技能和操作技巧，并且能够娴熟地处理社会中各种错综复杂的社会矛盾和社会问题。

⑦敏于观察、勤于思考的习惯和能力。

⑧掌握有关社会经济发展的相关专业知识：法律不仅要调整人与人之间的关系及人与社会之间的关系，而且还要调整人与自然之间的关系，因此法律专业的学生不仅要掌握相关的法学知识和人文知识，而且还要了解与法学相关的自然科学和社会科学知识。这有利于培养我在不同的学科背景下去思考现实生活中所产生的各种问题，有利于培养我的法律职业素养。

5. 我的计划

(1)大二计划：努力学好专业知识；至少到法院旁听3次，接触不同类型的案件；做司法案例，开始接触司法考试；利用周末和节假日到律师事务所实习，了解律师事务所的日常运作；通过高等学校英语应用能力考试。

(2)大三计划：努力学好专业知识；顺利通过全国大学英语四级考试；准备专升本考试；参加招聘会，了解就业信息；找到更权威的律师事务所实习；参加专升本考试。

6. 具体行动方案

(1)专业知识的提高：不无故缺课，认真学习专业知识，现在开始着手做司法案例，多读有关专业知识的书籍，多和老师沟通。

(2)英语能力的提高：每天背记英语单词10个，阅读英语30分钟；每周练习写1篇英语作文，练习听力30分钟，做A级试卷1套。大二通过高等学校英语应用能力考试，大三通过全国大学英语四级考试。

(3)写作能力：多看书，每周最少写1篇东西，如随感、小论文、应用文等；多看好的文章，掌握其中的写作技巧；多接触专业论文。

(4)辩论和沟通能力：多参加或旁听辩论赛，吸取别人的经验并总结技巧；每周至少和一个陌生人沟通，掌握沟通技巧。

(5)人际关系：多参加活动，每周至少一次，如英语角、校园社团活动，尤其是人多或陌生人多的活动；面对陌生人多说话，每次参加活动都要争取多结交几个朋友。多和老师沟通。

(6)逻辑推理能力：学习逻辑学，遇事认真思考，多动脑子。

(7)实务能力：利用课余时间到律师事务所实习。大二一定要有实习经历，了解律师事务所的运行，以便大三到更好的律师事务所实习，学习办理案件的程序，并利用课余时间争取做到律师助理。到法院旁听不同类型案件的审理，了解法庭运行。只要有实习机会，就不能放过。

(8)计算机操作能力:掌握基本常用的计算机操作能力。

(9)人文素质、综合能力的培养:每天收听新闻广播、看报纸,了解时事动向,阅读经济、政治、文化、科学、历史等方面的书籍,扩大知识面;每天坚持锻炼半小时,加强身体素质,为以后艰苦奋斗做准备。

(10)社会关系:接触社会的同时要把握好社会关系,尤其是和自己工作有关且有一定建树的人,为将来就业多争取一些机会。

(11)有关伦理道德方面的知识:法律不仅具有工具性价值,还具有伦理性价值。而法律自身所具有的这种伦理性价值,又是和社会正义密切联系在一起的。在真正的法治国家,法治所体现的价值与社会的主流伦理道德规范表现出高度的同质性,法治的价值在很大程度上也是道德规范的价值,或者是伦理道德规范的评价指标。为此,我必须学习有关伦理道德方面的知识。

这就是我的职业规划,我向自己承诺,一定会坚持执行,努力成为一名优秀的律师。我相信,我一定会在律师行业做出一番事业。

三、考公务员的规划案例

1. 自我分析

(1)我的性格:我觉得我的性格不算太活泼,也不算太内向。我来自偏远山区,经历过一些困难,所以遇事能够沉着冷静,与人相处也很融洽。还有,我也比较好胜,但能够很好地面对成功和失败。有时自己在某些事上比较执拗,这样显得有点以自我为中心。

(2)我的兴趣:我的兴趣爱好比较广泛,好像什么都喜欢。我喜欢看小说、爬山、打球、旅游、吹奏箫笛等乐器,还喜欢唱歌、跳舞(比较喜欢集体性的)。喜欢的东西很多,但做得都不是很好。

(3)我的技能。

①我现在拥有的技能:计算机基础技能、球类基本运动、乐器演奏。

②我大学期间需要提高和发展的技能如下。

a. 计算机技能:计算机技能是今后工作中的通用技能,也是我现在所学专业的主要内容。

b. 英语:掌握一门外语,今后找工作更有优势,这也是一种通用技能。

c. 口头、书面表达能力:我觉得自己在表达能力方面还很差,有待提高。

d. 组织管理能力:我认为能很好地管理自己,管理一个集体,组织好自己想组织的活动,不仅能满足自己的兴趣需求,而且对今后的工作也很有帮助。

(4)我的家庭情况:我家是典型的三代同堂家庭,上有爷爷、父母,还有哥哥,虽然经济条件不好,但充满爱与幸福。

(5)我的社会资源:我的父母都是普通农民,亲戚、朋友中除一两个在当地比较显赫外,大多是普通的工作人员。总体上,社会资源很有限。

(6)我的优势和劣势。

①优势:有较强的观察力,意志坚强,自我调节能力强,领悟力、学习接受能力较强。有一定的组织管理能力,比较注重全局。

②劣势:有些时候比较固执,过于自信;不喜欢冒险,不愿意也不敢承担风险。没有强有力的家庭条件做背景,没有雄厚的人脉、经济基础。

2. 职业选择及决定因素 我今后要选择的职业是公务员,我把公务员作为首要职业有以下几方面的原因。

(1)从自身分析,选择公务员受传统思想的影响较大。在家乡,读书就意味着考公务员,我自己也在不知不觉中把公务员当成了奋斗的目标。

(2)从与家乡的关系分析,我自认有一种使命感。我是经历了各种困难,在各位父老乡亲的帮助下才来到北京的。我希望能为家乡做点事,也有为国家、为家乡做贡献的愿望,这成为一种无形的使命。

(3)从公务员的待遇及自己的能力分析,公务员的待遇比较稳定,而且自己从小担任班委,有组织管理能力。虽然进入大学后,组织管理方面不是很突出,但自认为还是有一定能力的,有发展空间。

(4)从其他特殊的情况看,我所属的民族是中国少数民族中的特少民族之一,目前少数民族干部较少。这一特殊情况对我比较有利,我会根据自身能力等条件,决定报考中央国家机关公务员还是地方国家公务员。

3. 与目标的差距　综合素质有待加强。公务员需要很强的综合能力,综合能力对一个人的发展影响也很大。我现在的组织管理能力很有限,语言理解与表达、提取概括能力、逻辑分析能力、解决问题的能力等都有待提高。

4. 三年行动计划　我的行动计划主要是培养自己的通用技能。不管今后是考公务员,还是找其他工作,我相信有能力的人总能找到好工作。

(1)学好本专业:学好本专业是毕业的前提条件,也是今后学习、工作所需要的。掌握计算机技术对以后就业是很有帮助的,也是今后工作中的通用技能,因此我要取得全国计算机等级考试四级合格证书(这是最低要求)。

(2)学好英语:学好一门外语对今后的工作、学习都是很有帮助的。我的英语基础并不好,但我将坚持每天记10个单词,练听力,读英语文章。我打算在大二下学期先通过全国大学英语四级考试,大三再通过全国大学英语六级考试。当然,这肯定需要更加努力,我相信自己能坚持下去。

(3)选修经济、管理方面的课程:我发现自己在计算机专业方面没有多少悟性,却对经济、管理等方面比较感兴趣。所以我打算先读信息与计算科学的本科,然后转为经济或管理方向的研究生。除了选修有关课程外,我还会多读些经济、管理方面的书,跟有类似经历的学长了解相关情况。

(4)培养组织管理能力:小学、中学我都当过班委,本以为自己的组织管理能力还可以,但进入大学后,我竞选班委没成功,这时才发现自己的表达、组织管理等方面的能力还很差。我利用在学院办公室勤工俭学的机会锻炼自己,并加入关注三农协会、琴箫社等社团锻炼。由于我所学的信息与计算科学专业课程比较难,学习任务重,参加课外活动的时间有限。目前,我在校外做家教,锻炼表达能力,也能解决生活费,但接触面不广。因此,下学期我会争取做更能锻炼人的兼职,比如促销或到公司实习。

除此之外,我会尽量多地参加寒暑假的实践活动、志愿活动等,这样不仅能丰富自己的履历,更为重要的是能丰富自己的社会实践经验,提高自己的能力。除了上述计划外,我会不断关注社会就业情况、公务员考试录用条件及政策,有必要时调整职业生涯规划。

四、创业的规划案例

1. 选择创业的理由　我选择创业作为我努力的方向,目标是自己创立一家广告公司,做出这一决定主要基于以下几方面因素。

(1)本人具备创业的理由:我的专业是新闻专业,与广告专业同属文传学院的管理范畴,这使得我有机会学到多门广告课程,大大激发了我对广告行业的兴趣。在认识到广告的重要性后,我学习了有关广告的基本理论和广告文案写作的基本方法。可以说,我对广告行业充满了热情与期待。

(2)自我分析:我仔细分析了自己的性格、特长,认为自己具备如下能力。

①想象力丰富。

②具有较强的文案写作与设计能力。

③有一定的美术基础。

④具有一定的创新能力。

⑤具有较好的人际交往能力。

⑥善于发现问题,并能找出问题存在的原因,提出解决问题的方法。

(3)具备以下素质。

①永不服输,永远向上的奋斗精神。

②认真、敬业,对喜欢的事情一丝不苟,兢兢业业。

③我不是一个刻板的人,我喜欢冒险,追求创新。

④做事果断。

2. 创业准备计划

(1)选修、旁听有关广告和工商管理的课程。

(2)参加学校的创业社团、大学生创业大赛,学习和积累创业经验。

(3)完成3类商品广告,包括具体的广告创意、绘图、文案写作、宣传周期及宣传方式的拟定及电视报纸的覆盖率。

(4)完成一份观众印象深刻的广告问卷,根据调查结果写一份调查报告。

(5)订一份报纸,了解时尚潮流,同时对报纸上的广告进行长期跟踪。

(6)撰写文章,向班刊、校报、校外期刊投稿,锻炼自己的文字写作能力。

(7)进入广告公司实习。

(8)假期从事促销类兼职,一方面适应社会,另一方面提高自己对商品亮点的把握能力和人际交往及沟通能力。

(9)继续学习有关广告和企业管理的理论著作,比如《我的广告生涯:科学的广告》和《领导的艺术》等,认真完成读书笔记。

以上仅是我在大学期间的基本的行动计划,我还会根据实际情况做出调整,我也深知创办公司不能与做一名广告策划等同。对此,我的目标是,在毕业后首先进入一家广告公司,一边从事广告工作,一边学习企业管理。当我认为自己已经具备相应的企业经营和管理能力及创业的条件后,我才会开设自己的公司,实现自己的创业理想。

测试题

组织开展职业生涯规划书的比赛。

多看一眼:
从"跳水皇后"
郭晶晶的成功看
职业生涯规划

多看一眼:
职业生涯
规划书的拟定

多看一眼:
从职业规划视角
读二十大报告

第四章

认识自我

扫码看 PPT

学习目标

1. 了解自己的职业性格、气质、兴趣。
2. 学会运用科学的自我认知测试工具自测。
3. 了解自己的职业价值观和职业能力,为职业生涯规划做好准备。

第一节 自我认知概述

案 例 导 入

奥托·瓦拉赫是诺贝尔化学奖获得者,他的成才过程极富传奇色彩。瓦拉赫在读中学时,父母为他选择的是一条文学之路,不料一个学期下来,老师为他写下这样的评语:瓦拉赫很用功,但过分拘泥,这样的人即使有着完美的品德,也绝不可能在文学上发挥出来。父母只好尊重老师的意见,让儿子改学油画。可瓦拉赫既不善于构图,又不会润色,对艺术的理解力也不够,在班上的成绩居然是倒数第一,而学校给出的评语更是令人难以接受:你是绘画艺术方面不可造就之才。

面对如此笨拙的学生,绝大部分老师认为瓦拉赫已成才无望,只有化学老师认为他做事一丝不苟,具备做好化学实验应有的素质,建议他主攻化学。这位老师对瓦拉赫说:"条条大路通罗马,你在文艺方面的缺点正是化学研究中的优点,我相信你在化学方面是一位可塑之才。"于是,瓦拉赫听从了这位化学老师的建议,改向化学方面发展。

这一次,他的特质正好用在了适合他的位置上,因为做化学实验需要的正是一丝不苟。他好像找到了自己的人生舞台,智慧的火花一下子被点燃了。不久,文学艺术方面的"不可造就之才"一下子变成了公认的化学方面的"前程远大的高材生",在同专业学生中,他的成绩遥遥领先。瓦拉赫孜孜不倦地在化学领域学习研究,最终获得了诺贝尔化学奖。

讨论:

1. 奥托·瓦拉赫的成才过程告诉我们什么道理?
2. 你真的认识自我吗?

《道德经》里讲,"知人者智,自知者明"。这告诉我们:真正聪明的人,既要善于认识他人,又要能正确地认识自己。认识上充分,思想上重视,行动才会有动力,落实才能到位。党的二十大指出,"党的百年奋斗成功道路是党领导人民独立自主探索开辟出来的,马克思主义的中国篇章是中国共产党人依靠自身力量实践出来的,贯穿其中的一个基本点就是中国的问题必须从中国基本国情出发,由中国人自己来解答"。走自己的路,是党百年奋斗得出的历史结论。

一、自我认知的概念

为什么要在职业生涯规划开始之前提出认识自我这一概念呢?"自我"这一概念涉及多个学科和领域,包括哲学、临床心理学和社会心理学等方面,因而"自我"一词具有多种不同的含义。其中,社会心理学强调:自我是认知组织、印象处理和动机激发的源泉。换句话说,自我认知对认知并协调个人与外界环境、养成正确的人生观念、激发上进心和成功欲等具有积极的催化作用。大学生通过自我认知对自己的内在需求进行分析,便可合理地安排学习和生活,很多个人困惑和就业问题都迎刃而解。可以说,自我认知是职业生涯健康发展的基础,也是大学生迈出职业生涯规划的第一步。

自我认知也称自我意识,是对自己的洞察和理解,包括自我观察和自我评价。自我观察是指对自己的感知、思维和意向等方向的觉察。自我评价是指对自己的想法、期望、行为及人格特征的判断与评估,这是自我调节的重要条件。

自我认知主要包括自我认识、自我体验和自我监控3种心理成分。

(一)自我认识

自我认识是主观自我对客观自我的认识与评价,是自己对自己身心特征的认识。自我评价是在这个基础上对自己做出的某种判断,正确的自我评价对个人的心理及其行为表现有较大影响。如果个体对自身的认识与社会上其他人对自己客观评价距离过于悬殊,就会使个人与周围人之间的关系失去平衡、产生矛盾。长此以往,将会形成稳定的心理特征——自满或自卑,将不利于个人心理上的健康成长。自我认识在自我意识系统中具有基础地位,属于自我意识中"知"的范畴,其内容广泛,涉及自身的方方面面。

多看一眼:
格言

对大学生进行自我认识训练,重点放在3个方面:第一,让大学生能认识到自己的身体特征和心理状况;第二,让大学生认识到自己在集体和社会中的地位及作用;第三,让大学生认识到内心的心理活动及其特征。自我评价是自我意识发展的主要内容和主要标志,是在认识自己的行为和活动的基础上产生的,是通过社会比较而实现的。由于大学生自我评价能力不足,往往不是过高就是过低,大多属于过高型。因此,大学生想要提高自我评价能力,就应学会与同伴进行比较,通过比较做出评价,还应学会借助别人的评价来评价自己,学会用辩证的方法评价自己。由于自我评价是自我认识中的核心内容,它直接制约着自我体验和自我监控,所以对自己进行自我意识训练,核心应放在自我评价能力的提高上。

(二)自我体验

自我体验是主体对自身的认识而引发的内心情感体验,是主观自我对客观自我所持有的一种态度,如自信、自卑、自尊、自满、内疚、羞耻等。自我体验往往与自我认识、自我评价有关,也和自己对社会的规范、价值标准的认识有关,良好的自我体验有助于自我监控的发展。对学生进行自我体验训练,就是让其有自尊感、自信感和自豪感,不自卑、不自傲、不自满。

(三)自我监控

自我监控是自己对自身行为、思想、言语的控制,具体表现为两个方面:一是发动作用;二是制止作用。也就是支配某一行为,抑制与该行为无关或有碍于该行为进行的行为。进行自我认识、自我体验的训练目的是进行自我监控,调节自己的行为,使行为符合群体规范,符合社会道德要求,从而调节自己的认识活动。提高大学生自我监控能力,重点应放在由外控制到内控制的转变上。

每一个人都是独特的个体,跟别人是不一样的,同一个班上的同学在能力和兴趣上也有差别,而且每个人的潜力是不一样的。我们常说,天生我材必有用,一个人总要在某处寻找到自己的用武之地,或者说,只有在正确认识自我的条件下,认识到自己的职业兴趣、个人性格特质、职业技能,才能找到适合自己的工作岗位,才能干好工作,并取得一定的成绩,为社会做出贡献。

二、自我认知的特性

每个人都生活在社会大环境中,个体与个体之间、个体与环境之间都有着不断发展变化的、千丝万缕的联系,这就要求个体的发展需随着环境变化不断地调整。虽然自我的形成和发展是一个相对的变化过程,但根本特性是不变的,那么自我认知具有什么特性呢?

(一)社会依托性

自我认识是以社会为依托的。作为个体的人,自我认识的产生、发展和变化与社会环境的作用是分不开的。个体自我认识的过程,也是个体社会化的过程。每个人在社会活动中都需要根据实际情况调整和塑造自己,加深对自我的认知和了解。若脱离了社会环境这个舞台,个体就不需要有自我认识,甚至连自我意识都变得没有意义。所以,自我认识需要以社会大环境为前提,任何人都不能抛开社会因素单独谈自我。

(二)自我能动性

个体可以自主进行自我认识。人们往往能通过对自己言行或得失的分析与评价,在不知不觉中对自身进行认识和剖析,包括从局部到整体、由浅入深、从感性到理性的综合考量。同时,有选择、有目的地调节和控制自身的情感和行为,并对自身进行监督、管理与批评,从而达到完善和提升自我的目的。

(三)客观性

个体的自我认识是客观存在的。在认识自我的过程中,人们除了根据自己的认知体系对自身进行认知和判断外,还会收到其他个体的看法和社会的反馈并加以利用。首先,个体对自我认识的产生、发展、变化是通过与他人进行比较或从自身角度出发的,但却是以客观条件或事实为主导的;其次,他人的观点或看法同样是以客观依据为基础的。一般而言,结合他人的眼光和角度来对自身加以认识,能得到更真实的答案。不管怎样,认识自我是为自身的成长和发展服务的,越是客观真实的认识,就越能把握真实的自我,对个体的发展也越有利。

人贵有自知之明,正确地认识自己,对待人接物和处理问题等方面大有裨益。若一个人不能客观地评价自己,就会产生心理障碍,对事物表现出极端态度;或对自我产生不满和排斥,变得消极待物,或盲目自大,变得目中无人。二者都是个人成长和发展道路上的障碍。

(四)形象性

形象性是指个体对自身的认知是建立在具体化的形象之上的。个人在认识自我的过程中,除了公开的外在形象,还有个体对自我的认知形成的意识形象,以及根据他人的评价生成的评价形象,三者随着个体对自我认识的变化而相互影响和转换。比如,一个人在某些方面存在缺陷,个体的意识形象就会加剧自卑心理,从而影响外在形象的表现,他人的评价自然就会大打折扣。若他人对自己的评价是赞赏态度,个体就会产生自尊心理,从而更加利于"真实自我"的发展。

课堂互动

骆驼和羊

骆驼长得高,羊长得矮。骆驼说:"长得高好。"羊说:"不对,长得矮才好呢。"骆驼说:"我可以做一件事,证明高比矮好。"羊说:"我也可以做一件事,证明矮比高好。"

它们走到一个园子旁边,园子四周有围墙,里面种了很多树,茂盛的枝叶伸出墙外来,骆驼一抬头就吃到了树叶。羊抬起前腿,趴在墙上,脖子伸得老长,还是吃不着。骆驼说:"你看,这可以证明了吧,高比矮好。"羊摇了摇头,不肯认输。

它们又走了几步,看见围墙有个又窄又矮的门,羊大模大样地走进门去吃园子里的草。骆驼跪下前腿,低下头,往门里钻,却怎么也钻不进去。羊说:"你看,这可以证明了吧,矮比高好。"骆驼摇了摇头,它也不肯认输。

它们去找老牛评理,老牛说:"你们俩都只看到自己的长处,看不到自己的短处,这是不对的。"

> 请问:
> 1.老牛为什么说骆驼和羊都是不对的?
> 2.骆驼和羊怎样做才能说是对的?

三、自我认知的内容

自我认知是建立在个体自我观察与自我分析的基础上,是对自身条件和状态的全面评估,这些因素影响着个体对待自身和外界的方式与态度。人们需要认识和了解自身的内容有很多,主要包括性别、年龄、健康、兴趣、性格、能力和价值观等方面。在对职业生涯进行规划的过程中,通过对自我的认识,个体可以从"我想干什么"转变到"我能干什么",这一过程需要运用适当的途径和方法,以达到正确认识自身优点与不足的目的,从而实现对个人能力的管理与运用。

(一)外在自我

外在自我指的是自己了解,别人也知道的自我因素。它是自我中最为外显的部分,是身体外特质,由物理实体构成,反映身体特征,包括性别、年龄、外貌、体重等。身体外特质也称延伸自我、公开自我,即日常生活中所说的"我的……",如姓名、照片、身份证号、财产、身份等,对于此部分的"自我",我们非常关注,且愿意为此而努力。

(二)内在自我

内在自我分为心理自我和潜在自我。心理自我是自身内在心理因素,它是自我中内隐的部分,是自己知道、别人不知道的部分,往往无法直接观测得知。心理自我具体包括3个部分。

(1)心理自我的动力系统:个体的动力倾向,涉及兴趣、价值观等心理特质。例如,我为什么喜欢当老师,为什么有人喜欢自己开店当老板?探索心理自我的动力系统,可以帮助我们找到让自己兴奋、有干劲的职业领域。

(2)心理自我的效能系统:个体的能力倾向,涉及技能、自我效能等因素。例如,为什么他能很熟练地操作电脑,而我只能进行简单的文档操作?为什么有人可以编织出精美的手工艺品,却不能把电脑修好?探索心理自我的效能系统,可以帮助个体弄清自己擅长的职业领域。

(3)心理自我的风格系统:个人的性格倾向,涉及性格、气质等心理特征。例如,我适合干这份工作吗?为什么有的人在公众场合游刃有余,有的人却在公众场合开不了口?探索心理自我的风格系统,可以帮助我们找到适合自己、让自己更得心应手的职业领域。

潜在自我,是自我中最为内隐的部分,自己不知道、不了解,别人也不知道的部分,是个人对自身认识的盲区。

(三)社会自我

人需要社交,个人在与他人的交往或参加社会活动中,总是扮演着不同的社会角色,逐渐产生了社会自我,这个自我是动态发展的,不断发展、形成、完善,它是自我概念的重要组成部分,是个体对自己在社会生活中所担任的各种社会角色的知觉,包括对各种角色关系、角色定位、角色技能和角色体验的认知和评价。

外在自我、内在自我、社会自我相比较而言,外在自我和社会自我较为客观,也相对容易探索,内在自我较为隐秘,也是我们主要探索的对象。

四、自我认知的方法

自我认知需要有解剖自己的勇气,需要有深刻反思自身的能力,需要有正确的途径和方法。自我认知的具体方法有自我现实分析法、自省比较法、他人评价法、心理测试法等。

(一)自我现实分析法

要想正确地认识自我,有效地把握自我,首先要对自己的人生态度,兴趣和成功的理想就应有充分的认识。对诸如我的人生需求到底是什么?什么对我是最重要的?是挣钱的多少,还是什么样的职业?等问题进行深入思考,以充分认识自己的人生态度。兴趣可以弥补能力和知识的欠缺,因此,把兴趣和职业方向联系起来至关重要,不可因经济利益的驱动而抹杀自己的兴趣。对成功的理解,是确定职业的重要砝码。高薪水、高品位、高自由度、高个性化的工作,是传统的成功思想。而自我对社会的贡献和社会对自我的满足和承认,才是成功的本质,要正确地对知识、能力、个性、特长等方面进行分析,确定自己最适合的职业。知识影响专业背景,能力影响职业素质,人际关系影响发展前景,特长影响成功。尽管你对某一职业感兴趣,也拥有相应的知识,但如果你的个性和能力表明你不适合从事这项职业,那么固执地选择这一职业,只会造成人才资源的浪费。

择业时考虑个人因素是合理的,但前提是这种选择要符合社会的需要。人是现实的、社会的人。个人期望与社会需求有效结合,才是最合理的选择。具体而言,把国家经济发展、政治形势、就业政策导向、行业发展前景、职业性质、岗位要求等客观要求与个人主观愿望有机地统一起来,摆正两者的关系,才能使自己成为社会所需要的人才。在大学生就业中存在着这样一种观念,即认为自主择业就是想去哪儿就去哪儿,想干什么就干什么。这是非常错误的,必须意识到择业的主客观约束条件,也就是自我职业适应性与社会需求的综合限制因素。

(二)自省比较法

自省比较法即通过自我反省、自我总结、自我比较的方法认识自己。通过回顾自己过去的经历,对自己的想法、期望、品德、行为进行理性思考,然后认真地描述和判断自己做事的特点。在这个过程中,个人需要收集信息,并耐心地进行分析。例如,问问自己,过去做过什么自己确实喜爱的工作?喜欢这些工作的哪些方面?现在我仍喜欢它们吗?我喜欢处理人际关系,还是喜欢处理具体问题或处理信息情报的技术?什么能激发我的活力?什么令我感觉倦怠乏味?另外,可以对自己过去的成功经验和教训进行回顾,分析自己过去有哪些成功,哪些不成功,原因是什么。除了客观因素外,自己在哪些方面需要改进。在自我评价过程中需要注意的是,要尽量以客观评价为依据,避免因为个人认识或个人动机出现较大误差。例如,有的人成绩一般却自我欣赏,有的人成绩显著却自感不如他人,自信心不足等。

(三)他人评价法

他人评价法就是寻找熟悉你的人对你进行评估反馈,他人评价就如同一面镜子,可以多角度观测自己在生活中的表现,并以此评估自己的各项特质。父母、师长、同学、同事等都是我们可以询问的对象,他们在与你一起生活、学习、工作、处事时,对你的性格、气质、能力等会有一定的了解,并且意见往往是比较客观公正的。这就是人们常说的"旁观者清"的道理。所以听取他人的评价和意见,是准确认识自己的一条有效途径。他人评价的一般方法有以下3种。

多看一眼:
以人为镜,
明得失

(1)依据他人对自己的态度和评价了解自己:个人对自己的评价往往是以其他人的评价为参照的,人们在相互交往中,不断深化对自己的认识。如通过家长、老师、同学、同事、朋友对自己的评价和态度来了解自己。需要注意的是,要准确理解和分析他人对自己的态度和说法。

(2)通过与自己条件相似的人比较,概括自己的特点:如可以和自己的大学同学比较,以便概括出自己的特点。

(3)通过专家咨询认识自我:到专业咨询机构进行咨询,是一种有效且快捷的自我认识方式。咨询人员会结合他的学识、经验以及科学的咨询技术给个人提供帮助,促进个人获得对自己的重新认识。更重要的是,通过专家咨询,会提高自己的决策能力。

(四)心理测试法

随着心理学的发展,许多心理学家或测试学家以特定的理论为基础,用科学的方法,经过问卷、抽样、统计分析、建立模型等程序,编制出了多种多样的心理测试工具。心理测试是一种力求客观的测量手段,其特点是能够在较短时间内测出一个人的价值观、职业兴趣、爱好及人格特征等。心理测试与自我评价相比,其科学性、准确性较高,是一种了解自己、认识自己的有效方法,测评结果对自我评价具有较好的参考作用。目前,用于测试的工具多种多样,常用的有明尼苏达多项人格测验、卡特尔人格测验、韦克斯勒智力量表、霍兰德职业偏好量表等。

(1)兴趣测评:最普遍使用的是霍兰德自我探索量表,它根据霍兰德的职业兴趣理论编制,主要用于测量个体的兴趣类型,还有斯特朗职业兴趣量表等。

(2)性格测评:最常用的是迈尔斯-布里格斯类型指标测评,它根据荣格的性格理论编制,将人从四个维度分成16种类型,每一类型都有相对适合的工作,还有卡特尔的16种人格因素测验等也被广泛使用。

(3)价值观测评:常见的有工作价值观量表、施恩职业锚测试、田崎仁的职业价值观测试、罗克奇价值观调查表等。

上述几种测试工具,无论选用哪种,都要注意相互之间的参照与综合,这样才能准确、全面地认识自己。除此之外,还有用于测评职业能力、气质、时间管理等的测评量表。

五、自我认知的意义

职业生涯发展与人的自我概念有着密切的关系。舒伯认为,个体职业生涯的发展是与其自身生涯、心理成长同步的。在生涯发展的过程中个体不断地重新审视自我、发现自我。因此,自我认知是职业生涯规划的现实需要。

自我认知就是对自己进行全面分析,通过自我分析认识自己、了解自己,弄清楚自己想干什么、自己能干什么、自己应该干什么、在众多的职业面前自己应选择什么等问题。正如我们党的二十大会议精神,要深学细悟,在精读细读、反复学习的基础上,坚持学思结合,做到学有所悟、悟有所得。只有客观地认识自己,明确自己的职业兴趣,才能选定适合自己发展的职业生涯路线。因此,认识自我是职业生涯规划的重要步骤之一,是整个职业生涯规划中最为基础、最为核心的环节。如果这一环节做得不好或出现偏差,就会导致职业生涯规划的诸多后续环节出现问题。

多看一眼:
接纳自己才是
一种真正的
开始(1)

第二节 性格和气质的自我认知

一、认识自我的性格

(一)性格的含义

假如你并不"自知"适合干些什么,再美好的职业生涯规划终会成为南柯一梦。脚步匆匆的你可能无暇深思生命的意义,但你无法回避这样一个问题:你适合干什么?常常听到有人这样说:"我秉性暴躁,跟人打交道的职业干不了。""我性格深沉,适合搞科研。""我性格温和,是最适合培养幼苗的园丁。"

你自己或别人通常会用什么词形容你?活泼、沉静、内向还是外向?这些词常常就和一个人的性格有关。关于性格,心理学家们有多种定义,但其中有两个基本概念是一致的:独特性以及行为的特征性模式。性格是一个人对现实的态度和习惯性的行为方式中表现出来的较为稳定的心理特征。具体而言,性格也是一种人格特质,是一个人在生活中对他人、对事、对自己和对外在环境所表现出来的一致性应对方式。每个人在其成长经历中,可能受到生理、遗传、家庭教养、文化、学习经验等因素的交互作用,从而形成自己的独特个性,在不同的情境中表现出特定的气质。性格是一个人对现实的态度和个人习惯化了的行为方式中所表现出来的较为稳定的心理特征,它不仅表现在对人、对自己的态度上,同时也表现在对职业生涯的选择和态度上。简单地说,性格是人对现实的稳定态度和习惯化的行为方式。

每个人的性格千差万别,有的人热情外向、有的人害羞内向、有的人沉着冷静。一个人的性格与其是否能适应某种职业生涯有着很大的关系。如果你从事的职业与你的性格相适应,你工作起来就会感到得心应手、心情舒畅,也就容易在工作中取得成就。如果你的性格特点与你所从事的职业不相适应,这种性格就会阻碍你工作任务的完成,使你感到被动、缺乏兴趣并难以胜任,即便能够完成工作任务,也会常常感到力不从心,精神紧张。所以,我们想要在职业生活中充分地施展自己的个性特点,实现自己的个性要求,尽可能大地获得自由感、满意感和适应感,在择业前就应该深入了解自己的个性类型及其职业适应性,实现人职匹配。

(二)性格的特征

多看一眼:
接纳自己才是
一种真正的
开始(2)

观察日常生活中的人群,你就会发现千差万别的性格特征。有的人诚实、正直、谦逊,有的人活泼、好动、善交际,有的人悲观、孤僻。在人际交往过程中有内向的,也有外向的;在清晰特征上,有稳定型的,也有激动型的;在适应工作方向上,有的人积极进取,有的人消极被动;在意志表现上,有的人果断勇敢,有的人优柔寡断。要想认识自己的性格,你就必须把握自己的性格的基本特征,这些特征一般可以从以下四个方面来考察。

1. 性格的态度特征 性格的特征首先表现在你对社会、对别人以及对自己的态度上。如对社会、对事业、对生活充满信心,目标明确;对集体、对他人关心;对劳动、对劳动产品热爱;对自己严格要求等。上述这些态度是相互联系、相互影响的。

2. 性格的意志特征 性格的意志特征是一个人行为的自觉调节方式和水平方面所表现出来的心理特征,自觉性、坚定性、果断性、自制力是其主要的表现。按照调节行为的依据、水平和客观表现,性格的意志特征可分为以下4个方面:首先是意志的自觉性,主要表现在你对自己行为的目的具有明确而深刻的认识,特别是能意识到自己行为的社会意义;其次是意志的自制性,主要表现在善于主动地自行控制自己的言行;再次是意志的果断性,果断性能促使你在紧急情况下及时做出决定;最后是意志的坚毅性,就是指在行动中坚持决定,百折不挠,顽强奋斗。

3. 性格的情绪特征 性格的情绪特征是个体依据客观事物对人的不同意义而产生的对该事物的不同态度,如乐观积极与多愁善感、精神饱满与颓废气馁等,这都影响着人的活动。当情绪对你的活动有影响或你对情绪的控制有某种稳定的、经常表现的特点就构成性格的情绪特征。性格的情绪特征可以分为情绪的强度、稳定性、持久性和主导心境4个方面。

4. 性格的理智特征 性格在认识方面的个体差异称为性格的理智特征,主要表现在思维、想象和感知等方面。这些差异表现在直觉的特点上,可以分为被动知觉型和主动观察型,或分为详细罗列型和概况总结型,或分为粗略型和精细型。在记忆方面可表现为直观形象型或抽象型。在思维方面则可表现为思想深刻或肤浅,思维稳定或不稳定,善于独立思考或回避问题。在想象方面则可表现为有现实感或脱离实际,内容广阔或狭窄等。

(三)性格的类型

人的性格千差万别,或热情外向,或羞怯内向,或沉着冷静,或火爆急躁。职业心理学的研究表明,不同的职业对求职者有不同的性格要求。虽然每个人的性格都不能百分之百地适合某项职业,但却可以根据自己的职业倾向来培养、发展相应的职业性格。不同性格特征的人员,对企业而言,决定了每个员工的工作岗位和工作业绩;对个人而言,决定着自己的事业能否成功。近年来,一些教育学心理学研究人员根据我国的实际情况,将职业性格分为9种基本类型,性格类型、特征与适合的职业见表4-1。

表4-1 性格类型、特征与适合的职业

性格类型	特征	适合的职业
刚毅型	适合开拓性和决策性的职业,不适宜从事机械性、服务性的工作,也不适合从事要求细致的工作。性格刚强、意志坚定、行为果断、勇猛顽强、敢于冒险	政治家、社会活动家、行政管理、群众或团体组织者等

续表

性格类型	特征	适合的职业
服从型	愿意配合别人或按别人指示办事,而不愿意自己独立做出决策,承担责任	办公室职员、翻译人员、秘书、翻译等
勇敢型	有冒险精神,适应能力强,反应迅速而灵活	警察、企业家、检察官、律师、军人、救生员等
谨慎型	注重工作过程中各个环节、细节的精确性。愿意按一套规定和步骤工作,尽可能做得完美,倾向于严格、努力地工作以看到自己出色完成工作的效果	会计、出纳员、统计员、校对员、图书档案管理员、打字员等
狂放型	桀骜不驯、自负自傲、豪爽、不拘小节,做事好冲动,好跟着感觉走;具有想象力、理想化,有创意,适合在需要运用感情和想象力的领域里工作	演员、诗人、音乐家、导演、画家、策划师等
沉静型	工作细致入微,内心沉静,适合从事相对稳定的工作	医生、工程师、教师、出纳员、研究人员等
耿直型	适合从事具有冒险性、探索性或独立性的职业,胸怀坦荡,性情质朴敦厚,情感反应较强烈和丰富,行为方式带有浓厚的情绪色彩	运动员、航海、航天、科学考察、野外勘测等
协作型	在与人协同工作时感到愉快,善于引导别人,并想得到同事们的喜欢	社会工作者、咨询人员等
善辩型	能言善辩,口才好,富有鼓动性,有较强的社交能力,勤于独立思考,反应灵活,主意多	公关、推销员、广告、调解员、代理人等

绝大部分职业都同时与几种性格类型特征相吻合,而一个工作也同时具有几种职业性格类型的特征。在实际的吻合过程中,应根据个人的性格与职业的要求,具体情况具体处理,不能一概而论。

不同性格类型的人适合不同的职业。外向的人适合社交性和活动性的工作,而内向的人则更适合文字性和安稳性的工作。不同的职业对人也有不同的性格要求,要适应这一职业,就具备或培养这一职业要求的性格特征。例如,作为医生,要有精益求精、一丝不苟的工作态度,有救死扶伤的人道主义品质,有高度的责任感并具有同情心;教师要热爱教育事业、富有爱心、为人师表、严于律己;企业技术员要有刻苦创新的精神和持之以恒的品质;管理者要善于交流沟通、关心下属等。可以说,从事每一种职业都有一定的职业性格,好的职业性格有助于个体在相应职业中更好地完成工作。在职业实践中,职业活动的要求也会让从业者巩固或改变职业性格,现代化生产要求培养人具有高度的组织性、计划性和毅力,所以性格和职业是相互对应、相互作用的。

案例共享

一个小镇商人有一对双胞胎儿子,当这对兄弟长大后,就留在父亲经营的店里帮忙,直到父亲去世,兄弟俩接手共同经营这家商店。

生活一切都很顺利,直到有一天一美金丢失后,兄弟俩的关系开始发生变化:哥哥将一美金放进收银机,并与顾客外出办事,当他回到店里时,突然发现收银机里的钱不见了!

他问弟弟:"你有没有看到收银机里面的钱?"

弟弟回答:"我没有看到。"

但是哥哥对此事一直耿耿于怀,咄咄逼人地追问,不愿罢休。哥哥说:"钱不会长了腿跑掉的,我认为你一定看见了这一美金。"语气中带有强烈的质疑意味,怨恨油然而生,手足之情就开始出现严重的裂痕。

开始双方不愿交谈,后来决定不再一起生活,在商店中间砌起一道墙,从此分居而立。20年过去,敌意与痛苦与日俱增,这样的气氛也感染了双方的家庭与整个社区。

20年后的一天,有位开着外地车牌汽车的男子,在哥哥的店门口停下。他走进店里问道:"您在这个店里工作多久了?"哥哥回答说:"这辈子都在这店里服务。"这个男子说:"我必须要告诉您一件往事,20年前我还是个不务正业的流浪汉,一天流浪到你们这个镇上,已经好几天没有进食了,我偷偷地从您这家店的后门溜进来,并且将收银机里面的一美金取走。虽然时过境迁,但对这件事情我一直无法忘怀。虽然一美金是个小数目,但是我深受良心的谴责,我必须回到这里来请求您的原谅。"

当说完原委后,这个男子很惊讶地发现店主已经热泪盈眶并语带哽咽地请求他:"是否也能到隔壁商店将故事再说一次呢?"当这个男子到隔壁说完故事以后,他惊愕地看到两位面貌相像的中年男子,在商店门口痛哭失声、相拥而泣。

20年过去了,怨恨终于化解。可是谁又知道,20年前猜疑的萌生,竟是源于区区一美金的消失。

(四)性格与职业生涯

1. 性格与生涯发展的关系 我的性格是什么?先认真回答这个问题,然后再去思考我适合什么样的职业。

职业生涯的规划不仅要认识自己的性格到底属于哪种类型,还要了解不同职业对从业人员的个性有哪些要求,最后通过职业生涯规划来达到个人的性格和职业的相互匹配。例如,科学研究需要理智型和独立型的性格,如果自己不具有这种性格,最好不要把它作为自己的目标职业。当然,性格并非完全不能改变,因此性格与职业的相互匹配还可以通过培养职业性格这个途径来获得。但是由于性格毕竟是一个人稳定的态度和习惯化了的行为方式,性格又是在先天的生理基础上,经后天的长期实践慢慢形成的。大学生的性格已经基本定型,要想改变非常困难,因此大学生在进行职业生涯规划时,最好是让职业去适应性格。

2. 性格与职业选择 性格是一个人对现实的态度和他的行为方式表现出来的个性心理特征,具有核心意义的个性心理特征是一个人本质属性的、独特的、稳定的结合。对于择业者来说,在择业过程中,必须考虑的一个重要问题就是性格与职业类型的适应性。人的性格不同,使得其对职业的态度也有所不同,例如,有的人勤劳勇敢、勇于创新,有的人懒惰懦弱、因循守旧。当然,性格并不等同于职业品质,不能孤立地评价性格特点。不同的职业会选择具有相应性格的求职者,不同性格的求职者也应该针对自己的性格特点选择相应的职业群,以求人职匹配。

> **课堂互动**
>
> **签名**
>
> (1)请同学们拿出一张空白纸,在纸上签下自己的名字。
> (2)请换一只手,再次在纸上签下自己的名字。
> (3)两次签名有什么不同的感受?请用几个词来形容一下。

当我们用自己常用的那只手签名时,通常会感到得心应手,很自如,毫不费力,很有信心能做好这件事。而当我们用另一只手签名时,就感到不习惯、别扭、费劲,而且签名写得歪歪扭扭,但是最终还是完成了。

我们在其他事情上也是如此,天生有自己擅长的一面,也有自己不擅长的一面(如我们的左手、右手),它们没有好坏或者对错之分。如果能找到一个适合的环境,使得我们在其中发挥自己的长处和优势,那么我们会很自信,并且会取得佳绩。相反,如果要求我们做不擅长的事情,那么多半会感到不舒服、不自在,而且可能干不好工作。

如果我们知晓自己性格上的"左右手",并了解与之适应的环境和职业,就能帮助我们做出合乎自己情况的职业选择。这样的最佳匹配,会使得我们成为有效的工作者。

二、性格测试

1. 自测:你对自己的看法如何?

性格测试1(见表4-2)是从日常生活态度来了解性格倾向的。

表4-2 性格测试1

问题	分数		
	2	1	0
1. 性格开朗,喜欢聊天			
2. 能够马上融入新的环境			
3. 经常同朋友产生借贷关系			
4. 与其率先考虑能否成功,倒不如先干着			
5. 在工作要点上得到指示就足够了			
6. 发生事故不惊慌,能想办法摆脱困境			
7. 不重视外表,更重视内在			
8. 闲暇时,喜欢和大家一块嬉戏打闹			
9. 和谁都能轻松交往			
10. 比起制订计划,更喜欢付诸实干			
11. 行动时先动身,后动脑			
12. 别人认为自己为他人服务的精神旺盛			
13. 房间的门一般敞开着			
14. 认为处事要"先发制人"			
15. 能同时做两件事情			
16. 听别人说话,脑子里不断涌出新主意			
17. 因为害怕失败便什么也不做			
18. 和朋友谈话时旁若无人			
19. 认为人生需要互相提携			
20. 认为"人生由运气决定"是无稽之谈			
21. 有诸多事该做时,不知该从何处着手			
22. 对别人的请求不予拒绝			
23. 心里存不住话,不吐不快			
24. 吃东西先从好吃的开始吃			

续表

问题	分数		
	2	1	0
25. 马上可以领会新工作的要领			
26. 必需的东西大多能用钱买到			
27. 认为朋友的朋友即是我的朋友			
28. 经常帮人出主意			
29. 喜欢忙			
30. 空闲时不知如何打发时间			
31. 别人认为自己会照料别人			
32. 写信不打草稿			
33. 不做对实际生活没有意义的事情			
34. 比起旅行社集体出游,更想单独旅行			
35. 知道行不通时,马上改变方法			
36. 首先从十拿九稳的事情做起			
37. 看到别人干错事马上提醒他			
38. 对社会上发生的事非常关心			
39. 喜欢冲锋在前,大刀阔斧地干事,但对处理善后事宜却不擅长			
40. 别人认为自己可爱			
41. 说话时视对方态度,随时调整自己的语气、态度等			
42. 看到电视中精彩的体育节目,会情不自禁地拍手叫好			
43. 过马路时,红灯亮但没车来时就穿过去			
44. 认真听取别人的劝告			
45. 很有灵性			
46. 认为自杀者即使有理也是傻瓜			
47. 很受孩子们欢迎			
48. 常常受到老人们的善意相待			
49. 人生充满惊险才有趣			

测试说明:

①读完以上1~49个问题后,认为"所言极是"者,得2分;认为"全非如此"者,得1分;"不置可否"者,得0分。

②总分在70分以上为行动型,40分以下者为非行动型,41~69分可视为倾向不明。

2. 自测:你是怎样看待自己的?

性格测试2见表4-3。

表4-3 性格测试2

问题	分数		
	2	1	0
1. 尽管有些东西对实际生活不直接起作用,但有必要的,还是会学习			
2. 别人求助时如不方便就断然拒绝			
3. 认真考虑,然后才行动、说话			
4. 总是把手表对得很准			
5. 生活态度是三思而后行			

续表

问题	分数		
	2	1	0
6. 性情总是水波不惊地平稳			
7. 收到信件、包裹马上就回函			
8. 做事时先确认不会失败后再开始行动			
9. 做事时先考虑轻重缓急			
10. 对他人的事情尽量不插嘴			
11. 工作衔接安排好顺序,所以忙而不乱			
12. 综合自己的想法后再说话			
13. 几乎从不丢失携带的物品或失手打碎东西			
14. 笔记中的字大小、形状始终不变			
15. 别人说你面无表情			
16. 不受一时的气氛所影响			
17. 一经决定便尽量遵守			
18. 写重要的信件或文件时必打草稿			
19. 从不因一时冲动而买东西			
20. 买食物首先注重营养平衡			
21. 没事不打电话			
22. 将筒状牙膏从下往上工整地卷着用			
23. 尊重每个朋友的个性,绝不勉强			
24. 虽然情绪有些不好,但仍把分配的工作做完			
25. 人生有许多东西不能用金钱买到			
26. 绝不泄露朋友的私密,背叛朋友的信任			
27. 借东西到期一定归还			
28. 怕出麻烦,门窗一般都关闭着			
29. 打电话之前先考虑好说话的先后顺序			
30. 彻底寻找失败的原因			
31. 高效率地记笔记,有自己的一套方法			
32. 亲自、充分调查考入的学校和就业单位			
33. 得到详尽说明后才开始工作			
34. 即使别人打破规律,自己也不随波逐流			
35. 在人生中比起才能来,气质更重要			
36. 做事时很少冲动,更善于善后处理			
37. 不管多么急也不加塞			
38. 经常发现报纸上的校对错误			
39. 外出旅行时先准备好洗手用的毛巾			
40. 闲暇时喜欢猜谜、读书等活动			
41. 出了麻烦尽可能不去找人商量,而是独自一人思考			
42. 做事有条理,一切按计划行事			

续表

问题	分数		
	2	1	0
43. 把书信重复看几遍才放下心来			
44. 不干完手头的事不接新的工作			
45. 做事时有人过来说话也不受干扰			
46. 即使不拿手的事情也不退避三舍,总想试试看			
47. 身体健康是因为生活有规律			
48. 愿意做同样的工作			
49. 晚上制订好第二天的计划才入睡			
50. 做不到就暂且不谈,制订计划是很惬意的			

测试说明:
①读完以上 1~50 个问题后,如果与你平时所感、所做一致,得 2 分;不一致,得 0 分;"不置可否"者,得 1 分。
②总分在 70 分以上者为思考型,40 分以下者为非思考型,41~69 分者倾向不明。

三、认知自己的气质

(一)气质概述

气质是指人典型的、稳定的心理特点,包括心理活动的速度(如语言、感知及思维的速度等)、强度(如情绪体验的强弱、意志的强弱等)、稳定性(如注意力集中时间的长短等)和指向性(如内向性、外向性)。一个人反应速度的快慢、情绪的强烈、注意力集中时间的长短和转移的难易以及心理活动倾向于外部世界还是内部世界等固然和外界环境有一定的联系,但是在很大程度上与人的气质密切相关。气质相同的人,往往会在不同内容的活动中表现出性质相同的特征来,如一个活泼好动、反应灵敏的同学,不论是在学习、考试、劳动中,还是在体育比赛、课外活动中,都会非常明显地表现出这些特征来。

(二)气质类型及特点

气质是一种不受活动目的和内容影响的心理活动典型的、稳定的动力特征。这些特征的不同组合,便构成了个人的气质类型,它使人的全部心理活动都染上了个性化的色彩,属于人的性格特征之一。一般来说,根据感受性、耐受性、反应的敏捷性、可塑性、情绪的兴奋性和指向性的不同组合,可以把气质分为 4 种类型:多血质、胆汁质、黏液质、抑郁质。气质类型、特征及可能适应的职业见表 4-4。

表 4-4 气质类型、特征及可能适应的职业

气质类型	特征	可能适应的职业
多血质 (活泼型)	行动敏捷、适应力强、情感丰富、活泼、敏感、反应快、善于交际、兴趣与情绪易转换	积极主动,热情大方,善于推销自己,适应性强,很受用人单位欢迎,通常适合从事抛头露面、交际方面的职业,如记者、律师、公关人员、秘书、艺术工作者等
胆汁质 (战斗型)	反应速度快,具有较高的反应性与主动性;情绪体验强烈、爆发迅猛、平息速度快;思维灵活、精力旺盛、争强好胜、勇敢果断;为人热情直率、朴实真诚、表里如一	主动性强,具有竞争意识,通常倾向于选择竞争激烈、冒险性和风险性强的职业或社会服务型的职业,如运动员、改革者、探险者等
黏液质 (安静型)	反应迟缓、情绪不易外露、表情平淡、思维灵活性差、细致、安静、稳定、沉默寡言、自制力较强、善于忍耐	沉着冷静,目标确定后,具有执着追求、坚持不懈的韧性,从而弥补了其他素质的不足,一般适合医务、图书管理、情报翻译、营业员等工作
抑郁质 (呆板型)	情绪体验深刻、孤僻、行动迟缓、感受力强、多愁善感、细致、观察力敏锐	思虑周密,有步骤,有计划,一般较适合从事理论研究工作等

气质使人的心理活动和行为方式具有独特的色彩,并且会影响人们的心理和行为的特点、方式和效率,所以每种气质类型都具有较为合适的职业范围。大学生在进行职业生涯规划的时候,必须了解气质对心理和行为的影响,并了解自己的气质类型,努力做到气质与职业相互匹配。

需要特别提醒的是,人的气质类型与高级神经活动过程有关,是由先天的遗传因素决定的,因此一个人的气质是难以改变的。个人在进行职业生涯规划的时候,尽量选择适应自己的气质的职业。

多看一眼:
不同气质的人

(三)职业气质

根据国外职业分类规范和国内心理学界的研究成果,职业气质类型、职业表现及典型职业如表 4-5 所示。

表 4-5 职业气质类型、职业表现及典型职业

职业气质类型	职业表现	典型职业
变化型	在新的、意外的活动或工作环境中感到愉快,喜欢工作内容经常发生变化。在有压力的情况下,他们的工作往往很出色。他们追求多样化的活动,善于将注意力从一件事情转移到另一件事情上	记者、推销员、采购员、演员、消防员
重复型	适合连续不断地从事同样的工作,喜欢按照别人安排好的计划和进度进行办事,喜欢重复的、有计划的、有标准的工作	纺织工、印刷工、装配工、机械工、中小学教师等
服从型	喜欢按别人的指示办事,不愿意自己独立做出决策,喜欢让他人对自己的工作负责任	秘书、办公室职员、翻译等
独立型	喜欢计划自己的活动和指导别人的活动,在独立的和负有职责的工作环境中感到愉快,喜欢对将要发生的事情做出预测	管理人员、律师、警察、侦查人员等
协作型	在与人协作时感到愉快,善于让别人按自己的意愿办事,也能按别人的意愿办事,很想得到同事们的认同	社会工作者、咨询人员等
孤独型	喜欢单独工作,不愿与人交往	校对、排版、雕刻等
劝服型	喜欢设法使别人同意自己的观点,一般通过谈话、写作来表达思想,对别人的反应有较强的判断力,且善于影响他人的态度、观点和判断	行政人员、作家、宣传工作者等
机智型	在紧张和危险的情况下能很好地执行任务,面对危险能自我控制,镇定自若,遭遇意外时也能将工作完成得很出色,事情出现了差错也不轻易惊慌	驾驶员、飞行员、消防员、救生员、潜水员等
经验决策型	喜欢根据自己的经验做出判断,当别人犹豫不决时,他们能当机立断,做出决定。喜欢处理那些能直接经历或感觉到的事情,在必要时,用经验和直觉来解决问题	采购、供应、批发、推销、个体摊贩等
事实决策型	喜欢根据事实做出决定,根据充分的证据下结论,喜欢使用调查、测验、统计数据来说明问题、引出结论	化验员、检验员、自然科学研究者等
自我表现型	喜欢表现自己的爱好和个性,喜欢根据自己的感情来做出抉择,通过自己的工作来表达自己的理想	演员、诗人、音乐家和画家等
严谨型	注意细节的精确,按一套规则和步骤尽可能将工作做得完美	会计、出纳、档案管理等

气质没有好坏之分,每一种气质类型都有较为适合的职业范围,在这个范围内,各种气质类型的人能发挥其优点,避免其缺点。探索分析自己的气质类型有利于更好地选择适合自己的职业。

案例共享

小冯是一个特立独行、不按部就班的人,有思想,不苟同,是典型的性情中人。大学毕业后,他先当上了中学教师。尽管教学方面没有问题,可是学校认为他不好相处,他自己也觉得不愉快。于是考取了国防科技大学的研究生,学的是导弹作战与指挥专业,毕业后去了部队。但是他的性格与军队文化存在冲突,在部队精简中,本来他作为技术干部,不会有什么影响。可是他还是被复员,转业到地方法院系统,被安排在他家乡的一个乡镇法院工作。当时他是这个县唯一的研究生,但法院在了解他的性格后,居然不再给他安排具体工作。他就赋闲在家。后来他又考取了中国科技大学的博士,毕业后进入科研院所,从事研究工作。现在他的工作得心应手,单位对他很满意,自己也感觉到很愉快。

【分析】职业生涯的规划不仅要认识自己的气质到底是属于那种类型,还要了解不同职业对从业人员的气质有哪些要求,最后通过职业生涯规划来达到个人气质和职业的相互匹配。

每个岗位都有不同的要求,职业气质和岗位的契合是很关键的,如果你的气质根本不适合该岗位,即使勉强维持,也不会取得长久发展。小冯当初工作上的不愉快、被复员、被拒绝等源于他的气质和工作相冲突,直到他找到适合他气质的工作,才是对自己、对单位双赢的选择。

测一测:下面的题目大致可以确定人的气质类型,在回答时,若自己的情况很符合记 2 分,比较符合记 1 分,一般记 0 分,比较不符合记 -1 分,很不符合记 -2 分(表 4-6)。

表 4-6 气质类型测试

题目	分数				
	2	1	0	-1	-2
1. 做事力求稳妥,一般不做无把握的事					
2. 遇到可气的事就怒不可遏,把心里话全部都说出来才痛快					
3. 宁可一个人干事,也不愿很多人在一起					
4. 厌恶那些强烈的刺激,如尖叫、噪声、危险镜头等					
5. 和人争吵时总是先发制人,喜欢挑衅别人					
6. 喜欢安静的环境					
7. 善于和人交往					
8. 到一个新环境很快就适应					
9. 生活有规律,很少违反作息制度					
10. 羡慕那些善于克制感情的人					
11. 在多数情况下情绪是乐观的					
12. 碰到陌生人觉得很拘束					
13. 遇到令人气愤的事,能很好地自我克制					
14. 做事总是有旺盛的精力					
15. 遇到问题总是举棋不定、优柔寡断					
16. 在人群中从不觉得过分拘束					
17. 情绪高昂时,觉得干什么都有趣;情绪低落时,又觉得什么都没有意思					
18. 当注意力集中于一事物时,别的事很难使我分心					
19. 理解问题总比别人快					
20. 碰到危险情景,常有一种极度恐惧感					

续表

题目	分数				
	2	1	0	−1	−2
21. 对学习、工作怀有很高的热情					
22. 能够长时间做枯燥、单调的工作					
23. 感兴趣的事情,干起来劲头十足,否则就不想干					
24. 一点小事就能引起情绪波动					
25. 讨厌做那些需要耐心的细致工作					
26. 与人交往不卑不亢					
27. 喜欢参加热闹的活动					
28. 爱看感情细腻、描写人物内心活动的文艺作品					
29. 工作学习时间长了,常感到厌倦					
30. 不喜欢长时间讨论一个问题,更愿意实际动手					
31. 宁愿侃侃而谈,不愿窃窃私语					
32. 别人总是说我闷闷不乐					
33. 理解问题常比别人慢					
34. 疲倦时只需要短暂的休息时间,就能够精神抖擞,重新投入工作					
35. 心里有话不愿意说出来					
36. 认准一个目标就希望尽快实现,不达目的誓不罢休					
37. 学习、工作同样一段时间后,常比别人更疲倦					
38. 做事有些鲁莽,常常不考虑后果					
39. 老师或他人讲授新知识、技术时,总希望讲得慢一些,多重复几遍					
40. 能够很快忘记那些不愉快的事情					
41. 做作业或完成一件工作总比别人花的时间多					
42. 喜欢运动量大的剧烈体育活动,或者参加各种文艺活动					
43. 不能很快地把注意力从一件事转移到另一件事上					
44. 接受一个任务后,就希望将它迅速解决					
45. 认为墨守成规比冒风险强					
46. 能够同时注意几件事物					
47. 当我烦闷的时候,别人很难使我高兴起来					
48. 爱看情节起伏跌宕、激动人心的小说					
49. 对工作抱有认真严谨、始终一贯的态度					
50. 希望做变化大、花样多的工作					
51. 和周围人的关系总是相处不好					
52. 喜欢复习学过的知识,重复做熟练的工作					
53. 小时候会背的诗歌,我似乎比别人记得清楚					
54. 别人说我"出语伤人",可我并不觉得这样					
55. 在体育活动中,常因反应慢而落后					
56. 反应敏捷、头脑机智					
57. 喜欢有条理而不麻烦的工作					

续表

题目	分数				
	2	1	0	-1	-2
58.兴奋的事常使我失眠					
59.老师讲新概念,常常听不懂,但是弄懂了以后很难忘记					
60.假如工作枯燥无味,马上就会情绪低落					

测试说明:

多血质包括 4、8、11、16、19、23、25、29、34、40、44、46、52、56、60 题。

胆汁质包括 2、6、9、14、17、21、27、31、36、38、42、48、50、54、58 题。

黏液质包括 1、7、10、13、18、22、26、30、33、39、43、45、49、55、57 题。

抑郁质包括 3、5、12、15、20、24、28、32、35、37、41、47、51、53、59 题。

①如果某一项或两项的得分超过 20,则为典型的该气质。

②如果某一项或两项以上得分在 20 分以下,10 分以上,其他各项得分较低,则为该项一般气质。

③若各项得分均在 10 分以下,但某项或几项得分较其余项分高(相差 5 分以上),则略倾向于该项气质(或几项的混合)。

第三节　价值观与职业生涯

案例导入

一位医术高超的医生出名后有了些财富,便开始环游世界、到处走走。他带着一些金钱及一个记录了许多疑难杂症的笔记本开始旅游,有一次,他搭上了一艘船,准备海上之旅,不料半途刮起了一场可怕的暴风雨,每个人都急忙抢救身上值钱的东西,医生却只拿了笔记本,一旁的人问他:"你不打算保住你的财产吗?"医生回答:"我所有的财产都在我身上了。"暴风雨过后,有些人因拿了过重的财物而无法逃出,而医生则幸运地活了下来,一路上他靠着治病救人顺利回到家乡。

讨论:

1.是什么让医生活了下来?

2.这则故事告诉了我们什么呢?

要锤炼品德,自觉树立和践行社会主义核心价值观,自觉用中华优秀传统文化、革命文化、社会主义先进文化培根铸魂、启智润心,加强道德修养,明辨是非曲直,增强自我定力,矢志追求更有高度、更有境界、更有品位的人生。

——习近平总书记2021年4月19日在清华大学考察时的讲话

青年强则国强,青年立则国立。我们要把学习贯彻党的二十大精神同工作实际紧密结合起来,同本职岗位紧密结合起来,把党的二十大确定的重要思想、重要观点、重大战略、重大举措作为我们今后想问题、办事情、做决策的根本依据。新时代是奋斗者的时代,自觉树立以人民为中心的理想信念,在基层磨炼责任担当,锻炼素质能力,以脚踏实地的作风和埋头苦干的精神,创造实实在在的业绩,成就绚烂青春。

价值观就是我们在生活和工作中所看重的原则、标准或品质,它指向我们一生中最重要的东西,因此它也是一套自我激励机制。舒伯认为,职业价值观是个人追求的与工作有关的目标,亦即个人的内在需求及在从事活动时所追求的工作特质或属性。它是人生价值观在职业问题上的反映。

从价值观的角度来说,职业发展成功还是失败的标准是你是否得到了你想要的生活,职业所带来的生活方式是否符合你的价值观。如果符合,你就会感到很快乐,哪怕收入相对低一点;如果不符合,你就会感觉到很痛苦,哪怕你拿着看起来很高的年薪。

一、价值观

(一)价值观的概念

价值观通过人们的行为取向及对事物的评价、态度反映出来,是世界观的核心,是驱使人们行动的内部动力。当你说某样东西对你很重要或者对你意义重大时,你就是在陈述一种价值观。因此,价值观的定义是人们根据一定的标准,对周围客观事物(包括人、事、物)意义、重要性的看法和评价,及对人生有无价值和价值的大小做出的判断。即使在同一客观条件下,对于同一个事物,人们的价值观不同,就会产生不同的行为。

(二)价值观的基本特点

1. 稳定性和持久性 价值观具有相对的稳定性和持久性。虽然价值观因人而异,但是在特定的时间、地点、条件下,人们的价值观总是相对稳定和持久的。例如,人们对某种事物的好坏总有一个看法和评价,在条件不变的情况下,这种看法不会改变。

2. 历史性和选择性 在不同时代、不同社会生活环境中形成的价值观是不同的。一个人的价值观是从出生开始的,在家庭和社会的影响下逐步形成的。一个人所处社会的生产方式及其经济地位,对其价值观的形成有决定性的影响。当然,报刊、电视和广播等宣传的观点以及父母、老师、朋友和公众名人的观点和行为,对一个人价值观的形成也有不可忽视的影响。

3. 主观性 主观性是指人们基于对客观事物的认识和了解,并根据个人内心的尺度进行衡量和评价,以区分好与坏的标准。它既是人的生存方式、生活条件和实践经历等的反映,但又高于人的社会存在,使之成为价值观。

(三)价值观的6种类型

教育学家、心理学家斯普朗格把不同人的价值观根据侧重点不同,分成6种类型。

1. 理论型 对真理和其他抽象事物的探求感兴趣,习惯于用理论来理解事物,喜欢把事情纳入理论体系。十分重视道理,极端厌恶不合乎道理的事情。

2. 经济型 重视实用价值,强调学以致用。具有严重的实用主义、现实主义倾向,习惯通过行为所带来的经济效益来判断行为的价值。

3. 审美型 认为美的体验是最有价值的。十分重视自己的形象,洁身自好,厌恶世俗中争名夺利的丑恶行径,有时为了避免卷入世俗的纠纷中,对社会比较冷漠。

4. 社会型 认为关爱他人、被人关爱、互相帮助是最有价值的。与政治型和经济型相反,认为人际关系不应该成为谋取利益的一种手段,而应该是超越利害关系的。

5. 政治型 认为支配他人、指导人与组织的行动是最有价值的。将社会坚定地看成是支配-被支配的关系,习惯把人生看成斗争的舞台,有时为了自身的胜利不择手段。

6. 宗教型 认为神秘体验比做任何事情都有价值。其中有的人尊重眼前的世界,有的人寻求超越的世界,有的人则介于两者之间。

二、职业价值观

(一)职业价值观概念

职业价值观的概念最早由Super提出,他通过归类各种工作特质,认为职业价值观实际上是与工作相关的一种目标表达,表达个人在从事活动时所追求的工作特质,是一个人内在需求的表达。Super(1970)主要是从需求满足的角度出发。1984年,Elizur又从工作结果的角度出发,提出职业价值观实际是一种内在的思想体系,通过对自身的行为能够取得的结果体现的价值进行评价,从而对行为产生直接影响。1999年,罗斯从工作的终极状态以及信念的角度,提出职业价值观是个体从事一项工作时所渴望达到的某种最终状态（个人预期的画面感）或者在这个过程中始终坚持的某种信念。同年，Schwartz提出，是职业价值观驱动人们为了获得某种报酬或为了达到某种目标而工作。从学者们不同角度的定义看，职业价值观的概念从不同的研究视角有不同的定义，尚无定论。

但是，我们从大学生就业角度来看，职业价值观是指一个人对各种职业价值的基本认识和基本态度，是人生价值观在职业问题上的反映。每个人的职业价值观不同，因而对某一职业的评价和取向也不同。不同的人有不同的职业价值观，不同的职业价值观适合从事不同的职业或岗位。我们每个人无论干什么事情，总在追求快乐和满足，但究竟是什么东西令自己快乐？生活中对我们有用的东西，我们就说它有价值，但是对我们有价值的事物有很多，如在职业生涯中，我们可能会在乎收入、稳定性、职业声望、培训机会、工作环境等，这些东西对我们都有价值。在众多的价值取向里，我们不得不对它们的重要性进行排序，然后依次满足。这种对于职业生涯中不同事物价值的评价或观念就是职业价值观。

（二）职业价值观的类型

职业价值观是指人生目标和人生态度在职业选择方面的具体表现，也是一个人对职业的认识和态度以及他对职业目标的追求和向往。价值观测评会有助于职业决策和提高工作满意度。

由于每个人的身心条件、年龄阅历、教育状况、家庭影响、兴趣爱好等方面的情况不同，人们对各种职业有着不同的主观评价。由于社会分工的发展和生产力水平的相对落后，各种职业在劳动性质和内容上、在劳动难度和强度上、在劳动条件和待遇上、在所有制形式和稳定性等诸多方面都存在差别。再加上传统思想观念等的影响，各类职业在人们心目中的声望地位便也有好坏高低之分，这些评价都形成了人的职业价值观，并影响着人们对就业方向和具体职业岗位的选择。理想、信念等对于职业的影响，集中体现在职业价值观上。

根据不同的划分标准，人们对职业价值观的分类也不同。美国心理学家洛特克在其著作《人类价值观的本质》一书中提出13种价值观：成就感、审美追求、挑战、健康、收入与财富、独立性、爱、家庭与人际关系、道德感、欢乐、权利、安全感、自我成长和社会交往。美国心理学家马丁·凯茨区分了10种职业价值观：高收入、社会声望、独立性、帮助别人、稳定性、尽早进入工作领域、多样性、领导力、兴趣、休闲。日本学者田崎仁提出了9种价值观：独立经营型、经济型、支配型、自尊型、自我实现型、志愿型、家庭中心型、才能型、自由型。我国学者阚雅玲将职业价值观分为12类，其与职业表现的对应关系如表4-7所示。

表4-7 职业价值观种类与职业表现

职业价值观的种类	职业表现
收入与财富	工作能够明显有效地改变自己的财务状况，将薪酬作为选择工作的重要依据。工作的目的或动力主要来源于对收入和财富的追求，并以此改善生活质量，显示自己的身份和地位
兴趣特长	以自己的兴趣和特长作为选择职业最重要的因素，能够扬长避短、趋利避害、择我所爱、爱我所选，可以从工作中得到乐趣、成就感。在很多时候会拒绝做自己不喜欢、不擅长的工作
权力地位	有较高的权力欲望，希望能够影响或控制他人，使他人照着自己的意思去行动；认为有较高的权力地位会受到他人尊重，从中可以得到较强的成就感和满足感
自由独立	希望工作能有弹性，不想受太多的约束，可以充分掌握自己的时间和行动，自由度高，不想与太多人发生工作关系，既不想制人也不想受制于人
自我成长	工作能够给予培训和锻炼的机会，使自己的经验与阅历能够在一定的时间内得以丰富和提高
自我实现	工作能够提供平台和机会，使自己的专业和能力得以全面运用和施展，实现自身价值
人际关系	将工作单位的人际关系看得非常重要，渴望能够在一个和谐、友好甚至被关爱的环境中工作
身心健康	工作能够免于危险、过度劳累，免于焦虑、紧张和恐惧，使自己的身心健康不受影响
环境舒适	工作环境舒适宜人

续表

职业价值观的种类	职业表现
工作稳定	工作相对稳定,不必担心经常出现裁员和辞退现象,免于经常奔波找工作
社会需要	能够根据组织和社会的需要响应某一号召,为集体和社会做出贡献
追求新意	希望工作的内容经常变换,使工作和生活显得丰富多彩,不单调枯燥

(三)职业价值观的误区

由于各种主客观条件的限制,人们的职业价值观常常也会出现许多误区,影响人们的择业行为。

1. 赶时髦,随大流 不少人在职业生涯规划时易受社会上一时舆论的支配,追求热门,盲目从众,而不考虑自身条件及特点,结果是在激烈的竞争中败北,或者在其位难尽其职,既影响工作,又压抑自己。

2. 求体面,过分强调职业的社会地位 许多年轻人找工作首选办公室行政等白领岗位,把脑力劳动作为理想职业。更有甚者,直接表示不愿意从事工业操作类或商业服务类的工作,这显然是和社会实际需求相悖的。年轻人找工作应摆脱传统的束缚,消除虚荣心理,不能为了"面子"而就业,更不能为了"面子"放弃就业机会。

3. 重高薪报酬,盲目追求职业的经济利益 在商品经济迅速发展的时代,经济因素越来越成为人们价值判断中一个突出的方面。年轻人在职业选择上也更多地追求个人利益,总是优先考虑那些高薪报酬、高福利的职业和单位。其实,年轻人找工作不能只向"钱"看,应该明确自己想要什么,进一步核实自己能做什么,结合社会的发展实际,树立正确的职业目标,坚定职业信念,消除盲从心理。

4. 寻"热土",片面强调地区观念 前些年,不少人求职理想地点是"天(天津)南(南京)海(上海)北(北京)",不去"新(新疆)西(西藏)兰(兰州)"。很多年轻人在就业区域选择上,大部分把目标定位在中心城区,而那些急需人才的郊区单位却少有人问津。还有些人一味留恋家乡,以家近为上,这便局限了视野,也可能失去了发展自身的更好机遇。

5. 图轻松,缺乏事业心 有的人在职业生涯规划时"避重就轻",不愿迎接挑战,不愿劳心伤神,不想承担责任,也不思进取,只图清闲自在,看似超然,实际上吊儿郎当,缺乏应有的事业心。

6. 求发展,一味追求个人兴趣满足 职业是人们满足兴趣、发展自我的一个途径,但是,如果一味"率性而为"地进行职业生涯规划,便会在实际面前遇到很多冲突和阻碍,反而屡屡受挫。而且,由于兴趣的转移,又可能引起工作的变动,这也不利于个人的发展。

7. 要"专业对口",狭义地理解专业 在职业生涯规划中,专业对口与否,历来是学习过一定专业知识和接受过一定职业训练的人所关注的一个重要问题。本来,学以致用,这是无可厚非的要求,因为这既利于工作,又利于个人的发展。但由于现实的种种限制,个人所学与社会所需并不能一一对应,所以狭义地理解"专业对口",就会使择业范围和发展空间大大缩小,易导致人的失意感和消极情绪。

(四)职业价值观与职业生涯

职业价值观是人们评价和选择职业的根本标准。当然,即使个体并未意识到自己的职业价值观,职业价值观也会自觉、不自觉地影响自己的职业选择。个人对自己的职业价值观有了自觉的意识,可以增加其职业生涯规划和发展的主动性和科学性。

职业价值观不同,适合从事的职业或岗位也就不同。大学生在制订自己的职业生涯规划或择业时,应该选择那些和自己的职业价值观相近的工作。例如,有的人的职业价值观是在事业上快速取得成就,那么他就应该选择有利于获得快速成就的单位,如民营企业或外企,而不适合选择相对稳定的国企。相反,如果忽视了自己的价值观,选择了与自己的职业价值观不相符的职业,就很难适应这个职业和岗位,更谈不上事业的发展。霍兰德6种人格类型的职业价值观、特点及主要适应的职业见表4-8。

表 4-8　霍兰德 6 种人格类型的职业价值观、特点及主要适应的职业

人格类型	职业价值观	特点	主要适应职业
现实型	注重对实际成就的物质回报	动手能力强,喜欢运用工具或机器进行操作性强的技术工作	工程师、技术员、机械、机电维修工、车工、木匠、生产线工人、司机、测绘员、农民等
探索型（调研型）	注重知识的发展或获得	抽象思维能力强,求知欲强;喜欢独立分析与解决抽象问题,预测、控制自然和社会现象;喜欢独立和富有创造性的工作	自然科学和社会科学方面的研究人员、专家,化学、冶金、电子、无线电、飞机等方面的工程师、技术人员,飞机驾驶员、计算机操作员等
艺术型	注重思想、情绪或情感的创造性表达	喜欢以艺术形式来表达自己的才能,实现自身的价值	音乐、舞蹈、戏剧等方面的演员、编导、教师,文学、艺术方面的评论员,广播节目的主持人、编辑,作家,摄影师,艺术、家具、珠宝、房屋装饰等行业的设计师等
社会型	注重增进他人福利,服务社会	喜欢交往,从事为他人服务和教育他人的工作;喜欢参与解决人们共同关心的社会问题,渴望发挥自己的社会作用,看中社会义务和社会道德	教师、行政人员、医护人员,服务行业的经理、管理人员和服务人员等
企业型（事业型）	注重物质成就和社会地位	自信、善交际,喜欢管理和控制他人,喜欢担任领导角色,热衷于政治和经济,敢于冒险和竞争	企业家、政府官员、商人、行业部门和单位的领导者、管理者等
常规型	注重物质或经济成就,注重在社会、商业或政治领域的权力	喜欢按计划办事,习惯接受他人指挥和领导,工作踏实、忠诚可靠、遵守纪律	会计、出纳、统计人员、秘书、图书管理员、审计人员等

（五）职业价值观的培养

1. 积极发挥思想政治教育的引导作用　坚持就业为导向,充分发挥高校思想政治教育在职业价值观教育中的导向作用,根据国家、社会发展需要对大学生就业素质的要求,以学生为本,努力提升其就业竞争力,培养学生的职业道德素养。职业道德教育直接影响学生的未来职业生活,通过强化就业形势政策教育,帮助学生了解社会、适应职业,确定正确的职业理想,形成正确的择业观念,增强自主择业、竞争择业的思想意识。

多看一眼：
用社会主义
核心价值观
铸魂育人

2. 有效利用校园文化的影响作用　校园文化是学校建设的灵魂,它以社会文化为背景,以校园为地理环境圈,以广大教职员工和学生为主体,直接或潜移默化地对主体的思想观念、道德品质、心理、思维方式、行为习惯等方面产生影响。因此,把对大学生的职业教育内容渗透到学生活动和校园文化中去,形成良好的教育氛围,营造高尚精神风貌的职业价值观教育文化环境。

3. 充分发挥社会实践活动的培育作用　开展社会实践活动可以让大学生走出校门,了解国情、认识社会,并正确引导大学生树立、调整自己的职业目标,让大学生在丰富的社会实践中开阔视野、增长见识。

4. 发挥就业指导课的直接教育作用 就业指导课是大学生职业生涯规划与就业指导教育的重要组成部分,也是大学生获得职业价值观教育的主要途径,在就业指导课的课程设置和授课内容上加大职业价值观的教育力度和内容,帮助大学生树立正确的职业价值观。

5. 充分调动自我认知的动力作用 大学生只有正确认识自己,才能准确把握自己,科学的自我认知有助于强化自主意识,帮助大学生树立正确的职业价值观。

(六)价值观测试:个性价值与工作类型

最适合你的职业是什么?

本测验是英国心理学家们经过3年的研究编制出来的,用于衡量个性特点以求科学地选择每个人所能适应的工作(表4-9)。这种测试基于将现代职业界分为三大类(即人、程序与系统、交际与艺术)。每一大类又可进一步分为若干项。

每一类中有若干道是非题,请你仔细阅读后,根据自己的实际选择"是"或"否",在对应的字母上打"√"。每一类中的题目做完后,小计一下选A和选B的个数分别是多少(即得分),及选A和B的总数(C不计在内),得出该类中A得分、B得分和A、B总分。0～4分表明对某一类工作兴趣不大;5～12分居中;13分以上表示兴趣很浓。在上述三类中总分最高的,说明这一类型工作最适合你,能满足你的个性要求。

多看一眼:
什么是快乐
工作?

表4-9 价值观测试

第一类　人	是	否
1. 我在做出决定前考虑别人的意见	A	C
2. 我愿意处理统计数据	C	A
3. 我总是毫不犹豫地帮助别人解决家庭问题	A	B
4. 我常常忘记东西放在哪	B	C
5. 我很少能通过讨论说服别人	C	B
6. 大多数人认为我能够忍辱负重	C	A
7. 在陌生人中我常感到不安	C	B
8. 我很少吹嘘自己的成就	A	C
9. 我对世事感到厌倦	C	B
10. 我参加一项活动的主要目的是取胜	C	A
11. 我容易被大多数人所动摇	C	B
12. 我做出选择后就会按照我的办法去做	C	A
13. 我的工作成功对我很重要	B	C
14. 我喜欢既需要大量体力又需要脑力的工作	B	C
15. 我常问自己真正的感受如何	A	C
16. 我相信那些使我心烦意乱的人自己心里是清楚的	C	B

得分(不计答案C)

A得分:_____　　□照料人

B得分:_____　　□影响于人

A、B总分:_____　　□人

第二类　程序与系统	是	否
1. 我喜欢整洁	A	C
2. 我对大多数事情都能迅速做出结论	C	A
3. 受过检验和运用的决议最值得遵循	A	C

续表

第二类　程序与系统	是	否
4.我对别人的问题不感兴趣	B	C
5.我很少对别人的话题提出疑问	C	B
6.我并不总能遵守时间	C	A
7.我在各种社交场合下感到坦然	C	B
8.我做事总愿意先考虑后果	A	C
9.在限定的时间内迅速地完成一件事很有趣	B	C
10.我喜欢接受紧张的新任务	C	A
11.我的论点通常可信	C	B
12.我不善于核对细节	C	A
13.明确、督导的见解对我是很重要的	B	C
14.在人多的场合我会约束我的自我表达	B	C
15.我总是努力完成开始的事情	A	C
16.大自然的美使我震惊	C	B

得分(不计答案 C)

A 得分：_____　　□言语

B 得分：_____　　□财金/数据处理

A、B 总分：_____　□程序与系统

第三类　交际与艺术	是	否
1.我喜欢在电视节目中扮演角色	A	C
2.我有时难以表达自己的意思	C	A
3.我觉得我能写短篇故事	A	C
4.我能为新的设计提供蓝图	B	C
5.关于艺术我所知甚少	C	B
6.我愿意做实际的事情,而不愿读书或写作	C	A
7.我很少留意服装设计	C	B
8.我喜欢和别人谈他们的见解	A	C
9.我满脑子独创思想	B	C
10.我发现大多数小说很无聊	C	A
11.我特别不具备创造力	C	B
12.我是个实实在在的人	C	A
13.我愿意将我的照片、图画给别人看	B	C
14.我能设计有直观效果的东西	B	C
15.我喜欢翻译外文	A	C
16.不落俗套的人使我感到很不舒服	C	B

得分(不计答案 C)

A 得分：_____　　□文学、语言、传播

B 得分：_____　　□可见艺术与设计

A、B 总分：_____　□交际与艺术

(七)职业价值观测试

不同的价值观,决定着不同的求职择业行为与成功方式。在我国边区或农村的求职者中,出人头地的思想占支配地位,而出生富裕家庭的求职者,享乐型的思想占主要地位。下面是职业价值观自我诊断表(表 4-10)。

表 4-10 职业价值观自我诊断表

1. (A)即使有所损失,以后再挣回来
   (B)没有确实可靠的赢利就不着手做
2. (A)国家的繁荣是经济力量在发挥作用
   (B)国家的繁荣是军事力量在发挥作用
3. (A)想当政治家
   (B)想当法官
4. (A)凭衣着打扮或居住条件了解他人
   (B)不想凭外表推测他人
5. (A)养精蓄锐,以便大刀阔斧地工作
   (B)必要时愿意随时献血
6. (A)想领个孤儿抚养
   (B)不愿让他们留在家中
7. (A)买汽车买能把家人装下的大型汽车
   (B)买汽车买外形美观、颜色适宜的新型汽车
8. (A)留意自己和他人服装
   (B)无论是自己的事还是他人的事,全不放在心上
9. (A)结婚前首先确保自己有房间
   (B)不考虑以后的事
10. (A)被认为是个照顾周到的人
    (B)被认为是有判断力的人
11. (A)生活方式同他人不一样也行
    (B)其他人家里有的东西我也想有
12. (A)为能被授予勋章而奋斗
    (B)暗地帮助不幸的人
13. (A)自己的想法比别人的正确
    (B)必须尊重他人的价值观
14. (A)最好婚礼能上电视,而且有人赞助
    (B)必须尊重他人的价值观
15. (A)被认为手腕高,能推断将来的人
    (B)被认为是处事果断的人
16. (A)店面虽小,也想自己经营
    (B)不干被人轻蔑的工作
17. (A)对法定的佣金、利息很关心
    (B)关心自己的能力和适应性
18. (A)在人生道路上不获胜就感到无意义
    (B)认为人应该互相帮助
19. (A)社会地位比收入更有吸引力
    (B)与社会地位相比安全最实惠
20. (A)有重视社会的惯例
    (B)经常被邀请主持婚礼
21. (A)同独身生活的老人交谈
    (B)为别人做事嫌麻烦

续表

22. (A)度过充实的每一天
    (B)在还有生活费时不想干活
23. (A)有空闲时间就想学习文化知识
    (B)考虑被他人喜欢的方法
24. (A)想一鸣惊人
    (B)生活平平淡淡,同别人一样就行了
25. (A)用金钱能买到别人的好意
    (B)在人生中必需的是爱而不是金钱
26. (A)一考虑到将来就紧张不安
    (B)对将来能否成功置之度外
27. (A)伺机重新大干一番
    (B)关心发展中国家人们的生活
28. (A)尽量利用亲戚
    (B)同亲戚友好地互相帮助
29. (A)如托生动物的话愿变为狮子
    (B)如托生动物的话愿变为熊猫
30. (A)严格遵照作息表,生活有规律
    (B)不想忙忙碌碌,愿轻松的生活
31. (A)有空的话阅读成功者的传记
    (B)有空的话看电视和睡觉
32. (A)干不赚钱的事是没意思的
    (B)通常请客送礼给他人
33. (A)擅长于决出胜负的事情
    (B)擅长于改变家室布局和修理东西
34. (A)对自己的行动有信心
    (B)注意与对方合作
35. (A)有借于人,但不借物给别人
    (B)忘记借进、借出的东西
36. (A)不认为人生由命运决定
    (B)被命运摆布也很有趣

测试说明:

(1)上述1~36题有A、B两种观点与态度。比较同一题中的A与B,把同自己平时考虑接近的画"○",两者都不符合的画"△"。

(2)画"○"者得2分,画"△"者得1分,把各题得分记入职业价值观测试得分表(表4-11)。

(3)判断:价值态度不明确的话,分数就会分散,得分超过12分的那一类型,不妨把它看成你的职业价值观。

表4-11 职业价值观测试得分表

	题号								合计
1.独立经营型	题号	1A	15A	16A	26A	27A	33A	34A	36A	合计
	得分								
2.经济型	题号	1B	2A	14A	17A	25A	28A	32A	35A	合计
	得分								
3.支配型	题号	2B	3A	13A	15B	18A	24A	29A	31A	合计
	得分								
4.自尊型	题号	3B	4A	12A	14B	16B	19A	23A	30A	合计
	得分								

续表

5.自我实现型	题号	4B	5A	11A	13B	17B	20A	22A	26B	合计
	得分									
6.志愿者型	题号	5B	6A	10A	12B	18B	21A	25B	27B	合计
	得分									
7.计划型	题号	6B	7A	9A	11B	19B	24B	28B	33B	合计
	得分									
8.合作型	题号	7B	8A	10B	20B	23B	29B	32B	34B	合计
	得分									
9.享受型	题号	8B	9B	21B	22B	30B	31B	35B	36B	合计
	得分									

(1)独立经营型:也称非工资生活者型。这种类型的人不受别人指使,凭自己的能力拥有自己的小天地,不愿受人干涉,想充分施展本领。

(2)经济型:也称经理型。这种类型的人确信世界上的幸福都可以用金钱买到,认为人与人之间的关系是金钱关系,连父母与子女的爱也带有金钱的烙印。

(3)支配型:也称独断专行型。这种类型的人想当上组织的一把手,飞扬跋扈,无视他人的想法,为所欲为,且感到无比快乐。

(4)自尊型:这种类型的人受尊敬欲望很强,追求虚荣,优越感也强,很渴望能有社会地位和名誉,希望受到众人尊敬。欲望得不到满足时,由于过于强烈的自我意识,有时反而很自卑。

(5)自我实现型:这种类型的人对诸如平常的幸福,一般的做法是毫不关心,一心一意想发挥个性,追求真理,不考虑收入、地位及他人对自己的看法,尽力挖掘自己的潜力,施展自己的本领,并视此为有意义的生活。

(6)志愿者型:这种类型的人富有同情心,他们把他人的痛苦视为自己的痛苦,不愿干表面上哗众取宠的事,把默默地帮助不幸的人视作无比快乐的事。

(7)计划型:这种类型的人性格沉稳,做事组织严密,井井有条,并且对未来充满平常心态。

(8)合作型:这种类型的人人际关系较好,认为朋友是最大的财富。

(9)享受型:这种类型的人好吃懒做,不愿从事任何挑战性的工作。

第四节　认识自己的兴趣

活 动 导 入

恭喜你！你获得了一次免费度假旅游的机会,请在下列6个岛屿中选择一个你将去游玩的岛屿,但是你要在这个岛上待满至少3个月的时间,请不要考虑其他因素,仅凭自己的兴趣挑选出你最想前往的岛屿。

岛屿1:自然原始的岛屿。岛上自然生态保持得很好,居民以手工见长,自己种植花果蔬菜、修缮房屋、打造器物、制作工具、喜欢户外活动。

岛屿2:深思冥想岛屿。有多处天文馆、科技博览馆及图书馆。居民喜好观察、学习,崇尚和追求真知,常有机会和来自各地的哲学家、科学家、心理学家等交换心得。

岛屿3:美丽浪漫的岛屿。充满了美术馆、音乐厅,街头有雕塑和街头艺人,弥漫着浓厚的艺术文化气息。居民保留了传统的舞蹈、音乐与绘画,许多文艺界的朋友齐聚于此。

岛屿4:友善亲切的岛屿。居民个性温和、友善、乐于助人,社区均自成一个密切互动的服务网络,人们重视互助合作,重视教育,关怀他人,充满人文气息。

岛屿5:显赫富庶的岛屿。居民善于企业经营和贸易,能言善道。经济高度发达,处处是高级饭店、俱乐部、高尔夫球场。来往者多是企业家、经理人、政治家、律师等。

岛屿6:现代井然的岛屿。岛上的建筑十分现代化,是进步的都市形态,以完善的户政管理、地政管理、金融管理见长。岛上居民个性冷静保守,处事有条不紊,善于组织规划,细心高效。

讨论:

分小组进行,大家各自说出自己最想去的岛屿,并记录下来,等学习完本节内容再看看自己属于哪一种兴趣类型。

一、兴趣概述

(一)兴趣的内涵

兴趣是指建立在需要的基础上,人们力求认识、掌握某种事物,带有积极情绪色彩的认知心理和活动倾向。当个人对某种事物、职业感兴趣时,就会对它特别关注,并对此感知敏锐、思维活跃,愿意积极探索和追求。兴趣是人们活动的重要动力之一,是活动成功的重要条件。不同的人有不同的兴趣,有的人对研究自然科学感兴趣,有的人对研究社会科学感兴趣,有的人热衷于人际交往,有的人倾向于体育活动。

兴趣可分为物质的兴趣、精神的兴趣和社会的兴趣。物质的兴趣与人们的需要相关联,表现为对物质的迷恋和追求,如收藏的兴趣;精神的兴趣主要是指只对文化、科学、艺术迷恋和追求,如写作、绘画、书法、摄影、发明创造等兴趣;社会的兴趣主要是指对社会工作和组织活动等的兴趣。

兴趣具有社会制约性,人们所处的历史条件不同,社会环境不同,其兴趣就会有不同的特点。兴趣又可分为直接兴趣和间接兴趣。有人喜欢跳舞、打球,可能是因为这些活动本身对他们有吸引力,通过这些活动他们会获得愉快和满足。这种对活动本身的兴趣就是直接兴趣。有人可能感到学外语是一件很枯燥的事情,但对它仍然兴致很浓,这并不是学外语本身会给他带来轻松愉快,而是学外语可以直接了解国外最新专业信息,可以找到称心的工作,可以出国学习或交流等,是这些结果在吸引他学习。这种对活动结果的兴趣就是间接兴趣。直接兴趣和间接兴趣可以相互转化,也可以相互结合,从而更有效地调动人们的积极性。

(二)兴趣的发展

兴趣是人们职业生涯适应的一个基本方面,可以为职业生涯规划提供有效的信息。兴趣主要用于预测人们的工作满意感和工作稳定性,工作满意是职业生涯适应的一大标志。兴趣的发生和发展一般要经历这样一个过程:有趣→乐趣→志趣。

有趣是兴趣过程的第一个阶段,也是兴趣发展的低级阶段,它往往短暂易逝,非常不稳定。处于这一阶段的兴趣常常与对某一事物的新奇感相联系,随着这种新奇感的消失,兴趣也会自然地逝去。

乐趣是兴趣过程的第二个阶段,它是在有趣定向发展的基础上形成的,是兴趣发展的中级阶段。在这一阶段中,兴趣变得专一、深入起来,如喜爱文学的学生很可能会成天沉浸于文学作品中。

志趣是兴趣发展过程的第三个阶段,当乐趣同人们的社会责任感、理想、奋斗目标结合起来时,乐趣便变成了志趣。志趣是人们取得成就的根本动力,是成功的重要保证。

兴趣是在一定需要基础上,在社会实践中形成的,兴趣实际上是人们需要的延伸。关于需要的理论,心理学家也有许多论述,其中较为著名的是美国心理学家马斯洛的需求层次理论。由于人们的需求是复杂多样的,从而决定了人们的兴趣也是多种多样的。有的人好动手,有的人好动脑;有的人喜欢独自钻研,有的喜欢集体协作……这些兴趣、爱好会直接影响到一个人的职业生涯。

(三)兴趣的特征

1. 兴趣是发自内心的　在某个阶段具有一定的稳定性。人们不自觉地完全投入某种活动或某件事情,不靠意志力努力。

2. 兴趣具有明显的指向性　每个人的兴趣因人而异,但是都指向一定的事物或活动。

3. 兴趣的效能性　真正的兴趣活动能给人带来积极向上的体验感受,如许多青少年学生爱玩电子游戏,玩的时候很投入也很愉快,但是玩过以后,会后悔、会内疚。从兴趣活动的能量看,事后不能从中获得向上的能量就不是真正的兴趣。

二、职业兴趣概述

(一)职业兴趣的内涵

职业兴趣是一个人力求认识、接触和掌握某种职业或专业的心理倾向,是一个人探究某种职业或从事某种职业活动所表现出来的特殊个性倾向,它使个人对某种职业给予优先的注意,并具有向往的情感。当兴趣的对象指向某种职业时,就形成职业兴趣。职业兴趣在职业活动中起着重要的作用。兴趣不代表能力,对某一特定职业有兴趣,并不意味着能干好这个职业;同样,如果只有从事某项工作的能力,但缺乏兴趣,那么在该职业生涯上成功的可能性也是非常小的。只有对某一种职业生涯感兴趣,并具有该职业生涯所要求的能力,才能做好这项工作。

(二)职业兴趣的类型

职业兴趣是诸多兴趣中的一种,不同职业兴趣的人对不同的职业产生的心理倾向具有较大的差异性。对于同一职业,有的人热烈向往,积极地追求,有的人却无动于衷,有的人甚至感到厌倦。一个人的职业兴趣在寻求专业或职业的过程中起着至关重要的作用。任何一个人必须清楚地认识自己的职业兴趣,才能选择合适的职业。为了解决这一问题,很多教育和心理学研究者,根据职业兴趣和人们的兴趣特点划分出职业兴趣类型。

美国学者霍兰德的职业兴趣理论认为,人的人格类型、兴趣与职业密切相关。霍兰德认为,人格可以分为现实型、研究型、艺术型、社会型、企业型和常规型 6 种类型,称为职业六角模型(图 4-1),并根据人格类型列出其典型职业(表 4-12)。

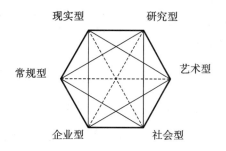

—— 表示相邻关系,一致性高;　　—— 表示相隔关系,一致性程度中等;

------ 表示相对关系,区分性高

图 4-1　职业六角模型

表 4-12　人格类型及其职业选择

类型	喜欢的活动	重视	职业环境要求	典型职业
现实型	用手、工具、机器制造或修理东西。愿意从事实物性的工作、体力活动,喜欢户外活动或操作机器,不喜欢在办公室工作	具体实际的事物,诚实,有常识	使用手工或机械技能对物体、工具、机器、动物等进行操作,与"事物"工作的能力比与"人"打交道的能力更强	园艺师、木匠、汽车修理工、工程师、军官、兽医、足球教练

续表

类型	喜欢的活动	重视	职业环境要求	典型职业
研究型	喜欢探索和理解事物,喜欢学习研究那些需要分析、思考的抽象问题,喜欢阅读和讨论有关科学性的论题,喜欢独立工作,对未知问题的挑战充满兴趣	知识、学习、成就、独立	分析研究问题,运用复杂和抽象的思考创造性地解决问题的能力,谨慎缜密,能运用智慧独立工作,有一定的写作能力	实验室工作人员、生物学家、化学家、生理学家、工程设计师、大学教授
艺术型	喜欢自我表达,喜欢文学、音乐、艺术和表演等具有创造性、变化性的工作,重视作品的原创性和创意	有创意的想法、自我表达、自由、美	创造力,对情感的表现能力,以非传统的方式来表现自己,相当自由、开放	作家、编辑、音乐家、摄影师、厨师、漫画家、导演、室内装潢设计师
社会型	喜欢与人合作,热情关心他人的幸福,愿意帮助别人成长或解决困难,为他人提供服务	服务社会与他人、公正、理解、平等、理想	人际交往能力,教导、医治、帮助他人等方面的技能,对他人表现精神上的关爱,愿意担负社会责任	教师、社会工作者、牧师、心理咨询师、护士
企业型	喜欢领导和支配别人,通过领导、劝说他人或推销自己的观念、产品而达到个人或组织的目标,希望成就一番事业	经济和社会地位上的成功、忠诚、冒险精神、责任	说服他人或支配他人的能力,敢于承担风险,目标导向	律师、政治运动领袖、营销商、市场部经理、电视制片人、保险代理
常规型	喜欢固定的、有秩序的工作或活动,希望确切地知道工作的要求和标准,愿意在一个大的机构中处于从属地位,对文字、数据和事物进行细致有序的系统处理以达到特定的标准	准确、有条理、节俭、盈利	文书技巧,组织能力,听取并遵从指示,能够按时完成工作并达到严格的标准,有组织、有计划	文字编辑、会计、银行家、税务员和计算机操作员

霍兰德划分的这6种类型并不是并列的,也没有明显的边界。他以六角模型标识出6种类型的关系,包括相邻关系(两种类型一致性高)、相隔关系(两种类型一致性程度中等)、相对关系(两种类型对立点多,区分性高)。

人们通常倾向于选择与自己的兴趣类型相匹配的职业环境,如具有研究型兴趣的人希望在研究型的职业环境中工作,这样可以更好地发挥个人的潜能。但是,个体在进行职业选择时并非都能选择与自己兴趣完全相对应的职业环境,原因有以下两点。

一是因为个体本身常是多种兴趣类型的综合体,单一类型显著突出的情况不多。因此,评价个体的兴趣类型时,可根据霍兰德职业偏好测评量表分数的高低依次排列代表类型的前3位,构成其兴趣组型。

二是因为影响职业选择的因素是多方面的,不能完全依据兴趣类型,还要参照社会的需求及获得职业的现实可能性。

因此,人们进行职业选择时会不断妥协,寻求相邻甚至相隔关系的职业环境,这就需要个体逐步适应不匹配的工作环境。但如果个体找到的是相对关系的职业环境,意味着所进入的是与自我兴趣完全不同的职业环境,则工作起来可能难以适应,或者难以体会到工作的快乐,甚至可能会感到很痛苦。

(三)职业兴趣的培养

每个人的职业兴趣并不是天生就有的,而是在一定的社会生活环境中通过参加实践活动逐渐形成的,是在需要的基础上,即由于人们需要获得某些职业知识或参加职业活动后自己体验到心理上的满足产生的。职业兴趣总是以社会的职业需要为基础,并在一定的学习与教育条件下形成和发展起来的,是可以培养的。职业兴趣的培养中,有父母的耳濡目染,有家庭的潜移默化,也有教育的整体引导,还有通过实践活动积极感知到的。虽然某种职业兴趣一经形成,具有一定的稳定性,但根据实际需要,还是可以通过多种途径和自己的努力去改变、培养和发展的。培养职业兴趣的途径主要有以下几种。

1. 培养广泛的兴趣 具有广泛职业兴趣的人,不仅对自己职业领域的东西有浓厚的兴趣,而且对其他方面也有一定兴趣。这种人眼界比较开阔,解决问题时也可以从多方面得到启发,在职业生涯规划、变动上有较大的余地。如小提琴家傅聪对中国古典文学有浓厚的兴趣,便能从古诗意境中更好地把握音乐的演奏。国外一个电台主持人,利用闲暇时间搜集古玩和旧家具,当他失去主持人的工作后,他原来的业余爱好使他能鉴定古玩,修复旧物,继续他的职业生活。兴趣范围狭窄、涉足面小的人,对新事物的适应性相对差一些,在职业生涯规划上所受限制也多些。

2. 保持稳定的职业兴趣 人的兴趣广泛,但不能浮泛,还要有一定的集中爱好。如果只具有广泛性,而无中心职业兴趣,人往往会没有确定的职业方向,心猿意马,这样难以有所成就。所以,还应着意培养自己在某一方面的职业兴趣,促进自己的发展和成才。同时注重兴趣的持久稳定,不能朝三暮四,见异思迁,这样才能投入更多的热情和精力,深入钻研相关内容,在事业上有所发展和成就。

3. 培养切实的职业兴趣 兴趣的培养不能为追求清高而不考虑外界为其发展和深入所提供的客观现实条件,否则,过分曲高和寡,只能是画地为牢,自缚手脚。

4. 重视培养间接兴趣 间接兴趣不是对事物本身的兴趣,而是对于这种事物未来的结果感到需要而产生的兴趣,如广泛阅读名人传记,以了解在平凡工作岗位上做出突出贡献的人物事迹,也有助于培养自己的职业兴趣。

5. 积极参加社会实践活动 培养职业兴趣的社会实践活动内容十分丰富,包括生产实习、社会调查、参观访问以及组织兴趣小组等。这些活动能帮助你了解职业、了解社会、增加知识、开阔视野、激发兴趣。每一个人都可以通过参加各种社会实践活动调节和培养兴趣,根据社会和自我需要,有意识地去培养和发展兴趣,为事业的成功创造条件。

有一个毕业于西北大学化学系的求职者,对化学十分感兴趣,但毕业后却被分配到陕西省档案馆工作。当时他不了解什么是档案工作,更不了解档案与化学有什么关系,每天忙于铺纸、刷糨糊和抄抄写写。"用非所学"使他很苦恼,因此想调动工作。后来,他偶然从一些破碎的档案中发现毛泽东、刘少奇、周恩来、张学良等人的墨迹,他悟出了这些碎纸的分量。珍贵的历史文献随着时间的流逝,有的字迹褪色,无法辨认;有的遭虫咬,千疮百孔;有的又松又脆,一触即破。他决心运用所学的专业知识,让这些珍贵的碎纸获得新生,恢复原有的面貌。从此,他迷上了档案保管工作,致力于让历史档案中消退的墨迹重现。他以坚强的拼搏精神,执着的追求,经历无数次的失败,通过万余次实验,历经4年的时间,终于攻克了前人几十年没有攻下的难关,取得了多项科研成果,受到社会各界的称赞。

三、兴趣与职业

兴趣是职业的重要动力之一,是职业成功的重要条件。兴趣、动机、感情、价值观等倾向性因素对职业生涯都有影响,在这些因素中,兴趣所起的作用最大。具体来说,兴趣对职业生涯的作用主要表现在以下两个方面。

(一)兴趣对职业生涯规划的影响

1. 兴趣是职业生涯规划的重要依据 在职业生涯规划中,人们常会考虑到自己对某方面的工作是否有兴趣。正像人们在日常生活中喜欢从事自己感兴趣的活动一样,具有一定兴趣类型的人们更倾向于寻找与此有关的职业/类型,特别是在外界环境限制较小时,人们更倾向于选择自己感兴趣的职业。因而,对自己的兴趣或兴趣类型有了正确的评估后,就可以预测或帮助自己的职业生涯规划。

2. 兴趣是职业生涯适应的基本前提　研究资料表明,如果一个人对某一工作有兴趣,能发挥他全部才能的 80%～90%,并且能长时间地保持高效率而不感到疲劳,相反,对某工作不感兴趣,在这方面只能发挥全部才能的 20%～30%,也容易感到疲劳、厌倦。广泛的兴趣可以使人善于应对多变的环境,即使变换工作性质,也能很快熟悉和适应新的工作。因为兴趣可以通过工作动机促进人们能力的发挥,兴趣和动力的合理结合会大大提高工作效率。

3. 兴趣是职业生涯规划的根本保证　一个人对某事物感兴趣,会激发起他对该事物的求知欲和探索热情,促使他充分调动整个身心的积极性,使情绪饱满,智能和体能进入最佳状态,最大限度地施展才华,挖掘潜力,发挥人的主动性和创造性,有助于成功。

4. 兴趣是职业生涯稳定的先决条件　由兴趣的本质所决定,兴趣影响你的工作满意感和稳定性,在某些情况下(如不考虑经济因素)甚至具有决定性作用。一般来说,从事自己不感兴趣的职业很难让你感到满意,并由此导致工作的不稳定。

(二)兴趣对职业生涯发展的影响

1. 兴趣可使人的智力潜能得到充分发挥　当一个人对某种事物产生兴趣时,就能调动起整个人的积极性,积极探索,增强克服困难的意志。反之,"牛不喝水强按头"是不会取得好效果的。例如,爱迪生在学校里被人称为"傻瓜"而被勒令退学,但在发明的王国里却显示出超人的才能;达尔文,在课堂上"智力平平",而在大自然的怀抱里却异常聪明,成为进化论的创始人、伟大的生物学家。

2. 兴趣可以提高人的工作效率　一个人对某项工作感兴趣时,枯燥的工作也会变得丰富多彩,趣味无穷。兴趣使工作不再是一种负担,而是一种享受。兴趣可以调动你的全部精力,从而提高效率。

3. 兴趣是职业成功的重要因素　许多成功人士都有着惊人的相似之处,就是对自己感兴趣的事情非常执着,一旦认定,什么都不能改变,全身心投入,一味追求。这是成功的有力保证。一个人如果选择了自己不感兴趣的职业,不仅压抑才能,还会很痛苦。所以,选择职业时,不仅要看薪酬多少,城市怎么样,最主要的还是要看自己是否感兴趣。

第五节　探索自身职业能力

　　活 动 导 入

假设你作为某三甲医院的人事科科长,现负责招聘 3 名神经外科医师(也可根据任课班级专业来确定招聘岗位),请你写一下招聘条件及要求。

讨论:

大家所写的这些招聘条件包括了哪些职业能力?

一、能力概述

我国古代思想家王充,早在他的《论衡》中就指出,"施用累能,科用累能",意思是说能力是在使用中积累的,是从事不同职业活动的本领,是人们表现出来的解决问题的可能性,是完成任务、达到目标的必备条件,同时也是一个人能否获得工作、能否胜任工作的先决和主观条件。著名戏剧家斯坦尼斯拉夫斯基曾说:"没有顽强的细心的劳动,即使有才华的人也会变成绣花枕头似的无用的玩物。"这突出了实践活动在能力形成和发展中的作用。职业能力和职业实践互为因果,从事一定的职业活动需要有一定的能力作为前提,但在实践过程中不断涌现出来的新问题、新要求,则会促使相应能力水平的持续提高。

无论从事什么职业都需要有一定的能力作为保障,人们的职业能力存在着个体差异,这表现在质和量两个方面。在质上,首先,每个人有自己的特殊能力,如有的人擅长绘画,有的人擅长音乐,有的长于分析,有的人长于整合。另外,就同种能力,个体间也表现出较大的差异。如言语能力,不同的人在其形象性、生动性或逻辑性等方面各有所长,这适应于不同职业活动的要求。

在量上,职业能力的个体差异主要表现在能力的发展水平和发展速度上。人们的能力有高低之分,这种差别集中表现在人们的工作效率和成就水平上。如美国福特公司由于缺乏管理,每况愈下,1945年竟每月亏损900多万美元,整个公司濒临破产。同年,老福特退休后,他让受过高等教育、颇有管理才能的孙子亨利·福特上台,结果当年就扭亏为盈,赚了2000万美元。经过几年努力,福特公司又重振雄风,使福特家族成为美国富有的家族之一。盈亏之别,在于管理能力的不同。表4-13列举了7种类型的职业能力及适宜的职业类型。

表 4-13 职业能力类型及适宜职业性对照表

职业能力类型	特点	适宜的职业类型
操作型职业能力	(1)以操作能力为主 (2)运用专业知识或经验,掌握特定技术或工艺,并形成相应的职业技能与技巧的能力	打字、驾驶汽车、种植、操纵机床、控制仪表
艺术型职业能力	(1)以想象能力为核心 (2)运用艺术手段再现社会生活和塑造某种艺术形象的能力	写作、绘画、演艺、美工
教育型职业能力	运用各种教育手段传授知识与思想或组织受教育者进行知识与态度学习的能力	教育、宣传、思想政治工作
科研型职业能力	(1)以人的创造性思维为核心 (2)通过实验研究、社会调查和检索等手段进行新的综合、发明与发现的能力	研究、技术革新与发明、理论
服务型职业能力	(1)以敏锐的社会知觉能力和人际关系协调能力为核心 (2)借助人际交往或直接沟通使顾客获得心理满足的能力	商业、旅游业、服务业等
经营型或管理型职业能力	(1)以决策能力为核心 (2)能够广泛获得信息,并以此独立地做出应变、决策或形成谋略的能力	经理、厂长、主任等管理领域及各行各业负责人
社交型职业能力	(1)以人际关系协调力为核心 (2)指深谙人情世故,能够掌握人际吸引规律,善于周旋、协调,且能使对方通力合作的能力	联络、洽谈、调解、采购

能力在发展速度上的差异,主要表现在与职业适应性的大小或强弱、职业技能转换的快慢和成就表现的早晚上。如有的人职业角色转换快速,干啥像啥;有人则定性较强,不适应变动;有的人少年得志;有的人则大器晚成。这种差异不光表现在不同的个体间,而且不同类型的能力在发展、衰退的时间和程度上,也有所区别。研究表示,创造力发展的最佳阶段,化学家是26~36岁,数学家是30~39

岁,心理学家是30～39岁,声乐工作者是30～34岁,诗歌创作者是25～29岁,绘画者是32～36岁,医学工作者是30～39岁。

二、职业能力的类型

《加拿大职业分类词典》把职业能力分为11个方面,包括智力和10个基本的特殊能力,其中每种特殊能力都有与之相适应的职业或职业类型。在职业指导中,对人的职业能力倾向的划分有多种不同的方法,有的划分较粗,有的划分较细。

1. 五种职业能力类型划分方法

(1)一般学习能力(Q):又称智力,它是指人认识、理解客观事物并运用知识、经验等解决问题的能力,包括记忆能力、观察能力、注意能力、思维能力。一般学习能力是人在学习、工作、日常生活中必须具备、广泛使用的能力。职业或专业的水平越高,对人的一般学习能力的要求也越高。

(2)语言表达能力(V):指对词及其词义的理解和使用能力,对词、句、段落、篇章的理解能力,以及善于清楚而正确地表达自己的观点和向别人介绍信息的能力。简单来说,它包括语言文字的理解能力和口头表达能力。不同的职业对人的语言能力要求亦不同,如教师、营业员、服务员、护士等职业,必须具备较强的语言表达能力。

(3)算术能力(N):指迅速而准确地运算的能力。大部分职业都要求工作者有一定的算术能力,但不同的职业对人的算术能力的要求不同。例如,对于会计、出纳、统计、建筑师、工业药剂师等职业来说,工作者必须具有很强的计算能力;对于法官、律师、历史学研究者、护士等职业来说,要求工作者具备中等水平的计算能力;对于演员、厨师、理发师、导游、矿工等职业来说,对算术能力要求则较低。

(4)空间判断能力(P):指物体或图像的有关细节的知觉能力,如对于图形的阴暗、线的宽度和长度做出视觉的区别和比较,能看出其细微的差异。对于生物学家、建筑师、测量员、制图员、农业技术员、动植物技术员、医生、兽医、药剂师、画家、无线电修理工来说,需要较强的空间判断能力;而对于历史学家、政治学家、社会服务工作者、售货员、办公室职员来说,空间判断能力就显得不那么重要。

2. 3种职业能力类型划分法

(1)认识能力:指对指令和基本原理的理解力以及判断和推理能力。这种能力是人们完成各种活动不可缺少的最基本的心理条件。认识能力不仅是学习活动所必需的,而且也是任何职业活动必不可少的基本能力。

(2)操作能力:指在各项劳动和体育等活动中人们手脑并用,去完成实际工作的能力,如操纵、制作、运动等肢体运动与感觉器官协调能力等。操纵能力是将精神力量转化为物质力量,将科学知识转化为现实生产力的转换站,是人类自身生存和发展所必需的基本能力。即使将来生产自动化程度很高,这种操作能力也是必备的。在高度自动化的生产过程中,虽然对劳动强度和体力消耗的操作能力要求越来越低,但在精度、速度和灵敏度方面相应的能力要求却会越来越高,特别是对手指灵巧度、眼手运动协调、运动反应速度等。无论过去、现在和将来,操作能力是一个人基本劳动本领的体现。

(3)社会交往能力:指在社会生活中人与人之间在学习、劳动、生活和思想上互相联系,达到心灵接触、信息交流的过程。随着社会的发展,职业活动不是个体独立地进行的活动,而是由多人彼此合作、共同劳动才能完成,社会交往是人们顺利完成职业活动的杠杆。据统计,在一般职业活动中,人们有15%的时间用于处理人际交往问题,协调各种关系。每个劳动者仅仅是组织中的一员,能否有所作为,取决于能否与他人建立和谐的交往关系,各自从双方和整体中获得帮助,共同完成任务。

以上3种职业能力相辅相成,缺一不可,和谐结合是顺利进行职业活动的基础和前提。能力水平越高、结合得越和谐,职业适应性的范围就越广,选择职业的余地就越大。苏联著名的教育家苏霍姆林基指出,"每个孩子既有他自己的爱好和长处,也有他自己的先天素质和倾向。必须把学生安排在这样的条件下发展这些东西,使他的长处能充分发挥出来。"每个人的能力存在着个体差异,有些同学心细,观察敏锐,想象力丰富,记忆力强;而一些同学手巧,动手制作能力强;还有些同学活动能力强,具有说服影响他人的本领和较强的组织管理能力。不同的职业需要人的能力倾向是不同的,每个人都应了解职业所需要的能力和自身所具备的能力特长,从而选择适合自己的职业岗位。

三、职业能力提升

在职业生涯规划时,我们要认清自己的能力特征,可以通过一些特定的心理测验加以界定,知道自己的适合性倾向。另外,也要发挥自己的主观能动性,有意识地去培养自己的能力。因为能力的形成和自身有意识地培养也是有关系的,个人要获得知识能力,主要是来自间接经验的传递。有目的、有计划、有组织的学校教育正可以充当这一媒介。我们可以通过努力的培养,有意识的锻炼来增进自己的相关能力。

对职业生涯规划而言,主要考虑一个人的最佳能力或能力群,选择最能运用其优势能力的职业。同样,在人事安排中,如能注重一个人的优势能力并分配相应的工作,会更能发挥一个人的作用。对于在进行职业生涯规划的人或已就职的人,我们应从以下几个方面培养一些比较基础的而且非常必要的职业能力,这些能力包括以下几个方面。

1. 观察能力 观察能力是指对事物进行全面细致分析的能力。人们通过观察了解世界,获得知识。一切科学实验、科学发现和发明,都是建立在周密、精确、系统观察的基础上。在培养观察力时,要避免"只见树木,不见森林"的单纯分析型,也要克服"只见森林,不见树木"的单纯综合型。前者只重视对事物细节的观察,忽视整体,而后者则忽视对细节的观察,最好能够既注意对事物整体的观察,又善于把握事物的细节。

2. 思维能力 思维能力是对事物进行分析、综合、抽象、概括的能力。在学习中需要积极思考,在职业活动中更是不可缺少。任何一种职业,都需要从业者能根据其内在本质联系,发现其运行规律。不愿思考问题或人云亦云,往往会限制自身的发展。

3. 表达能力 表达能力是通过语言或文字来阐明自己的思路、意念的能力。它通常包括语言表达能力和文字表达能力两种。从求职之初的简历,到实际工作中常要提交的工作计划总结、实验设计报告,都需要清晰准确的文字表达能力;而作为职业生活重要内容之一的人际交往(特别是对于经营管理或销售人员来说),就要求有较强的语言表达能力。所以,应该多说多写,提高自己的表达能力。

4. 实际操作能力 实际操作能力是指在各项劳动和体育等活动中人们手脑并用,运用专业知识或经验,掌握特定技术或工艺,并形成相应的职业技能与技巧,去完成实际工作的能力。例如,在校学生由于和书本接触时间多,一般会表现出理论知识强,而应用实践能力差的特点。这会引起用人单位的不满和学生自己的窘境。只说不做,纸上谈兵是不会带来任何收益的,要学以致用。因此,在校的学生应该利用假期进行社会实践,或利用平时教学实习的机会,培养自己的调查能力、整理资料和文书写作能力或者实验操作等能力。刚工作的青年也应利用好基层锻炼的时间,实践出真知,把自己掌握的理论与实践结合起来,提高自己发现问题和解决问题的能力。

另外,随着社会的进一步发展和开放,公共关系走俏,公关能力也成为一种特别的职业能力,有时甚至关系到一个组织的胜败兴衰。因此,许多用人单位在招聘时,都希望求职者有一定的公关、社交能力。培养自己具有较强的公关意识及掌握一定的公关技巧,对个人求职或职业发展来说都很有帮助。公关能力是一种比较综合性的能力,它要求具有比较全面的知识,如管理学、社会心理学、广告学、法学、伦理学等,同时要有敏捷的思维、卓越的胆识、机智而幽默的谈吐等。

四、职业能力倾向测验

本测验把人的职业能力倾向分为9种,每种能力由一组5道题目反映出来。测验时,请你仔细阅读每一题,采用"五等评分法"对自己进行评定。然后分别计算出自评等级。

题目	自评等级				
	1(强)	2(较强)	3(一般)	4(较弱)	5(弱)
1. 一般学习能力倾向(G)					
(1)快而容易地学习新内容					

续表

题目	自评等级				
	1(强)	2(较强)	3(一般)	4(较弱)	5(弱)
(2)快而正确地解数学题					
(3)你的学习成绩					
(4)对课文的字、词、段落篇章的理解、分析和综合能力					
(5)对学习过的知识的记忆能力					
2.言语能力倾向(V)					
(1)善于表达自己的观点					
(2)阅读速度和理解能力					
(3)掌握词汇量的程度					
(4)你的语文成绩					
(5)你的文学创作能力					
3.算术能力倾向(N)					
(1)做出精确的测量					
(2)笔算能力					
(3)口算能力					
(4)打算盘					
(5)你的数学成绩					
4.谈判能力(S)					
(1)有经验					
(2)应变能力					
(3)察言观色能力					
(4)口语表达能力					
(5)果断做出决定					
5.形态知觉(P)					
(1)善于观察					
(2)注意细节					
(3)有耐心					
(4)空间想象力					
(5)视力水平					
6.书写能力(Q)					
(1)能正确握笔、坐姿等					
(2)写字速度					
(3)语言组织能力					
(4)对词语、句式的掌握					
(5)不写错别字					
7.运动协调能力(K)					
(1)肢体灵活					

续表

题目	自评等级				
	1(强)	2(较强)	3(一般)	4(较弱)	5(弱)
(2)能轻松跑完800 m					
(3)单脚跳跃					
(4)捡芝麻					
(5)你的90 m短跑成绩					
8.逻辑思维能力(F)					
(1)理解能力					
(2)知识储备					
(3)想象能力					
(4)识图画图能力					
(5)语言表达能力					
9.人际沟通能力(M)					
(1)语言表达能力					
(2)抗压能力					
(3)善于解决问题					
(4)灵活变通					
(5)会赞美人					

测试说明：

(1)计算每一类能力倾向的总分数。对每一道题目，我们采取强、较强、一般、较弱、弱五个等级供你自评。每组5道题完成后，分别统计各等级选择的次数总和，然后用下面的公式计算出该类的总计次数(把"强"定为第一项，以此类推，"弱"定为第五项；第一项之和就是选"强"的次数和)。总计次数＝(第一项之和×1)＋(第二项之和×2)＋(第三项之和×3)＋(第四项之和×4)＋(第五项之和×5)。

(2)计算每一类能力倾向的自评等级。自评等级＝总计次数/5。

(3)将自评等级填入表4-14。

表4-14 自评等级

职业能力倾向	自评等级	职业能力倾向	自评等级
G		Q	
V		K	
N		F	
S		M	
P			

第二部分

就业指导篇

第五章

就业形势

扫码看PPT

学习目标

1. 熟悉当前就业政策和就业渠道。
2. 掌握就业协议的签订和就业工作的流程。
3. 了解当前大学生的就业形势,树立正确的就业观。

第一节 树立正确择业观

案例导入

小A是2018级药学专业学生,来自广东省肇庆市,2021年7月份毕业。临近毕业季,学校组织了几次线上的校园招聘会还有线下的招聘活动,有很多医药相关的就业岗位推荐,其中有一家是在肇庆的制药厂,专业对口,离家又近,待遇较好,然而她本人却不怎么感兴趣。询问她原因,她说给自己的定位是一定要去医院,而且是县级以上三级甲等医院。然而这几年三级甲等医院招聘药学专业的人数较少,对毕业生的要求也比较高,一般要求至少本科学历。对于大专毕业的她来说,结果自然难以如愿。

小A的想法不是个例,在当前毕业生的就业选择过程中具有一定的代表性。很多同学都想毕业后就马上找到称心如意的好工作,不过在实际的就业过程中发现,找准自己的定位,先就业再择业很重要。本例中小A同学没有了解实际用人环境,对自己的定位过高,最后难免碰壁。

一、高校毕业生就业现状

(一)高校毕业人数不断增加

自2001年开始,我国高校毕业生的数量每年都在不断攀升,从2001年的114万人增加到2022年的1076万人,而且增加的趋势仍在继续(图5-1)。从总体来看,我国劳动力市场的结构性矛盾突出,供需结构不平衡导致高校大学生就业压力大,现实环境中就业状况比较严峻。具体表现在以下几方面。

1. 技能结构与市场需求不匹配导致结构不平衡 通俗来讲就是"就业难"与"招人难"并存。近年来,我国实现了从加工制造向智能制造、从技术跟随向技术引领的转变,这使社会快速增加对知识型、技能型人才的需求。在供给侧结构性改革过程中,很多企业转型升级,不断提高技术含量,提升产品品质。但在此过程中,劳动力的供给却相对滞后,劳动者所掌握的专业知识技能跟产业结构转型升级所需的知识技能不匹配,需要有一个转变技能结构以适应新的市场需求变化的过程;另一方面,目前就业市场上提供的岗位占比不均,对高校毕业生缺少吸引力,用人单位更加倾向招聘理工科专业的毕业生,对人文社科专业的毕业生招聘需求相对不强,会计学、英语、法学等一些人文社科专业毕业生就业进度慢,毕业生就业难度相对较大,市场需求大的新兴产业和高技术产业技术技能人才则较为短缺。

2. 就业地域选择和就业领域选择也存在不平衡　具体表现在选择"北上广深"等经济发达地区的人数较多,选择西部地区的人数较少;选择事业单位、国有企业等部门的人数较多,选择中小型民营企业的人数较少。

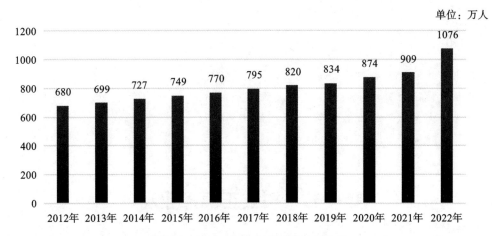

图 5-1　2012—2022 年高校毕业生人数

(二)大学生就业喜欢"随大流"

当前,一些大学生就业存在"随大流"现象,在就业过程中过度依赖他人的判断,盲目跟随他人的想法,由此产生对自身就业选择呈现出一种非理性状态,具体体现在以下四方面。

1. 获取就业信息方式从众　一些大学生由于身边的同学或者朋友在某个就业平台获得了不错的就业信息,因此自己也将视野局限于此,浏览重复的就业平台,很少花时间去了解更加丰富的就业渠道,这样一来就容易影响就业方向。在就业信息获取方面的从众,会导致大学生就业视野狭隘,固化大学生的职业发展。

2. 选择就业地点从众　一些大学生在就业过程中比较看重就业地点,忽视自身的实际特点和就业需求,愿意选择在经济发达地区、一线城市工作,还有一部分大学毕业生的就业观念比较传统,对学校所在地或者家乡的就业岗位考虑得比较多,不愿意去其他地区工作,这样也容易导致就业效果的不理想。

3. 设定就业目标从众　一些大学生对于就业没有任何危机感,还有的大学生看到有同学获得了不错的就业岗位,因而自身也产生了较高的就业期望,也希望找到一个好的单位工作,希望工作单位兼具稳定的发展环境、保障性强的福利、良好的发展前景,如政府部门、国企等,这样也容易导致一些大学生找工作时碰壁。

4. 选择就业岗位从众　在就业岗位的选择上,毕业生更容易出现从众现象。一方面,很多大学毕业生选择就业岗位时过分看重往届毕业生就业数据;另一方面,一些毕业生在选择就业岗位时,只考虑专业"对口"的单位,如果不能在自己所学专业领域就业,哪怕有再合适的岗位也不愿意去。

(三)大学生基层工作的意愿较弱

由于受到传统观念以及一些表面客观因素的影响,中小城市或西部基层工作似乎成了"艰苦"或"限制发展"的代名词。目前进入大学校门学习的主体已经是"00 后",而大学毕业生的主体已经是"95 后",这些学生绝大多数为独生子女,伴随着我国经济的高速发展和社会变革成长起来,具有鲜明的时代特征,接受新事物和学习新知识新技能的能力很强,但由于成长过程中受到百般呵护,以及平时接受自我成长锻炼的机会很少,很多大学毕业生缺少吃苦耐劳及奉献精神。

（四）毕业生就业观念与市场形势需求有偏差

毕业生"求稳"心态突出，求职理念趋于保守，升学和到机关、事业单位、国企等就业的愿望比较强烈，选择到民营企业就业的毕业生的比例下降。选择升学、考公、考事业编制的学生希望以应届毕业生身份连续二战、三战，存在备考不就业的情况。

二、影响大学生就业的因素

（一）社会因素

在实际的就业环境中，用人单位的招聘条件中经常会要求有相关工作经验，对于还未真正步入社会的大学生来说，社会经验不足，工作经验欠缺，在激烈的竞争中常常处于劣势。另外，有些用人单位盲目提高用人标准，追求名校毕业、高学历等，这也加大了毕业生就业的难度。

（二）高校因素

近些年来，我国高校连续大规模的扩招导致毕业生人数骤增，在社会总需求增长相对放缓的情况下，出现人才供需不平衡的情况。同时一些学校的专业设置过窄过细，导致培养的毕业生就业面相对狭窄，就业机会较少，增加就业难度。

（三）毕业生个人因素

由于受到经济、文化等因素的影响，毕业生的价值取向也发生了变化，职业规划与现实之间产生鸿沟，追求理想主义，过多地考虑自身的利益，忽视了社会价值的情况，具体体现在对个人评价不够客观、对自身能力估计过高等。很多毕业生对职业要求较高，要求工作稳定、薪资丰厚、工作内容简单等，工作地点喜欢选择在大城市，不愿考虑到基层或者相对偏远的地区工作。

三、树立正确择业观

习近平总书记指出，"广大高校毕业生也要改变择业观、就业观，找到自己的定位，投入踏踏实实的工作中，实现自己的人生理想"，他还强调，"只要有志向就会有事业，只要有本事就会有舞台"。当代大学生是祖国的建设者和接班人，站在全面建设社会主义现代化国家关键时期，应该树立正确的择业观，为祖国建设和社会发展贡献智慧和力量。

（一）正确认识自我，做好职业规划

职业不仅仅是谋生的方式和手段，还是个人奉献社会、服务社会的载体。要对自己的性格、能力、爱好有充分的认识，通过科学理论的分析，清楚自己的优势与劣势、特长与不足，根据自己的意愿，结合自己的专业和社会发展需要挑选适合自己的职业生涯路线。想明白自己想干什么、能干什么、会干什么，对自己精准定位，把握社会人才需求的动向，结合自身兴趣确立与市场经济相适应的职业目标。

（二）积极调整心态，提升自身能力

在就业择业的过程中，要以积极乐观的心态面对可能遇到的挫折。就业本身也是一种竞争，竞争有可能成功，也有可能失败，可以把它看作锻炼意志、增强能力的机会。不因一时的不顺而意志消沉、一蹶不振，而要认真分析失败的原因，调整自己的心态，变压力为动力，不断成长。还要做到努力提升自己的综合素养，面对大学生活，做好职业规划，有针对性地进行知识储备和社会实践，认真学习专业知识，夯实理论基础，积极参加课外实践活动，增长实操才干，把自己培养成社会所需要的人才。

（三）转变思想，拓宽就业渠道

（1）改变片面的地域观念，从一味追求大城市、发达地区中脱离出来，大学毕业生应志存高远、志在四方，可以面向基层寻找自我发展突破，把青春绽放在祖国和人民需要的地方。

（2）改变狭隘的专业对口观念，转变为相近的、交叉的、广义的专业对口观念，尤其是遇到所学专业在社会需求较少的情况下更应如此。放下架子、放低姿态进入社会，在平凡的岗位上寻求发展，不要人为地认定某些职业才是大学生该做工作，某些职业不是大学生该做的工作，打破这些条条框框，不给自己设限。

(3)树立动态的就业观,引导高校毕业生走出"一次就业定终身"的传统观念,先就业,后择业;先生存,后发展。就业是一个动态的发展过程,职业是可以改变的,如我们熟悉的鲁迅先生学过医,后来成为文学家,齐白石先生做过木匠,后来成为画家。

(4)面向未来,勇敢创业。找饭碗不如造饭碗,现代社会飞速发展,市场出现了很多新需求、新职业,要有创业的意识,开辟新天地的无畏精神,建立创造性思维,把握创业的机遇。教育部、人力资源和社会保障部等部委及许多地方政府,相继出台有关政策,鼓励和帮助大学生自主创业,灵活就业,实现自我价值。

总结案例

奋斗,无悔韶华

2017年的一天,广西田林县八渡瑶族乡六林村来了一位戴着黑框眼镜的斯文青年。他叫牟海迪,1994年生人,这天刚到任驻村第一书记。"这小孩能带我们脱贫?"村民们心里满是疑惑。

两年之后,六林村人均收入比2017年提高了4000元。牟海迪用实际行动,向父老乡亲交出满意的答卷。没资金、碰钉子、山路远、断水断电……每当遇到困难时,牟海迪总说:"只要能带大家致富,这都不算个事儿。"

艰难困苦,玉汝于成。在脱贫攻坚主战场,扎根西部的大学生们,正在各个领域夜以继日地奋斗,为实现中华民族伟大复兴的中国梦,注入源源不断的青春力量。

2009年,刚出校门的郇志鹏一头扎进有着"死亡之海"之称的塔克拉玛干沙漠。扎根大漠11年里,他时常望着窗外肆虐的风沙,看着饭菜里飘落的沙子,默念着一句话,"青年不奋斗什么时候奋斗?"

在郇志鹏和同事们的努力下,2019年6月23日,塔里木油田成功钻成井深8882 m的轮探1井,创造了亚洲陆上最深出油气井等七项纪录,开辟了塔里木盆地超深层油气勘探新领域。

在平均海拔超过4500 m的西藏那曲,谈海玉已经扎根17年。17年前的那曲,医院传染科专业人才匮乏、医疗配套设施不健全,高发的结核病、肝炎等传染性疾病时刻威胁着当地人们的生命。

"一定要让传染科强起来。"为了这个誓言,谈海玉引进技术,规范诊疗方案,积极引介人才;在出现传染病风险时,总是主动将最危险最艰巨的任务揽在自己身上;17年来,只回老家陪父母过了3个春节。

正所谓功不唐捐,谈海玉多年来治愈的急慢性传染病患者超过8000人。在她的努力下,医院传染科的建设得到了质的飞跃。"再多的荣誉也比不上农牧民百姓对我的认可,既然选择了扎根藏北高原,就要承担起这个责任。"她说。

青春因磨砺而出彩,人生因奋斗而升华。一代代、一位位大学生们,将奋斗的激情洒满西部基层,把青春绽放在祖国最需要的地方,用无悔年华写就人民幸福的华彩篇章。

课堂活动

分析所在地区高校毕业生就业形势

一、活动主题

想一想自己想要就业的地区,分析当前拟就业地区的就业形势。

二、活动过程

通过调查研究,分析当前拟就业地区的就业形势,以小组讨论的形式互相交流,由小组长整理汇总,并分组进行汇报。

三、思考

结合对当前就业形势的分析,思考自己应该如何应对,并寻找解决方案,为自己的职业发展赢得优势。

 测试题

1. 谈谈大学毕业生的就业现状,影响大学毕业生的就业因素有哪些?
2. 转变就业观念应从哪些方面入手?结合你的专业,谈一谈如何树立正确的就业观?

第二节　就业政策和就业渠道

案例导入

某高职类医学院校的实习工作安排在大三第一学期开始,实习期为7个月左右。在班里其他同学忙着收拾行李,准备去实习单位时,小A也在忙着。她找到了辅导员老师,拜托老师如果有合适的单位推荐给她,还留了两份简历;然后又找到了学校负责实习就业工作的老师,留下了联系方式,请老师有适合的岗位及时告知她,她还向老师询问了校园招聘会以往的时间和到场的用人单位等情况,做到了心中有数。在实习期间,尽管人在外地实习,消息却比班级其他同学灵通,经常收到用人单位的面试通知,选择的机会也更多,实习刚刚结束,小A便找到了合适的工作单位。

在日常的就业工作中,经常会听到毕业生抱怨,那么多用人单位的需求信息,学校怎么就及时通知了别人而没有及时通知我呢?作为学校,都希望尽可能多地把自己的学生推荐出去,只要掌握了招聘信息都会想方设法地通知到相关的毕业生,而实际情况却是毕业班同学在外实习,联系起来比较困难,电话没有及时接听,短信、微信没有回复,经常找不到人,结果自然是那些一呼即应,或者是联系比较密切的学生抢占先机,联系不上或者不及时的,容易造成信息资源的浪费,错过就业机会。

小A在这个问题上处理得很好,虽然人在外地实习,却能主动与学校保持密切的联系,使得信息来源渠道畅通无阻,赢得了时机,也赢得了机会。因此,作为毕业生应当主动与学校各方面保持联系,多一些就业资源,就多一个门路和渠道。

一、就业政策

就业政策作为国家经济政策的一个重要组成部分,除了直接解决新生劳动力初次就业和下岗失业人员的再就业问题之外,对社会经济、政治也发挥着强大的调控作用。

近年来,围绕推动和促进毕业生就业工作,国家出台了一系列方针政策,在千方百计拓展市场性就业岗位的同时,全力开发落实政策性就业岗位,以政策性岗位的吸纳作用稳住高校毕业生就业的"基本盘",这些举措有效为稳就业、促就业、保就业提供指导,促进高校毕业生更加充分和高质量就业。

(一)鼓励引导高校毕业生面向基层就业

基层就业是高校毕业生熟悉当代中国社会、了解中国国情的最好课堂,是高校毕业生成长成才的重要平台。引导和鼓励高校毕业生到基层工作,是贯彻落实人才强国战略和就业优先战略的重要举措,是为基层输送人才、拓宽高校毕业生就业渠道的重要途径。同时,建立和完善激励大学生到基层干事创业的长效机制,使大学生能够下得去、留得住、干得好、流得动,到国家最需要的地方去建功立业,报效祖国。

自2003年以来,中央政府陆续出台并实施了一系列政策,用来鼓励毕业生到基层工作,创造个人价值的同时也能够更加直观深入地了解国情,充实基层干部人才队伍,更好地推动工作,加快促进地方事业的发展,基层就业已成为大学生就业的重要渠道之一。政府和有关部门相继出台并实施了5个引导高校毕业生到基层就业的专门项目。

(1)大学生志愿服务西部计划(简称西部计划)是经国务院常务会议决定,由共青团中央、教育部、财政部、人力资源和社会保障部共同组织实施的一项重大人才工程。该项目从2003年开始实施,2023年是西部计划实施20周年。20年来累计招募46.5万余名大学生志愿者到中西部基层开展基层教育、服务"三农"、医疗卫生、基层青年工作、基层社会管理、服务新疆、服务西藏等方面的志愿服务工作。

(2)"三支一扶"计划是毕业生基层落实政策,指大学生在毕业后到农村基层从事支农、支教、支医和扶贫工作。高校毕业生"三支一扶"计划是引导高校毕业生向基层一线流动、助力推进乡村振兴的民生工程,是为基层输送和培养青年人才、改善基层人才队伍结构的人才工程,是引领高校毕业生树立科学就业观、积极面向基层就业的就业工程。

(3)农村义务教育阶段学校教师特设岗位计划(简称特岗计划),由中央财政设立专项资金,用于特设岗位教师的工资性支出,鼓励高校毕业生从事农村教育工作,创新农村学校教师补充机制,逐步解决农村师资总量不足和结构不合理等问题,提高农村教师队伍的整体素质。2023年中央"特岗计划"实施范围:原集中连片特殊困难地区、中西部国家扶贫开发工作重点县和省级扶贫开发工作重点县,西部地区原"两基"攻坚县(含新疆生产建设兵团的部分团场),纳入国家西部开发计划的部分中部省份的少数民族自治州以及西部地区一些有特殊困难的边境县、少数民族自治县和少小民族县。

(4)选聘高校毕业生到村任职(大学生村官)工作是由中组部、教育部、财政部、人力资源和社会保障部等部门从2008年起组织实施"选聘高校毕业生到村任职工作"。计划用5年时间选聘10万名高校毕业生到农村担任村党支部书记助理村委会主任助理或团支部书记、副书记等职务。从2010年开始,扩大选聘规模,逐步实现"一村一名大学生村官"计划的目标。选聘的高校毕业生在村工作期限一般为2~3年。

(5)"农业技术推广服务特设岗位计划"由农业部牵头,人力资源社会保障部、教育部和科技部共同组织实施,启动实施农技特岗计划,是贯彻落实中央决策部署、引导高校毕业生到基层就业和服务的重要举措,是促进农业科技成果转化与推广应用、加快现代农业发展的迫切要求。从2013年开始,每年招募一批普通高等学校应届毕业生,到乡镇或区域性农业技术推广机构从事为期2~3年的农业技术推广、动植物疫病防控、农产品质量安全服务等工作。

政策读一读

人力资源社会保障部办公厅　财政部办公厅
关于做好2018年高校毕业生"三支一扶"计划实施工作的通知
人社厅发〔2008〕6号

各省、自治区、直辖市及新疆生产建设兵团人力资源社会保障厅(局)、财政厅(局):

按照中共中央办公厅、国务院办公厅印发的《关于进一步引导和鼓励高校毕业生到基层工作的意见》要求和《中共中央组织部　人力资源社会保障部等九部门关于实施第三轮高校毕业生"三支一扶"计划的通知》安排,现就做好2018年高校毕业生"三支一扶"计划实施工作通知如下:

一、工作目标

以习近平新时代中国特色社会主义思想为指导,全面贯彻落实党的十九大精神,紧紧围绕实施乡村振兴战略和打赢脱贫攻坚战的战略部署,按照加强基层人才队伍建设的总体要求,坚持"稳定规模、优化领域、改进管理、提升质量、强化保障"的基本思路,更好地实施高校毕业生"三支一扶"计划,选拔招募2.6万名高校毕业生到基层从事支教、支农、支医和扶贫等服务。

二、工作内容

(一)合理确定招募规模。各地要结合下达的中央财政补助名额(分配方案附后),充分考虑基层单位需求、"三支一扶"人员期满流动情况以及地方财政支持力度等因素,合理确定2018年招募规模。中央财政补助名额要进一步向贫困地区、革命老区、民族地区和边疆地区倾斜。强化对深度贫困地区的支持,新增中央财政补助名额主要用于深度贫困地区或贫困地区。

(二)积极拓展服务岗位。各地要在做好支教、支医岗位开发的同时,结合实施乡村振兴战略、打赢脱贫攻坚战、推进农业供给侧结构性改革、全面推行河长制湖长制等需求,大力拓展新型农业经营主体、农村合作经济、农村电子商务、农村饮水安全、农田水利、生态保护等领域服务岗位,不断提升"三支一扶"服务岗位的针对性和有效性。

(三)提高选拔招募质量。各地要广泛发布选拔招募公告,优化选拔招募流程,方便高校毕业生报名参加。严把"入口关",科学设置选拔招募条件,不断提高"三支一扶"人员学历层次、专业与服务岗位匹配度,提升"三支一扶"人员整体素质。完善选拔招募制度,按照公开、平等、竞争、择优的原则开展工作,坚决杜绝选人用人的不正之风。

(四)强化教育培训工作。各地要认真实施"三支一扶"人员能力提升专项计划,按照相关要求开展省级专项培训,组织做好岗前、在岗和离岗的一般培训,强化理想信念教育,丰富培训形式和内容,帮助新招募人员尽快转变角色、适应基层工作,提高服务期满人员工作能力、促进期满就业。

(五)加大培养使用力度。各地要加强指导基层单位,明确"三支一扶"人员的岗位职责和工作要求,加强帮助扶持,提供干事创业平台,促进他们锻炼成长。继续选拔优秀"三支一扶"人员兼任乡镇团委副书记、基层供销社主任助理等。充分发挥"三支一扶"人员有知识、懂技术、善创新的优势,支持开展网络扶贫工作,为返乡下乡创业提供技术和信息服务。

(六)加强日常管理服务。各地要严管厚爱"三支一扶"人员,做好日常考勤、年度考核和期满鉴定等工作,帮助解决好日常工作生活遇到的问题。要会同财政部门,为"三支一扶"人员按月及时足额发放工作生活补贴,缴纳社会保险,按时发放一次性安家费,有条件的地方可进一步完善服务保障机制,提高"三支一扶"人员其他待遇水平。严格按照《高校毕业生"三支一扶"计划中央补助资金管理办法》(财社〔2016〕121号)管理和使用中央财政补助资金,加强绩效评价,加快执行进度,提高财政资金使用效益。

(七)努力促进期满流动。各地要畅通各类流动渠道,促进期满人员顺畅流动,重点按照《关于统筹实施引导高校毕业生到农村基层服务项目工作的通知》(人社部发〔2009〕42号)、《关于做好艰苦边远地区基层公务员考试录用工作的意见》(人社部发〔2014〕61号)和《关于进一步做好艰苦边远地区县乡事业单位公开招聘工作的通知》(人社部规〔2016〕3号)等文件规定,组织开展机关事业单位面向服务期满考核合格"三支一扶"人员的定向招录、专项招聘等工作,贫困地区服务期满人员可通过直接考察等公开招聘方式进入服务地的乡镇事业单位。各级公共就业和人才服务机构要加强对服务期满人员的就业创业指导、职业介绍和就业援助等工作,建立期满未就业人员跟踪服务制度,促进其尽快实现就业创业。

(八)提升工作信息化水平。各地要充分使用全国高校毕业生"三支一扶"工作管理信息系统,指定专人负责,按时填报本地工作进度,做好"三支一扶"人员信息采集、数据更新、状态更改和期满跟踪服务等工作,确保系统数据真实准确。今年将依托系统采集各级项目负责人员信息,开发短信服务功能,加强系统工作交流,提高工作效率。

(九)积极营造良好社会氛围。全国"三支一扶"办今年将开展走基层专题宣传活动,组织中央媒体记者到基层一线采访报道"三支一扶"人员优秀典型代表。各地要加强舆论宣传工作,深入挖掘先进典型,组织开展宣传报道活动,扩大"三支一扶"计划社会影响力。及时总结工作中的经验做法,上报简报信息,促进交流借鉴。

三、工作要求

(一)加强组织领导。各地要高度重视,加强领导,把"三支一扶"计划作为引导鼓励高校毕业生到基层工作的重要载体和平台,深入推进实施,发挥好示范引领作用。"三支一扶"工作领导小组各成员单位要通力协作,各司其职,充分发挥职能优势,共同推进"三支一扶"工作,确保工作取得实效。

(二)确保工作进度。各地要结合实际,尽快启动实施2018年"三支一扶"计划,确保7月底前完成选拔招募工作;8月底前在信息系统中完成录入新招募人员基本信息,并书面报送2018年选拔招募工作情况;9月上旬按要求报送中央补助资金申请;11月底前完成期满服务人员信息核对和在信息系统中的数据更新;12月下旬报送年度工作情况总结。

(三)开展中期评估。各级人社部门要组织开展第三轮"三支一扶"计划实施情况中期评估工作,会同有关部门,认真总结2016年以来的工作进展、主要成效、存在困难和问题,研究提出深入推进工作的对策建议。各省级人社厅要在总结评估基础上,形成书面评估报告,于9月30日前报送人力资源社会保障部人力资源市场司。

(二)鼓励支持高校毕业生自主创业,稳定灵活就业

纵深推进大众创业,万众创新是深入实施创新驱动发展战略的重要支撑,大学生是大众创业万众创新的生力军,支持大学生创新创业具有重要意义,坚持创新引领创业、创业带动就业,提升人力资源素质,实现大学生更加充分更高质量就业。近年来,越来越多的大学生投身创新创业实践,但也面临融资难、经验少、服务不到位等问题。面对企业需求量的减少和毕业生的增加,大学生创新创业的就业方式更能体现出特别的效用。《人力资源社会保障部关于做好2021年全国高校毕业生就业创业工作的通知》中也强调将创业培训延伸至校园,倾斜创业服务资源,为大学生提供服务能力强、专业素质高、服务方式新的专业指导,可以进一步激发大学生自主创新的积极性。

政策读一读

国务院办公厅关于进一步支持大学生创新创业的指导意见

国办发〔2021〕35号

各省、自治区、直辖市人民政府,国务院各部委、各直属机构:

纵深推进大众创业万众创新是深入实施创新驱动发展战略的重要支撑,大学生是大众创业万众创新的生力军,支持大学生创新创业具有重要意义。近年来,越来越多的大学生投身创新创业实践,但也面临融资难、经验少、服务不到位等问题。为提升大学生创新创业能力、增强创新活力,进一步支持大学生创新创业,经国务院同意,现提出以下意见。

一、总体要求

以习近平新时代中国特色社会主义思想为指导,深入贯彻落实党的十九大和十九届二中、三中、四中、五中全会精神,全面贯彻党的教育方针,落实立德树人根本任务,立足新发展阶段、贯彻新发展理念、构建新发展格局,坚持创新引领创业、创业带动就业,支持在校大学生提升创新创业能力,支持高校毕业生创业就业,提升人力资源素质,促进大学生全面发展,实现大学生更加充分更高质量就业。

二、提升大学生创新创业能力

(一)将创新创业教育贯穿人才培养全过程。深化高校创新创业教育改革,健全课堂教

学、自主学习、结合实践、指导帮扶、文化引领融为一体的高校创新创业教育体系,增强大学生的创新精神、创业意识和创新创业能力。建立以创新创业为导向的新型人才培养模式,健全校校、校企、校地、校所协同的创新创业人才培养机制,打造一批创新创业教育特色示范课程。(教育部牵头,人力资源社会保障部等按职责分工负责)

(二)提升教师创新创业教育教学能力。强化高校教师创新创业教育教学能力和素养培训,改革教学方法和考核方式,推动教师把国际前沿学术发展、最新研究成果和实践经验融入课堂教学。完善高校双创指导教师到行业企业挂职锻炼的保障激励政策。实施高校双创校外导师专项人才计划,探索实施驻校企业家制度,吸引更多各行各业优秀人才担任双创导师。支持建设一批双创导师培训基地,定期开展培训。(教育部牵头,人力资源社会保障部等按职责分工负责)

(三)加强大学生创新创业培训。打造一批高校创新创业培训活动品牌,创新培训模式,面向大学生开展高质量、有针对性的创新创业培训,提升大学生创新创业能力。组织双创导师深入校园举办创业大讲堂,进行创业政策解读、经验分享、实践指导等。支持各类创新创业大赛对大学生创业者给予倾斜。(人力资源社会保障部、教育部等按职责分工负责)

三、优化大学生创新创业环境

(四)降低大学生创新创业门槛。持续提升企业开办服务能力,为大学生创业提供高效便捷的登记服务。推动众创空间、孵化器、加速器、产业园全链条发展,鼓励各类孵化器面向大学生创新创业团队开放一定比例的免费孵化空间,并将开放情况纳入国家级科技企业孵化器考核评价,降低大学生创新创业团队入驻条件。政府投资开发的孵化器等创业载体应安排30%左右的场地,免费提供给高校毕业生。有条件的地方可对高校毕业生到孵化器创业给予租金补贴。(科技部、教育部、市场监管总局等和地方各级人民政府按职责分工负责)

(五)便利化服务大学生创新创业。完善科技创新资源开放共享平台,强化对大学生的技术创新服务。各地区、各高校和科研院所的实验室以及科研仪器、设施等科技创新资源可以面向大学生开放共享,提供低价、优质的专业服务,支持大学生创新创业。支持行业企业面向大学生发布企业需求清单,引导大学生精准创新创业。鼓励国有大中型企业面向高校和大学生发布技术创新需求,开展"揭榜挂帅"。(科技部、发展改革委、教育部、国资委等按职责分工负责)

(六)落实大学生创新创业保障政策。落实大学生创业帮扶政策,加大对创业失败大学生的扶持力度,按规定提供就业服务、就业援助和社会救助。加强政府支持引导,发挥市场主渠道作用,鼓励有条件的地方探索建立大学生创业风险救助机制,可采取创业风险补贴、商业险保费补助等方式予以支持,积极研究更加精准、有效的帮扶措施,及时总结经验、适时推广。毕业后创业的大学生可按规定缴纳"五险一金",减少大学生创业的后顾之忧。(人力资源社会保障部、教育部、财政部、民政部、医保局等和地方各级人民政府按职责分工负责)

四、加强大学生创新创业服务平台建设

(七)建强高校创新创业实践平台。充分发挥大学科技园、大学生创业园、大学生创客空间等校内创新创业实践平台作用,面向在校大学生免费开放,开展专业化孵化服务。结合学校学科专业特色优势,联合有关行业企业建设一批校外大学生双创实践教学基地,深入实施大学生创新创业训练计划。(教育部、科技部、人力资源社会保障部等按职责分工负责)

(八)提升大众创业万众创新示范基地带动作用。加强双创示范基地建设,深入实施创业就业"校企行"专项行动,推动企业示范基地和高校示范基地结对共建、建立稳定合作关系。指导高校示范基地所在城市主动规划和布局高校周边产业,积极承接大学生创新成果和人才等要素,打造"城校共生"的创新创业生态。推动中央企业、科研院所和相关公共服务机构利用自身技术、人才、场地、资本等优势,为大学生建设集研发、孵化、投资等于一体的创

业创新培育中心、互联网双创平台、孵化器和科技产业园区。(发展改革委、教育部、科技部、国资委等按职责分工负责)

五、推动落实大学生创新创业财税扶持政策

(九)继续加大对高校创新创业教育的支持力度。在现有基础上,加大教育部中央彩票公益金大学生创新创业教育发展资金支持力度。加大中央高校教育教学改革专项资金支持力度,将创新创业教育和大学生创新创业情况作为资金分配重要因素。(财政部、教育部等按职责分工负责)

(十)落实落细减税降费政策。高校毕业生在毕业年度内从事个体经营,符合规定条件的,在3年内按一定限额依次扣减其当年实际应缴纳的增值税、城市维护建设税、教育费附加、地方教育附加和个人所得税;对月销售额15万元以下的小规模纳税人免征增值税,对小微企业和个体工商户按规定减免所得税。对创业投资企业、天使投资人投资于未上市的中小高新技术企业以及种子期、初创期科技型企业的投资额,按规定抵扣所得税应纳税所得额。对国家级、省级科技企业孵化器和大学科技园以及国家备案众创空间按规定免征增值税、房产税、城镇土地使用税。做好纳税服务,建立对接机制,强化精准支持。(财政部、税务总局等按职责分工负责)

六、加强对大学生创新创业的金融政策支持

(十一)落实普惠金融政策。鼓励金融机构按照市场化、商业可持续原则对大学生创业项目提供金融服务,解决大学生创业融资难题。落实创业担保贷款政策及贴息政策,将高校毕业生个人最高贷款额度提高至20万元,对10万元以下贷款、获得设区的市级以上荣誉的高校毕业生创业者免除反担保要求;对高校毕业生设立的符合条件的小微企业,最高贷款额度提高至300万元;降低贷款利率,简化贷款申报审核流程,提高贷款便利性,支持符合条件的高校毕业生创业就业。鼓励和引导金融机构加快产品和服务创新,为符合条件的大学生创业项目提供金融服务。(财政部、人力资源社会保障部、人民银行、银保监会等按职责分工负责)

(十二)引导社会资本支持大学生创新创业。充分发挥社会资本作用,以市场化机制促进社会资源与大学生创新创业需求更好对接,引导创新创业平台投资基金和社会资本参与大学生创业项目早期投资与投智,助力大学生创新创业项目健康成长。加快发展天使投资,培育一批天使投资人和创业投资机构。发挥财政政策作用,落实税收政策,支持天使投资、创业投资发展,推动大学生创新创业。(发展改革委、财政部、税务总局、证监会等按职责分工负责)

七、促进大学生创新创业成果转化

(十三)完善成果转化机制。研究设立大学生创新创业成果转化服务机构,建立相关成果与行业产业对接长效机制,促进大学生创新创业成果在有关行业企业推广应用。做好大学生创新项目的知识产权确权、保护等工作,强化激励导向,加快落实以增加知识价值为导向的分配政策,落实成果转化奖励和收益分配办法。加强面向大学生的科技成果转化培训课程建设。(科技部、教育部、知识产权局等按职责分工负责)

(十四)强化成果转化服务。推动地方、企业和大学生创新创业团队加强合作对接,拓宽成果转化渠道,为创新成果转化和创业项目落地提供帮助。鼓励国有大中型企业和产教融合型企业利用孵化器、产业园等平台,支持高校科技成果转化,促进高校科技成果和大学生创新创业项目落地发展。汇集政府、企业、高校及社会资源,加强对中国国际"互联网+"大学生创新创业大赛中涌现的优秀创新创业项目的后续跟踪支持,落实科技成果转化相关税收优惠政策,推动一批大赛优秀项目落地,支持获奖项目成果转化,形成大学生创新创业示范效应。(教育部、科技部、发展改革委、财政部、国资委、税务总局等按职责分工负责)

八、办好中国国际"互联网+"大学生创新创业大赛

（十五）完善大赛可持续发展机制。鼓励省级人民政府积极承办大赛，压实主办职责，进一步加强组织领导和综合协调，落实配套支持政策和条件保障。坚持政府引导、公益支持，支持行业企业深化赛事合作，拓宽办赛资金筹措渠道，适当增加大赛冠名赞助经费额度。充分利用市场化方式，研究推动中央企业、社会资本发起成立中国国际"互联网+"大学生创新创业大赛项目专项发展基金。（教育部、国资委、证监会、建设银行等按职责分工负责）

（十六）打造创新创业大赛品牌。强化大赛创新创业教育实践平台作用，鼓励各学段学生积极参赛。坚持以赛促教、以赛促学、以赛促创，丰富竞赛形式和内容。建立健全中国国际"互联网+"大学生创新创业大赛与各级各类创新创业比赛联动机制，推进大赛国际化进程，搭建全球性创新创业竞赛平台，深化创新创业教育国际交流合作。（教育部等按职责分工负责）

九、加强大学生创新创业信息服务

（十七）建立大学生创新创业信息服务平台。汇集创新创业帮扶政策、产业激励政策和全国创新创业教育优质资源，加强信息资源整合，做好国家和地方的政策发布、解读等工作。及时收集国家、区域、行业需求，为大学生精准推送行业和市场动向等信息。加强对创新创业大学生和项目的跟踪、服务，畅通供需对接渠道，支持各地积极举办大学生创新创业项目需求与投融资对接会。（教育部、发展改革委、人力资源社会保障部等按职责分工负责）

（十八）加强宣传引导。大力宣传加强高校创新创业教育、促进大学生创新创业的必要性、重要性。及时总结推广各地区、各高校的好经验好做法，选树大学生创新创业成功典型，丰富宣传形式，培育创客文化，营造敢为人先、宽容失败的环境，形成支持大学生创新创业的社会氛围。做好政策宣传宣讲，推动大学生用足用好税费减免、企业登记等支持政策。（教育部、中央宣传部牵头，地方各级人民政府、各有关部门按职责分工负责）

各地区、各有关部门要认真贯彻落实党中央、国务院决策部署，抓好本意见的贯彻落实。教育部要会同有关部门加强协调指导，督促支持大学生创新创业各项政策的落实，加强经验交流和推广。地方各级人民政府要加强组织领导，深入了解情况，优化创新创业环境，积极研究制定和落实支持大学生创新创业的政策措施，及时帮助大学生解决实际问题。

（三）鼓励高校毕业生到中小微企业就业

随着我国社会主义市场经济的不断发展，中小微企业在我国企业整体中的占比越来越大，正逐步成为发展社会生产力的主力军。以中小企业为主体的非公有制经济组织已成为吸纳高校毕业生就业的主渠道。为了鼓励广大中小企业增强吸纳高校毕业生的积极性，也为了鼓励高校毕业生积极主动地到中小企业就业，国家制定了一系列优惠政策。举例来说，《国务院办公厅关于应对新冠肺炎疫情影响强化稳就业举措的实施意见》（国办发〔2020〕6号）、《人力资源社会保障部 教育部 公安部 财政部 中国人民银行关于做好当前形势下高校毕业生就业创业工作的通知》（人社部发〔2019〕72号）等都鼓励大学毕业生积极去往中小微企业就业，对招收高校毕业生达到一定数量的中小企业，地方财政应优先考虑安排扶持中小企业发展资金，并优先提供技术改造贷款贴息；对劳动密集型小企业当年新招收登记失业高校毕业生，达到企业现有在职职工总数30%（超过100人的企业达15%）以上，并与其签订1年以上劳动合同的劳动密集型小企业，可按规定申请最高不超过200万元的小额担保贷款并享受50%的财政贴息；高校毕业生到中小企业就业的，在专业技术职称评定、科研项目经费申请、科研成果或荣誉称号申报等方面，享受与国有企事业单位同类人员同等待遇等。

政策读一读

工业和信息化部办公厅 教育部办公厅印发
关于开展 2018 年中小企业与高校毕业生创业就业对接服务工作的通知

工信厅联企业〔2018〕20 号

各省、自治区、直辖市及计划单列市、新疆生产建设兵团中小企业主管部门、教育厅(教委、教育局),有关省、自治区、直辖市人事厅(局):

为贯彻落实党的十九大精神,促进高校毕业生多渠道创业就业,进一步引导和鼓励高校毕业生到中小企业工作,优化中小企业人才结构,推动中小企业高质量发展,现将 2018 年开展中小企业与高校毕业生创业就业对接服务有关工作通知如下:

一、继续联合举办"2018 年全国中小企业网上百日招聘高校毕业生活动"(以下简称百日招聘)。时间为 2018 年 3 月 22 日至 6 月 29 日,在中国中小企业信息网(www.sme.gov.cn)和全国大学生就业公共服务立体化平台(新职业网 www.ncss.cn)共设百日招聘页面,开辟活动专栏,免费发布用人单位招聘信息及毕业生求职信息。各地中小企业主管部门和高校毕业生就业工作部门应在本级门户网站上设置链接(图片在上述网站活动专栏下载);及时将本通知转发至本行政区域内下属单位;利用微博、微信、QQ 等新媒体加大百日招聘活动宣传力度;积极组织中小企业、高校毕业生、各类创业就业服务机构等有关单位参加招聘活动。

二、集聚资源奠定工作基础。各地中小企业主管部门要认真组织和帮助本地中小企业开展高校毕业生招聘工作,继续推动创建各类中小企业信息库(中小企业信息库包含但不限于:企业基本情况、招聘岗位、招聘人数、招聘区域等企业招聘和享受优惠政策所需要提供的信息)。各地高校毕业生就业工作部门要认真梳理汇总有就业需求的高校毕业生信息,继续推动创建各类高校毕业生信息库(高校毕业生信息库包含但不限于:创业就业人员基本信息、就业诉求、岗位需求、就业区域等高校毕业生应聘和享受优惠政策所需要提供的信息)。

三、组织企业进校园。为提高高校毕业生与企业对接成功率,各地中小企业主管部门和高校毕业生就业工作部门可根据当地实际情况,组织企业走进校园,举办校园现场招聘。各地中小企业主管部门要结合本地区院校分布、高校毕业生生源及就业意向等情况,推荐优质园区企业及"专精特新"企业,通过网络、现场、入校等线上线下各类招聘形式,与高校毕业生实现对接。

四、各地中小企业主管部门和高校毕业生就业工作部门要围绕政策服务、创业服务、融资服务、培训服务等方面,整合各类服务资源,整合中小企业、高校毕业生资源,依托各类中小企业与高校毕业生创业就业对接服务窗口,为高校毕业生和创业者提供便捷有效服务。

五、推动开展各类创业对接活动。各地中小企业主管部门和高校毕业生就业工作部门要加强协调,通过推动和举办创客大赛等活动,推荐和遴选参赛项目,对优秀参赛项目,要充分利用好各类资金和基金资源予以支持,并提供技术成果转化、孵化场地、培训辅导等全方位服务。

六、做好各项创业就业对接活动宣传工作。各地中小企业主管部门和高校毕业生就业工作部门要高度重视,大力做好创业就业对接活动的宣传和组织工作,提高知名度和影响力。鼓励各类媒体、服务平台、创业基地、高校、服务机构等积极参与和配合,为各类创业就业对接活动提供宣传服务。

七、做好监督管理工作。各地中小企业主管部门和高校毕业生就业工作部门要明确对接活动相关工作责任,形成工作推进机制;严格履行招聘信息采集和发布程序,坚决杜绝虚假信息,确保有序开展对接活动。

(四)鼓励大学生应征入伍,报效祖国

对于有志应征入伍的大学生来说,首先要了解国家对于大学生应征入伍的相关政策和具体规定,来判断自己是否满足条件。这里的"大学生"是指根据国家有关规定批准设立、实施高等学历教育的全日制公办普通高等学校、民办普通高等学校和独立学院,按照国家招生规定录取的全日制普通本科、专科(含高职)、研究生、第二学士学位的应(往)届毕业生、在校生和已被普通高校录取但未报到入学的学生。男性、女性大学生均可以应征入伍,但实际征集的大学生中以男性为主,女性大学生征集根据军队需要确定。

公民应征入伍需要满足一些政治条件和基本身体条件。征集服现役的公民必须热爱中国共产党,热爱社会主义祖国,热爱人民军队,遵纪守法,品德优良,决心为抵抗侵略、保卫祖国、保卫人民的和平劳动而英勇奋斗。征兵政治审查的内容包括:应征公民的年龄、户籍、职业、政治面貌、宗教信仰、文化程度、现实表现以及家庭主要成员和主要社会关系成员的政治情况等。公民应征入伍要符合国防部颁布的《应征公民体格检查标准》和有关规定。国家出台了一系列对应征入伍服义务兵役的大学生的优惠政策,如高校学生应征入伍服义务兵役享受学费补偿等。

高校毕业生应征入伍服义务兵役,除享有优先报名应征、优先体检政审、优先审批定兵、优先安排使用"四个优先"政策,家庭按规定享受军属待遇外,还享受优先选拔使用、学费补偿和国家助学贷款代偿、退役后考学升学优惠、就业服务等政策。

政策读一读

教育部、中央军委国防动员部印发通知部署2020年大学生征兵工作

通知强调,各地要着眼为部队输送更多高素质兵员,进一步加大工作指导和政策激励力度,全力做好大学生特别是高校毕业生征集工作,为推进军事人员现代化、提升部队战斗力补充优质兵员。

通知要求,各省(自治区、直辖市)人民政府征兵办公室、教育厅(教委),要明确辖区内高校大学生和毕业生征集任务,把征集毕业生作为今年大学生征兵工作的重中之重,持续优化大学生征集规模结构,提高应届毕业生征集比例。各地要结合疫情防控形势,常态化设置征兵体检站,畅通大学生入伍绿色通道,做到大学生随时报名应征、随时上站体检。对于大学生特别是毕业生合格人数较多的单位,要纳入省域统筹范畴,确保合格的大学生特别是毕业生能够优先参军入伍。各地要出台具体办法,将参加抗疫一线任务的工作人员及其子女,特别是高校毕业生,纳入优先征集范围。县(市、区)人民政府征兵办公室在审批定兵时,要综合衡量大学生特别是毕业生所学专业和部队需求,充分征求个人服役意愿,尽量安排到专业对口岗位,最大限度实现人岗匹配,发挥人才使用效益。

通知明确,从2021年起,扩大"退役大学生士兵"专项硕士研究生招生规模,由目前的每年5000人扩大到8000人,重点向"双一流"建设高校倾斜。专科学历学生参军退役并完成专科学业后,从2022年起,可免试入读普通本科或成人本科。"24365"校园招聘网将设立专区,为退役大学生士兵求职就业畅通渠道。各地要充分发挥主观能动性,创新出台激励高校毕业生参军的优惠政策,鼓励广大优秀学子积极响应国家号召,踊跃报名参军。

通知指出,各地要切实把大学生征集工作摆上重要位置,纳入高校党建和思想政治工作评价体系,完善奖惩激励制度措施,完成好大学生特别是毕业生征集任务。

> 课堂活动

分析所在省市出台的关于大学生就业的政策

一、活动主题

(1)在网络上查找近3年我省、市出台有关大学生就业创业的相关政策,理解政府对大学生的期待和要求。

(2)分析对应政策的内容,明确自己的就业方向。

二、活动过程

(1)将学生分成若干小组,每小组6~8人,进行任务分工。

(2)通过网络搜索所在省市出台的就业政策。

(3)小组讨论,根据搜索内容讨论并进行分类整理。

三、思考

(1)自己的就业方向是否明确?

(2)自己的就业方向是否与国家的就业政策契合?

二、就业渠道

(一)升学

教育部充分发挥高等教育人才"蓄水池"、就业"缓冲器"作用,将扩大升学规模与优化学科专业结构、培养更多应用型复合型人才统筹推进。一方面,教育部会商国家发展改革委、财政部等,在各类升学规模基础上,综合考虑经济社会发展需求、财政支撑、办学条件等因素,继续适度扩大招生规模,加强招生管理,确保科学、公平选才;另一方面,教育部也会同相关部门,主动适应经济社会发展需求,优化人才培养结构。研究生计划增量更多向专业学位投放,向理、工、农、医和师范类高校倾斜。专升本重点向国家战略和社会民生急需相关领域学科专业倾斜,如大数据、人工智能、先进制造、生物医药、区块链、家政养老等。第二学士学位以培养应用型、复合型人才为主。

(二)公务员考试、企业事业单位(应聘或报考)

公务员考试分为中央和地方两种形式:国家公务员考试是指中央、国家机关以及中央国家行政机关派驻机构、垂直管理系统所属机构录用机关工作人员和国家公务员的考试。地方的公务员考试是指地方各级党政机关、社团等为招录机关工作人员和国家公务员而组织进行的各级地方性考试。

中央和地方考试单独进行,不存在从属关系,考生根据自己要报考的政府机关部门选择要参加的考试,也可同时报考,相互之间不受影响。2002年起,中央、国家机关公务员招考工作的时间被固定下来,报名时间在每年10月中旬,考试时间在每年11月的第四个周末。

省、直辖市、自治区国家公务员考试时间由各地自行决定并组织实施,部分地区每年在上、下半年各组织一次考试,全国大部分地区每年只考一次,省级以下公务员主管部门不组织开展公务员考试。

国有企事业单位历来是大学生就业的一个重要渠道,在用人方面,国有企业具有招聘职工的自主权,事业单位也采取了一系列措施,增强用人自主权,按照择优录取的原则,实行聘用。因此,"双向选择、自主择业"的就业体制为企事业单位和毕业生双方都带来了机遇,提供了更加广阔的空间。

(三)应聘民营企业和合资、外资企业

民营企业是指在所有制关系上属于劳动者个体所有或采取资本联合经营的非公有制经济形式。很多毕业生愿意选择私企,认为私企的门槛较低,更容易积累经验。但是,私企的素质参差不齐,毕业生缺乏经验,很容易被第一份工作定型。但从另一个角度看,私企同样有广阔的发展空间,不会束缚才能,因此,对私企应慎重考虑再做决定。

外资企业主要指中外合资经营企业、中外合作经营企业和外商独资经营企业。这些企业的用工

体制都是采用劳动合同制,员工和企业之间存在雇佣劳动关系。近年来,这两类企业的快速发展,为高校毕业生实现人生价值提供了更为广阔的舞台。外企的高薪是很多毕业生追求的目标,进入外企,感受成熟的企业环境和管理系统,有利于毕业生学到更多的东西,不论是个人能力、行业观念、企业文化意识,外企都能够全方位地充实员工的头脑。但是,外企竞争激烈,职位也只能到一定级别,有些人会先进入外企学习先进的管理经验和技术,然后自己创业。

(四)基层就业

国家近几年出台了一系列优惠政策鼓励高校毕业生积极参加社会主义新农村建设、城市社区建设和应征入伍。一般来讲,"基层"既包括广大农村,也包括城市街道社区;既涵盖县级以下党政机关、企事业单位,也包括社会团体、非公有制组织和中小企业;既包含自主创业、自谋职业,也包括艰苦行业和艰苦岗位。

(五)自主创业

自主创业指劳动者主要依靠自己的资本、资源、信息、技术、经验以及其他因素自己创办实业,解决就业问题。毕业生想要成功创业,不仅需要远大的理想,还要有激情、行动力、领导能力、商业信用和超强的适应性。毕业生不论是心智、观察市场的眼光、领导气质,都还有一定欠缺。想创业的毕业生无须急于一时,进一家好公司,积累了丰富的经验和人脉,再辞职创业更为妥当,成功率也更高。

(六)参军入伍

为了加快军队现代化建设的步伐,部队加大了接收地方大学生的工作力度,越来越多的大学生走进军营。应征入伍的学生,一方面可以享受政府、军队提供的各种优抚政策,学校还给予特殊优待;另一方面,以城镇在校大学生普通兵为例,在基本补助方面,可获得学费补偿、退役金、家庭优待金、一次性经济补助金等。

(七)自由职业或其他形式

自由职业特指摆脱了企业与公司的制辖,自己管理自己,以个体劳动为主的一种职业,如自由撰稿人、独立的演员歌手。

自由职业是改革开放以来渐露端倪,慢慢发展形成的,智力程度再高的劳动同样受到种种限制,受到方方面面的监督干涉。改革开放之后,百业振兴,各路精英脱颖而出,人们再也不满足于安全却无色彩的大锅饭生活。尤其某些经济与文化领域,一些知识人表现出强烈的独立个性,希望摆脱"组织"限制,恢复传统自由职业者的身份,因此一大批"自由人"脱颖而出。

三、就业途径

(一)学校招聘会

校园招聘包括高校、中等专业学校举办的招聘活动,专业人才招聘机构、人才交流机构或政府举办的毕业生招聘活动,招聘组织(主要是大型企业)举办应届毕业生招聘活动,企业委托高校或中等专业学校培养,邀请学生到企业实习并选拔留用,企业在学校设立奖学金并在享受者中选拔录用以及校园招聘专业网站等。

(二)社会招聘会

社会招聘会由政府组织或人事、劳动部门的人才市场组织用人单位和求职者双方在同一时空直接进行交流洽谈的一种集市式招聘形式。在招聘会上,供求双方直接面对面交流,互相了解情况,省略了很多不必要的环节,增加了招聘的成功概率。社会招聘会与学校招聘会类似,主要是用人单位的组织方式不同。

(三)网上求职

网络招聘因其传播范围广,查询方便、速度快、信息量大、成本低而深得大学生喜爱。企业在校园招聘的各个环节中,从公司发布校园招聘计划、招聘职位信息开始,到学生在网上填写申请表或投递简历,再到对简历进行初步筛选,接着企业通知学生笔试、面试时间,确定录用意向等整个招聘环节都可以通过网络进行。

要想更好地受益于网络化的校园招聘,一方面企业可以在学校的招生就业网站、各大校园BBS以及企业自己的网站上发布招聘信息;另一方面可以利用专业的招聘网站进行校园招聘,甚至把初期的校园宣讲会的组织实施、简历接收、筛选、面试通知等环节外包给这些专业网站,以扩大宣传力度,提升招聘效率,降低招聘成本。

(四)利用社会关系推荐

可以通过自己的亲戚、同学、朋友等社会关系收集就业信息,进而进行求职,也是就业的一个重要途径。许多用人单位愿意用经熟人介绍或者推荐的求职者,认为这样录入进来的人比较可靠。用人单位每天收到数百封求职信,而且这些求职信在内容上并无太大差别,求职资格和工作能力也相差无几,招聘者面对如此众多的没有多大区别的陌生人,难以分辨哪一个求职者更优秀;而熟人介绍或者推荐的求职者,在介绍前都是经过认真考量的,比较可靠。对于大学生而言,亲戚朋友关心自己,介绍的单位福利待遇一般不会太差。

案例共享

雪域雄鹰,国土卫士

麦麦提·图尔荪,男,维吾尔族,新疆喀什人,中共预备党员。2018年考入华南师范大学历史文化学院历史学(师范)专业学习,2019年9月响应国家号召参军入伍,主动申请前往艰苦偏远地区。2020年6月发生边境冲突,他作为前哨班成员,与战友一起戍守边境,用实际行动捍卫了"大好河山,寸土不让"的誓言。2020年12月他荣立集体三等功,被阿克苏地区评为"四有"优秀士兵,火线入党。2021年9月16日麦麦提·图尔荪退役,现仍为华南师范大学历史文化学院本科生。

一、"边疆儿女,常怀党恩"——志存高远的赤诚学子

麦麦提·图尔荪来自祖国西部的边陲——新疆维吾尔自治区喀什地区,因家庭经济困难,他小时候差点辍学牧羊。在国家助学政策的帮助下,他到乌鲁木齐的内初班求学,通过努力学习顺利考上华南师范大学。沐浴着党和国家关怀茁壮成长的麦麦提·图尔荪,早已在心中埋下了一颗常怀党恩、报效祖国的种子。

迈入18岁成年的门槛后,如何用更具体、更真切的实际行动报效祖国,是麦麦提·图尔荪一直思索的问题。直到在大学的一次军事理论课上,他终于找到了方向。那节课上,授课老师播放了纪录片《沙场阅兵》,万人集结、沙场点兵的场景深深地触动了麦麦提·图尔荪,习近平总书记铿锵有力地讲话,"我坚信,我们的英雄军队有信心、有能力打败一切来犯之敌!我们的英雄军队有信心、有能力维护国家主权、安全、发展利益!"更让他精神振奋,热血沸腾。想到祖国西部边境的安全,想到家乡人民对和平安定生活的向往,麦麦提·图尔荪明确了自己的方向——成为一名军人,用实际行动保家卫国!

他主动申请前往艰苦偏远地区当兵。2019年6月广东省开展征兵工作时,麦麦提·图尔荪报名应征入伍。在填报志愿时,麦麦提·图尔荪想到自己来自边疆地区,能迅速适应艰苦环境,毫不犹豫地申请到更为艰苦、偏远的边防地区去服役。当兵就要去最艰苦的地方,要吃别人不能吃的苦。在他的心中,参军入伍不仅仅是与恶劣自然环境的对抗,与随时可能发生的牺牲为伴,更是实现报效祖国的光荣路径。最后,他如愿分配到了新疆边境的阿克苏地区服役,那里是距国境线仅有100 km的南疆边陲,是哺育了麦麦提·图尔荪成长的乡土,见证着他一步步实现自己的报国之志。

二、"稍息立正,沙场点兵"——坚韧不拔的优秀军人

2019年8月,麦麦提·图尔荪与300多名候选人一同前往集训基地参加为期一周的选拔和适应训练。高强度的训练与考核让不少候选人中途放弃,但麦麦提·图尔荪从未动摇成为边防战士的信念,怀揣满腔报国热情的他最终通过了一系列考核,正式开启报国强军的梦想之旅。

当兵就当过硬的兵。2019年秋,麦麦提·图尔荪到达服役地点,迎来了身体和心理上的挑战,这是一次"脱去娇嫩的皮"的磨炼。抵达基地后的第二周起,新兵团便开始高强度的训练,包含长路程的野外拉练、成百的俯卧撑、俯卧登山、匍匐前进、沙石倒地等。从烈日当空到飞雪漫天,日复一日的常规训练不断磨炼着麦麦提·图尔荪的意志与决心。

在高强度的训练下,麦麦提·图尔荪也曾畏怯,担心无法跟上进度,害怕自己出错,担心拖累战友,他的军旅生活一度遇到了瓶颈。正当麦麦提·图尔荪陷入迷茫之际,教导员的一席话让他醍醐灌顶:"我们是来受苦的,不是来享福的;我们是来奉献的,不是来观光的!"话虽简短,力量却无穷,这句话激发了麦麦提·图尔荪坚持训练的动力。为了跟上进度,麦麦提·图尔荪坚持每天晚上熄灯后加练俯卧撑和仰卧起坐,每天早起训练叠被子。班长担心他休息不足批评过他两次,但麦麦提·图尔荪还是坚持加练,他希望勤能补拙,尽快适应部队的训练强度。

功夫不负有心人,2020年初,麦麦提·图尔荪顺利通过新兵团结业考核,成为全连唯一一个集齐训练、内务等四面"优胜流动红旗"的新兵,被分配到某边防连。

三、"冲锋陷阵,浴血奋战"——卫国守疆的热血战士

喀喇昆仑高原,终年冰雪覆盖,高寒缺氧,被称为生命的禁区。作为西部战区某边防连前哨班的一名战士,麦麦提·图尔荪于2020年4—7月到边境执行轮岗站哨任务,他按要求认真执行巡逻任务,时刻密切留意边境动态。

没有什么岁月静好,只不过是有人替你负重前行。2020年6月,外军公然违背与我方达成的共识,悍然越线搭设帐篷,发起挑衅。

当时麦麦提·图尔荪正在站哨,在备勤出动警报声响起后,他以2分20秒的极限速度整装出发,与前哨队的其他14名战友一同奔赴现场,明确了"保护团长与坚持等待后援部队到达"的任务。抵达现场后,现场的局势危急,前哨班成员以钢铁之躯排阵为坚固的三角形队形,迎着外军的"石头雨"与"铁棍阵",奋力抵抗外军暴力行径。为保护团长,麦麦提·图尔荪的后背被外军钢管所伤,即使已负伤流血,他仍然没有退缩半步,坚持到后援部队到来。

"大好河山,寸土不让"。这是刻在喀喇昆仑高原石碑上的八个大字,青山有幸埋忠骨,不禁令人肃然起敬。麦麦提·图尔荪的战友陈红军、肖思远、陈祥榕等戍边英雄,曾在这片领土上毫不畏惧、英勇战斗,直至壮烈牺牲。同期入伍的烈士陈祥榕比麦麦提·图尔荪还要小一岁,陈祥榕的妈妈来到部队收拾遗物,首长问她有什么要求吗?她说:"我没有要求,我只想知道他战斗时勇不勇敢。"麦麦提·图尔荪说,陈祥榕妈妈的这句话让他印象深刻,在战场上,是为妈妈、为祖国的荣誉而战。"这是我离国家安全受到威胁最近的一次,也是离牺牲最近的一次。"回想起当时的情景,麦麦提·图尔荪跟他的战友一样,没有恐惧,不怕牺牲,保护边境安全是一名战士唯一的信念。

有一种光荣叫"火线入党"。2021年7月,麦麦提·图尔荪完成轮岗站哨任务,因在作战中表现英勇,服从命令坚决,捍卫国家安全,荣立集体三等功,被阿克苏地区授予"四有"优秀士兵,火线入党。麦麦提·图尔荪从初中开始,就向往成为一名光荣的党员。火线入党的经历,让他深深明白了"党员"的含义,那就是冲锋陷阵为人民,视死如归保家国。

四、"初心如磐,榜样引领"——勇担重任的时代青年

2021年9月,麦麦提·图尔荪的军旅生活画上了圆满的句号,回到华南师范大学继续完成学业。从边防前线到校园,纵然身份已然转变,但他的初心愈加坚定,要继续做一名国土卫士,发挥退役士兵的榜样示范引领作用。

"初心如磐,历久弥坚;使命在肩,笃行不辍。"回归校园学习,麦麦提·图尔荪积极开展国家安全宣讲,以另一种形式"重回战场",成为国家安全的宣讲员。在专业课的课堂上,他融合学科所学与当下局势介绍中印边界的冲突,以个人经历为例帮助同辈青年树立边境安全意识;在班级的团日活动中,麦麦提·图尔荪分享自己的军营生活与经历,以亲历者视角向同学们剖析边境冲突的原因,宣讲国家安全的重要性,动员身边的同学入伍参军;在学校新冠病毒防控工作中,他主动为医护人员、志愿者团队搬运物资,在核酸检测现场维持秩序,积极参与服务同学的实践活动。

作为一名师范生,麦麦提·图尔荪谈及对未来的展望时说:"我来自边疆,我非常清楚家乡的教育条件还比较落后。我要努力学习,考研深造,增进学识,锤炼本领,将来去艰苦的边远地区支教,为学生提供更优质的教育,让更多的学子有能力报效祖国。"边疆学子,从边疆而来,最终归往边疆,倘若将其比作一条溪流,那麦麦提·图尔荪的梦想不是流入大海,而是流回南疆的沙漠,去滋润一片绿洲。

雪域之巅,戍边坚守;万里苍穹,鹰击长空。热血男儿麦麦提·图尔荪怀揣着深厚的爱国情、坚定的报国志,与英雄战友共同筑起捍卫国家安全的"铜墙铁壁"。他是志存高远的赤诚学子,是坚韧不拔的优秀军人,是卫国守疆的热血战士,是勇担重任的时代青年,在新时代新征程中,奋力追梦,勇往直前!

  课堂活动

寻找就业市场

一、活动主题

寻找就业信息,提升求职能力。

二、活动过程

(1)将学生分成若干小组,每小组6~8人,进行任务分工。

(2)寻找就业信息,每小组查找有关大学生的就业信息网10个;查找综合类就业信息网10个;查找本专业的就业信息10条。

(3)将查找内容分类整理,以列表形式展示,每组选派1名代表分享就业信息。

三、思考

(1)寻找就业信息的方法和渠道有哪些?

(2)如何有效地获取有价值的就业信息?

测试题

1.国家鼓励大学生基层就业的政策有哪些?

2.谈谈你对大学生应征入伍的想法。

第三节　就业协议书和就业程序

案例导入

2019年,一篇题为"某某医疗强制解约应届生"的网络帖子传遍互联网,并登上了微博热搜。某某医疗作为国内医疗器械领域的大企业,在业界享有很高的知名度。由于被曝出大规模闪电解约应届生,该公司也被推到了舆论的风口浪尖。

北京某应届毕业生小李告诉记者,该公司的校招进程开始较早,在2018年10月中旬双方就已签订两方协议,此后公司还希望尽快拿到学校的三方协议文件。最终在2018年10月底,小李将三方协议交给了公司,结果却在12月底被突然告知"解约"。

和小李一样,来自东北某高校的毕业生小刘,2018年12月23日还参加了该公司举办的迎新活动,28日突然被通知"解约"。眼下他们最担心的就是毕业季招聘已经结束,很难找到心仪的工作。

据了解,此次被解约的应届生涉及西安、武汉、广州、深圳等地,其中西安地区被解约的人数最多,有104人,比例达60%。

对于突然解约,公司回应称,2018年校招原计划录用学生430人,最终秋季招聘签约2019届高校毕业生485人,其中解约254人。

目前公司经营状况正常,为保障公司持续稳健发展,2019年需要更多行业经验丰富的社招人员来辅助业务发展,不得不做出解约部分应届毕业生的决定,将依法解约并对所有解约学生支付违约金每人5000元。

解析:这是一种预约式的用工服务,所以不属于劳动法的管辖范围,应该属于一般的经济纠纷。对于学生来说,在以后签订三方协议时,要注意违约条款,可以通过提高违约金来提高企业违约的成本。

2018年11月30日,教育部发布了《关于做好2019届全国普通高等学校毕业生就业创业工作的通知》,其中明确要求,切实保护毕业生就业权益,严密防范招聘陷阱、就业欺诈、"培训贷"、传销等不法行为。

一、就业协议书概述

《全国普通高等学校毕业生就业协议书》简称"就业协议书"或者"三方协议",它是为明确毕业生、用人单位、毕业生所在学校三方在毕业生就业工作中的权利和义务的书面表现形式,是学校派遣毕业生的依据。在学生毕业离校前,学校将根据协议书的内容开具毕业生就业报到证和户口迁移证,同时传递学生档案,如果毕业生未签订就业协议书,学校就将把其关系和档案转递回原籍。

(一)就业协议书的基本内容

(1)高校毕业生基本情况:应包括姓名、性别、身份证号、专业、学制、毕业时间、学历、联系方式等。

(2)用人单位基本情况:应包括单位名称、组织机构代码、单位性质、联系人及联系方式、档案接收地等。

(3)高校毕业生和用人单位约定的有关内容:包括工作地点及工作岗位,户口迁入地,违约责任,协议自动失效条款、协议终止条款,双方约定的其他事宜。

(4)各方应严格履行协议,任何一方若违反协议,应承担违约责任。

(5)其他补充协议。

(二)签订就业协议书的原则

(1)平等原则:合同当事人的法律地位平等,这种平等指当事人之间不存在服从与被服从的关系,即使当事人之间在其他方面具有不平等的关系(如行政上存在管理与被管理的关系),但在签订合同时也必须处于平等的地位。

(2)自愿原则:合同当事人有签订和不签订合同的自由,有选择合同当事人、合同的形式、合同内容的自由,有变更、解除合同的自由,任何自然人、法人、其他组织乃至拥有公权力的国家机关都不得非法干涉。

(3)公平原则:合同的签订、履行、解释等过程中,要以公平观念来调整合同当事人之间的权利义务关系。

(4)诚实信用原则:当事人应该讲诚实、守信用,保证各方当事人都能得到自己的利益,同时不得通过自己的行为损害第三人和社会的利益。

(5)合法原则:合同的内容要合法。

(三)签订就业协议书的步骤和程序

1. 签订就业协议书的步骤 就业协议书的签订要经过要约和承诺两个步骤,用人单位收到毕业生的求职材料并进行考察后,表示同意接收毕业生,即为要约。毕业生收到用人单位的用人邀请后从中做出选择,与用人单位签订协议,即为承诺。具体介绍如下。

(1)要约:毕业生持学校统一印制的就业推荐表原件或复印件参加各地招聘会,进行双向选择,或向各用人单位寄发书面材料,应视为要约邀请。用人单位收到毕业生材料,对毕业生进行考察后,表示同意接收并将回执寄到高校毕业生就业工作部门或毕业生本人,应为要约。

(2)承诺:毕业生收到用人单位回执或通过其他方式得到用人单位答复后,从中做出选择并与用人单位签订协议,即为承诺。由于毕业生就业工作比较烦琐,比较具体,有时很难明确分为要约和承诺两个步骤。例如,有的毕业生参加公务员考试,取得面试资格后,到用人单位参加面试、体检,用人单位也对毕业生进行政治审查、阅档,表示同意接收,在这种情况下,毕业生应与该用人单位签订就业协议书,而不应再选择其他单位;用人单位到学校挑选毕业生,毕业生自己主动报名,经学校积极推荐,用人单位也表示同意接收,但要回到单位后再正式发函签协议,在这种情况下,毕业生也应安心等待与用人单位签约,不要在这个过程中与其他单位签约,这样不仅浪费了其他毕业生的就业机会,更是置学校信誉于不顾。

2. 签订就业协议书的程序 各省填报就业协议书的方式略有不同,目前有纸质版就业协议书和电子版就业协议书两种。以广东省为例,根据广东省教育厅要求,从2020届毕业生开始,在全省高校毕业生中推行电子版就业协议书,具体流程如下(图5-2)。

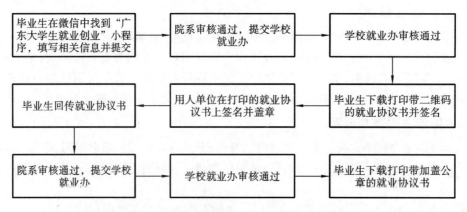

图5-2 广东省电子版就业协议书填报流程

(1)毕业生在与用人单位确定聘用意向后,在微信中搜索"广东大学生就业创业"小程序进行就业信息的填报,并提交学校审核。

(2)学校收到填报信息后对就业协议书的内容进行审核。
(3)学校审核通过后学生可自行下载、打印就业协议书,交给用人单位签名并盖章。
(4)用人单位签名并盖章后,学生将就业协议书拍照回传到"广东大学生就业创业"小程序上。
(5)学校再次对就业协议书进行审核,审核通过后系统将对就业协议书进行电子签章。

值得注意的是,电子版就业协议书一经生成,任何单位、个人不得随意对协议书内容进行修改。

(四)签订就业协议书的注意事项

就业协议书是高校毕业生与用人单位签订的确立劳动关系的协议,实质上是劳动合同的一种特殊表现形式,具有法律效力。同时也是毕业生毕业后到人事、教育等部门办理就业报到手续的必备材料之一,须妥善保管,防止丢失。

毕业生经过双向选择找到意向单位后,在签订就业协议书前需慎重考虑,注意以下几个方面问题。

1. 了解国家和用人单位的就业政策和规定

(1)毕业生在签约前要认真了解国家关于高校毕业生就业的相关政策和规定,这些政策和规定是指导和规范毕业生求职活动的行为准则,也是保障毕业生能顺利就业的政策依据。

(2)毕业生在签约前要认真了解用人单位的劳动用工政策、吸引人才政策等,以及用人单位所在省市的相关政策。这些政策都可能对毕业生产生导向、调控和制约的作用。

2. 研究就业协议书中的条款内容 毕业生在与用人单位签约前,要认真阅读就业协议书中的全部条款,力求了解条款中的内容和含义,如果有不清楚的问题,及时向用人单位询问,切忌草率签约,同时需要注意以下几个问题。

(1)要明确就业具体工作部门或者岗位,工作条件和生活条件,工资、福利等内容,并以文字的形式在附件中体现,不仅仅是在口头上达成一致。经用人单位应聘考核合格后,毕业生将协议书交给用人单位,用人单位要及时签章并将协议书中的学校联、毕业生联交还毕业生,以便毕业生办理其他就业手续。

(2)需要查明用人单位是否具有人事权以及用人单位的隶属关系,换句话说就是签订就业协议书的当事人必须具备合法的主体资格,只有具备合法主体资格的单位,才拥有录用、聘用毕业生的自主权,以免造成损失。如果与无人事权的用人单位签约,除了在协议书上签字盖章,必须加盖上级主管部门的公章方可同意录用,否则学校无法将该生列入就业派遣方案。

(3)毕业生在签字前一定要看清楚,有个别用人单位存在未经协商便在就业协议书上增加一些毕业生不愿接受的条款的情况,签字前如发现不妥的地方可以提出异议。就业协议书一旦生效,若要违约,毕业生需承担赔偿责任。

(4)就业协议书在毕业生签字、用人单位盖章后即生效。学校根据就业协议书为毕业生办理就业派遣手续。部分毕业生认为学校没有盖章则协议不生效的想法是不对的。如果用人单位已盖章,即使学校没有在就业协议书上盖章,就业协议书也已正式生效,就业协议书规定的违约金等内容也有了法律效力。请各位毕业生在签订之前务必和用人单位约定好相应条款,以免后期产生纠纷。

3. 事先约定合同的解除条件 毕业生就业协议书一经签订,就对当事人具有约束力,不得随意解除,否则应承担违约责任。

双方协商条款的内容必须在备注栏中注明,在毕业生与用人单位洽谈中,必然会就一些具体问题进行协商,达成一致意见后,协商条款一定要在备注栏中书面说明,并由双方签字盖章。备注栏中需要注明的条款一般有以下两类:一是关于工资福利待遇,住房条件,服务期限等。这些条款的提出,有利于保护毕业生的自身权益,毕业生报到后与用人单位签订劳动合同时,不需要重复协商此类问题;二是明确违约处理的办法。

4. 注意与劳动合同的衔接 由于毕业生就业协议书签订在先,就业协议书的效力时间是自签约日起至毕业生与用人单位签订劳动合同为止,劳动合同一经签订,就业协议书的效力应当丧失。为避免日后签订劳动合同时产生纠纷,应尽可能地将劳动合同的主要内容体现在就业协议书的约定条款中,并明确表示在日后签订劳动合同时应予以确认。

(五)就业协议的无效和解除

按照规定,就业协议书一经毕业生签字、用人单位盖章后即具有法律效力,任何一方不得擅自解除。如果其中有一方反悔,即视为"违约",违约方应向权利受损方支付协议条款所规定的违约金,承担违约责任。

1. 无效就业协议 无效就业协议指欠缺就业协议书的有效要件或违反就业协议书签订的原则,从而不发生法律效力的协议书,无效协议自签订之日起无效。

(1)采取欺骗等违法手段签订的就业协议书:如用人单位不如实介绍本单位情况,或根本无录用指标而与毕业生签订就业协议书或毕业生在签订就业协议书时对个人情况有重要隐瞒等情况。无效就业协议产生的法律后果由责任方承担。

(2)就业协议书未经学校审查同意:就业协议书未经学校审查同意视为无效,学校将不予列入就业方案,不予办理就业报到手续。学校经审查认为该就业协议书对毕业生有失公平,或违反公平竞争、公平录用的原则,或不符合国家有关政策规定,学校有权拒签。就业协议被确认为无效的,由责任方承担违约责任,并赔偿经济损失。

2. 就业协议书的解除 毕业生提交就业协议书申请,经学校审核后,无论毕业生是否与签约单位签字盖章,"要约"已成立,不得随意解除;若毕业生与用人单位均已签字盖章,除协议条款有列明解约情况,否则须按解约流程办理。

就业协议书签订后,由于情况有变,就业协议书中的权利和义务无法得到履行,导致协议终止,称为就业协议解除。就业协议的解除分为单方解除和双方解除(图5-3)。

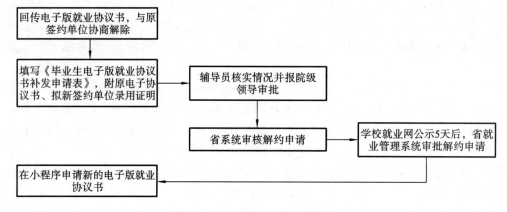

图5-3 电子版就业协议书的解除

(1)单方解除:包括单方擅自解除和单方依法或依协议解除。单方擅自解除协议属违约行为,解约方应对另一方承担违约责任。单方依法或依协议解除指一方解除就业协议有法律上的或协议上的依据,如学生未取得毕业资格,用人单位有权单方解除就业协议;或依协议规定,毕业生被录取研究生后,可解除就业协议;毕业生未通过用人单位所在地组织的考试,用人单位有权解除协议,此类单方解除,解除方无须对另一方承担法律责任。

(2)双方解除:指毕业生、用人单位,经协商一致,取消原签订的协议,使协议不发生法律效力。此类解除因是双方当事人真实意思达成一致的体现,双方均不承担法律责任,但须征求学校同意。有关解约或者违约手续完备后,学生可重新择业。

3. 毕业生违约造成的不良后果

(1)就用人单位而言,往往为录用毕业生做了大量的工作,有的甚至对毕业生将要从事的具体工作已有所安排,毕业生一旦违约,势必使用人单位的录用工作付诸东流。同时毕业生就业工作时间相对比较集中,用人单位若要去选择其他毕业生,时间上来不及,从而给用人单位的工作带来不便。

(2)就学校而言,用人单位往往将毕业生的违约行为认为是学校的行为,从而影响学校和用人单位的长期合作关系。面对激烈的就业竞争,用人单位的需求就是毕业生择业成功的前提,如此下去,必定影响学校之后毕业生的就业。

（3）就毕业生而言，用人单位到校挑选毕业生，一旦与某毕业生签订就业协议书，就不可能再录用其他毕业生。若日后该毕业生违约，当初希望到该用人单位工作的其他毕业生由于录用时间等原因，也无法补缺，造成就业资源的浪费。违约的毕业生也可能因此惹上麻烦，甚至失去就业机会。

因此，毕业生在签订就业协议书之前必须经过慎重思考，完全明确自己签订协议后所负有的责任，然后再确定签订就业协议书。

二、就业程序

（一）就业工作流程

大学生就业管理机构大致由三部分组成：教育部负责制定全国毕业生就业的相关政策；各省、自治区、直辖市和中央有关部委的毕业生就业工作主管部门负责区域内所有高校毕业生的就业工作；各高校的毕业生就业工作主管部门负责本院校毕业生的就业工作，具体工作流程如下。

1. 核对毕业生资源信息 毕业生资源信息指学校每年需要列入就业计划的毕业生的基本信息。审核工作直接关系其就业方案编制、派遣等工作，是毕业生就业工作的数据基础，意义重大。根据广东省教育厅的相关规定，列入就业计划的毕业生可以通过"广东大学生就业创业"微信小程序进行个人实名认证、学籍绑定及生源信息上报。

2. 填写就业推荐表 就业推荐表是毕业生双向选择就业推荐表的简称，是学校为帮助毕业生就业，专门向用人单位出具的一份正式的推荐函，一个毕业生只能持有一份原件，若需要复印件联系不同的单位，待确定后，再将原件交就业单位。

3. 填写毕业生登记表 毕业生登记表一般由上级教育主管部门发放、备案，由毕业生所属学校管理、存档，由毕业生本人和校方分别填写相关内容，全面并客观记录、评价毕业生在校学习及行为表现。内容包括毕业生个人的基本信息、学习经历和在学校的奖励、处分、自我鉴定和评语等。

毕业生登记表不仅是毕业生在校学习期间的成长记录，也是校方认定其毕业资格的基本依据，将作为毕业生的个人材料归入毕业生个人档案。

4. 户口迁移 户口在学校的毕业生，已经落实工作单位的可以将户口由学校迁移到工作单位所在地。工作单位所在地公安机关凭省毕业生就业主管部门签发的就业报到证和用人单位主管部门的接收证明及学校所在地公安机关签发的户口迁移证办理入户手续。要求将户口迁回原籍的，公安机关凭毕业生本人的毕业证和户口迁移证办理恢复户口手续。

毕业生离开学校时，还未落实工作单位的，可暂缓 2 年就业。暂缓就业毕业生的户口可继续保留在学校 2 年。毕业生在暂缓就业期间落实工作单位的，公安机关凭省高校毕业生就业主管部门签发的就业报到证和用人单位主管部门的接收证明，办理户口迁移手续；暂缓就业毕业生在暂缓期满后仍未落实工作单位的，可按照有关规定将户口迁回原户口迁出地。

5. 党组织关系转接 已落实工作单位的高校毕业生党员，其工作单位建立党组织的，应将组织关系及时转移到单位党组织。工作单位尚未建立党组织的，可将组织关系转移到单位所在地或本人居住地的街道、乡镇党组织，也可随同档案转移到县级以上政府所属公共就业和人才服务机构党组织。

还没有落实工作单位的高校毕业生党员，可将组织关系保留在原就读高校党组织，也可转移到本人居住地的街道、乡镇党组织，或随同档案转移到县级以上政府所属公共就业和人才服务机构党组织。

高校党组织对组织关系保留在学校的高校毕业生流动党员，应当继续履行管理职责。党员组织关系保留时间一般不超过 2 年，对符合转出组织关系条件的及时转出。可以将组织关系转入常住地或户口所在地，在工作变动期间，参考《中国共产党党员教育管理工作条例》中流动党员管理办法，按照组织关系一方隶属、参加多重组织生活的方式，在与组织关系所在地党组织保持联系的同时，积极主动就近参与社区、园区党群服务中心各类党组织活动，过好多重组织生活。待具备转移组织关系条件时，及时做好党员组织关系转接。

6. 毕业生离校 根据教育部规定,结合学校实际,毕业生离校的时间一般定于6月底或者7月初。不同学校在毕业生离校时有不同的规定和要求,具体操作方式方法也各有差异,但在主要程序上大致相同,具体流程如下。

(1)领取毕业生离校通知单,填写个人信息。

(2)按照离校通知单的指引,到财务部核对并结清应缴的所有费用,如果享受助学贷款,应按照规定办理偿还相关手续。

(3)到图书馆归还所借图书资料并交还借阅证,到宿管中心办理退还宿舍手续。

(4)到党委组织部门(党员毕业生)或团委办理党团组织关系转接手续。

(5)领取就业报到证、户口迁移证。

(6)办理退宿手续。

(7)上交学生证、借书证等,领取毕业证书、学位证书等。

(8)完成学校系部提出的其他事项。

(二)就业派遣及报到

毕业生就业报到证(以下简称就业报到证)由原来的派遣证转化而来,是毕业生到就业单位报到的凭证,也是毕业生参加工作时间的初始记载和凭证。由省级教育主管部门统一发放,用于各高校统招毕业生就业派遣的公函,是毕业生人事关系挂靠的重要依据。毕业生到就业单位报到时,须持就业报到证。学校相关部门依据就业报到证为毕业生办理档案投递、组织关系转移和户籍迁移等手续;就业单位所在地公安部门凭就业报到证为毕业生办理落户手续;用人单位凭就业报到证为毕业生办理相关工作手续。

从2019年7月1日起,广东省高等学校毕业生就业指导中心官方网站(新)、"广东教育"微信公众号、"广东大学生就业创业"小程序,可为高校毕业生提供电子版就业报到证、档案去向查询、生源上报、派遣方案上报、改派方案申请、就业创业信息上报等功能服务。此外,通过扫"粤省事"葵花码,进入"教育服务专区",可进行"高校毕业生就业报到"电子证照关联,以及使用"毕业生档案去向查询"功能,让毕业生实现"粤就业、粤省事"。

2023年5月,中共中央组织部、人力资源和社会保障部、教育部、公安部、国务院国资委联合印发《关于做好取消普通高等学校毕业生就业报到证有关衔接工作的通知》(以下简称《通知》)。《通知》明确,2023年起,不再发放全国普通高等学校本专科毕业生就业报到证和全国毕业研究生就业报到证(以下统称就业报到证),取消就业报到证补办、改派手续,不再将就业报到证作为办理高校毕业生招聘录用、落户、档案接收转递等手续的必需材料,并明确一系列衔接措施:一是建立去向登记制度。教育部门建立高校毕业生毕业去向登记制度,作为高校为毕业生办理离校手续的必要环节。二是明确户口迁移要求。高校毕业生户籍可以迁往就业创业地(超大城市按现有规定执行),也可以迁往入学前户籍所在地。三是明确档案转递衔接。2023年起,组织人事部门和档案管理服务机构在审核和管理人事档案时,就业报到证不再作为必需的存档材料,之前档案材料中的就业报到证应继续保存,缺失的无须补办。四是明确报到入职流程。用人单位可凭劳动(聘用)合同或就业协议书(含网签协议)或普通高等教育学历证书或其他双方约定的证明材料,为高校毕业生办理报到入职手续。五是明确信息查询渠道。用人单位、户籍和档案接收管理部门、公共就业人才服务机构在办理招聘录用、落户、档案接收转递等业务时,可通过查看学历证书、劳动(聘用)合同(就业协议)、录用接收函)等,或通过全国高校毕业生毕业去向登记系统,查询离校时相应毕业去向信息。高校毕业生和有关单位可通过中国高等教育学生信息网查询和验证高校毕业生学历、学位信息。

(三)毕业生档案

毕业生档案在校时称为学生档案,毕业后被称为人事档案,是记录学生个人经历的文件资料,包括各个阶段的学籍卡、成绩单、奖惩证明、党团资料、工作经历等,都是原件。这些材料对以后的职业发展有十分重要的作用,在工作中办理职称评审、报考公务员、入党政审、养老待遇核准等事项时,都用得上档案记录的这些信息。因此毕业生一定要重视自己的档案,了解档案动向,积极协助学校做好档案递转工作。

1. 毕业生档案处理方式

(1)毕业后档案存放学校。毕业生毕业后没有及时找到工作,可以到学校申请暂缓就业,在2年内找到工作的,一定要及时回校办理档案转移,到学校将户籍和档案迁至工作单位所在地或单位所在地的人才市场。2年过后,学校就会将毕业生档案打回原籍,很可能造成档案丢失。

(2)毕业后档案存放人才市场。毕业生毕业后没有找到工作,可以去学校或单位所在的人才市场进行档案挂靠。人才市场是官方机构,拥有档案保管权,有权办理转正定级,放在人才市场有安全保障;毕业生毕业后找到单位,可放心地找就业地方人才市场挂靠,而且挂靠的人才市场可能会接收个人档案。从存放在人才市场之日开始,可以计算工龄。如果以后到别的地方发展,可以通过发调档函的形式,转到新就业地人才市场。这样既不影响在当地工作,也不影响职称晋级,工龄还能连续计算,顺畅地完成衔接。

(3)毕业后档案主动打回原籍。不管毕业生是否参加工作,都可将档案放回到原籍人事局或人才市场,在外地找到工作后也不会麻烦,单位发函将档案调出即可,如果以后有事情可以让父母、亲戚帮忙处理。

(4)毕业后档案存放在街道办事处。如果有单位录用需要调取档案会比较麻烦,一般情况下存放在街道也需要交存档费用。

(5)毕业后档案寄送单位。一般公司都是把员工的档案统一放在公司所在区的人才市场。建议档案不要归公司管理,以防离职时档案被扣留。

2. 毕业生档案管理注意事项

(1)在毕业离校前明确档案何时转入何地。目前主管毕业生分配的单位可能有人力资源和社会保障部、人才交流中心、教育局等,毕业生最好弄清楚档案的转递方式、转递方向,以便查询。

(2)毕业生报到后要及时查询档案转递情况。查看是否按时投递到毕业生事先确定的单位或者部门,以防丢失。目前存在部分毕业生对档案不重视,档案管理意识薄弱,加之接收单位没有调取档案,导致档案去向不明或档案长期在档案室沉睡的现象。

(3)及时跟踪和完善毕业生档案。如果更换工作,再就业,也应积极完善相应就业手续,保证档案在时序上的完整性。

(四)暂缓就业与择业期

1. 暂缓就业 暂缓就业是国家教育部门为了解决普通高校毕业生就业困难,为毕业生延长择业时间而制定的一种延迟就业政策。毕业生通过签订暂缓就业协议书,可以获得2年的择业时间。在暂缓就业期内,毕业生在升学、就业派遣、考取公务员等方面享有和应届毕业生同等待遇。

在每年5月底,学校向省高校毕业生就业指导中心上报毕业生就业计划时,部分毕业生未落实就业单位,又不愿把户口、人事关系迁回原生源地,将人事关系暂寄存在省高校毕业生就业指导中心,可将户口暂留学校。

暂缓就业协议是毕业生与高校就业指导中心签订的,暂缓期为2年。在暂缓就业期间,如能落实就业单位者,可按照有关就业程序办理就业报到手续,逾期未落实就业单位者,其户口和档案转回生源地自谋职业。

《关于进一步深化普通高等学校毕业生就业制度改革有关问题意见》指出:对毕业离校时未落实工作单位的高校毕业生,档案挂靠机构对保管其档案免收服务费用。学校可根据本人意愿,将其户口转至入学前户籍所在地或两年内继续保留在原就读的高校,待落实工作单位后,将户口迁至工作单位所在地。超过2年仍未落实工作单位的高校毕业生,学校和档案管理机构将其在校户口及档案迁回其入学前户籍所在地。

暂缓就业政策从2001年开始执行,原暂缓期限为1年。为了给毕业生创造更加宽松的就业环境,2002年起暂缓就业的期限延长为2年。暂缓就业具体年限:毕业当年的7月1日至2年后的6月

30日。

2. 择业期 为了给高校毕业生营造宽松的就业环境，免去烦琐的手续，给予高校毕业生与用人单位更多双向选择的机会，吸引更多优秀人才来粤工作，促进高校毕业生更高质量和更充分就业。广东省发布《关于实行广东省普通高等学校毕业生就业择业期政策（试行）的通知》（简称《通知》），从2019年4月8日起，正式实行择业期政策，同时取消暂缓就业政策，新政策有效期为3年。

广东省实行高校毕业生暂缓就业政策以来，每年有5万多名毕业生办理暂缓就业手续，约占广东高校应届毕业生总人数的十分之一。就业择业期政策下，满足条件的毕业生无须办理暂缓就业手续，即可"自动"进入择业期，在广东省就业、升学方面享有与应届毕业生同等的待遇。

广东省普通高校毕业生就业择业期政策适用对象包括：广东省内就读的普通高校毕业生、广东省外就读回粤就业的广东省生源普通高校毕业生、出国（境）留学回粤就业的广东省户籍高校毕业生。适用期限方面，硕士研究生、本科生和专科生的择业期为毕业2年内，博士研究生的择业期为毕业5年内。需要注意的是，择业期从毕业证书落款日期起算。

总结案例

小陈是某高校2016级的毕业生，毕业前签订了毕业生就业协议书，协议约定：

(1)某医院同意录(聘)用陈某，陈某同意毕业后到该医院工作。

(2)符合下列情形之一的本协议解除：①某医院撤销或依法宣告破产；②陈某在毕业离校前升学、入伍、被录用为国家公务员或者参加国家及地方志愿服务项目；③陈某报到时未取得毕业资格；④陈某被判拘役以上刑罚或被劳动教养；⑤法律、法规、政策规定的其他情况。另附加手写部分条款：违约责任为5000元人民币。

2018年7月，陈某拿到录取通知书后通知医院选择其他单位就业，同时缴纳了5000元违约金，医院当天退还了陈某的就业推荐表。2019年7月，陈某向市劳动保障监察部门投诉，收到回复称其投诉事项不属于劳动保障监察职权范围；接着向市劳动人事仲裁委员会申请仲裁，请求返还违约金5000元，该委出具了不予受理通知书；陈某向法院起诉被驳回了诉讼请求。

解析：作为准备踏入社会的大学毕业生，有选择就业的权利，可以自行选择就业单位，但一旦确定选择并与用人单位签订《毕业生就业协议书》后，应该尊重合约精神，诚信履行签订的协议。毕竟用人单位在招聘时花费了大量的人力及财力，如果毕业生违约不去单位报到工作，将给单位造成一定的损失，且会导致单位需另行招聘人员来替代，违约行为会严重干扰用人单位的工作秩序。

专家提醒，如果毕业生觉得已签订《毕业生就业协议书》的单位确实不合适自己或者自己已找到更合适自己的新单位，应当积极与用人单位协商，必要时也可以请校方介入协商，在与用人单位协商解除协议后再与新单位签订《毕业生就业协议书》或《劳动合同》。在没有附加条件的情况下，也可以选择先入职，入职后再根据《中华人民共和国劳动合同法》的相关规定，提前30天书面通知单位解除劳动合同更为合适。

  课堂活动

梳理就业流程

一、活动主题

帮助毕业生梳理就业流程

二、活动过程

(1)查找所在学校就业工作相关规定，制作本校毕业生就业手续流程图，列出办理各项手续的联系部门和地点。

(2)运用绘图软件绘制流程图。
(3)选出完整、美观的流程图进行讲解。
三、思考
广东省关于就业的相关规定有哪些?

 测试题

1.毕业生在何种情况下可以选择暂缓就业或择业?
2.在校学生,想要应征入伍应如何办理相关手续?

第六章

求职

扫码看PPT

学习目标

1. 了解就业信息获取的途径,能筛查整理相关就业信息。
2. 能结合择业岗位,撰写自荐材料。
3. 掌握求职基本礼仪和应聘技巧。
4. 能识别求职过程中的陷阱。

案例导入

又到了一年毕业季,某城市高校女生宿舍四位女生开始找工作。作为本地生源的A同学,父母主张她参加编制考试,认为体制内较为稳定。A同学有自己的想法,想去民营公司锻炼,一门心思跑招聘会,在网上投简历。但是来自父母隔三岔五的电话催促,A同学感受到来自父母和找工作未知因素的压力,与此同时,由于缺乏前期对编制笔试的准备,匆忙准备,也显得有些吃力。多重压力,让她出现了求职焦虑情绪。

B同学决定留在一线城市打拼,每天练习面试自我介绍,更新简历,线上线下搜索各种求职信息,跑招聘会,听宣讲会,网上海投简历,进行了许多场面试和笔试。得到一些复试机会,也有过被拒绝的挫折。B同学和A同学一样,求职过程中产生了焦虑情绪,不知道自己能否找到理想工作,常常在自我否定和自我激励中来回煎熬。

C同学作为寝室的学霸,正在紧锣密鼓地准备考研的面试。但是她心里并不轻松,对于是否继续升学还是投入求职大军,还是有点犹豫不决。

D同学早在一年前,就已经进行了求职了解,有一个初步的求职规划。她准备毕业后报读在职硕士研究生,继续提升学历。工作上,早早做了编制考试的备考。在求职季,她合理规划了各类编制考试时间,间隙也参加了线上线下的招聘活动。她的心态较为平和,认为"先就业后择业"是较为稳妥的求职方式和心态。

讨论:
1. 你还听说过哪些类似的事例?
2. 故事中4位同学的求职经历对你有哪些启发?
3. 你的情况与她们有类似之处吗?和身边老师同学谈谈你会如何应对与处理求职中出现的情绪问题。

第一节 就业信息的收集

在收集就业信息的过程中,学生应对就业信息收集渠道、收集范围、收集数据有效性以及收集后的有效处理等内容进行学习和讨论,提高其对就业信息收集利用的认知,并使其能够初步建立收集就业信息的意识,逐步养成接触信息、了解信息、运用信息的良好习惯。同时,学生能够在收集整理信息的过程中,逐渐明晰个人就业意向,正确认识个人素质与岗位素质要求的差距,从而及早有针对性地提高自身的素质、能力,为顺利就业奠定良好的基础。

求职择业不仅取决于能力和认知等诸多因素,还取决于就业信息的收集。一个人如果掌握了大量就业信息,他的择业视野就会广阔,就能在求职过程中掌握主动权,不失良机地选择自己的就业方向。如果视听闭塞、信息失灵,就会盲目、糊涂地从事某种工作。随着就业制度的改革,择业者越来越清楚地意识到信息是择业的基础,是通往用人单位的桥梁,谁获得信息,谁就获得主动权;谁失去信息,谁就失去主动权。可以说,是否掌握大量信息是关系到事业兴衰、成败的一个重要因素。

一、收集哪些就业信息

就业信息的内容十分广泛,作为初次择业的大学毕业生,应主要了解以下三个方面的就业信息。

1. 就业政策

(1)了解国家就业方针、原则和政策。就业政策关系到毕业生就业的出发点和归宿,是不能违背的。

(2)了解就业相关的法律法规。了解法律法规,依法办事,不仅可以取得合法权益,而且可以捍卫自己的正当权利,减少不必要的损失。作为大学毕业生,必须清楚地了解就业法规、法令,学会用法律来保护自己。目前已出台和施行的有《中华人民共和国劳动法》《中华人民共和国反不正当竞争法》《中华人民共和国劳动合同法》等。

(3)地方的用人政策。各地区、各单位根据国家的有关规定,结合本地区的情况,针对毕业生的引进、安排、任用、晋升、工资、待遇等制定了一系列更为具体的规定。不少地区为了吸引人才,还制定了许多优惠政策,这是大学毕业生应该了解的。

(4)学校的有关规定。为了调动学生学习的积极性,保证毕业生就业的顺利进行,学校一般会根据国家的政策要求制定若干补充规定,这也是毕业生应该了解和遵守的。

2. 就业方法

(1)就业体制。毕业生应该清楚毕业生的就业是由地方、学校哪个部门或哪个机构来负责管理指导的,只有这样,当在求职过程中遇到了困难和问题时,就可以随时向有关的机构咨询。

(2)就业程序。毕业生需弄清楚:什么时间开始和终止联系单位;签订就业协议必须履行哪些手续;在学校规定的时间内没有与用人单位签订就业协议时,户口和档案将转到何处;调整改派的程序和手续等问题。

3. 供求信息

(1)了解国家政治经济建设方针和发展战略等,了解产业的分类与结构,以及随社会发展,产业结构的调整和变化趋势;了解职业的分类与结构,以及该职业发展的趋势,使自己总揽全局,更好地把握自己的就业方向,在国家建设的大背景下找到自己的正确位置。

(2)了解当前毕业生总的供求形势,即全国与自己同时毕业的学生有多少,而用人单位的需求有多少,是供大于求,还是求大于供,或者两者基本平衡,哪些专业紧俏,哪些专业供大于求。

(3)了解本专业的培养目标、发展方向、适用范围及对口单位的情况等。

(4)了解同自己专业直接对口或相关的行业、部门和单位的现状和发展趋势。

(5)了解用人单位的信息。在大学生选择单位时,往往会出现这样一些错误:对用人单位情况不甚了解,又没有一定的对比,于是在择业时带有很大的随意性和盲目性,如只挑选大城市而不问用人单位的性质、业务范围;盯着有"关系"的单位,企图靠"关系"得到提拔和重用,还有的只图单位名称好听就盲目拍板等,这些都是片面的。那么如何避免一些假象,做到对用人单位有比较客观的评价,关键在于掌握用人单位的信息。

一般来说,毕业生应该掌握以下几个方面的信息。

①用人单位的准确全称。

②用人单位的隶属关系,它的上级主管部门是谁(指人事管理权限)。
③用人单位的联系方法:如人事部门联系人、联系方式、通信地址、邮政编码等。
④用人单位的所有制性质。
⑤用人单位需要的专业、使用意图、具体工作岗位。
⑥用人单位对所需人才的具体要求。
⑦用人单位的规模、发展前景、地理环境、经营范围和种类等。
⑧用人单位的福利待遇(包括工资、福利、奖金、住房等)。

对用人单位的信息掌握多一点,求职的选择机会就多一点;对用人单位了解多一点,求职成功的概率则会大一点。了解和掌握用人单位的信息量越大,判断准确率就越高;反之,则越低。所以说,能否很好地收集、分析和灵活运用用人单位的信息,是对一个毕业生大学生活所学知识和能力的一次检验。

测试题

1.《2021年第一季度全国招聘大于求职"最缺工"的100个职业排行》已向社会公布,你通过哪个渠道获得上述信息?从该排行目录中能初步确定自己择业的方向吗?为什么?

2.说说你家乡所在的地市中,有几个与你所学专业相关或相近的知名的用人单位,他们一般什么时候招聘员工?招聘的程序是什么?

二、从哪获取就业信息

科技的迅猛发展,使获取就业信息的渠道和途径多种多样。总体来说,目前毕业生可以通过以下渠道获取用人单位的信息。

(一)通过校内就业职能部门获得信息

学校招生就业处的就业信息具有准确、可靠、多样、具体的特点,是毕业生获取就业信息最直接、最有效、最主要的途径。学校收集的信息都会及时传送至各院(系),或发布在学校网页的就业信息栏中。学生可以就有关问题向学校招生就业处进行咨询。

(二)通过各级毕业生就业指导机构获得信息

各级毕业生就业主管部门和人才服务机构,是用人单位和毕业生沟通的桥梁和纽带,是为毕业生提供就业服务的专业机构。毕业生可通过他们组织的定期或不定期的人才交流洽谈会、毕业生供需见面会等活动获取需求信息,这也是获取信息的重要渠道。

(三)通过各级政府主管部门和就业指导机构收集

这些主管部门主要是教育部和省教育厅、人事厅及各市的教育局、人事局。这些部门和就业机构的主要职责,就是制定辖区的毕业生就业政策,提供高校毕业生和用人单位的信息,为毕业生就业提供咨询与服务。来自这方面的信息也是真实可信的。

(四)通过社会各级人才市场获得信息

随着社会主义市场经济建设的发展,我国人才市场中介机构也应运而生,在那里不仅可以了解到各类不同的机构和职位,还可以为毕业生提供一次极好的锻炼面试技能和增强面试自信心的机会。

(五)通过网络与可靠的就业软件获得信息

每年大学生毕业就业之际,招聘网站一般都会发表一些关于招聘应往届大学生的信息,这些招聘信息从不同的侧面和角度反映了当年大学生就业的需求情况。在网络信息高速发展的今天,广播、网站、手机软件等受到了招聘机构和求职者们的共同青睐,如"boss直聘""58同城"等软件都会发表数量不等的招聘信息。

(六)通过社会关系网获得信息

在寻找就业信息的时候,千万不要忘记了周围的亲戚、朋友,以及朋友的朋友,也许他们会给你提供一些机会。实际上大多数用人单位更愿意录用经人介绍和推荐进来的求职者,他们认为这样录用进来的人比较可靠,如果有这种机会最好不要放过。从另一方面来讲,用人单位每天收到数百封求职信函,而且这些求职信函在内容上并无太大的差别,所述的求职资格和工作能力也相差无几,谁也不比谁更突出。所以,在求职中,为了引起用人单位更多的注意,就必须想些切实可行的办法。在关键时候有人引荐,也许是比较有效的。当然,关系要靠自己去发掘,应该通过正当途径,切不可不择手段。

一般可以为毕业生提供信息的主要有以下人群。

1. 家人亲友 家人亲友提供的职业信息主要来源于其个人的社会关系,相对固定,也有相当大的局限性。同时,由家人亲友提供的职业信息的数量和"质量"也存在很大的个人差异。对有些毕业生来说,家人亲友提供的职业信息是其主要的选择,而对于有些毕业生而言,则可能只是聊胜于无。

2. 学校的教师或导师 由于本专业的教师比一般人更了解本专业毕业生适合就业的方向和范围,在与校外的研究所、企业、公司合作开发科研项目和教学活动中,对一些对口单位的人才需求信息了解得比较详细。

3. 校友 校友提供的职业信息的最大特点是比较接近本校,尤其是本专业的毕业生在人才市场上的供求状况及其具体行业中的实际工作、发展状况,近几年毕业的校友更有着对职业信息的获取、比较、选择、处理的经验和竞争择业的亲身体会,这比一般纯粹的职业信息更有参考、利用价值。

(七)通过社会实践(或实习)获得信息

社会实践是大学生自我开发职业信息的重要途径。在社会实践的过程中,通过自己的努力赢得用人单位的好感、信任,获得职业信息甚至直接谋得职业的大学生不乏其人。因此,大学生在各种社会实践活动中,在了解社会、提高思想觉悟、培养社会能力的同时,要做一个收集职业信息的有心人。另外,还有一个很重要的实践环节是毕业实习,实习单位一般比较对口,通过实习可以直接掌握就业信息,如果在实习过程中与用人单位达成就业协议也是一个很好的就业途径。

这么多获取就业信息的渠道,哪个渠道获取的信息更可靠,哪个更便捷,哪个成功率更高,以下我们稍做总结与归纳。

从费用角度:关注校内信息和网上招聘信息所需的费用最少,而参加社会上的人才招聘活动除了需要路费开支外,还需要准备必要的文字材料以及穿着得体的衣服。虽然求助于亲友有时并不需要花费什么,但是感情投资却是相当大的。对大学生而言,查看各类报纸上的招聘广告并不需要太大的花费,而在报纸上刊登个人求职广告的开支却与借助中介机构持平甚至高于想象的费用。

从周期角度:不论何种途径都需要经历漫长的等待,但是相比较而言还是有所区别的。求助于亲友花费的时间或许是最短的,而到刊登招聘广告的单位应聘,如果被选中,会通知你参加面试,到被录用还要等待一段时间。参加人才招聘会,尽管也有面试的机会,但是由于招聘活动的规模过大,竞争比较激烈,所以需要耐心的等待。虽然说网络的发展拉近了人与人之间的距离,但是在决定一个人是否被录用的事情上,任何一家用人单位都不会草率行事,面试是必不可少的,因此等待的时间与参加人才招聘会基本上是一致的。同样,求职于中介机构,不论是登记本人信息还是查找单位信息,时效性都会打折扣。

从个人角度:花费力气最小的求职方式莫过于浏览网上信息,在网上不仅能迅速查阅到需求信息,而且能够了解到用人单位动态,从中掌握用人单位的发展前景,从而为就业决定奠定基础。虽然关注校内的就业信息是每个毕业生的本分,但是还是有些毕业生过于迟钝,对那些重要信息视而不见、充耳不闻。

在困难的时候,家人和亲友的帮助会使大部分人很快地确定就业单位,然而针对性强的东西势必选择面窄,有时朋友好心推荐的单位并不一定让人满意。网络上的招聘广告,大多数是针对社会上有一定相关从业经验的人员,而给应届大学毕业生提供的机会比较少。

三、如何选择适合自己的就业信息

毕业生在择业以前,必须要对自己做出一个全面的认识和正确的自我评价,不但要清楚自己想干什么,更要弄明白自己能够干什么,要清楚自己的兴趣爱好、气质特点、性格特征、基本素质、专业知识、技术能力等,在此基础上,可以从以下几个方面入手来判断就业信息是否适合。

(一)专业性

专业知识是毕业生在择业中比其他非专业人员更具竞争力的一个主要因素。专业是否对口,往往是用人单位和毕业生双向选择中的一个共同标准。

(二)兴趣爱好

近几年来,在毕业生择业过程中专业不对口现象越来越多,如药学毕业的去做服饰,汽车专业毕业生去干管理等。放弃专业固然可惜,但兴趣爱好是一个人工作事业取得成功的重要条件。研究表明,对自己所从事的工作有兴趣,能发挥全部才能的80%~90%,并能长时间保持高效率而不感到疲劳。不过记住,毕业生在选择爱好的职业前,应该了解自己专业知识以外的能力,如计算机应用能力、外语能力、动手能力、实践能力、协调能力等。放弃了专业知识后,毕业生面临的将是能力的竞争。

(三)性格特征

性格特征也与职业信息的选择有关。如果你是一个性格内向、好静不好动的人,面对两条就业信息,一个是需要办公室文员,一个是需要营销代表,那前者是你更好的选择。性格不同的人适合从事不同类型的职业,毕业生应该根据自己的性格特征来选择适合自己的就业信息。另外,还可以根据个人的要求,如对用人单位性质的要求、对用人单位规模的要求、对地理位置的要求等,在各种就业信息中选择出有利用价值的、适合自己的信息。

四、如何利用就业信息

在已经收集到的大量的就业信息中,由于信息的来源和获得的方式不尽相同,内容必然是杂乱的,有相互矛盾的,也难免有虚假不实的。求职者可结合自身的实际情况,对获得的信息进行去粗取精、去伪存真的筛选、整理、分析、鉴别,取其精华,使信息具有准确性、全面性和有效性,更好地为自己择业服务。在进行就业信息的筛选和处理的方法上可把握以下几点。

(一)有针对性地进行比较选择

把那些从"小道"得来或几经转达而未经证实的信息与有根据的信息区别开来。前者有待于进一步证实;后者则可以作为自己择业的参考依据。当然,在对信息进行比较的过程中,要根据自己的性格、兴趣、特长来分析,看看哪些信息更适合自己,哪个单位对自己的发展更有利等。

(二)对有关信息按不同内容进行整理分类

就业信息不仅仅是用人单位的需求信息,它涉及的范围很广,比如,有的是关于就业方针、政策方面的信息,有的是与自己所学专业有关的信息,有的是关于需要人员的素质要求方面的信息,等等。

(三)对所获得的信息进行分析

分析就业信息有三层含义:一是要识别真假,做可信度的分析。就业信息是否准确,是择业人员做出决断的关键环节。信息不准,会给择业工作带来决策上的失误,如海南建省前夕,内地得到海南特区需要大量人才的信息,于是许多大学生纷纷前往,掀起了"百万大军下海南"的高潮。其实这条信息是不准确的。因为海南建设伊始,许多工作还未开展,所需人员无论是从数量上还是从专业上都是有限的。由于信息不准确、不全面,大部分人乘兴而去,败兴而归。一般来说,学校毕业生就业机构提供的信息可信度比较高。其他渠道得到的信息,因为受时间性或广泛性的影响,还需要进一步核实,才能判断可信度。二是要进行效度分析,对信息的可用性进行鉴别,要看这条信息能否为我所用,比如,自己所得到的信息是否是政策允许范围之内的、信息中所反映的对所需生源状况及人的素质要求等。三是信息的内涵分析。信息的内涵包括用人单位的性质、要求以及限定条件等。

(四)及时反馈

当收集到一条或更多的信息后,一定要赶快分析处理并及时向信息发出者反馈信息。只有及早准备,尽快出击,才能在人才市场的激烈竞争中争取主动。真可谓"花开堪折直须折,莫待无花空折枝"。就业信息对毕业生来说十分宝贵,当获得准确有效的信息后,若能及时进行分析,则有助于毕业生在择业中做出正确选择。

总的来说,在做好信息准备的同时还要考虑以下几个方面的问题。

(1)要注意信息的广度、效度和可信度:广度是指拓宽信息渠道,多方面多角度收集信息,增加信息量;效度是指信息的各种要素是否齐备,尤其是时间上的要求及与切身利益相关的要素是否清晰;可信度是指信息的可靠性。一般说来,学校、就业指导部门提供的信息可信度较高;家长和亲友提供的信息效度较高,而同学之间就业信息的交流则扩大了信息的广度。

(2)要处理好内因和外因的关系:所谓内因,就是学生选择职业的自主性。因为大学毕业生的自我评价、自我分析、自我判断的能力已基本形成,完全可以自主择业。所谓外因,是指学校、家长、同学的帮助和影响。在分析信息、拟定和选择职业目标时,多听取亲友、老师、同学的意见,可以使决策更加具有可行性。在处理二者关系上,大学毕业生既要防止固执己见、盲目择业的倾向,也要克服人云亦云、依赖他人、缺乏主见的倾向,力求在广泛征求意见的基础上,自主确定择业目标。

(3)要做到果断、灵活:由于确定决策与实施决策的时间差,客观形势可能发生了变化,甚至变化很大,这就需要毕业生果断、灵活的决断。在这个阶段,学校老师和同学的帮助显得尤为重要,而家长往往鞭长莫及。例如,在一次北京高校毕业生供需见面会上,由于用人单位的需求变化,需要毕业生当场决断,及时签订协议书。很多同学在负责就业指导的老师的帮助下,果断地决策,愉快地与用人单位签订了协议。也有不少同学犹豫不决,企盼征求远在他乡的父母的意见,结果失去了择业的良机。

五、小结及建议

信息时代,学会获得信息,准确判断信息,运用信息,对于个人的成长发展极为重要。因而,希望大家能认识到信息收集、整理、分析、运用的重要性。为能更好地收集信息,给大家提出以下几点建议。

(1)选择一个好的就业信息渠道,信息分类整理。

(2)养成一个好的习惯,每天上网检查邮箱,浏览就业信息量大的网页,保持信息更新。

(3)选定一个适合自己的就业方向,收集此方向的就业信息,分析整理,逐项对照,检查个人素质能力差距。

(4)常用网站网址有以下几个。

①中华人民共和国教育部:http://www.moe.gov.cn。

②中国高等教育学生信息网:https://www.chsi.com.cn。

③校联人才网:http://www.job9151.com。

④高校人才网:http://www.gaoxiaojob.com。

⑤山东省人力资源和社会保障厅:http://hrss.shandong.gov.cn。

测试题

1.简述获得就业信息的途径有哪些。

2.找一找除了课本提供的常用招聘网站以外的网站。如果选择在当地或者生源地就业,应该如何搜索招聘信息?谈谈你的想法。

第二节 求职准备

一、求职心理及调适

(一)求职心理误区

专家学者对毕业生求职情况进行了问卷调查后发现,影响毕业生求职决策的主要因素包括薪资水平、职业发展前景、劳动强度、职业地位、交通便利性、工作自由度、企业文化、工作环境、工作压力和工作挑战性,其中排在前三位的是薪资水平、职业发展前景和劳动强度,从某种程度上也反映了高校毕业生普遍存在的求职心态。

常见的求职心理问题:功利心理、依赖心理、自傲心理、自卑心理、浮躁心理、乡土心理、攀比心理、求稳心理、低就心理、逃避心理等。

1. 攀比心理 在求职过程中,经常与其他同学比较工作待遇高低、工作环境好坏、工作任务多少等问题,由攀比行为所产生的妒忌心理很大程度影响着毕业生的择业观念和求职意向。

2. 浮躁心理 应届毕业生往往年少气盛,很多人急于求成,想找到人人羡慕的工作。同时,毕业生总会产生患得患失、无所适从、不切实际等消极情绪。浮躁心理导致毕业生在择业时难以做出科学合理的抉择。

3. 自傲心理或自卑心理 高等教育大众化发展的当下,大学生对自身定位并没有随着社会需求而及时转变,眼高手低的求职态度给用人单位留下极其恶劣的印象。相反,过分低估自身就业能力的自卑心理也比比皆是。部分毕业生在访谈中,表示对自身能力的信心不足,缺乏大胆尝试、勇于竞争的意识,甚至产生了精神萎靡、自卑沮丧等不良情绪。无论是自傲心理还是自卑心理,都是对自身认识不足,错误评估自己产生的,都将对职业生涯的长远发展产生不良影响。

(二)产生心理误区的原因

1. 知识储备的不足 部分大学生不但自身知识储备不足,而且求职准备不充分。部分大学生由于缺乏自主管理能力,求学阶段荒度宝贵的学习时光,最终导致自身专业知识储备不足,专业能力较差,难以应对要求严格的职场环境以及竞争日趋激烈的社会现状,难以达到用人单位对高素质人才的基本要求。此外,大学生身处象牙塔,长期在学校与家庭的双重保护之中,在面对残酷的社会竞争时,部分大学生没有做好充足的求职准备。常常出现自我认识不清醒、就业形势认识不全面、缺乏吃苦耐劳的精神等,使得大学生在求职过程中容易出现上述的心理问题。

2. 就业体系的不健全 就业形势日益严峻,且就业体系不健全。现阶段,高校毕业生应聘主要通过校园招聘和网络申请两种形式。单一的求职途径和不匹配的岗位设置不断加重毕业生的求职压力。此外,在就业体系不完善的情况下,求职过程中出现了许多投机取巧的现象。部分毕业生利用自身的家世、金钱等优势谋取更好的发展空间,用人单位通过"潜规则"等不正当手段压榨劳动者,缺乏公平竞争和选拔透明的整体就业环境。因此,大学生受到求职失败的打击以及错误价值观念的影响,特别是后疫情时代,就业形势较以前更为严峻,使得大学生的就业状况"雪上加霜"。

3. 毕业生规模的扩大 随着我国高等教育体制的深化改革,高校招生规模不断扩大,随之而来的就是每年毕业生规模的不断扩大。据教育部统计,近年来我国高校毕业生规模呈逐年递增趋势。每年有大批应届毕业生涌入求职市场,再加上未充分就业的往届毕业生,一度导致就业市场人力资源过分饱和。在人才需求饱和的背景下,用人企业逐年提高录用标准,增加毕业生的求职难度,以期尽可能降低人力资源成本,达到录用高质量毕业生的目的。另一方面,社会对毕业生的需求存在结构性矛盾。部分用人单位招聘不到专业相关的毕业生;同时,部分毕业生找不到合适的工作岗位;一些用人单位的招聘门槛过高,盲目追求名校毕业生。毕业生就业市场出现了"人才高消费"的问题。这种严峻的就业形势,无形中给毕业生造成很大的就业压力。

4. 综合能力欠缺,竞争意识浅薄 自高校扩招以来,毕业生人数剧增,但毕业生整体素质呈明显下降的趋势。大学生个人素质和能力的良莠不齐,主要表现在部分大学生专业技能欠缺,专业知识掌握不牢,社会实践经验不足;长期处在学校相对封闭的环境中,与社会接触较少,人际交往能力欠缺;工作经验不足;社会责任感浅薄;职业规划不清晰,自身定位不准确;缺乏竞争意识,积极主动寻找合适工作岗位的意愿不强;就业期望过高。

(三)心理调适及对策

1. 端正心态,积极预防 不同毕业生的求职心态各异。有人把工作作为谋生手段,常抱怨工作很苦很累,因此,时常会有浮躁、懒散的表现。有人把工作作为事业,能够做到尽责、创新、乐于奉献和勇于挑战。境界较高的第三种人,把工作视为生命,在工作中能做到甘于寂寞、无私忘我、终身探索。

毕业生应努力做到抑制功利虚荣心理,避免相互攀比,提高抗挫折能力,排除从众心理,摒弃嫉妒心理,超越自卑心理,克服依赖心理。

2. 树立正确择业观念,理性面对就业压力 择世所需,择己所长,择己所利,择己所爱。对自身进行科学合理定位是毕业生求职成功的前提,即在综合考虑专业背景、实际能力、性格特点、家庭环境等多方面自身因素的基础上,进行职业选择。同时,树立"先就业后择业"的正确求职观念,养成积极向上的工作态度,选择合适的职业岗位,通过适当的外力释放来缓解社会竞争激烈带来的就业压力。

3. 转变就业观念,抓住身边的机会 不是每个大学生都能到500强企业或者中央企业去工作。有些不起眼的岗位或者机会往往也能成就一番事业。"宁做鸡头,不做凤尾"的想法还是有一定的可取之处,因此,我们应善于发现并适时抓住身边稍纵即逝的机会。农村也可能是好去处,基层就业机会也许更多。冷门也可能变热门,专业上下游也可求职。当兵也可能是好机会,创业也可勇于探索。

4. 提高综合素质,培养良好品质 大学生在求学期间应注重综合素质能力的提高,努力提高文化修养、思想道德修养、知识运用能力、开拓创新能力、社会实践能力、人际交往能力和语言表达能力,从"德、智、体、美、劳"全方位打造自身,"打铁必须自身硬",全面提升未来求职的"硬实力"。与此同时,大学生还应注重人格品质的塑造,尽量做到真诚、忠诚、务实、热情、体贴、细心、耐心、积极、友善、幽默、乐观、豁达等,人格品质是大学生的"软实力",是征服用人单位的砝码。

5. 遇到心理问题,积极寻求帮助 高素质人才普遍存在不同程度的心理问题,严重影响个人成长成才和自身长远发展。学校应充分考虑毕业生就业指导需求,依据不同年级的实际情况,具体开展心理健康教育,帮助毕业生树立正确的价值观念和主动融入社会自信心,适当调节由于求职压力较大而导致的不良情绪。通过定期开展职业规划课程、及时传递就业信息、合理安排人才招聘会、充分发挥"第三方"保障作用等方式,实现高校就业指导工作的有效开展。当毕业生在求职过程中遇到难以调适的心理问题时,不应该羞于表达或者讳莫如深。应该积极向学校的专业老师、辅导员和心理老师寻求帮助,在实际问题的解决和心理调适方面获得正确、科学的指引,预防心理问题的加重。

二、简历的撰写

毕业生求职应聘遇到的第一道门槛就是获取一次面试机会,而在就业竞争空前激烈,人才辈出的今天,毕业生除自身需具备较好的竞争实力外,一份优秀的简历是能够让毕业生在众多竞争者中脱颖而出的助推器。然而,大多数毕业生并没有对简历制作给予足够的重视,或者是根本不知道简历怎么写。不少毕业生常借助于网络上盛行的"万能简历模板"制作求职简历,并且是"以不变应万变",应聘任何一家企业都仅用一份简历。内容上常见的问题也很多,例如,学习经历的简单罗列;所学课程的堆砌;为了凑字数,把自己所有能想到的信息全部写入简历中,完全没有认真分析信息的有效性。

那么毕业生制作并撰写简历应该注意哪些问题呢?

(一)简历的特点及功能

简历是对个人成长经历有重点地加以概述的一种应用文书。

1. 简历的两大特点

(1) 突出重点：简历是个人成长经历的缩写，但是并不意味要把个人所有的成长经历全部铺陈开来，而是要对个人经历有选择地、有重点地表述。

(2) 应用文书：简历属于应用文书，在内容、格式、语言等方面有固定的写作要求和语言规范。简历撰写的过程中，撰写者必须遵循这些写作要求，切不能为了彰显个性而一味地标新立异。

2. 简历的两个功能

(1) 用人单位角度：对于用人单位来说，简历是用人单位人才选拔的重要途径。通过应聘人员的求职简历，用人单位可以高效地对应聘者进行初次筛选。

(2) 应聘者角度：对于应聘者来说，简历最大的功能就是帮助应聘者向用人单位粗线条地展示自我才能，推销自我，以获取面试机会。求职简历中所包含的内容必须要满足应聘单位和应聘岗位的需求，与应聘岗位无关的个人能力或专长可以省略不写。

(二) 简历的撰写格式

求职简历的格式写法并不固定，常用的格式有表格式、条文式、表格条文兼用式等3种主要形式。

(1) 表格式：将有关内容放在表格中列出，优点在于条理清晰、一目了然；缺点是受表格限制，需要多加说明的内容无法展开，有时分类比较困难。表格可以根据情况自己绘制，以清楚易懂、美观大方、突出重点为主。

(2) 条文式：分条列项地将有关内容加以说明。其优点是不受限制，可根据需要进行取舍，不宜归类的内容只要写出即可，不必为划分类别浪费精力甚至出现错误；缺点是不如表格清楚，一目了然。

(3) 表格条文兼用式：将上述两种格式结合起来，在不同的地方使用不同的格式，其兼用二者之优点，避开二者之缺点，使用比较广泛。这种形式也是目前网上简历模板较为推荐的形式。目前，线上有许多可参考的简历模板，广受毕业生欢迎，学生根据自身需要选择合适的简历模板。

(三) 简历的撰写原则

1. 求职原则 求职简历具有鲜明的求职性，目的在于使用人单位对求职者产生兴趣，进而提供面试的机会。因此，不能把求职简历当作学历、经历的简单罗列，要认识到求职简历是求职者推销自己的广告，要突出自己的能力和优势。

2. 真实原则 写求职简历时一定要客观理性地总结自己的经历，做到实事求是，真实准确，既不夸大也不缩小，更不能编造，这样才能取信于人。恰当的写作技巧能够使简历更好地起到自我推销作用，然而这并不意味着可以单纯地依赖写作技巧捏造事实，虚构经历。简历的真实性是个人诚信的体现，利用一份虚编事实的简历即便获取到面试资格，也终究会在面试的过程中露出破绽，影响个人信誉。

3. 正面原则 求职简历的内容应当是正面典型材料的荟萃，是求职者闪光点的聚焦。所有内容都应有利于求职应聘成功，无关的甚至妨碍应聘的内容一概不要。

措辞力求准确、恰当，不宜用口语、有歧义的词语或生僻词语。句法要求严密，一般不用感叹句和省略句。语气要求平实，不宜用抒情或用夸张等修辞手法。

4. 精简原则 求职简历撰写要重点突出、言简意赅。首先，根据企业和职位要求，求职前进行分析，有针对性地设计，巧妙突出自己的优势与特长。篇幅不宜长，建议采用简洁的无主语式表达，尽量少用修饰性语言。一般篇幅为1~2页A4纸即可，人力资源部门没有时间阅读长篇的简历，简历以精炼风格为主，没有必要罗列那些与求职无关的材料。部分学生在简历中概括自己的兴趣，如游泳、爬山、音乐等，这些只有与目标工作有关联时才有撰写的意义。

在招聘过程中，人力资源部门会在短期内收到大量求职简历，尤其是对于综合实力强、工资待遇优的单位，仅召开一次宣讲会就有可能收到上千份的求职简历。这对于负责招聘工作的人力资源部来说，工作量无疑是巨大的。因而，在求职简历被初次筛选的过程中，人力资源部门不会逐字逐句地阅读简历中的具体内容，工作人员一般会采用整体浏览和关键词搜索的阅读方法来进行简历的初次筛选。据统计,一份求职简历在初次筛选过程中,仅占用工作人员10~30 s的阅读时间。这种快节奏的筛选方式决定了求职简历必须语言简洁、重点突出、表达精炼。例如,"个人评价"部分,建议毕业生避免描写性语言和段落式陈述,而应选择以关键词的陈述作为上选。以"我是一个内向腼腆的女孩,但是我做事认真负责,积极主动"这句话为例,根据语言简洁性要求,这句话可改为"认真负责,积极主动"即可。另外,表达策略还可以采用"化零为整""合并同类项""利用频次表达"。例如,"获奖情况"部分,如果相同名称奖项多次获得,那么无须罗列获奖年份,只需表达为"荣获某奖项,2次"即可。

5. 突出重点原则 用人单位阅读简历的用时较短,为了在最短时间内抓住招聘者的心,留下较深印象,建议将求职者过往学习经历、工作经验、获奖情况中较为出色的部分标黑或者下划线标注,以便招聘者迅速找到应聘者的亮点与优点。

(四)简历的撰写技巧

毕业生求职简历包括6个基本组成部分:个人基本资料(姓名、性别、出生年月、联系方式等)、求职意向/应聘岗位、教育背景(教育经历、专业、研修课程、成绩排名等)、社会实践、获奖情况、个人评价。除此之外,还需要注意以下4个方面。

1. 封面美观大方 在适当位置标明"求职简历"字样作为标题。"求职简历"四个字一般标于经过艺术加工、美观庄重的封面之上。封面根据应聘工作性质不同,封面风格也有所不同。例如,技术岗位封面可选择典雅或者商务风格、艺术设计类岗位封面可选择活泼或突出个性的风格。

2. 正文凸显优势 求职简历的格式写法并不固定,其包括的主要内容可概括为以下几个方面。

(1)基本情况简明化。简要介绍个人的基本情况,通常安排在简历的最前端,让面试者一目了然地知晓对方,撰写要简明扼要。

(2)教育背景优质化。可按时间顺序列出求职者的培养方式、毕业学校、毕业时间、所学专业、主修课程、教育培训、职务职称、获奖情况等。这部分要凸显自己的优势形象,只记录重要部分。

(3)工作经历详尽化。按时间顺序列出参加工作以来的主要经历,要注意突出主要才能、贡献、成果以及学习、工作、生活中具有典型意义的事迹等。这部分要尽可能详尽,尤其总结出自己突出的工作能力和工作技能,以及所产生的业绩。如果没有工作经验,也可以写社团组织、实习经验等。

(4)评析自身特征化。求职意向主要写自己对哪些工作岗位、行业感兴趣。主要表明自己应聘的职位,说明自己具备的资格和技能。

自我评价,实事求是地对自己进行分析,重点是分析优势,找出自己与众不同的地方,形成鲜明的自我定位,在招聘者面前亮出一个独特的招牌,让自己的价值更好地为用人单位所认可。建议在写自我描述之前,仔细罗列自己的性格特点、工作经历,找出对所求职位有利的因素,挑选出自己与其他人的不同之处,以突出自我的优势。从知识、经验、业绩3个方面进行着重分析。

3. 材料佐证有力 材料包括所获荣誉、所获证书和所发表的论文论著等。所提供材料应与求职密切相关,是正文内容的有力支撑,切不可一味地堆砌罗列。

4. 防止格式变形 有些简历需要以电子邮件的形式进行投递,大多数招聘采用线上方式。在这种情况下,需要特别注意不要使用特殊字体或特殊符号,以免对方的电脑上由于缺少相对应的字体或符号软件而把原有字体自动更改为默认的其他字体,从而影响简历的整体效果。为避免这一情况的出现,还应该在简历制作后及时地把简历保存格式更改为PDF,从根本上杜绝由于不同的电脑或软件而造成的简历格式变形问题。

第三节 求职信的撰写

求职信是求职者以信件的形式向用人单位表达求职意向以求被录用的一种应用文。它是求职者向用人单位介绍和推销自己的书面材料,也是沟通求职者与用人单位的桥梁。一般而言,求职信可以分为两种。一种是面向社会的通用求职信,谋求的不是某一特定的工作或职位,是与自己专业及意愿对应或相关联的、性质相近的多种工作岗位；另一种是针对具体某一单位的专用求职信，也就是针对某用人单位的某一招聘信息或者某个具体岗位而专门写的求职信。这种求职信是求职者在投递资料之前针对这家公司某个岗位的要求专门制作的，针对性更强。

一、信基本格式

（一）标题

标题可以直接表明文种"求职信"，位置居中。

（二）称谓

在标题下一行顶格书写收信者部门或姓名。事业单位一般是人事科、人事处。企业单位一般是人力资源部、人事部。有时也可直接写给单位领导人，并在其姓名之后加上职务，在姓名之前可以加上"尊敬的"修饰语。

（三）正文

正文应另起一行空两格书写，主要内容包括以下几个方面。

1. 求职缘由　包括对单位性质、岗位性质等的认识和其他选择的理由。在说明对单位、岗位的特点、优势的认识和自己选择理由的同时，亦是展示自我。

2. 求职意向　包括就业目标是什么，到什么地区、什么单位、什么部门就业，干什么工作等。给目标定位，也就等于自我定位。

3. 自身条件　包括姓名、性别、年龄、籍贯、政治面貌、文化程度等要素，应如实填写。尤其要注重介绍自己的知识结构、业务能力、实践经历、基本素质，兴趣爱好等内容。这部分内容应该写得稍详细。用人单位则要由此了解其团队精神、组织协调能力等。

4. 被录用后的做法　用简要的文字说明被录用后应当怎样做。求职者对应聘岗位应提出自己的目标和措施。目标要客观，措施要具体。

5. 答复请求　再次强调求职目标，并且表达对用人单位答复自己的希望以及能有一个面谈的机会等。

（四）祝颂语

一般写"此致敬礼"等。此致：另起一行空两格写；敬礼：转行顶格写。

（五）落款

在祝颂语下一行偏右处写上姓名，可以用"敬上""谨上"等词以示礼貌和谦逊。姓名下写日期。

（六）附件

附件可以起到重要的说明作用。一般包括个人简历，所学专业课程成绩一览表，各类证书，有关证件，发表的论文，学校有关部门的推荐意见以及教授、专家的推荐信等。

二、求职信之"三要"和"三不要"

一要形式简洁有序，不要浮华凌乱、喧宾夺主。主要按照自我介绍、求职目标、应聘资格、请求面试的先后顺序有条不紊地完成。要简洁庄重，掷地有声，信实可靠。不要在页面上附加花纹、底色、着重号等修饰成分，这些反映出求职者太天真、孩子气浓。用人单位大多希望招聘到成熟稳重、落落大方的员工，因此避免花哨的修饰。

二要语言平实亲切，不要华而不实、卑亢失态，要像一个成熟的社会人一样说话，多用书面语，少用口语。要这样写：为了这份工作，我用四年做准备，为的是四十年的事业，因此我要用一生去拼搏。另一方面，要避免过于文学，否则会显得学生腔，如四载匆匆，斑斓多彩；来日方长，奋勇向前。不是不可以抒情，但过度的抒情显得学生气太浓。不可以自轻自贱，不可以这样写：心情万分激动，恳求您……；不可以自高自大，不可以这样写：我能力过人、意志超强、人气超高……

三要内容显隐得当，不要面面俱到、拈轻失重。要按照"有针对性"的技巧，对自身素质择其要者，充分表达,不要像填写档案登记表一样面面俱到。在填写应聘资格表的时候,有的同学把自己所有学过的课程、担任过的职务、参加过的活动、取得过的证书等内容全部罗列,生怕落下一鳞半爪。这样写有以下弊病:一是事无巨细,面面俱到,眉毛胡子一把抓,说明做事不分主次,思维有问题;二是无法突出自身具有的同时又是用人单位所看重的特质,导致拾轻失重。

 测试题

课后撰写简历和自荐信,通过小组互评、教师讲评等方式,对其进行修改、润色。

第四节　求职礼仪

一、礼仪概述

(一)礼仪的内涵

礼仪的定义:对礼节、礼貌、仪态和仪式的统称。人们在社交活动中,为了相互尊重,在仪容、仪表、仪态、仪式、言谈举止等方面形成约定俗成、共同认可的行为规范。

礼仪是文明的重要标准。礼仪是为维系和发展人际关系而产生的,是人类文明和社会进步的重要标准。它既是人际交往活动的重要内容,又是道德文化的外在表现形式,有着丰富的内涵。随着时间的推移,礼仪所包含的内容也是包罗万象:商务礼仪、社交礼仪、餐桌礼仪、宴会礼仪、交通礼仪等。

(二)社交礼仪的特点

社交礼仪是指在一定的社会交往过程中,通过言行举止等表现出日常的行为标准与交往规范。社交礼仪是调整人际关系的重要行为规范与准则,注重社交礼仪可以全面促进社会友好人际关系的建立。因此,大学生要充分学习与掌握相关的社交礼仪基本知识。

1. 传统性　礼仪规范从原始社会开始,一直传承、改变、演变至今,仍将继续发展下去,这一点足以证明礼仪的传统性。

2. 民族性　礼仪从原始社会发展至今,大多以民风、民俗、民族文化为依据,从这个方面来讲,礼仪反映了国家、地区的文化和习惯,所以礼仪有入乡随俗的特点。如果是在泰国,我们不可以在表达对一个小孩子的喜爱时去摸他的头,这在泰国是不被允许的,泰国认为头发是灵魂的所在,此处可见礼仪中渗透着民族性。

3. 普遍性　对任何地区与场合的人来说,在人际交往过程中都要充分遵守社交礼仪。

4. 规范性　以标准化的形式规范社交礼仪,才能够获得社会的一致性认可。

5. 对象性　在面对不同的人际交往对象时,要注重讲究个性化的社交礼仪。同一种礼节对应不同的年龄、性别、职业,却有不一样的含义。同样是问对方年龄时,针对不同年龄的人,会有不同的问法。同样是握手,针对不同性别的人,力度不同。同样是打招呼,不同国家就会有不同方式,比如外国的碰鼻礼,中国人却是拥抱或握手。

6. 可操作性　在社交礼仪的使用过程中,要不断明确具体化的操作模式。

7. 发展性　在不同时期与阶段,人际交往中的社交礼仪也在不断变化与发展。在日常的社交礼仪应用过程中,要顺应时代潮流,不断发展。在日常的发展过程中,要充分结合社交礼仪工作的具体内容,将其不断丰富和更新。

(三)社交礼仪的功能

1. 信息交流与传递　实现信息的交流与传递是社交礼仪的时代发展特点。社交礼仪作为内在素质和心态的外在表现,传递着多样化的信息。在人际交往过程中,人们注重信息的双向流动,在不知不觉中,信息被人们接收与利用,成为彼此之间相互认识与理解的重要交流手段。

社交礼仪可以在人际交往过程中传递个体的外部与内在形象,以便人们在最初的交往过程中保持最原始的记忆,加强对认知对象的有效认识。在日常社会交往过程中,对初次交流的双方来说,最原始的记忆主要是由交流对象的外部信息与内容所决定的,一般情况下,人们可以通过语言与行为等多样化的途径获得交流的相关信息,主要以行为为主,这种信息资源可以在人际交往中传递出相关的信息与内容。

2. 情感的有效交流 情感是维系人与人之间相互合作与交流的重要催化剂。在人际交往过程中,通过全面遵守社交礼仪,人们可以充分分析交流方的情感与心态,产生积极的情感体验。

3. 交流行为的调整 日常社交礼仪可以实现有效的调整与规范功能,在社交礼仪的形成过程中,可以结合时代的价值标准与行为加以发展与演化,以多样化的社交礼仪来规范人们的日常行为,全面推动人类文明的有效发展,注重培养新时代的文明人。

二、礼仪原则

1. 宽容原则 人们在交际活动中运用礼仪时,不仅要严于律己,而且要宽以待人。理解宽容即豁达大度、有气量、不计较、不追究,表现为一种胸襟、一种容纳意识和自控能力。

2. 敬人原则 在社交中,要常存敬人之心,不可失敬于人,不可伤害他人的个人尊严,更不可侮辱对方的人格。敬人包括尊敬他人和尊敬自己,维护个人乃至组织的形象,切不可出现损人利己的品格问题。

3. 自律原则 自律是礼仪的基础和出发点。学习和应用礼仪,最重要的就是要自我要求、自我约束、自我对照、自我反省和自我检查。自律即自我约束,按照礼仪规范严格要求自己,明确知道自己该做什么,不该做什么。

4. 遵守原则 在交际应酬中,每一位参与者都必须自觉遵守礼仪,用礼仪去规范自己在交往活动中的言行举止。遵守的原则就是对行为主体提出的基本要求,也是人格素质的基本体现。遵守礼仪规范,才能赢得他人的尊重,确保交际活动顺利进行,达到预期目标。

5. 适度原则 人际交往过程中,要注意把握礼仪上的分寸,认真得体。适度原则就是把握分寸。礼仪是一种程序规定,而程序就是一种"度"的体现。无论表示尊敬还是热情,都有一个"度",没有"度",施礼就可能进入"过犹不及"或"礼不到位"的误区。

6. 真诚原则 运用礼仪时,务必诚信、言行一致、表里如一。真诚就是在交际过程中做到诚实守信、不虚伪、不做作,交际活动作为人与人之间信息传递、情感交流、思想沟通的过程,如果缺乏真诚,则不可能达到目的,更无法保证交际效果。

7. 从俗原则 由于国情、民族、地域、文化背景不同,我们经常说要入乡随俗,即与绝大多数人的习惯做法保持一致,否则就会给人一种目中无人的不良印象。从俗是指交际过程中应尊重对方的风俗和习惯。尤其是禁忌方面,如果不注意,常常会在交际中引起误会和麻烦。

8. 平等原则 平等是礼仪的核心,即尊重交往对象,以礼相待,一视同仁,给予同等程度的礼遇。礼仪是在平等的基础上形成的,是一种彼此之间相互对待关系的体现,其核心是尊重和满足相互之间的需求。在交际活动中,既要遵守平等的原则,同时也要善于理解具体条件下对方的行为,不应过多地挑剔对方的行为。

三、服饰礼仪

面试是求职过程中必不可少的重要环节。面对陌生的求职者,面试官依据什么做出第一判断呢?大多数情况下,先从外表及言行举止上去认识与判断一个人。

服饰是人的外在表象,由服装本身及其延伸物,如首饰、帽子、发饰、鞋子等构成。服饰礼仪是人们在交往过程中为了表示尊重与友好而体现在服饰上的一种行为规范。这种规范因人种、习俗、时代等的差异而不同,也会因人群不同而产生区别。当代大学生接受了高等教育,是社会新技术、新思想的最前沿、最活跃的群体，是国家培养的高级专业人才，是社会发展的主要建设力量。大学生的服饰礼仪能够展示他们的喜好、心态、涵养和审美情趣等，也能体现社会和时代的政治、经济、文化的发展状况。因此，引导大学生掌握并正确运用服饰礼仪就变得尤为重要。

那么，面试中的服饰应该注意哪些呢？

1. 服饰需符合身份 身份原则是服饰礼仪原则之一，着装要注意符合身份。符合身份，一般强调性别、年龄、职业、环境等差异。大学生已经是成人，所以服饰不应太幼稚，但他们仍然是学生，服饰不应太社会化。大学生毕业后将步入社会，因此服饰方面也可与社会服饰接近。特别是在实习时就可以穿职场服饰。另外，大多数大学生没有固定收入，在经济上依赖父母，因此服饰方面不宜选择太昂贵的。

服饰有三个功能，分别是实用、表示地位和身份以及表示审美。三者相互影响、相互促进。大学生在选择服饰时要综合考虑其实用因素、身份因素和审美因素。其中身份因素尤为关键，只有根据自己身份选择相应的服饰，才能让服饰的实用性充分发挥出来，也只有与身份对位，才能让服饰的审美因素真正服务于年轻智慧的大学生，使他们焕发绚丽的光彩。

2. 服饰要注重"质"的选择 大学生作为社会中最具希望的年轻群体，应以高标准要求自己，在一些特定的场合，着装上应体现自己的文化层次和审美品位。为了塑造良好的大学生形象，服饰首先要选择适合的"质"，用得体的穿着来展示自己的品位和美学修养，以获得较好的印象。这里的"质"指服饰的质量与质地，包括面料、材质、款式和做工等。虽然大学生不宜选择太昂贵的服饰，但是并不意味着应该购买低劣的服饰。在家庭的经济条件允许的情况下，学生可以购买中等或稍低价位的服饰，以便可以穿着得体地参加社交活动。

服饰的优"质"可以有效地塑造大学生的专业形象，给对方留下规范、严谨、专业、礼貌的良好印象，可形成一定的竞争优势。这种竞争优势从校园的一些活动中也能体现，比如大学校园会有很多社团活动，也会有一些演讲比赛、辩论赛等，在这些场合，服饰的优"质"可以为学生的整体形象加分，有利于在活动或比赛中获取更好的成绩。同时，这种竞争优势也体现在校外的活动中，比如支教、志愿者、社会实践等活动中，服饰的优"质"也会使他们给社会留下更好的印象。

3. 服饰应符合学生个性 大学生在选择服饰时，需要符合自己的个性，凸显自身的美好气质。因此，需深入了解自我、认识自我，选择合适自己的服饰，让服饰展现自身风采。社会上许多年轻人盲目追星，常常模仿他们的服饰，甚至有时过于盲目，穿着风格过于彰显个性与潮流，个性有余而得体不足。大学生作为有知识、有思想的年轻一代，在这方面应该有比较清醒的认识，选择符合自己特点和个性的装扮同时，把握一定尺度，切勿剑走偏锋。

除了性格，服装的颜色与身形也大有讲究。高大的人宜选择深色、单色，太亮、太淡、太花的色彩都有一种扩张感，使着装者显得更高、更大；而对于较矮的人，服装颜色宜稍淡、明快柔和，上下色彩一致可以显得身材修长；较胖的人在服装颜色的选择上，以冷色调为宜，过于强烈的色调显得更胖；对于偏瘦的人来说，服装颜色选择以明亮柔和为宜，太深、太暗的色彩会显得瘦弱。

4. 内外美之结合 真正的服饰美体现的是着装者外在美和内在美的完美结合，是服饰与着装者心灵、气质的完美融合。内外美的结合需要大学生将更多精力放在提升内在修养上。因为外在美相对容易，而内在美的培养需要长期不懈的努力。因此，大学生应从日常行为的点点滴滴注意自身修养的提升，如进教室看到桌椅不整齐能自觉调整，不将早餐带进教室，对老师和同学友好；就餐自觉排队并做到"光盘"；过马路遵守交通规则；各方面都能自律，学习方面能有钻研精神，能树立远大理想并持之以恒地奋斗；能有家国情怀，有爱心和感恩之心等。这些内在美的提升可以让大学生的整体素质登上新台阶，让外在美焕发更大光彩。因此，大学生应从日常行为出发，内外兼修，让自己成为内在修养和外在礼仪俱佳的优质大学生。

5. 男性面试服饰 男生可选择藏蓝色的西服正装，搭配白色或浅蓝色正装衬衫（硬领、硬袖口的长袖款式）以及蓝色系单色或条纹图案的领带。从着装礼仪角度分析，藏蓝的礼仪级别是最高等级。从色彩心理学的角度分析，在各种彩色中，蓝色系更能给人专业、稳重的印象，十分适合职业场合。从形象美学的角度分析,藏蓝色比黑色更适合黄皮肤,用白色或浅蓝色等浅色系搭配,能提亮黄种人肤色,提升气质,让人容光焕发。

特别需要注意的是,西服正装慎选黑色。西服是舶来品,在穿着时应遵循西方礼仪。在西方,纯黑色西服正装仅限于婚葬场合及特殊场合。因此,黑色正装并不适合出现在面试场合。

如果天气实在太热,也可直接以正装衬衫系领带来搭配西裤。衬衫必须是有硬领、硬袖口的长袖正式款式。不可穿着短袖衬衫还搭配领带,这种着装不符合礼仪规范。

在准备服装时,衣服要合身,切忌尺码过大,那样会让人显得萎靡不振,也影响整体形象。此外,细节部分也同样重要,衬衫衣领需高于西服领1厘米。手臂放下时,衣袖要露出西服袖口1~1.5厘米。系领带时,领带末端的长度要处于皮带扣的中间位置。

总之,男生的着装品位就在于"分寸"之间,把握好了,就会看上去精神饱满;反之,可能会显得懒散拖沓。

6. 女性面试服饰　服装色彩、款式和材质均会影响到正式度。对女生而言,在色彩方面,无彩色比鲜艳色、深色比浅色、单色比花色更为正式。在款式方面,成套的、有外套的、简洁的更正式。在材质方面,细致感、挺括、光滑的面料更正式。图案、面料变化、花边装饰等越少,正式感越强。

相较于男生,女生的选择稍多一些。女生以有领有袖、长度到膝盖附近(最短勿短于膝盖以上3厘米)、端庄的西服套裙为首选。颜色推荐中灰色、藏蓝色或黑色,搭配浅色男式衬衫或者女式衬衫。也可以上半身穿衬衫,下半身穿及膝西装裙或者西装套装,也可选择给人以端庄、正式感的素雅连衣裙,色彩推荐中性色系,如黑、白、灰、蓝、米色等,连衣裙需有袖,裙长到膝盖附近。

女生可佩戴有质感的简约饰品,比如耳钉、项链、胸针等,如果需佩戴2件以上饰品,必须材质一致,或可佩戴丝巾作为点睛之笔。包和鞋的颜色推荐与服装同色搭配,一般以简洁方正的皮包,跟高为3~5厘米的简约鞋(皮质、包脚趾)为宜。

> **测试题**

请同学分小组讨论,在面试这个重要环节,如何才能打造出一个端庄得体的面试形象?请现场线上搜索一些适合自己的面试服饰,进行讨论,小组成员各自讨论着装搭配方案。

四、面试礼仪

(一)面试礼仪细节

1. 提前到达应聘地点　应聘者应注意守时,一般以提前5~10分钟到达面试地点为宜。进入面试房间前,应先轻轻敲门,得到允许后方可入内,切勿冒失入内。进入房间时,应整个身体一同进去,随后背对招聘者将门关上,再缓慢转身面对招聘者。见面时,应主动向招聘者问好,称呼要得体。在招聘者没有请你坐下时,切忌急于落座。请你坐下时应表示感谢后再落座,然后等待面试开始。

2. 面试应保持的体态　应聘者应保持坐姿端正,切勿跷二郎腿或双腿反复抖动,两臂不宜交叉在胸前,更不能把手放在邻座的椅子上,以免给人轻浮、有失庄重的印象。应聘者表情应谦虚和气,做到有问必答。男生就座时,应双脚踏地,双膝之间保持至少一拳的距离,双手分别放在左右膝盖上,若穿着正式西装,应解开西装上衣的纽扣。女生就座时,双腿应并拢并斜放在一侧,双脚可稍有前后之差,如果两腿斜向左方,则右脚放在左脚之后;如果两腿斜向右方,则左脚放在右脚之后。若穿着套裙,入座前则应收拢裙边再就座,坐下后,上身挺直,头部端正,目光平视招聘者。

3. 回答提问的技巧　对招聘者的提问,应及时回答。回答时语言得体,用词典雅,尽量不要使用简称、方言和口头语,以免对方难以听懂。切勿把面试当作你或招聘者唱独角戏,也不能随意打断招聘者的提问,以免给人以急躁、鲁莽的印象。当不能回答某些问题时,应如实告知对方,切勿瞎编乱造、胡吹乱侃。

另外,应注意保持适当的交谈距离。如果与对方距离太远,会使对方误认为你不愿向他表示友好和亲近。如果离得太近,又有可能会造成口水喷溅的尴尬。因此,从礼仪角度来讲,应聘者应与招聘者保持一至两个人的距离。这样做,既能让对方感到亲切,又能保持一定的"社交距离"。

4. 应聘结束后的礼仪规范　在面试交谈结束后,应礼貌起身,向招聘者道别。应聘者起立时应稳重、安静、自然,避免发出任何声响。一般情况下,入座由左边进入座位,起立时则还是由左边退出。应聘者可一边徐徐起立,一边以自然而自信的眼神正视招聘者,趁机做最后的争取,比如说:"谢谢您给我面试的机会,如果能有幸成为贵单位的一员,我会全力以赴。"随后,与招聘者真诚道别,走出房间,将门轻轻关上。

(二)形体语言——面试礼仪的重要部分

美国社会学家梅拉宾于1971年提出了梅拉宾法则,指出一个人对他人的印象,只有约7％取决于谈话的内容,而语调、语气等则占了38％,着装、表情、肢体动作占比高达55％。由此可见,获得良好第一印象的关键是体态语言。关于人的形体语言的研究早在100多年前就开始了。1872年达尔文积累了33年研究材料,完成《人类和动物的表情》一书,他认为表情是动物和人类进化过程中适应性动作的遗迹。在此基础上,语言学家经过多年的研究,形成了一门专门的学科——形体语言学,也即体态语言。形体语言是一种非文字语言的交际手段,包括人的体态、表情、姿势等,是人们在交往中运用面部表情、眼神、身体动作、姿势来传递信息、表达情感的一种非语言信号。面试中,恰到好处地运用这些形体语言能给面试官留下好印象。

1. 动人的微笑　微笑是表现良好精神状态的必备表情。从进入面试公司起,应面带微笑,即使在面试中被面试官的问题刁难了,仍需保持镇定,并报以歉意的微笑。当然,想要让面试官感到愉悦,还得表现自然,一直保持微笑。

2. 自信的眼神　在实际生活中,我们发现年轻的大学生在交际中常常因害羞而不敢正视对方的眼睛,这就会让对方感觉到你的不自信。眼睛是心灵的窗户。面试官通常会通过肢体语言和不经意的小动作来评判一个人。面试谈话时,看着对方面部的鼻眼三角区域,让彼此之间有眼神的交流,有利于表达我们的观点和自信。

如果面试中遇到一人面对多个面试官的情形,眼神的运用需要注意关注到在场所有人以示尊重,避免厚此薄彼。

3. 得体的手势　面试时,手势的使用需要恰到好处,既不要因手势过多而显得张牙舞爪,也不要因过于紧张而表现得手足无措,例如,因为说错话用手掩口;在思考过程中抓耳挠腮、咬指甲;眼神闪烁,紧张得抖脚,都是不成熟、不自信的表现。

上述眼神、微笑等微表情和各种手势,可以试着对着镜子练习或用视频记录下来,不断练习并提高。

第五节　应聘技巧

一、应聘途径

大学生进行求职活动的过程中,如何选择应聘途径？目前,主要的应聘途径包括招聘会、自荐、学校推荐等方式。后疫情时代,部分用人单位选择线上招聘员工。本节主要对招聘会与网上求职进行介绍,这是当下较为流行的应聘方式。在实际求职过程中,毕业生可以利用多种渠道,获取尽可能多的就业信息,增加就业机会,选择最佳的、最适合自己的工作岗位。值得注意的是,面对众多的求职途径,毕业生切勿盲目行动,必须有计划、有安排、有所选择地进行,这才是求职的上策。

(一)招聘会

招聘会一般分为现场招聘会和网络招聘会两种,日常中所讲的招聘会通常指的是现场招聘会。根据举办招聘会的部门及部门性质的不同,现场招聘会分为社会人才招聘会和校园人才招聘会。

1. 社会人才招聘会 政府相关主管部门定期或不定期地举办的人才招聘会，省市县人才服务中心和高校联手举办校园小型人才招聘会是一种形式，单独开设人才招聘会也是一种主要的形式。各高校组织毕业生到各地人才服务中心，同时在当地组织用人单位，和校园大型人才招聘会具有同样的效果，且更具有明显的就业区域指向。

2. 校园大型人才招聘会 根据教育部的要求，为方便毕业生求职与就业，各高校必须为应届毕业生举办至少一次校园大型人才招聘会。校园大型人才招聘会面向所有毕业生，根据毕业生数量，联系和邀请省内外数百家用人单位带着需求岗位进入校园，与毕业生进行面对面的双选活动。

3. 校园小型人才招聘会 校园小型人才招聘会是高校和各省市县人才服务中心联手合作的一种方式，共同推进毕业生就业工作。各省市县人才服务中心组织该地区数十家用人单位进入校园，招聘地方经济发展需要的人才。校园小型人才招聘会虽然不大，所需专业也较为单一，但具有明显的就业区域指向，往往会对部分毕业生产生吸引力。

4. 校园专场人才招聘会 校园专场人才招聘会是指某一家用人单位进入校园开展招聘，高校组织相关专业的毕业生参加。这种招聘会规模虽然小，但针对性强，成功率高。有些用人单位在错过校园大型人才招聘会后，多采用这种形式的招聘会，也有些用人单位认为这种形式的招聘会更适合他们。

5. 网络人才招聘会 利用网络技术开设人才招聘会，也成为政府、高校和用人单位解决毕业生就业问题的一种常用手段。尤其对于高校而言，在高校就业信息网上公布的毕业生基本信息发布的时效性长，不受时间和空间的限制，可供用人单位根据自身需求选择毕业生。政府部门及有关用人单位开设的网络人才招聘会，让毕业生能够投递电子简历，开展求职活动。

（二）网上求职

（1）网上求职平台多、信息量大：目前，线上专业招聘网站很多，如中华英才网、58同城、智联招聘、全国公共招聘网、大学生就业信息网、前程无忧招聘网等。打开相应的网页，就能找到许多岗位信息。以前程无忧招聘网为例，只要点击专业关键词，就会出现数量十分可观的招聘岗位信息。岗位覆盖了全国的所有城市，并对岗位需求人数、职位描述、技能要求、工作年限、工作待遇等都有明确描述，为毕业生求职提供了广阔平台。

（2）网上求职成本低、选择面宽：以往大学生求职主要以参加本校招聘会为主。由于用人单位岗位有限，他们往往还要奔波于其他高校乃至其他城市，耗财耗力又耗时。网上求职则简单、高效得多，只要你将电子简历发到目标单位，无论距离远近，只要简单输入就能完成。受疫情影响，一些用人单位甚至采取线上面试，省去了现场面试的路途花费。互联网时代的线上求职，实现了资金成本、精力成本、时间成本的低投入、高效率。

（3）网上求职效率高、信息反馈快：当学生发出简历后，用人单位根据需求进行筛选，对合适的应聘者给予回复。某同学曾向近50家企业发出求职信息，2周内接到了30多家企业的回复。这是校园招聘会无法办到的。

（4）网上求职竞争公平、能者优先：网上求职是供需双方根据需求而进行的双向选择。只要双方认可便能达成协议，无须为所谓的人际关系而发愁，在一定程度上避免了某些不公正的现象。特别是对民办高校的学生，他们不用再惧怕社会的歧视，看别人的脸色行事，就能找到心仪的工作。

（三）其他途径

自荐分为两种形式：一种是亲自到用人单位进行求职活动，能直接面对用人单位，近距离接触，更能显出诚意，更能让人印象深刻，适用于路途相对较近的用人单位的求职，或者在生源地求职；另一种是利用实习机会，与用人单位进行沟通求职的方法。在实习过程中，一方面通过自己的努力赢得用人单位的认可，提高社会实践能力，积累社会经验；另一方面还可以有意识、有目的地关注一些行业发展趋势、人才需求状况、用人要求等相关就业问题，加强对职场的了解，提升自己的求职意识。求职者在实习中的良好表现，可以增加录用成功率。

推荐作为一种间接的自荐方式,在大学毕业生求职活动中也十分常见,具体分为学校推荐和他人推荐两种形式。学校推荐主要得益于学校与用人单位之间密切合作的关系,再加上学校对毕业生情况较为了解。以组织形式向用人单位推荐毕业生,更具有可靠性和权威性,较容易得到用人单位的认可和录用。他人推荐指的是借助社会关系、教师与亲朋好友的力量向用人单位推荐毕业生,一般也能得到用人单位的重视和信任。对于就业困难的学生,推荐显得尤为重要。但毕业生也必须树立正确的求职理念:自己的主观努力是最重要的,也是最终的决定因素。

二、面试技巧

按照不同的标准,面试可分为不同的类型。

(1)按结构化程度不同:面试可分为结构化面试、非结构化面试和半结构化面试。结构化面试亦称标准化面试,是事先准备好所提的全部问题、各种可能的答案、评分标准和操作程序等;非结构化面试是即兴、随机地与应聘者讨论各种话题,内容可以任意展开,可以追踪提问;半结构化面试是上述两者的结合。

(2)按目的不同:面试可分为压力面试和非压力面试。前者是将应聘者置于紧张的气氛中,人为施加心理压力,测试应聘者承受压力、情绪调节及应变的能力;后者是在没有人为制造压力的情境下面试。

(3)按参加人数不同:面试分为个别面试、小组面试、集体面试和依序面试。个别面试是一对一的面试;小组面试是多对一的面试;集体面试是多对多的面试;依序面试是每一个应聘者按次序分别面对几个招聘者的面试。

1.做好应聘企业的背景调查,塑造良好的"首因效应" 首因效应是由美国心理学家洛钦斯首先提出的,也称首次效应、优先效应或第一印象效应,指交往双方形成的第一次印象对今后交往关系的影响,也是常说的"先入为主"带来的效果。虽然这些第一印象并非总是正确的,但却是最鲜明、最牢固,并且决定着以后双方交往的进程。如果一个人在初次见面时给人留下良好的印象,那么对方就愿意和他接近,彼此也能较快地相互了解,并会影响对方对他以后一系列行为和表现的印象。反之,对于一个初次见面就引起对方反感的人,即使由于各种原因难以避免与之接触,对方也会对之很冷淡,在极端的情况下,甚至会在心理上和实际行为中与之形成对抗状态。第一印象是十分重要的,一般在45秒内形成,形成后会伴随很长时间。

为提高大学生就业竞争力,大学生首先应了解应聘企业所在的行业、实际情况、企业竞争对手的情况、上下游产业链和企业文化,全面了解应聘企业的情况,可进行一次应聘企业的背景调查。

做好其背景调查至关重要。应聘企业究竟如何,不应该只听应聘企业的"一面之词",而应该由大学生进行深入的了解和调查后得出。招聘企业为了吸引和招揽人才,有时候会夸大个人职业发展或者该企业发展前景,导致大学生入职后发现"货不对板"。为了避免这种情况,自己要事先做好了解,应聘企业的介绍可以作为参考,不必全信。另外,为了与应聘企业相关人员进行更好的交流,利用"首因效应"精心准备,从而塑造良好的"首因效应"。前提是大学生必须掌握该企业、该行业、竞争对手的基本资料,甚至需要了解应聘企业可能参加面试的相关人员的基本情况。只有对这些了如指掌,才能在"不经意间"与应聘企业相关人员产生"共同话语",为自己的面试加分。

2.制作差异化简历,以"社会人"的视角去对待面试 在面试过程中,一份与众不同的简历往往能起到事半功倍的效果。为提高就业竞争力,大学生应针对不同企业、不同岗位,制作差异化的简历。在做好应聘企业背景调查的基础上,应该针对每个企业所强调的关键技能,在简历的设计上着重突出。应聘不同的岗位时,大学生制作的简历应该更突出符合应聘岗位要求的内容。

此外,大学生要知道面试是一种平等交流、快速沟通的最直接、最有效方式,其意义不仅在于应聘单位考核大学生,也在于大学生考核应聘单位。所以,大学生在做好企业背景调查的基础上,根据自身能力,以社会人的视角去对待面试,抓住面试或者面试前后"偶遇"的机会,与应聘企业相关人员沟通,在间接推荐自己的同时也可以进一步了解应聘企业的实际情况。

3.主动参与面试环节,进行必要的面试技巧训练 大学生要提高就业竞争力,需要熟悉面试流程并掌握面试主导权。这就要求大学生主动参与面试环节,进行相应的面试技巧训练。

首先,在业余时间需要学习面试技巧的理论知识。从理论上,了解面试过程中可能出现的状况,做到心中有数。其次,要将理论知识加以实践,熟悉面试程序和知道应该如何应对。比较好的做法是在大二、大三的招聘季就主动、积极地参与各类招聘会,争取面试的机会,提前实战。在招聘季特别是在大型的招聘会上,有数十甚至上百家企业前来招聘,或多或少总会与应聘者进行交流、沟通,这也是面试。在大二阶段,大学生多看、多听,熟悉面试官常问的问题、应聘者回答的范式。在大三阶段,大学生可以在适当的机会下尝试与面试官交流沟通。例如,在人山人海的招聘会上,大学生可以帮助面试官做些力所能及的事情,并在他们空闲时与之交流。机会是需要自己积极争取的,与人沟通的机会也是需要通过努力争取的。只有理论加上实践,主动参与面试环节,才能真正提高面试技巧。

一次面试就是一次成长。面试之后要学会总结,这会成为自己珍贵的财富。面试之后多想一想:哪些地方表现不错?哪些地方表现不佳?哪个问题自己回答得不够好?哪个问题具有代表性?一同面试的求职者有哪些值得学习的地方?他们的失误自己是否也有?还有哪些问题应该注意?不断地反省和总结,面试的发挥就会越来越稳定,人也会越来越自信,面试时的体态表现也会越来越自然。

4. 重视自我介绍 自我介绍是面试时必考一关,短短几分钟时间,不但要给面试官留下深刻的印象,还要激起人力资源人员的"购买欲"。

5. STAR 法则 这个法则在面试中经常会用到,所谓的 STAR 法则就是指情境(situation)、任务(task)、行动(action)、结果(result)四个方面相结合的一种讲述法则,即描述在某个时间过程,当时的情况背景如何(S),目标是什么(T),为了达到这个目标采取了哪些行动(A),结果是怎样的(R)。通常面试官会问这样的问题,比如,你在大学期间做得最成功的一件事是什么?参加社团活动具体是什么情况?回答这样情景类的问题,就要用到 STAR 法则,这样才能让你的回答有理有据。

情境(S):必须具体地描述出过往的某个情境,而不是笼统地概括。而这些情境可以来自方方面面,包括但不限于工作经验、志愿活动及相关的事件。

任务(T):你在处理这个情境或解决这个问题前,所定下的目标、方向,如你打算在多长的时间内帮助团队完成项目?

行动(A):你个人(并非他人或团队)在解决问题过程中采取的方案、步骤以及所做的贡献等。

结果(R):经过你的努力,事情的进展如何?是否解决了?结果如何?你从中学习到了什么?要自信地肯定自己的劳动成果,给出多个积极性的结果。

其实,"情境、任务、行动、结果"就是作文里描述事情起因、经过、结果的加强版。可见,这是人们在描述一件事情时最简单又直接明了的表达思路。所以,这四个要素缺一不可、顺序也不可以调换。尽管面试官没有提及其他要素,主动地提及也并非不可,反而是抓住表现自己优势的时机。而在逐一展开描述四个要素的过程中,每个要素都必须给出具体的细节作为说明,使得内容真实、丰满,而不是夸夸其谈。除此之外,需要多讲述一些积极向上的内容来凸显自己的能力与优势,因为这能影响录取结果。但并非每件事都是完美的,倘若你过往的经历带来了消极的结果,不必故意避讳。可以尝试从另一方面谈谈你从中吸取的教训,或展示出在逆境中的抗压能力等。

无论你对 STAR 法则有多熟练,倘若没有前期的素材整理、准备,在面试时也难以想到合适的例子加以运用。面试前,可以按以下 3 个步骤进行准备。

(1)以过去的校园课程、工作经验、领导经验、团队协作经历、项目计划为参考方向,选取突出的事件。如果有多个类似的情境,可以简单地归类整理。

(2)回想该情境中具体发生的事情,准备一个简短的描述。要保证这个描述包含起因、经过、结果。

(3)对于某些不如意或不顺利的经历,要提前寻找切入口,思考如何反衬出自己的优点。

三、笔试

（一）笔试类型

笔试是采用笔试测验的方法对应聘人员进行初次选拔的活动过程。

从广义上看，它是以书面形式测量、考核应试者的知识水平、分析力、判断力、想象力、记忆力以及文字表达、逻辑推理等多项能力素质的一种重要工具，它的应用范围十分广泛。从狭义上看，笔试主要是指对应试者知识水平的测量和检验。它是由主考部门根据工作岗位的需要，事先拟定好笔试试题，让应试者以书面的形式作答，对应试者的基础知识、专业知识、管理知识、技术知识、生产知识，以及其他专业知识水平的差异程度进行检测评判的一种测试工具。

从表现形式上看，笔试可以采用多种试题形式，如选择题、是非题、匹配题、填空题、简答题、综合分析题、案例分析题以及撰写论文等，笔试的每一种特定形式都有它的优缺点。例如，选择题、是非题、匹配题、填空题、简答题等类型的试题，适合测试应聘者的一般和专业知识水平；综合分析题可以测试应聘者某种职业能力；案例分析题能够检测应聘者的认知力、理解力、分析力、判断力、思辨力等方面的能力；撰写论文能使应聘者以文字形式表达对某一类问题的看法，既可以展示其聪明才智，又能反映其价值观、世界观、人生观等方面的认识水平。

从试题的内容上看，笔试试题主要包括技术性试题和非技术性试题两大类，主要是针对技术、研发型岗位人员招聘设计的，由于这一类岗位对于相关专业知识水平要求比较高，其试题主要涉及岗位需要解决的技术性问题，专业性比较强。例如，微软工程院某一年安排的笔试就是关于 C 语言、C++ 语言的题目，对应聘者的编程经验要求非常高，最后经过笔试筛选，淘汰了 90% 的候选者。非技术性笔试是最常见的一种测试应聘者知识水平、能力素质的通用形式，对于应聘者专业背景的要求也相对宽松。非技术性笔试的考查内容相当广泛，除了常见的写作能力、逻辑思维能力、数理分析能力和外文阅读之外，有时还会涉及时事政治、生活常识、社会经验、情景演绎，甚至智商测试等多个领域的问题。

（二）笔试技巧

在企业针对应届生的校园招聘环节中，笔试是一种相对面试来说比较初级的筛选方式。多数招聘企业在简历筛选之后，采用笔试作为面试之前的筛选方式，其主要目的是选出具备职位要求的专业知识、符合企业文化、具有招聘公司所希望的思维方式和个人能力的应聘者。

1. 前期充分准备　前期做好充分准备十分重要。有些规模较大的公司，拥有比较完备的筛选人才机制，不深入准备，很容易在几轮面试和笔试中被淘汰。求职前期应该了解职位要求、熟悉笔试题型、模拟真实笔试时的状态。

在接到企业笔试通知之后，可以通过多种渠道和方式了解该企业历年招聘笔试的题型，并模拟真正笔试时的状态做一些模拟题，看看自己能否在指定的时间内完成、正确率有多少，找出错误原因，总结笔试经验，针对自己的弱项突击练习。如果确实找不到往年笔试的题型，则可以通过研究职位招聘中对相关技能要求的说明，来间接判断笔试考核的题型和内容。或者寻找有没有曾在该公司或者同类型公司任职的校友或同学朋友，侧面了解笔试类型和出题方向。在做模拟题的时候，建议模拟真实笔试时的状态，尤其是一些考场的特殊规定，例如时间的限制、不允许使用计算器等。因为对于多数应聘者来说，如果给予充足的时间，招聘的笔试题是能够拿高分的。但很多情况下，为了在笔试阶段尽可能全面、综合地考察应聘者的素质能力，招聘企业设计的笔试题题量都很大，有些应聘者在有时间限制的情况下，没有掌握答题技巧，容易导致时间的不合理利用，情绪受到影响，造成发挥失常。

2. 复习专业知识　在熟悉笔试题型和内容之后，我们应该就考核的知识范围进行延伸复习，毕竟我们在真实笔试时碰到做过的笔试题的概率是比较小的。实际上，在校园招聘中，招聘企业笔试题中出现的一些基础知识及专业知识点都是在大学课堂上学习过的。笔试前，将相关的知识点再复习一遍，有助于我们从容应对笔试。

3. 明确笔试要求　在接到笔试通知之后，一定要把笔试时间、考场都先确定好，如果不放心，可以事先到考点去"踩点",以免错过笔试。同时,根据笔试通知中的要求,带好相关的物件,包括个人证明(例如身份证、学生证或者学校推荐信等)、笔试用具、计算器(如果允许)等。

4. 调整状态 笔试就像在校的考试一样,大家要端正考试态度和调整考试状态。认真准备,但是不必过分紧张,切不可患得患失,影响正常发挥。此外,笔试前一天晚上一定要休息好,并在笔试前调整好自己的状态,使自己能够以放松的心态应对笔试。

第六节 求职中常见的陷阱

一、求职陷阱的含义、特征及危害

(一)求职陷阱的含义

求职陷阱是指用人单位、其他机构或个人,利用大学生的弱势和特点,如社会经验不足、自我保护意识差等,以提供就业机会为引诱,采用违法悖德的手段,与大学生达成权利与义务不对等的各类就业意向或协议,侵害大学生合法权益的现象。

(二)求职陷阱的特征

现今,大学生求职陷阱具有四个典型特征。一是欺骗性:主要表现为用人单位用攻势强劲的虚假宣传、信誓旦旦的不实承诺、热情有加的伪善行为,来博取大学生的信任与期望。在协议中提出苛刻条件,隐藏各种不法目的。二是诱惑性:主要表现为用人单位着力包装、夸大事实,用荣誉、待遇和发展前景迷惑大学生,一旦大学生被诱骗上钩,则嘴脸一变,不兑现招聘承诺。三是隐蔽性:违法用人单位的伎俩之一就是准备了华丽而诱人的说辞,听起来入情入理、面面俱到、句句令人心动,其实处处是陷阱。涉世未深的大学生天真单纯,难辨真假,很快成为猎取的对象。四是违法性:就业中的违法目的各有不同。一类是违法违规留用人才。有些用人单位扣留大学生的户口、证件等,有些迫使大学生签下"卖身契"。他们软硬兼施,大开空头支票的同时也强迫其工作,迫使大学生接受不公正、不合理的工作量。另一类是坑蒙拐骗,使大学生掉进高薪陷阱、培训陷阱、押金陷阱等,甚至诱骗大学生推销、传销等,还有些用人单位给大学生设置了协议陷阱、合同陷阱或试用期陷阱,在法律的外衣下设下陷阱,使大学生十分无奈和无助。

(三)求职陷阱的危害

求职陷阱给刚刚步入社会的大学生带来巨大的伤害。一是给刚毕业的大学生造成经济损失、时间损失、机会损失。经济损失经过努力尚可挽回,但时间损失、机会损失则无法挽回。二是给刚毕业的大学生造成精神伤害,遭受就业风险的毕业生往往精神上会受到打击,对大学生身心健康带来严重影响,精神上受到的伤害远远超过经济损失。有的学生会患上"求职综合征",有的学生对社会、对自己失去信心。

二、求职陷阱的基本类型

就业是大学生人生道路上遇到的新课题、新难题。近年来高校毕业生规模扩大,国家机关、事业单位机构精简、人员分流,再加上后疫情时代,众多企业减员,就业形势严峻,毕业生自身期望值过高等一系列原因,毕业生的就业压力越来越大,毕业生就业难已成事实。与此同时,就业市场同其他市场一样,既有机遇和挑战,也有陷阱。"陷阱"形形色色,会对毕业生造成巨大的危害。毕业生要积极防范各种求职"陷阱",首要的是了解和认识"陷阱"。

(一)假借招聘变相收费

1. 中介陷阱 非法中介和部分合法中介机构利用大学生求职心切的特点,收取高额的中介费、报名费、面试费、体检费等。有的中介在收取费用后迟迟不给介绍工作;有的中介介绍了工作,如果出现面试未通过,则称因学生自身的原因,之前的费用不予退还;有些中介收取高额的中介费用后,介绍试用期的岗位,或工资待遇低,或工作环境差,均与最初的承诺相差甚远,导致毕业生自动离职;中介机构之间相互串通,以大城市落户、解决住房、工作稳定、高薪岗位等作为诱惑,将大学生介绍给外地的中介机构,外地的中介机构或直接不见踪影或重复上述各式手段。

2. 培训陷阱 部分企业录用前提是求职者必须在上岗前缴纳所谓的"培训费",不参加有偿培训不予录取。事实上,参加有偿培训的也不一定会被录取;一些培训机构以"高薪就业""为某公司提供岗前培训"为由,向毕业生收取培训费后,并未提供有用的培训,也不提供就业岗位;有些培训机构在毕业生缴纳培训费后,为其推荐偏远、低薪的岗位,或在试用期借故辞退;有些企业要求新进毕业生必须经过某培训机构安排的培训,考核合格才能录用,毕业生缴纳了高昂的培训费,但考核通过者很少;"培训贷"陷阱是培训机构诱导毕业生参加所谓的就业技能培训或岗前培训,承诺培训费用可在工作后每月从薪金扣除或分期缴纳,实际上是变相欺骗毕业生签订贷款合同,培训期间毕业生不会拿到钱,也不会学到有用的技能,培训机构承诺的高薪职位也不存在,最终毕业生却要承担高额的贷款和利息,如果毕业生中途反悔还要承担违约金。

3. 押金陷阱 有些企业利用高薪、解决大城市户口、解决住房等优厚条件引诱毕业生,要求毕业生在面试后上岗前缴纳"保证金"或"押金",随后以种种借口不让毕业生上班,已缴纳的"保证金"或"押金"不予退还;还有一些毕业生在工作一段时间后,发现该公司许诺的条件没有兑现,导致毕业生自动离职,已缴纳的"保证金"或"押金"也不予退还。

(二)以招聘为名获取廉价劳动力

1. 试用期陷阱 有些用人单位利用毕业生刚入职场缺乏经验,对相关法律了解不多,在签订合同时只签订试用合同,且试用期时间较长,试用期结束后就找借口辞退毕业生;有些用人单位会在合同上随意延长试用期,在试用期快要结束时,找借口告知毕业生试用不合格,要求再次试用;有些用人单位在毕业生报到时就马上签订劳动合同,要求毕业生立刻上岗工作,合同中不体现试用期的字样,当毕业生工作一段时间后发现自己不适合此工作要更换工作时,则需要承担解除合同的违约责任;有些用人单位利用毕业生分不清试用期和实习期的区别,故意用实习期替代试用期,给毕业生发放低于试用期薪资的费用以及不为员工缴纳相应的社会保险等。

2. 高薪陷阱 有些用人单位利用有些毕业生的虚荣心理,对岗位和待遇夸大其词,许诺工资待遇高、工作环境良好、晋升快等,可实际情况却是大相径庭。管理岗位名称通常只是穿了华丽的外衣,行政专员只是做打字、复印等基础性工作的普通职员,市场总监只是普通销售员,理财经理只是推销保险或理财产品的专员等。承诺的高薪、年底分红、带薪假期等待遇在实际工作中都将和业绩挂钩,根本不存在所谓的轻松和福利。

(三)以招聘为由盗取信息或劳动成果

1. 盗取个人信息陷阱 有些用人单位在网络上或其他媒体发布诱人的招聘广告,吸引毕业生投简历应聘,套取个人信息,如身份证号码、联系方式、家庭住址、家庭电话、父母情况,甚至银行账户等。不法分子利用上述信息,进行倒卖个人信息、盗用账户、冒名高额透支、向求职者家人行骗等各种违法活动。

2. 窃取创意成果陷阱 一些公司以招聘考试为由,将公司项目作为考题要求应聘者完成。不付出任何报酬的情况下,窃取应聘者成果作品。这类陷阱多发生于艺术设计、广告设计、程序设计、软件开发、文章翻译等专业领域。毕业生对自己的原创作品应保留底稿,交出的作品标注"未经本人同意擅自使用应承担法律责任"的声明,为维权保留证据。

(四)以招聘为由组织传销

1. 传销陷阱 有些不法企业以招聘、求职中介、免费创业培训、低学历高工资等名义,诱骗毕业生参加面试或培训,趁机给毕业生"洗脑",收取会费,迫使毕业生参与传销,甚至禁锢人身自由,进行人身安全威胁。

2. "公关"陷阱 有些用人单位以高收入作为诱饵,岗位对学历、专业、工作技能都不作任何要求。

这些所谓"公关"公司会引诱求职者从事色情或其他非法职业。

3. 网络就业陷阱　随着"互联网+"服务产业快速发展，一些网络卖家为了提高信誉度、增加客户量、刷好评等，雇佣在校生或毕业生为其服务。很多情况就是学生在货品到手并给出好评后，网络店主却没有进行相关的返现，有的甚至失去了联系。

（五）利用合同欺骗就业者

法律规定，建立劳动关系的双方应当签订书面劳动合同。由于传统观念的影响，一些高校毕业生与用人单位合同意识均比较淡薄。毕业生在就业中，经常遇到签订口头合同，签订不规范、不平等合同的情况。

1. 口头合同　有些用人单位找各种理由不与毕业生签订书面劳动合同，只是与其就工作中的责任、权利达成口头约定。涉世未深的高校毕业生求职心切，又碍于面子，羞于开口，不敢向用人单位提出要求，轻信了用人单位的口头许诺。一旦发生纠纷，原先的口头承诺不能作为维护毕业生利益的法律依据，因而遭受损失。因此，无论时间长短，一旦建立劳动关系，一定要签订书面劳动合同，约定双方的权利和义务，以规避风险。

2. 格式合同　在签订劳动合同时，格式合同是最常见的形式。《中华人民共和国民法典》第496条"格式条款是当事人为重复使用而预先拟定，并在签订合同时未与对方协商的条款"。格式合同虽然具有节约交易时间、事先分配风险、降低经营成本等优点，但也存在诸多弊端。由于格式合同限制了合同自由原则，格式合同的拟定方可以利用其优越的地位，制订有利于自己而不利于合同另一方的条款。有些用人单位利用格式合同缺陷，在编制合同具体条款时，故意设置不平等条件，一旦与毕业生发生纠纷，合同总是对用人单位有利，吃亏的总是应聘的毕业生。

3. 不平等合同　按照法律规定，合同约定双方的权利义务应该是平等的。有些用人单位在合同中设置不平等条款，在合同中只约定毕业生的义务，规定违约承担的责任，而毕业生的权利、用人单位的义务和违约责任却概不涉及。更有甚者，有的合同条款严重侵害毕业生的利益。如有的合同规定"在劳动中应注意安全，如因个人原因发生意外，自己承担后果，公司不承担责任"。这是严重侵害毕业生利益的条款。约定这种条款的初始目的就存在设置陷阱的意图，虽然违反相关规定，但一旦出现纠纷，就会给维权带来很大的障碍。遇到这种条款，要高度警惕，不要轻易签订。

4. 阴阳合同　用人单位要求毕业生签订两种合同文本，一种是为应付政府检查的格式合同文本，另一个是用人单位自己拟定的合同文本，是真正约束双方的合同。这种阴阳合同的目的是最大限度地保护用人单位的利益，是明显的违法行为。

（六）其他常见的就业陷阱

1. 编造身份，骗取钱财　由于中国传统上比较注重社会关系，有些人特别迷信所谓的有权势者、有关系者，对以疏通关系为借口的诈骗行为警惕性不高，特别容易上当。有的冒充政府官员或者假托有关系或背景等，以帮助大学生安排工作为借口骗取钱财的诈骗行为较为常见。对出言要花钱疏通，或直接向毕业生索取钱财，许诺找关系安排工作等情况，要设法拒绝，以防上当受骗。

2. 以招聘为名，变相销售产品　一些公司招聘大学生到公司工作，要求先交押金，然后去推销产品，并规定要卖出一定数量的产品才能拿提成工资；若完不成销售任务，则克扣工资或押金。这些都要引起注意。

三、应对求职陷阱的策略

对毕业生而言，如果预先有了心理防范意识，仔细甄别用人单位的真假，相信再诱人的陷阱也能够找出破绽。为此，毕业生可从以下5个方面入手，增强自己对择业"陷阱"的防范能力。

（一）合理定位自身能力

高校大学生在毕业时要对自己进行合理评估，包括对专业水平、工作能力、就业能力、兴趣爱好、职业规划等做出全方位的评估，明确自身优势与劣势，了解自己的专业在社会上的行情，要对自己和行业有清晰的判断，不盲目听取他人的意见，这样在找工作的时候就不会因为盲目追求高薪等口头承诺的招聘而迷失自我。

(二)树立正确的择业观

市场规律给择业观念带来了巨大冲击,但不能以此作为观念的基准。不正确的择业观会使毕业生在择业中迷失方向,不能客观地评价自己,不能准确定位。过高的期望值和功利性的择业观会使毕业生在择业时,把经济收入放在首要的位置,对工资待遇、奖金、福利、住房等因素过于关心。这些都会使毕业生在择业时被蒙蔽双眼,落入"高薪诱惑"的陷阱。

(三)保持良好的择业心态

再完美诱人的陷阱都有破绽,甚至有的陷阱本身就漏洞百出,然而不少毕业生在择业时缺少良好的择业心态,在心理认识和感性认识上出现了偏差,失去了应有的判断力,结果落入了择业陷阱。因此,毕业生在择业时必须保持良好的心态,才能有效应对择业陷阱。当毕业生出现急于求成、贪图虚荣、消极依赖等不良心态时,就应提高警惕。

(四)从正规渠道获取就业信息

目前网上各种招聘信息铺天盖地,虚假招聘信息也夹杂在这些招聘信息中,为了避免上当受骗,最好的办法是从正规渠道获取就业信息,如各高校、政府主管部门人才网站及用人单位官方网站发布的招聘信息。对于从其他渠道获取的招聘信息,要通过多种途径了解是否属实。

(五)学习法律常识,提高维权意识

《中华人民共和国劳动合同法》中对劳动合同的签订、劳动合同的主要条款、劳动合同的期限与试用期的期限、试用的次数、试用期的工资待遇、违约责任等都有明确的规定。用人单位招用劳动者,不得扣押劳动者的居民身份证或者其他证件,不得要求劳动者提供担保或者以担保名义向劳动者收取财物。劳动合同可以约定试用期,但最长不得超过 6 个月,在试用期内也应该享受社会保险,试用期包含在劳动合同期限内,在劳动合同中应当注明劳动者的姓名、劳动合同期限、工作内容、劳动报酬等必备条款。毕业生在求职前或求职过程中,应通过网络、书籍等多种渠道学习《中华人民共和国劳动合同法》等相关法律法规及相关政策,提高自己的法律意识,能利用法律武器维护自身的权利,不让不法分子有可乘之机。

(六)强化自我保护意识

高校毕业生应提高个人隐私保护意识,自觉防止个人信息泄露,在招聘陷阱中所涉及的个人信息泄露的问题,更多是在本人知情的情况下发生的。正规的企业和用人单位,绝对不会扣留求职者证件的原件。面试填写相关简历时,对家庭住址、联系电话、身份证号码等敏感的个人信息要尽量简单填写或不写,身份证、毕业证等证件的原件在面试结束后必须带走,不能让企业以任何理由保留。毕业生在签订用人协议、劳动合同时要仔细研究内容,注意违约金的数目,是否有相关的培训费用等条款,切实保障好自身权益。

四、求职陷阱真实案例

(一)真实案例一:误入诈骗陷阱

2016 年 7 月,夏某大学毕业,屡次投递简历石沉大海后,通过网络招聘入职某电商服务公司。入职时,负责人介绍公司是为淘宝店铺提供代运营服务,提供一站式淘宝店铺申请、货源、发货、推广等服务。夏某等新人的任务是按照公司提供的话术(推销套路模板)向客户介绍、推荐公司的服务,在与客户达成意向后协助客户完成合同签订、交款等事项。但夏某入职一段时间后发现公司在向客户收取费用后并未真实进行推广,而是通过刷单及虚假发货等形式欺骗客户,让客户误以为刷单的流量是店铺推广后真正的访问流量,并且公司实际不具备代运营的能力。"我发现公司其实是在骗钱。我也想辞职,但想到之前找工作那么难,在公司一年的收入底薪加提成有 10 万左右,我没有勇气辞职。"面对利益的诱惑和现实的困境,夏某选择了留下与妥协。截至案发,一年多的时间里夏某骗取客户资金共计 32 万余元,底薪与提成共计 13 万余元。而像夏某这样明知公司有问题,但仍然留在公司上班的

人并不少。

检察官发现,本案中共有 8 名犯罪嫌疑人是首次就职的高校毕业生,其中 4 名犯罪嫌疑人尚未毕业的时候在这家公司实习,等到正式毕业后,由于找不到合适工作,便依然回到这家公司工作。有的则是通过同学、朋友介绍来到这家公司工作,即使发现公司存在问题,看着身边的同学、朋友照做不误,内心的那点警觉也就放下了。而他们的行为已构成诈骗罪。

(二)真实案例二:误入非法吸收公众存款陷阱

2018 年,刘某大学毕业,通过网络招聘入职某投资管理有限公司。入职后,公司让他和其他业务员以发放宣传单、口头宣传等方式,向社会公众谎称投资某公司有高额回报,招揽投资人进行投资。后公司负责人将投资人的投资款 500 万元卷款而逃。此时,刘某入职两个月,共招揽吸收投资人民币 120 万元。

本案中,刘某所在公司负责人构成集资诈骗罪。刘某虽无非法占有他人钱财的故意,但其在明知公司无吸收公众存款资质的情况下,依然进行招揽投资的行为,在共同犯罪中起到辅助作用,构成非法吸收公众存款罪。

(三)真实案例三:误入买卖国家机关证件陷阱

2020 年 4 月,即将大学毕业的张某在某 QQ 兼职群看到招对公开户、注册天猫淘宝开户的兼职人员。根据对方介绍,只要帮助开设账户,工作 7~10 天,就能获得 3500~5000 元的报酬,食宿交通费等费用全包。其后,张某按照对方要求在某 App 实名注册了账号,并将身份证寄给对方。3 天后,他按照对方指示赶往杭州,被告知其名下已注册 5 家公司,需要再办 5 个手机号码、开设 5 家公司的对公账户。其间,张某被安排与其余 6 人共住一间宾馆客房。交谈中,大家谈起注册公司办银行账户的目的,怀疑是用来洗钱。张某听了后惴惴不安,但想着高额报酬,抱着侥幸心理并未离开或制止。6 天后,张某离开时,对方支付给他 3500 元的报酬。

2020 年 6 月,李某等网络诈骗犯罪团伙被抓,其中 5 个用来收转诈骗钱款的账户即为张某的账户。张某也因涉嫌买卖国家机关证件罪被立案侦查。

(四)真实案例四:误入虚假期货交易平台陷阱

2018 年 3 月,即将大专毕业的钟某开始寻找工作,在一次试试看的网络求职中,她"意外"被录用了。入职后,钟某和其他入职的新人收到了组长下发的工作"话术"册子和 10 个手机、10 张手机卡。经过培训后,她被安排以 10 个手机号注册了 10 个微信号、QQ 号。此后,钟某以自己控制的 10 个微信号、QQ 号与同伙相互配合,分角色扮演股票讲课老师、炒股人士、客服等,在各类群中以话术引导受害人入资某虚假期货交易平台,随后制造炒期货失败假象侵吞投资人资金。"没想到还没毕业就找到工作了,亲戚朋友中也有很多大学毕业了还没找好工作的,感觉自己太幸运了,所以很珍惜这份工作。"

2018 年 6 月,努力开拓客户的钟某升职成了组长。至 2019 年 3 月案发,钟某所在小组参与诈骗的金额达 110 余万元,属于诈骗数额巨大,根据法律规定量刑在 3 年以上。钟某因涉嫌诈骗受到法律严惩。

第三部分

创业篇

第七章

自主创业

扫码看 PPT

学习目标

1. 了解创业应具备的素养。
2. 掌握创业环境分析的方法和了解大学生创业的 12 种方向。
3. 能识别创业机会。
4. 掌握创业计划书的制订和评价方法。

案例导入

黄某等 7 人均为长沙理工大学自动化专业 2015 级本科生,合伙经营一家名为"久创科技"的电脑服务公司,主要业务包括组装电脑的导购、电脑及配件的代售、电脑故障的维修。

2016 年,黄某等人参加了学校的创业计划大赛,虽然比赛结果并不很突出,但却激发了他们的创业热情。比赛结束后,黄某就和同学商量成立电脑服务公司,准备进行真实的创业。他的这一想法得到了其他几位同学的响应,通过商议,黄某出资 4000 元,其他人每人出资 2000 元,共计 20000 元启动资金。同年 7 月,正式成立久创科技公司。在后来的经营当中,有 2 名同学因为自身经济困难而撤资,其他 7 人继续维持经营。经营的 7 名同学根据自身特点和专业特长,分块负责公司的各项业务;店面的营业人员由 7 名同学轮流充当。由于关系良好,平常的工作量和业绩并不直接与利益挂钩,而采取平均分配利润的方式。公司营业一年多来,业绩尚可,已收回投资,并于 2017 年 6 月开始营利,当然,这没有计算 7 名同学的人力投资。在经营中,公司成员发现自身存在很多不足,于是有意识地参加了一些管理知识和专业技能的培训。

公司的成员表示,他们并非为了创业而创业,主要目的还是增加自身实践经验。谈起以后的个人发展,大家都很乐观,并表示较倾向就职于大型的高科技电子企业,但对于创业也很有信心。

讨论:

1. 你还听说过哪些类似的案例?
2. 怎么理解他们"并非为了创业而创业"。
3. 这个案例对你有哪些启发?

第一节 创业意识和创业素养

一、创业意识

要想取得创业的成功,创业者必须具备自我实现、追求成功的强烈创业意识。强烈的创业意识可帮助创业者克服创业道路上的各种艰难险阻,将创业目标作为自己的人生奋斗目标。

创业意识是指一个人根据社会和个体发展的需要所引发的创业动机、创业意向或创业愿望。创业意识是创业思维和创业行为的必要准备。创业意识是创业的先导,它构成创业者的创业能力,由创业需要、动机、意向、志愿、抱负、信念等组成,是人们从事创业活动的强大内驱力。创业意识包括以下内容。

(一)商机意识

真正的创业者,会在他创业前、创业中和创业后,始终面临着识别商机、发现市场的考验。创业者必须有足够的市场敏锐度,可以宏观地审视经济环境,洞察未来市场形势的走向,以便做出正确的决策来保证企业的持续发展。

(二)转化意识

仅有商机意识是不够的,还要在机会来临时抓住它,也就是把握机会,把商机转化成实实在在的收入和公司的持续运作,最终实现自己的创业梦想。转化意识就是把商机、机会等转化为生产力,把才能和在学校学到的知识转化为智力资本、人际关系资本和营销资本。

(三)战略意识

创业初期给自己制订一个合理的创业计划,解决如何进入市场,如何卖出产品等基本问题。创业中期需要整合市场、产品、人力方面等制订创业策略,转换创业初期战略。需要指出的是,创业战略不止有一种,也没有绝对的好坏之分,关键是要适合自己的创业之路。在这条路上应时刻保持着战略的高度,不以朝夕得失论成败。

(四)风险意识

创业者要认真分析自己在创业过程中可能会遇到的风险,一旦这些风险出现,要懂得应该如何应对和化解。大学生是否具备风险意识和规避风险的能力,将直接影响到创业的成败。

(五)勤奋与敬业意识

事业成功虽然有运气在其中,但主要还是靠勤劳,勤劳苦干可以提高自己的能力,就有很多机会降临在你面前。大学生创业,一定要务实,要勤奋,不能光停留在理论研究上。可以从小投资开始,逐步积累经验,不能只想着一口吃个胖子。没有资金,没有人脉都不要紧,关键是要有好思路和想法,有勇气去迈出第一步,才会成功。

二、大学生创业意识

大学生创业意识是指大学生根据社会和自身发展的需要所引发的创业动机、创业意向或创业愿望。对于每一个希望创业的大学生来说,首先必须增强创业意识。增强创业意识,就要有明确的人生目标。创业作为一种社会实践活动,是在一定的意识和目的的支配下进行的。不同的创业目标与价值理念体现出不同的人生目的,也体现出不同的创业人生价值。只有将自我价值与社会价值统一起来的创业者,才能获得创业的机遇和成功。

如今自主创业已不单单是一种就业形式,创业的同时,也为其他人提供了就业的机会,对社会的发展具有重要意义。随着近年来人们对创业理解的加强以及国家的调控帮助政策,更为创业提供了良好的社会环境。高校是高素质人才培养的摇篮,大学生更应具备相关的创业知识来更快更好地适应社会,为将来的发展打下坚实的基础。大学生创业意识的重要意义有以下两点。

(一)创业意识是大学生自我完善的需要

伴随着我国市场经济的日益完善与提高,以往传统的就业模式已不能适应经济的发展,而知识的转换也不能按传统的方式得到实现,市场经济的完善为资源的配置提供了良好的运行环境。高校大学生作为丰富的人力资源,其人力配置应按照学生所学的专业来进行分配,做到术业有专攻,使学生能够充分发挥自己所学,实现自己的理想与价值。因此,高校大学生必须完善自己各方面的能力,不断提高自己,在术业有专攻的同时,也要注重创业意识的培养,为将来步入社会提供强有力的精神保障。

（二）创业意识是社会现实的需求

伴随着高等教育招生的进一步扩大，大学生就业人数也急剧攀升，导致我国就业问题已迫在眉睫。大学生作为知识的载体，无疑为社会的进步与发展提供了强大的动力与资源，而伴随着就业难问题的出现，改变传统的就业观念尤为重要。在国家出台一系列就业计划的同时，高校大学生也应该逐步完善自身的能力，加强创业意识的培养，而非仅仅局限于就业。通过加强创业意识的培养，为学生步入社会打下良好的基础，同时对缓解就业起到了重要的作用。

三、创业素养

（一）良好的心理素质

心理素质是指人们在心理活动方面的能力，即应付、承受及调节各种心理压力的能力。创业之路是充满艰险与曲折的，创业就等于面对变化莫测的激烈竞争以及随时出现的需要，迅速正确地解决问题和矛盾，这需要创业者具有非常强的心理调控能力，能够持续保持一种积极、沉稳的心态。

当代大学生大多数从小物质生活条件比较优越，在家长的呵护下长大，社会经验少，生活阅历浅，抗挫折能力弱，而创业成功很大因素取决于创业者的心理品质。如果不具备良好的心理素质、坚强的意志，一遇到挫折就一蹶不振、垂头丧气，在创业的道路上是走不远的。大学生创业者要提高创业心理素质，正确了解自己，正确认识创业，形成积极、沉稳、坚韧不拔的创业心理素质。

（二）创业精神（企业家精神）

大学生在创业过程中，除了要为社会提供更多更好的劳动产品和劳动服务外，首先要树立为人民服务的思想，其次应努力创造社会效益和经济效益。只有树立这样的人生观，大学生才能潜心于学习专业知识和专业技术，积极参加实践，真正深入客观社会和事物无限深远的本质中，洞察自然、社会和人自身的奥秘，才能为科学、经济、社会作出贡献，才能创业。

有人把创业精神形象地称为企业家精神。企业家精神是一种特质，是指在企业家的精神世界中具有开创性的思想观念、个性、人格、意志、作风和品质等。在人们对于企业家精神的通俗描述中，经常用到自强自立、创新开拓、勇于冒险、艰苦奋斗、百折不挠、讲究诚信、敬业精神、开放包容、社会责任、无私奉献等词语，说明企业家精神的内涵是非常广泛的。企业家精神包含强烈欲望、敏锐视野、创新精神、冒险精神、执着精神、诚信精神和共赢精神等。

1. 强烈欲望 创业的动力来自创业者本身，只有强烈的欲望才能引发创业的动机，这是创业和企业运营最原始的动力。欲望实际上就是生活目标和人生理想，这些欲望包括成功的欲望、金钱的欲望、事业的欲望、社会地位的欲望、被尊重的欲望、成长的欲望等。创业者有强烈的欲望，就会不甘于现状、采取行动、追求成就。心理学家麦克莱兰通过对创业者调研之后得出结论：如果一个社会普遍拥有高水平的成就需求，就会涌现更多具有活力的创业者。传统的中华民族是一个保守的民族。改革开放的几十年是整个国家重新创业的几十年，取得了举世瞩目的成就，且不论深层的原因，最直接的原因就是"允许一部分人先富起来"。这唤醒了人们最原始的欲望，使人们可以理直气壮地追求财富和优质生活。创业者的特别之处在于，他的欲望是不安分的，是超出现实的，是难以轻易得到的，对常人而言是不切实际的。因为创业者具有强烈的欲望，所以创业。

2. 敏锐视野 当今市场瞬息万变，充满机遇和威胁，企业的生存环境更加复杂，创业失败的主要原因之一就是因为对环境分析不当，机会分析和项目选择不当，包括很多行业巨头在内的经营失败的企业也是因为没有适应环境的变化。创业者的敏锐视野主要表现在3个方面：首先是战略眼光，创业者要有战略视野，要有一定的高度和深度，也要有一定的系统性，能在复杂多变的市场环境中对创业机会进行正确的分析，不仅要了解现在的环境状况，也要分析未来的变化情况；其次是要有敏锐的市场意识，对于市场上的变化，包括需求、消费者、竞争等因素敏锐察觉，及时发现机会和威胁；最后要善于把握机遇，关注市场的变化，及时从变化中抓住机遇。

3. 创新精神 创新是民族的灵魂，也是企业家的典型特征。创业最核心、最本质的属性就是创新，创办新企业，开发新产品，开拓新事业。缺乏创新精神，创业一定不会成功，很难想象一个墨守成规的人会去创业,缺乏创新精神的企业也会被无情地淘汰,即便是实力雄厚的知名企业也是如此。企业家精神中的创新精神,就是否定思想保守、因循守旧,企业家总是以新的方式、新的想法、新的工作思路去对待旧事物和老方法,总是不停地寻求更好、更新的价值。创业和经营中的创新精神具体体现在观念创新、战略创新、产品创新、服务创新、渠道创新、管理创新、组织创新等各个领域,正是创新精神为企业注入源源不断的活力和竞争力。

4. 冒险精神 坎蒂隆(Cantillon)和奈特(Knight)将企业家精神与风险或不确定性联系在一起,没有甘冒风险和承担风险的魄力,就不可能成为创业者,更不可能成为企业家。创业本身是一项冒险的活动,它的成功与否具有很大的不确定性。没有冒险精神就不敢跨出创业的第一步,没有勇气面对未来,没有自信解决问题,冒险精神是创业者和企业家区别于其他人的独特心理特质。很多创业者的成功过程就是一次又一次的冒险过程、修正过程,甚至是重新开始的过程。创业者往往充满自信,敢于面对风险。面对各种潜在的不确定性,他们相信自己能够有办法、有能力面对未来的各种情况。创业过程本就是一个学习和创造的过程,几乎没有一个创业者是完全按照最初的预想按部就班地实现创业的。在解决不可预料的问题的过程中,不断激发出自己的创造力和潜力,创业者因此变得越来越成熟,经验越来越丰富,能力越来越强,资源越积累越多,管理越来越完善,实力不断增强,抵抗风险的能力不断提升。

5. 执着精神 执着是企业家的优秀品质,也是创业成功的保障,是对目标的追求,也是执行力的源泉。创业是一项艰苦的过程,不可能一帆风顺,从创业机会识别、策划到创业计划的实施,再到企业的持续经营管理期间,会遇到各种物质与精神的磨难,包括他人的不理解甚至讥讽嘲笑、社会和家庭的阻力、创业经营的巨大压力、巨大的工作量和繁杂的事务处理、未来的不确定性带来的风险等,这些压力是常人无法想象的,让人身心疲惫,没有坚强的忍耐力和意志力只能被压垮。创业者的过人之处就在于超强的忍耐力和意志力,拒绝接受失败,锲而不舍,坚韧不拔,永不放弃,向着目标前进。敬业精神也是执着精神的体现,对自己的事业充满期待,充满激情,敬业敬事,脚踏实地做好每一件事。全身心地付出,是取得创业成功的关键。

6. 诚信精神 诚信是立人之本,也是创业之本,是企业家精神的基石。市场经济是法制经济、规则经济、诚信经济,缺乏诚信,不仅交易成本高,而且创业风险巨大。诺贝尔经济学奖得主弗利曼更是明确指出:"企业家只有一个责任,就是在符合游戏规则下,运用生产资源从事利润的活动。亦即须从事公开和自由的竞争,不能有欺瞒和诈欺。"创业者的诚信精神能有效获得团队成员的支持,获得投资方的信赖,获得消费者、供应商和合作伙伴的信任,获得社会的认可。同时,诚信本身也是创业者的品牌、创业型企业的品牌,诚信精神是创业成功和企业持续经营的基础。诚信精神也是法制精神。

7. 共赢精神 一个企业家虽然是为自己的目标而创业,但从企业创建那一天起,创业就不仅仅是纯粹的个人行为,而是社会的一部分。创业者如果只考虑自己的利益,没有共赢精神,是不可能获得成功的。共赢精神首先是团队共赢,参与创业的团队成员相互帮助,共担风险,共享创业成果,共享成功;其次是消费者共赢,企业必须依靠向社会提供产品和服务,满足消费者需求来获得自己的价值,产品为消费者带来价值,企业通过经营获取利润;再次是社会共赢,企业为社会创造就业、税收,社会为企业提供经营资源;最后是合作共赢,合作是共赢的主要方式,企业与供应商、与合作者在项目、业务、市场、渠道、技术、生产等方面展开合作,形成多赢的局面。

(三)知识素质

知识就是力量,知识和能力有很强的相关性。与几十年前相比,我国的创业环境已经发生了巨大的变化,当今的创业对知识和能力的要求更高,单凭勇气、热情和经验创业是很困难的,创业者具备一定的知识基础更加容易取得成功。创业知识的来源包括学校专业学习、自学、培训和在实践中"干中学"积累,创业者的知识素质并不是指参与创业的每个个体必须全才全能,更多的是指一个创业的团队或组织成员要有合理的、互补的、不断更新的知识结构。从某种程度上讲,学习是一个人根本的竞

多看一眼:
有代表性的
创业素质研究

争力。按照普遍的认识,创业者的知识结构包括以下几个方面。

1. 专业领域知识　专业领域相关知识是指与创业项目相关的理论基础、技术原理、专业知识、行业与产业知识、工程知识、产品和设备知识,创业团队中必须有成员具备这样的知识素质,甚至成为专家。这些知识是必要的基础,创业者不仅要掌握基础知识,而且还要了解发展和应用的前沿,缺乏这些知识就很难研发和形成产品服务,对市场和客户也不能进行必要的分析,更不能进行技术创新。大学的专业教育对系统的专业领域知识的形成是非常有帮助的,因此大学生在这个方面创业有一定的优势。不同的行业、不同领域的项目的专业领域知识是不一样的,例如,软件企业的创业者就必须掌握必要的硬件和软件知识,医药行业创业必须了解医学、药学和保健等方面的专业知识。

2. 经营管理知识　不管是哪个行业的创业,创业过程都是一个经营管理的过程,创业管理本身就是一个复杂的、跨领域的学科,因此团队中必须有成员懂得经营管理的知识,仅从创业计划编制的角度,就涉及市场营销、运营管理、组织管理、人力资源管理、财务会计、金融管理、法律法规等方面的知识。此外,很多创业项目还涉及国际金融、国际贸易、物流管理、电子商务、投资融资、媒体运营等方面的知识。这些知识的获取,一方面依靠专业知识的学习,另一方面则通过自学或者培训完成。当前经营管理知识的培训非常火爆,大多数参与的学员就是创业者和企业的管理人员。

3. 科学和人文知识　科学和人文知识对于提升创业者的素质非常有帮助,不断提升这方面的修养有助于提升个人的科学素养、人文精神和经营管理的水平,例如,自然知识、科技知识、社会学、政治学、哲学、心理学、历史、地理、文学、艺术等方面的知识。科学和人文知识不一定要专门去学习,它可以依靠平时的积累甚至终身学习。

(四)能力素质

知识素质为创业奠定了基础,但知识也不完全等于能力,有潜质、有知识并不意味着有能力创业,要成功创业,还要求创业者具备一些基本的能力素质。同样,创业者的能力素质也不是要求创业的个体具备全方位的能力,每个人可能擅长一个或几个方面,更多的是指创业团队或组织的综合能力。

1. 决策能力　决策能力是指创业者对环境的分析能力、目标的把握能力和方案的决断能力的综合体现。创业者对所处环境及其处境能够做出快速而细致的权衡,明确目标,制订和选择方案,把握风险,敢于做出决定并坚持到底,优柔寡断可能会错失良机。决策能力至少包含以下三个方面:分析预测能力、方案制订能力、准确的决断能力。

2. 计划能力　计划能力是将创意和决策信息化、条理化,变成一个可执行的方案,并且有效组织人力、物力、资金等资源按计划推动方案落实的能力。该能力是创业者必备的基本能力素质之一。面对错综复杂的内外部环境,必须目标明确、统筹兼顾、协调各方,合理安排各种资源才能把企业做好。

3. 执行能力　决策和计划得以有效执行,必须要具有良好的执行力。执行力是指有效利用资源达成目标和完成计划和任务的能力,把计划变成结果,是获得创业成功的关键环节。对于创业团队而言,执行力就是战斗力;对于创业个体而言,执行力就是解决问题的能力。提升执行力的主要措施:首先,有完善的组织文化、制度流程、考核激励,从组织的层面进行保障;其次,提升创业者的个体素质,包括责任心、工具和技能的掌握以及协调控制能力的培养;最后,要加强协调,任务执行中建立沟通机制、检查机制、反馈机制、处理机制,保证执行有力。

4. 合作能力　在复杂的创业环境中,没有人能够只靠个人的能力和努力取得成功,合作能力首先表现为开放意识、愿意与他人配合、资源与利益协调与共享。合作能力也是团队合作的基础,合作是双方的,一方面是指自己能够充分发挥个人的经验和特长,帮助和协助对方完成事务达成目标,另一方面也指充分获取他人支持、调动他人资源和能力、协调配合实现目标的能力。合作能力同时是一种能设身处地为他人着想,善于理解对方、体谅对方,善于合作共赢的心理品质,团队需要合作,部门需要合作,客户需要合作,供应商、合作伙伴也需要合作,创业者通过合作完成业务、整合资源、达到目标。

5. 专业能力　专业能力也称业务能力,是指某一个领域的专长能力或与部门职能、岗位职责相关的能力,专业能力一般建立在专业知识、经验和实践之上。在创业阶段各项核心能力中,除了专业技术能力之外,营销能力、理财能力、人力资源管理能力相对更加重要。营销能力表现在3个方面,机会分析和创业计划的制订能力、销售能力、销售管理能力。创业中的理财能力首先表现为理财意识,主要是指筹措和使用资金,并进行合理安排和有效管理达成创业目标的能力。人是创业活动中起决定性作用的因素,创业活动最终是由人来完成的,创业管理首先是对人的管理,因此创业者的人力资源管理能力十分重要。

6. 综合能力 综合能力是有助于创业管理的通用能力和基础能力,创业者和职业经理人都具备这些能力。其中比较重要的能力包括学习能力、分析能力、沟通能力。学习能力指通过学习,获得创业所需要的知识、学习和训练各方面的技能、学习和掌握相关的工具和方法。分析能力的实质是信息处理能力,信息的获取、分析、加工、处理、传递是决策能力和计划的基础,分析能力也是调查研究能力、数据处理能力、预测能力、判断能力等的综合体现。沟通能力也是信息处理能力和表达能力的综合体现,整个创业过程都贯穿着沟通过程,与团队成员、员工、客户、供应商、合作者、投资方、公众等都存在沟通行为。

(五)经验准备

缺乏经验是目前大学生创业中普遍存在的问题,不少大学生创业者不习惯对其产品或项目做市场调查,而是进行理想化的推断,比如"我们的产品每天赚1000元,那一个月就能轻松地赚3万"这种想当然的方法显然是站不住脚的。此外,没有切实可行的创业计划,缺乏从职业角度整合资源、实施管理的能力,这是大学生创业失败的一个重要原因。大学生长期在校园,缺乏对社会的了解。在市场开拓、企业运营上,很容易陷入眼高手低、纸上谈兵的误区。

因此,大学生创业需要做好充分的准备,一方面去企业上班或实习积累相关的管理和营销经验;另一方面积极参加创业培训,积累创业知识,接受专业指导,提高创业成功率。立志创业的毕业生或由于缺乏创业的经验,或由于缺少创业的资金,先加盟与自己创业目标相符的公司,经过一段时间的实践,积累了经验,积蓄了资金,在时机成熟时再独自创业,这对许多要创业的毕业生来说,也许是更理智的选择。

当然,并不是每个人都要等到具备了所有经验的时候才去创业。虽然创业团队中的每个人经验都比较少,但他们形成合理的互补关系,而且能够同舟共济时,同样能够成功。

> **测试题**

1. 创业者需要具备哪些能力?每种能力应该怎样提升?
2. 你需要学习的创业知识有哪些?请制订一个合理的学习计划。

第二节 创业环境和创业方向

一、创业环境分析

创业活动有3个非常重要的因素,即创业者、创业机会和创业环境。一定的创业行为和创业活动总是在特定的环境中产生与发展起来的,所以整个创业活动就一定会受到其所处的创业环境的影响,而创业机会作为创业的初始阶段的关键环节影响整个创业活动。创业机会是创业过程的初始阶段,所以这种机会也必然是产生于一定的创业环境之中。一个新企业获得资源以及在市场上进行竞争都离不开其所处的环境背景,创业环境被看作一个开放的系统,而新企业的创建过程应该是一个复杂的、多维度的现象,创业环境会从各个方面影响企业的创建及发展。

创业环境是创业机会产生的主要来源,创业环境分析主要从宏观环境、微观环境两个方面进行,在分析创业环境的过程中,创业者首先要了解创业的相关制约因素,可以通过逆向思维转化成创业机会,但更多的则是从细致的分析中发现创业的机会。

(一)创业环境对创业机会的影响

创业机会源于创业环境,创业机会同时又作用于创业环境,对创业环境产生影响。创业机会来源于创业环境:外部环境的不确定性正是创业机会的主要源泉。创业者通过在环境中获得的不同种类的信息对机会进行识别,通过搜索环境中那些可以创业的信息进行创业。同时创业机会受到许多环境因素的影响,如外界环境中的情境因素、部分重要资源的可用性以及个体的创新性等。

环境对创业机会的影响方面的研究包括以下几个方面。

1. 环境对创业机会产生的影响 动态环境可以为企业创造更多的机会。调查活动能够发现更加适宜的创业环境来制造创业机会,通过对先前不是创业的机会进行系统搜索,可以发现创业机会更加可能产生的环境。研究表明,发生在行业内的变化越大,创业机会就越多,而且随后形成的新创企业就越多。创业机会的产生很大程度来自外界环境的改变。因为行业或地区间创业环境的差异,某些行业和某些地区产生的创业机会比其他行业或地区多,当环境改变时,机会产生的概率将会大大地提升。

2. 环境对创业机会识别的影响 技术、市场、政府政策和社会价值被认为是影响创业机会识别的主要环境因素。个人特征、文化价值观以及社会背景会影响创业者对创业机会的认知,而外在环境会影响创业者建立新企业的方式及新创企业成长的倾向。

3. 环境对创业动机的影响 文化价值观和社会背景都影响着创业者的认知,潜在的创业者对于文化和制度环境的预期,决定了他们是否愿意将潜在的商业机会和可能获得的资源结合起来,真正地付诸创业行动。

4. 环境性质差异对创业机会的影响 影响创业机会形成的关键环境因素来自行业成长空间、政府政策以及对手竞争等。在转型经济中,制度因素是创业更为重要的环境因素。环境对抗性越强,企业越容易进行创业活动。通常,在多变的、对抗性的环境中,创业型企业比较多见,因为这些企业的经理人会更倾向于采用快速成长策略,并进行机会捕捉,而这些机会往往是高风险、高收益的。

(二)创业环境构成要素

关于环境和创业环境概念的相关研究日趋成熟,并且在创业研究领域中已基本形成共识,即认为环境是各种自然因素和社会因素的总和。在创业过程中,创业环境是创业主体在创建新的企业、开展创业活动的过程中,所有对这一过程产生影响的外部要素的总和。

根据对创业环境构成的相关研究综述,创业环境主要包括技术环境、融资环境、人才和教育环境、文化环境、基础设施环境和政策环境等对创业者的创业活动产生影响的外部因素,这些环境因素构成了影响创业者创业过程的环境整体。

全球创业观察(GEM)中所提出的创业环境构成要素以其权威性和广泛性,在很大程度上统一了对于创业环境构成的研究。我们根据 GEM 报告,将创业环境构成要素进行分类,划分为宏观环境与微观环境两大类。

1. 宏观环境 宏观环境又称一般环境,是指影响一切行业和企业的各种宏观力量。对宏观环境因素进行分析,不同行业和企业根据自身特点和经营需要,分析的具体内容会有差异,但一般都应对政治与法律(political and legal)、经济(economic)、社会文化(sociocultural)和技术(technological)这四大类影响企业的主要外部环境因素进行分析。

(1)政治与法律因素:政治与法律是影响企业创业环境的重要宏观环境因素。政治因素像一只有形之手,调节着企业活动的方向;法律则为企业规定商贸活动行为准则。政治与法律相互联系,共同对企业各项活动产生影响和作用。

政治环境包括一个国家的社会制度,执政党的性质,政府的方针、政策、法令等。不同的国家是有不同的社会性质,不同的社会制度对组织活动有着不同的限制和要求。即使社会制度不变的同一国家,在不同时期,由于执政党的不同,其政府的方针特点、政策倾向对组织活动的态度和影响也是不断变化的。国家在不同时期,根据不同需要颁布一些经济政策,制定经济发展方针。这些方针、政策(如人口政策、能源政策、物价政策、财政政策、金融与货币政策、税收政策等)给企业研究创业环境提供了依据。一个国家制定出来的经济与社会发展战略、各种经济政策等,企业都是要执行的,而执行的结果必然会影响市场需求,改变资源的供给,扶持和促进某些行业的发展,同时又限制另一些行业和产品的发展,这是一种直接的影响。

对企业来说,法律是评判企业营销活动的准则,只有依法进行的各种活动,才能受到国家法律的有效保护。因此,进行创业活动必须了解并遵守国家或政府颁布的有关经营、贸易、投资等方面的法律、法规。我国在发展社会主义市场经济的同时,也加强了市场法制方面的建设,陆续制定、颁布了一系列重要法律法规,如《中华人民共和国公司法》《中华人民共和国广告法》《中华人民共和国商标法》《中华人民共和国经济合同法》《中华人民共和国反不正当竞争法》《中华人民共和国消费者权益保护法》《中华人民共和国产品质量法》《中华人民共和国外商投资企业法》等。

(2)经济环境:主要包括宏观经济环境和微观经济环境两个方面的内容。宏观经济环境主要指一个国家的人口数量及其增长趋势、国民收入、国民生产总值及其变化情况以及通过这些指标能够反映的国民经济发展水平和发展速度。微观经济环境主要指企业所在地区或所在服务地区的消费者的收入水平、消费偏好、储蓄情况、就业程度等因素。这些因素直接决定着企业目前及未来的市场容量。

(3)社会文化因素:社会文化是指一个社会的民族特征、价值观念、生活方式、风俗习惯、伦理道德、教育水平、语言文字、社会结构等的总和。它主要由两部分组成:一是全体社会成员所共有的基本核心文化;二是随时间变化和外界因素影响而容易改变的社会次文化或亚文化。人类在某种社会中生活,必然会形成某种特定的文化。不同国家、不同地区的人民,不同的社会与文化,代表着不同的生活模式,对同一产品可能持有不同的态度,直接或间接地影响产品的设计、包装、信息传递方法、产品被接受程度、分销和推广措施等。社会文化因素通过影响消费者的思想和行为来影响企业的市场营销活动。

(4)技术环境:现代科学技术是社会生产力中最活跃的和起决定性作用的因素,它作为重要的创业环境因素,不仅直接影响企业内部的生产和经营,而且还与其他环境因素相互依赖、相互作用,影响着创业活动。科学技术的进步和发展,必将给社会经济、政治、军事以及社会生活等各个方面带来深刻的变化,这些变化也必将深刻地影响企业的营销活动,给企业造成有利或不利的影响,甚至关系到企业的生存和发展。因此,企业应特别重视科学技术这一重要的环境因素对企业营销活动的影响,以使企业能够抓住机会,避免风险。

2. 微观环境 微观环境主要由企业的供应商、营销中介人、公众、消费者、竞争者组成。其中,消费者与竞争者又居于核心地位。

(1)供应商:影响企业营销的微观环境的重要因素之一。供应商是指向企业及其竞争者提供生产产品和服务所需资源的企业或个人。供应商所提供的资源主要包括原材料、设备、能源、劳务、资金等。如果没有这些资源作为保障,企业根本无法正常运转,也就无法提供给市场所需要的商品。因此,社会生产活动的需要,形成了企业与供应商之间的紧密联系。这种联系使得企业的所有供货单位构成了对企业营销活动最直接的影响和制约力量。供应商对企业营销活动的影响主要表现在供货的稳定性与及时性、供货的价格变动、供货的质量水平。企业在寻找和选择供应商时,应特别注意两点:第一,企业必须充分考虑供应商的资信状况。要选择能够提供品质优良、价格合理的资源,交货及时、有良好信用,在质量和效率方面都信得过的供应商,并且要与主要供应商建立长期稳定的合作关系,保证企业生产资源供应的稳定性。第二,企业必须使自己的供应商多样化。企业过分依赖一家或少数几家供货商,受到供应变化的影响和打击的可能性就大。为了减少其对企业的影响和制约,企业就要尽可能多地联系供应商,向多个供应商采购,尽量注意避免过于依靠单一的供应商,以免与供应商的关系发生变化时,使企业陷入困境。

(2)营销中介人:指协助企业促销、销售和配销其产品给最终购买者的企业或个人,包括中间商、实体分配机构、营销服务机构和财务中间机构。这些都是市场营销不可缺少的环节,大多数企业的营销活动都必须通过它们的协助才能顺利进行。例如,生产集中与消费分散的矛盾,就必须通过中间商的分销来解决;资金周转不灵,则须求助于银行或信托机构等。正因为有了营销中介所提供的服务,才使得企业的产品能够顺利地到达目标消费者手中。随着市场经济的发展,社会分工越来越细,这些中介机构的影响和作用也就越来越大。因此,企业在市场营销过程中,必须重视营销中介对企业营销活动的影响,并要处理好同它们的合作关系。

(3)公众:指对企业实现其目标的能力感兴趣或发生影响的任何团体或个人。一个企业的公众主要有以下几大类。

金融公众,指那些影响企业取得资金能力的集团,包括银行、投资公司、证券公司、保险公司等;媒介公众,指那些联系企业和外界的大众媒介,包括报纸、杂志、电视台、电台等;政府公众,指负责企业的业务、经营活动的政府机构和企业的主管部门,如主管有关经济立法及经济政策、产品设计、定价、广告及销售方法的机构;各级经济发展规划部门、工商行政管理局、税务局、各级物价局等;公民行动公众,指有权指责企业经营活动破坏环境质量、企业生产的产品损害消费者利益、企业经营的产品不符合少数民族需求特点的团体和组织,包括消费者协会、环境保护团体等;地方公众,主要指企业周围居民和团体组织,他们对企业的态度会影响企业的营销活动;一般公众,指对企业产品并不购买,但深刻地影响着消费者对企业及其产品看法的个人;内部公众,指企业内部全体员工,包括董事长、经理、管理人员、职工等。处理好内部公众关系是搞好外部公众关系的前提。

公众对企业的生存和发展产生巨大的影响,公众可增强企业实现其目标的能力,也可能会产生妨碍企业实现其目标的能力。所以,企业必须采取积极适当的措施,主动处理好同公众的关系,树立企业的良好形象,促进市场营销活动的顺利开展。

(4)消费者:企业的一切营销活动以满足消费者的需要为中心,因此,消费者是企业最重要的环境因素。消费者是企业服务的对象,消费者就是企业的目标市场。消费者可以从不同角度以不同的标准进行划分。

按照购买动机和类别分类,消费者市场可以分为以下几大类:消费者市场,即指为满足个人或家庭需要而购买商品和服务的市场;生产者市场,即指为赚取利润或达到其他目的而购买商品和服务来生产其他产品和服务的市场;中间商市场,指为利润而购买商品和服务以转售的市场;政府集团市场,指为提供公共服务或将商品与服务转给需要的人而购买商品和服务的政府和非营利机构;国际市场,指国外买主,包括国外的消费者、生产者、中间商和政府等。

上述每一种市场都有其独特的消费者。而这些市场上消费者需求不同,必定要求企业以不同的服务方式提供不同的产品(包括劳务),从而制约着企业营销决策的制订和服务能力的形成。因此,企业要认真研究为之服务的不同消费者群,研究其类别、需求特点、购买动机等,使企业的营销活动能针对消费者的需要,符合消费者的愿望。

(5)竞争者:竞争是商品经济的基本特性,只要存在着商品生产和商品交换,就必然存在着竞争。企业在目标市场进行生产经营活动的过程中,不可避免地会遇到竞争者或竞争对手的挑战。只有一个企业垄断整个目标市场的情况是很少出现的,即使一个企业已经垄断了整个目标市场,竞争对手仍然有可能参与进来。同时,只要存在着需求向替代品转移的可能性,潜在的竞争对手就会出现。竞争者的战略和活动的变化,会直接影响企业的经营策略。例如,最为明显的是竞争对手的价格、广告宣传、促销手段的变化、新产品的开发、售前售后服务的加强等,都将直接对企业造成威胁。因而企业必须密切注视竞争者的任何细微变化,并采取相应的对策。

二、我国创业环境概况

创业环境不仅是创业机会的来源,其对创业活动的影响也是绝不容忽视的。我国的创业环境逐步提升,越来越多的国内人士投身创业活动,也吸引了大批国外投资者的关注。下面从七个方面对我国目前的创业环境进行简单的概述。

(一)金融支持

金融支持即创业资金的来源。目前,我国创业资金主要有四个方面的来源:第一是创业者的自有资金;第二是非正式投资(主要包括从亲戚朋友处的借款所得、私人股权募集资金等);第三是创业投资;第四是首次公开募股(IPO)。通常,在创业活动的前期,金融支持主要来自前三种方式。

尽管我国金融支持力度逐步提高,但就世界范围来看还是相对较弱的,远低于世界平均水平。我国创业活动的金融支持主要来自创业者的自有资金。除创业者的自有资金外,非正式投资也是我国创业者的主要资金来源,其中家庭是创业者获得资金的主要来源,其次是来自朋友的投资。

尽管调查显示,很多创业者期望来自金融机构的资金支持,但真正能够得到来自金融机构的资金支持是极少数。因此,我国的创业金融支持环境亟待提高。

(二)政府政策支持

政府政策对创业活动的支持主要表现为对创业活动的激励方面,主要包括中央政策和地方政策等。政府对创业活动的支持政策主要包括:关于创业活动的政策、关于成长企业的政策、关于就业的政策、关于环境政策、关于安全问题的政策、关于企业组织形式的政策、关于税收的政策等。

我国政府政策在对创业活动的支持方面还是较为突出的,对创业活动起到了一定的推动作用。与其他国家相比,我国的新创企业在税收方面获得了一定的优惠政策,这方面的负担较小,政府对新创企业的扶持意愿是较为明显的。但是,我国对新创企业的审批复杂、审批效率较低,相关费用较高,在某种程度上削弱了对新创企业的扶持作用。

目前,在金融政策、税收政策、所有制政策和产业政策等方面,我国正逐步加大对创业活动的扶持力度,给予了新创企业,特别是生存型新创企业税收上的减免,减轻了新创企业的负担。

(三)教育培训

创业教育是在基础教育的基础上,面向全民、特别是潜在创业群体的,关于创业知识、创业技能的教育培训活动。创业教育是创业者开展创业活动的基础,是促进创业、扩大就业的有效手段。

随着对创业教育认识的逐步提高,我国正在完善创业教育培训体系,并且逐步在中小学和大学教育阶段加设了创业教育的相关内容,加强对创业精神的培育和对创业素质的提高,从根本上对创业活动起到了促进和推动作用。

(四)研究开发转移

在科学技术日新月异的今天,新产品和新技术在现代企业运营过程中的应用已经屡见不鲜。利用这些新型技术所进行的创业活动,无论是对行业技术的进步,还是对扩大就业,都具有深远的现实意义。新产品和新技术往往出现在大学等科研机构中,这些新的产品和技术如何能够在生产生活的实践中得以应用,特别是在创业活动中得以应用,是推动科技型创业活动的关键。促进新的研发项目转移到创业活动中,主要依靠三个方面的支持:第一是技术来源,第二是资金支持,第三是技术转化,三个方面缺一不可。研究开发转移的过程,实际上就是将新技术引入创业实践的过程,是衡量创业活动的效率和创业者创业技能的主要标志。

结合我国的创业实际,目前科研成果在创业过程中的转化,政府给予了新创企业一定的支持。但在实际操作过程中,政府所提供的资金支持是有限的,企业本身对研究成果转化过程中所需要的费用承担能力不足,影响了研究开发转移的效率和效果。值得一提的是,近年来,我国加大了对知识产权保护的力度,使得新创企业在新技术、新专利的使用过程中更加有保障。

(五)商务环境和有形基础设施

商务环境主要指创业活动的软环境,如咨询服务、法律服务和金融服务等环境。目前很多国家的商务环境水平普遍较高,相比之下,尽管近年来政府已经采取了多项措施来优化商务环境,但我国的商务环境整体水平还是具有一定差距。

随着国家对有形基础设施建设的积极投入,近年来,我国在此方面取得了较为明显的进步。便捷的交通设施、现代化的通信设施等都为创业活动提供了更多的便利条件。

(六)进入壁垒方面

随着世界经济的高速发展,国际市场变化剧烈,我国国内市场也处于高增长、高变化的阶段,产品更新换代的速度加快,产业的生命周期不断缩短。高速变化的市场在给新创企业带来不确定性的同时,也带来了大量的机会。对于大多数行业,我国的进入成本较低,更加有利于新创企业对于市场机会的把握。但在某些行业中,垄断现象十分严重,无形中增加了新创企业的进入成本,为新创企业设置了较高的进入壁垒。

(七)文化和社会规范方面

与其他国家相比,我国的传统文化和社会规范对创业精神具有一定的支持作用。在我国传统文化中,有很多方面都是鼓励个人勤奋努力、独立自立、富有创造精神、具有风险意识的,而这些精神特质都是创业精神的精华,对于创业活动起到了促进作用。

综上所述,我国的创业环境整体向好,在基础设施建设、文化与社会规范等方面具有一定的优势。但在金融支持、研究开发转移、商务环境和创业教育等方面还存在着一定的劣势,这些方面都制约着创业活动的开展。

积极营造和谐的创业环境,通过改善创业环境,能够进一步提高创业者的创业热情,从而促进创业活动的开展。应该在政府提供资金支持的基础上,不断刺激资本市场的投资热情,提高创业投资在创业融资中的比重;应该继续加大政府政策对创业活动的支持力度,杜绝空泛的口号,将政府政策落实到细节之处;应该不断加强政府项目对创业活动的带动作用,培育和扶持新创企业;应该构建完善的创业教育体系,从创业精神的培养,到整体创业技能的提高;应该促进新产品、新技术从科研机构向创业市场转移的科技型创业活动,在保证技术支持的前提下,加大资金的投入力度;应该加强相关商务环境的培育,为新创企业提供全方位的周到服务;应该继续推行反垄断措施,降低新创企业的进入壁垒;应该继续发扬中国传统文化对创业活动的引导作用;应该不断促进新的创业机会的产生,提高创业者识别创业机会、利用创业机会的能力。

三、创业方向概述

创业是一个过程,在这个过程中,创业者通过发现某种信息资源、机会或掌握某种技术,利用或借用相应的平台或软体,将其发现的信息、资源机会或掌握的技术,以一定的方式,转化、创造成更多的财富、价值并实现创业者追求的目标。创业并非一件简单的事情,它不是一种冲动性行为。创业的成功取决于创业者在创业方向上的正确选择以及在创业模式上的正确运用。我们说年轻就是资本。时下,大学生创业频繁地被人们提起。但大学生创业,常常是一家欢喜众家愁,成功的少,失败的多。至于失败的原因,很多情况都是大学生在创业的时候没有选对创业方向和模式。

(一)确定创业方向的步骤

大学生创业方向指的是大学生在创业前期通过挖掘创业机会,经过可行性论证之后,对创业可以从事哪些领域所做出的选择。大学生在选择创业方向的时候,可以遵循如下步骤。

1. 挖掘创业机会 万事开头难,良好的开端是成功的一半。因此,所有这些问题的核心,便是如何迈出第一步。创业难,发掘创业机会更难。有一些人将创业点子的产生,归因于机缘凑巧,所谓"无心插柳柳成荫"。不过,研究创意的专家认为,创意只是冰山一角,没有平日的用心耕耘,机缘也不会如此凑巧。所谓的机缘凑巧或第六感、直觉,主要还是因为创业者在平日培养出侦测环境变化的敏锐观察力,因此,能够先知先觉形成创意构想。创业者最好选择自己熟悉的专业,这样成功概率较高。一来创业初期业务开展阻力较小;二来能提升专业能力,比较容易在激烈的竞争中脱颖而出。

发掘创业机会,大致可归纳为以下 7 种方式。

(1)经由分析特殊事件来发掘创业机会。

(2)经由分析矛盾现象来发掘创业机会。

(3)经由分析作业程序来发掘创业机会。

(4)经由分析产业市场结构变迁的趋势来发掘创业机会。

(5)经由分析人口统计资料的变化趋势来发掘创业机会。

(6)经由价值观与认知的变化来发掘创业机会。

(7)经由新知识的产生来发掘创业机会。

2. 选择创业领域 进行可行性论证前找准一个领域,创业前一定要积累一些该领域的经验,收集相关的资讯。如果有可能,可以考虑先进入该领域为别人打工,通过打工的经历来积累经验与资源。创业之前需要具备哪些条件?你具备这些条件吗?

我们可以从以下几方面进行论证。

业务资源:赚钱的模式是什么?

顾客资源:谁来购买?

技术资源:凭什么赢取顾客的信赖?

经营管理资源:经营能力如何?

财务资源:是否有足够的启动资金?

行业经验资源:对该行业资讯与常识的积累。

行业准入条件:某些行业受到一些政策保护与限制,需要进入资格条件。

人力资源条件:是否有合适的专业人才?

(二)大学生创业模式

多看一眼:
SWOT分析

1. 科技导向型 要学会从目前高校实验室里进行发掘。高校知识成果分三个方面:一是与校外企业合作或联合研发的企业技术创新项目,这一块基本都会锁定知识产权;二是基础前沿理论研究,往往超前于目前市面上的应用,可作为长期关注和跟进的重点,但这个领域往往要么是0,要么是100,充满了技术风险;三是高校科技成果转化项目,每年大量的论文和项目有的因为政策、校企合作、转化等原因而被封存,但现在国家政策鼓励科技成果转化,过去一般是成果变现,联合研发或直接售卖,但现在政策引导师生共创、科技成果转化股权。其中,第三个方面应是大学生创业发掘的重点,因为不单是科技成果的加持,更是高端智力和校园资源的倾注,这为后续项目的商业模式和资源匹配开了一个好头。

科技成果转化项目也要学会进行区分。首先,科技成果转化要与市场调研结合起来,并评估论证新技术转化成产品、产品替代市场的可能性,学术的先进性并不一定代表了技术的先进性和现实的替代性。现在国家及政策重点支持的领域一个是进口替代,可作为关注和倾斜的一个突破方向;另一个就是新物种的替代,而以成本或效率替代为主题的,往往在市场环节和竞争环节会将成本无限拉高,对大学生创业者来说这并不可取。其次,不同科技成果的转化需要的孵化和转化时间是不同的,也要注意甄别,原则上目前国家鼓励的行业,如新能源、新材料、航空航天科技、先进制造、物联网、机器人技术、人工智能等硬科技领域是关注的重点,生物科技、医药医疗、现代农业、海洋科技等领域一般需要的周期都特别长,同时对学科、专业和特长有门槛要求。涉及国防、军转民、涉密等系列的科技成果从长期来看对政策和资源依赖性太强,且有很强的不确定性,是高门槛的小众市场,一些军事类院校或有军工背景及承担军事类课题的高校在军转民技术转化方面有先天优势,但如果没有相关的资源和资质,对门槛相对较高的军警用等市场,不建议大学生创业者前期介入。

2. 轻资产运营模式 要突破物理世界中资源对创新创意的束缚,大学生创业者本身资源和资本有限,要学会卡位在数字世界中用轻资产模式来选项立项,这也有利于后续股权融资的对接。但轻资产运营模式并不是摒弃掉项目一些关键环节的资产投入,而是指可以通过杠杆模式或共享经济模式来撬动重资产环节,可以采取多种形式的战略业务合作、参控股等模式进行重资产领域的布局(涉及土地、设备、制造等重资产、资金沉淀等环节),将重资产做轻,形成"护城河",可以采用多种轻资产运营的方式展开。提高资金使用的方向(研发、营销和销售),减少制造、流通环节对资金的挤占。

3. 消费导向型 围绕最有想法、最前沿、最潮流的新一代消费群体,衣食住行、就业留学等领域都存在消费升级的巨大产业机会,因为目前的大学生消费群体月均收入为800~2000元,消费习惯、消费偏好、消费行为都产生了巨大的变化,更注重多元化、定制化、个性化、网红化的消费产品,所以围绕着其间的某一些品类展开都具有巨大的敞口空间和爆发空间。因新零售尤其是无人货架、无人零售等新消费渠道的产生,诞生了很多热销的休闲零食类企业。

但消费导向型的项目对团队考验很大,这既需要琢磨消费者的口味和偏好,钻研产品,提升体验和客户黏性,又需要线上线下打通,既要好吃、好看、好玩,又能自拍分享传播,带有自媒体、自传播的网红特质。

4. 文创导向型 随着消费升级,尤其是内容付费的火爆,音频、视频、图片、小说、影视等精神产品,因其消费者具有双重身份,既是消费者又是内容的参与者和创造者,引爆了文创产业。大学生对派对、市集、演讲、自代言、二次元等模式都习以为常,这蕴含着巨大的产业机会,IP 化、个人品牌 IP 化,彰显着时代的主流和个人的品牌成为吸引年轻创业者,尤其是大学生创业者的关键赛道和创业风口。

但该领域因为这几年的混沌式发展,也带来很多行业内的问题,目前这个领域因为导向问题会逐步地被加强监管,门槛也会也越来越高,需要在内容创作和监管红线中间找到好的切入点和平衡点,更需要沉淀和时机。

5. 融合导向型 将科技与接地气的产品结合产生"1＋1＞2"的化学效应,科技与文创、金融等应用场景的链接和融合带来巨大的想象空间,如人工智能与各细分领域的结合,区块链技术与各行业的融合,这种创新是颠覆性的创新,一方面重新洗牌和升级现有市场抢占客户,另一方面还可以高维打低维,让目前的产业无还手之力建立项目壁垒。毕竟,传统产业之前屡试不爽的价格战在硬件免费、软件收费面前直接没有回天之力。

但该领域的创业需要将科技与应用场景深度融合,这取决于对目标人群的精准把握,对大学生创业者而言,其挑战性非常大,但前景可观,也是资本密集关注的重点赛道。

6. 嫁接导向型 目前的许多传统产业在新经济浪潮面前无所适从,原来的团队和产业基础转型升级乏力,缺乏创新人才、创新思维、创新模式,这一领域存在着巨大的创业机会和时代机遇,大学生创业群体可将新人、新思维、新模式与传统产业的转型升级融合,找准其中的切入点,重新定位新项目,新老企业彼此协同自身在资源、资金、产业链、线上线下运营的优点,构筑新的业务增长点,实现新项目的弯道超车。

某家起步于移动互联网的大学生创业团队,他们一开始围绕着高校市场的热点展开,这两年大热的社交、电商、兼职、跑腿、分期都陆续在平台上推过,基本都半路夭折,融资也非常不顺,但却锻炼出了团队强大的线上和线下的推广能力。在机缘巧合下,他们与一家正在苦觅转型的福建茶商接触,通过几次业务合作,彼此都建立了信任和事业契合点,于是,兵合一处,成立了新的企业和品牌,组建了联合创始人团队。茶商老板投资和导入产业链资源(生产基地和连锁茶庄),大学生团队发挥特长(线上和线下运营),并入住了孵化器,而孵化器也结合他们的商业模式,导入了技术平台和产品众筹模式,实现了茶园实施监测、茶树众筹,打造了线上线下一体的、带有互联网基因的创新公司,而后期三方也实现了共赢,孵化器扩张到哪儿,茶的品牌就延伸到哪儿,获得了机构的追捧。还有些偏开发和技术类型的大学生项目将对转型企业过程中的技术服务费用转换或互换对方股份,实现了自我造血和换血的功能,为后续项目持续运转和对接资本赢得了空间和时间。

7. 防作恶导向型 因为商业的逐利性,社会创业者在选择创业项目时,分歧很大,有的坚守"君子爱财取之有道"的商业底线,但也有的利用人性的弱点诱导不良消费。

之前许多社会企业看准高校市场的消费者集中、消费型用户、消费不理性等特点,引诱或诱导大学生进行超出自身支付能力之外的消费:高消费、医美消费、金融贷款等,甚至还有一些替考、代课、逃课、情色直播等各种应用型软件应用。目前这块受到了来自国家教育部门等严厉的清退和清理,但还有很多萌芽状态或改头换面的形式,比如微商、类传销、校园选美等活跃在校园市场。

随着国家法律法规和商业文明的进步,这种作恶型公司的反面存在着巨大的商业机会,如何防范这些不良企业对消费者,尤其是对校园细分人群的危害,形成了在信息安全、食品安全、校园安全、航天安全、人身安全等领域新的创业机会。如针对校园信息安全领域的校园卫士,解决无人机乱飞乱停的压制无人机项目、反媒体欺诈的项目等。

8. NGO 导向型 非政府组织是英文 Non-Governmental Organization 的意译,英文缩写为 NGO。

20世纪80年代以来,人们在各种场合越来越多地提及非政府组织(NGO)与非营利组织(NPO),把非政府组织与非营利组织看作在公共管理领域作用日益重要的新兴组织形式。

目前的社会组织、公益类项目因其影响力大、非营利性、公益类组织、跨国界、边界协同等特点成为大学生创业选项的一个赛道。新一代的大学生群体,性格、消费习惯和边界远不是70后、80后的世界观,一个项目的创意、实验、完善很可能背后有一个跨国的小团队来支撑和运作,而NGO、公益、社会企业等也成为新一代的选择。90后和00后他们有一定的担当,更有舍我其谁的勇气,在构建商业或人际网络层面,大学生要利用自己的全球视野和小组合作,将兴趣、商业、社会做更新的跨界和嫁接,构筑全新的网络。

许多大学生在校期间参与过校内校外各个协会以及官方或非官方的公益组织,这些项目因其公益性,基本靠募捐来维持运营。但也有一些项目开始探索在商业与公益间构筑防火墙,让商业保障公益持续运行,如以参与项目、参与咨询、参与共读、马拉松、运动同步等形式与公益捐赠挂钩,一方面聚拢了流量,通过广告、电商、金融等方式变现;另一方面实现了公益,做大了社会价值。作为一个公益机构,需要创新商业模式,将原来依靠政府拨款和社会捐赠的模式变为通过产品和服务置换政府购买精准服务、第三方采购服务等形式的长效运营模式。

9. 模仿导向型 这是许多创业者第一次选择创业项目时的最稳妥选项和第一选择,于是我们看到许多创业者还遵循着几十年前的创业路径,或追逐热点,或追逐风口,但这些热点和风口多是创投机构提前布局,择机人为引爆的风口,目的在于炒热整条赛道,吸引后续融资或接盘。

这种创业选项已经不适合目前的创业项目选择,模仿看上去成本最低,但系统成本其实最高。毕竟之前大家靠模仿还可以通过人口红利、政策红利去获取产业利润,但现在靠低价已经无力竞争,因为对手都免费甚至贴钱了,模仿策略和跟随策略,一场免费和补贴大战既可以完成洗牌又能够鼎定全局。而模仿本身是缺乏创新和自身核心能力的体现,也不具备被巨头或资本收购的价值。

但这里面也蕴含着其他的创业机会,如服务于追逐风口的项目和个人,做第三方服务——成为淘金路上的服务商。

服务业一直是模仿者的热土,目前也存在着大量模仿的机会,但这种也要与线上、大数据、新零售等领域进行融合升级。

10. 个人IP网红型 随着自媒体等传播媒体的出现,网红经济成为新经济浪潮中的一朵浪花,通过打造个人IP,吸引媒体和社会公众的关注,能够吸引媒体资源和流量资源,然后通过嫁接项目,实现商业变现。

还有这两年随着双创政策的红利释放,一部分贾跃亭式的刷PPT创业网红开始出现,他们专门为了夺名次、拿奖金参加各类竞赛活动、链接各地政策拿补贴、标签为×0后新秀等,在市场中基本很难见到其项目产品,但在各大媒体的聚光灯下却闪闪发光,自身成了网红。有的将网红流量变现到项目上、产品上引进资本,而有的则跨界到了娱乐圈。

这种模式关键取决于个人的自身特质和内容黏性以及最终的商业指向。

11. 代理导向型 不管是加盟网红奶茶店,还是加盟彩票店,或是加盟新晋网红品牌的校园代理,这都是一个很好的创业起点,可以依托强大的企业后盾和市场支持,成为店长、校园代理、地区总代,这和成为传统企业的经销商和代理商异曲同工。但在参与过程中也要保持对商业的敏锐度,去中间化、厂商卸磨杀驴、平台政策等都会对起步中的事业造成冲击和颠覆。

当代大学生习惯于网络生活和购物,要留意新模式、大数据、区块链等技术对商业的改造,并在其间发现合适的商业机会。

12. 政策导向型 目前政策导向型集中在两个方面,一个是大学生返乡创业,另一个是科技成果转化。

目前高校大学生返乡创业政策成为乡村振兴战略的关键一环,而有些地市县域在当地提前布局,建立了关联社群,及时互动,将家乡的巨大变化和产业政策及时互动交流,并将家乡的最新创新创业政策和活动及时通气,结合返乡创业的大学生在项目注册、入孵化器、投融对接、政策补贴、住房等领域都给予了倾斜性的扶持,来引导更多的返乡大学生参与家乡建设,同时,对侧重农业方面的科技创新和模式创新在政策方面也加大支持和扶持力度。在返乡创业方面,大学生创业者得天独厚,一是乡村振兴作为目前的国家战略,支持和扶植力度很大,二是作为乡村里走出来的新一代高素质大学生,可以将移动互联和物联网的新技术、新模式、新课题、新项目、新金融等以项目的方式在农村的蓝海市场上进行有机嫁接。目前广大农村对产品质量、优质产品和服务的需求不断升级,巨大的新兴消费市场释放出巨大的时代机遇。

同时,目前整个国家政策导向和创投焦点,集中于产学研用,尤其是科技成果转化项目方面,这里面蕴含着大量的"金矿"和巨大商业机遇。科技成果的转化将与企业的规模优势、品牌、组织能力、专利技术、资源资本等一起构筑企业的核心竞争力,因而高校科转市场成了兵家必争之地。

高校科转市场也面临着诸多现实的问题,如何将科技成果快速转化,将原来各自独立隔断的研发、评估、商品化、市场化等环节有效连接起来,需要建立一整套严谨的商品化流程,形成科技商品化的系统能力。

高校的科技成果从科技的深度来看,其商品化一方面可以聚焦于某一个细分领域的应用;另一方面,从科技的广度来看,高校的科技成果作为核心技术,是整个行业的技术支持,用来支撑多种产品,进而提高整个行业的效率。

对大学生创业者而言,不管选择哪种创业模式,建议选择增量市场来做,选择存在巨大空白和错位的蓝海市场,寻找政策、技术、消费升级等带来的新的机遇、新的需求,做新时代的拓荒者!

> **测试题**

1. 如何确定创业的方向?
2. 如果让你组队创业,你会选择哪个方向?为什么?

第三节　创业机会和创业实施

一、创业机会的识别

(一)创业机会的概念

创业机会是开展创业活动的前提,但只有当创业者识别并发现创业机会并将其付诸实践时,创业活动才能够得以开展,创业成功才能够成为可能,这也是创业者能力的主要体现。

多看一眼:
实施科教兴国
战略,强化现代化
建设人才支撑

机会是创造出来的,企业家在不确定、变化以及技术剧变的过程中,对均衡市场环境进行创造性破坏,在此过程中机会被创造出来。同时机会是客观存在的,只是没有被发现而已,创业者则凭借其自身的知识和能力发现那些被忽视的创业机会。但机会对于每一个人都是不一样的。由于不同的环境、背景、经历、知识能力,决定了一个人能看到与能拥有的机会种类与数量。时势造英雄,英雄不是天成的,机会环境比创业家性格更为重要,是机会塑造了创业家。机会的发掘不是偶然,而是创业家所拥有的知识与经验能力决定的。

(二)创业机会的特征

创业机会形形色色,如何有效过滤、分辨机会,是创业初期的重要工作,一个好的创业机会要具备以下特征。

1. 普遍性　有市场、有经营的地方,客观上就存在机会。创业机会必定存在于各种经营活动过程之中。

2. 偶然性 对一个企业来说,创业机会的发现有很大的不确定性,任何创业机会的产生都有"意外"因素。

3. 消逝性 创业机会存在于一定的时空范围之内,随着产生创业机会的客观条件的变化,创业机会会相应地消逝或流失。

(三)创业机会的类型

根据来源不同,创业机会可分为以下3种类型。

1. 问题型机会 问题型机会,指由现实中存在未被解决的问题所产生的一类机会。创业的根本目的是满足消费者需求,而消费者需求在没有满足前就是问题。寻找创业机会的一个重要途径是善于发现和体会自己和他人在需求方面的问题或生活中的痛点。如上海有一位大学毕业生发现远在郊区的本校师生往返市区十分不便,于是创办了一家客运公司,这就是把问题转化为创业机会的成功案例。发现问题,还包括找到竞争对手提供的机会,如果你能弥补竞争对手的缺陷和不足,这也将成为你的创业机会。看看你周围的公司,你能比他们更快、更可靠、更便宜地提供产品或服务吗?你能做得更好吗?若能,你也许就找到了创业机会。

2. 趋势型机会 趋势型机会,指在变化中看到未来的发展方向,预测到将来的潜力和机会。创业机会大都产生于不断变化的市场环境中,环境变化了,市场需求、市场结构必然发生变化。著名管理大师彼得·德鲁克将创业者定义为那些"寻找变化,并积极反应,把它当作机会充分利用起来的人"。这种变化主要来自产业结构的变动、消费结构升级、城市化加速、人们思想观念的变化、政府政策的变化、人口结构的变化、居民收入水平的提高、全球化趋势等诸方面。比如随着居民收入水平的提高,私人轿车的拥有量将不断增加,这就会派生出汽车销售、修理、配件、清洁、装潢、二手车交易、代驾等诸多创业机会。

3. 组合型机会 组合型机会,指将现有的两项以上的技术、产品、服务等因素组合起来,以实现新的用途和价值而获得的创业机会。创造发明提供了新产品、新服务,更好地满足了消费者的需求,同时也带来了创业机会。如随着电脑的诞生,电脑维修、软件开发、电脑操作的培训、图文制作、信息服务、网上开店等创业机会随之而来。即使你不发明新的东西,你也能成为销售和推广新产品的人,从而给你带来创业机会。

二、创业机会的评估

一个好的创业机会意味着成功的一半。但并不是每一个创业机会都适合创业,都能创业成功。创业机会一旦被识别,就要对这个机会进行评估,评估是否是一个有价值的创业机会,并不是每一个创业机会都会给创业者带来效益。每个创业机会都存在一定风险。所以,创业者在利用这个创业机会之前就要对这个机会进行科学的分析与评估,然后做出选择。

目前较为普遍使用的评估方法是价值评估矩阵。

创业机会价值评估矩阵:不同的创业机会可以为创业者带来的利益大小不一样,即不同创业机会的价值具有差异性。为了在千变万化的市场环境中找出最有价值的创业机会,创业者需要对创业机会的价值进行更为详细具体的分析。

创业者在搜寻、识别和利用创业机会的过程中,主要关注的就是创业机会的可行性和营利性。其中,创业机会的可行性是开展创业活动的必要条件,而创业机会的营利性则是开展创业活动的主要驱动力。因此创业机会的价值由创业机会的吸引力和可行性两方面因素决定。

(一)创业机会的吸引力

创业机会对创业者的吸引力指新创企业利用该创业机会可能创造的最大利益。它表明了新创企业在理想条件下充分利用该创业机会的最大极限。反映创业机会吸引力的指标主要有市场需求规模、利润率、发展潜力。

1. 市场需求规模 市场需求规模表明创业机会当前所提供的潜在市场需求总量的大小,通常用产品销售数量或销售金额来表示。事实上,创业机会提供的市场需求总量往往由多个企业共享,特定新创企业只能拥有该市场需求规模的一部分,因此,这一指标可以由新创企业在该市场需求规模中可能达到的最大市场份额代替。尽管如此,若提供的市场需求总量规模大,则该创业机会使每个企业获得更大需求份额的可能性也大一些,该创业机会对这些新创企业的吸引力也在不同程度上更大一些。

2. 利润率 利润率是指创业机会提供的市场需求中单位需求量可以为新创企业带来的最大利益(这里主要是指经济利益)。利润率反映了创业机会所提供的市场需求在利益方面的特性。它和市场需求规模一起决定了新创企业当前利用该创业机会可创造的最高利益。

3. 发展潜力 发展潜力反映创业机会为新创企业提供的市场需求规模、利润率的发展趋势及其速度。发展潜力同样也是确定创业机会吸引力大小的重要依据。即使创业者当前面临的某一创业机会所提供的市场需求规模很小或利润率很低,但由于整个市场规模或利润率有迅速增大的趋势,则该创业机会对创业者来说仍可能具有相当大的吸引力。

(二)创业机会的可行性

创业机会的可行性是指创业者把握住创业机会并将其转化为具体利益的可能性。从特定创业者角度来讲,只有吸引力的创业机会并不一定能成为新创企业实际的发展良机,具有吸引力的创业机会必须同时具有强可行性才会是创业者高价值的创业机会。例如,某新创企业在准备进入数据终端处理市场时,意识到尽管该市场潜力很大(吸引力大),但企业缺乏必要的技术能力(可行性差),所以创业机会对该企业的价值不大,无法进入该市场。后来,公司通过吸纳其他创业者或新创企业具备了应有的技术(此时可行性增强,创业机会价值增大),这时企业可正式进入该市场。

创业机会的可行性取决于创业者(新创企业)自身条件、外部环境状况两个方面。

1. 创业者自身条件 创业者自身条件是能否把握住创业机会的主观决定因素。它对创业机会可行性的决定发挥着三个方面的作用:首先创业者是否有足够的经验和资源去把握创业机会,例如,一个具有很大吸引力的饮料产品的需求市场的出现,对主要经验为非饮料食品的创业者来说,可行性就会小一些,同时,一个吸引力很大的创业机会很可能会导致激烈的竞争,实力较差者的创业者,可能无法参与竞争;其次,新创企业是否能够获得内部差别优势,所谓新创企业的内部差别优势,指该新创企业比市场中其他企业更优越的内部条件,通常是先进的工艺技术,先进的生产设备,产品或创业者已建立强势形象等,创业者应对自身的优势和弱点进行正确的分析,了解自身的内部差别优势所在,并据此更好地弄清创业机会的可行性大小,新创企业也可以有针对性地改善自身的条件,创造出新的差别优势;最后,新创企业团队的整体能力也影响着创业机会可行性的大小,针对某一创业机会,只有创业团队成员的能力和经验构成和合作程度都与之匹配时,该创业机会对创业者才会有较大的可行性。

2. 外部环境条件 新创企业的外部环境从客观上决定着创业机会对新创企业的可行性。外部环境中每一个宏观、微观环境要素的变化都可能使创业机会的可行性发生很大的变化。例如,某新创企业试图进入一个吸引力很大的市场。原来的判断:由于该市场的产品符合创业者的经营特长,并且新创企业在该产品生产方面有工艺技术和生产规模上的优势,新创企业可获得相当可观的利润。然而在很短时间内,许多外部环境要素已发生或即将发生变化:随着原有的竞争对手和潜在的竞争者逐渐进入该产品市场,并采取了相应的工艺革新,使该新创企业的差别优势减弱;比该产品更低价的替代品已经开始出现,消费者因此对新创企业拟推出的产品定价的接受度下降,但降价意味着利润率的锐减;环保组织在近期的活动中已经预示着该新创企业产品使用后的废弃物将被视为造成地区污染的因素之一;最后,政府即将通过的一项关于国民经济发展的政策可能会使该产品的原材料价格上涨,这也将意味着利润率的下降。这表明,尽管创业者的自身条件,即决定创业机会可行性的主观因素没变,但由于决定可行性的一些外部因素发生了重要变化,也使该创业机会对新创企业的可行性大为降低。同时,利润率的下降又导致了市场吸引力的下降。吸引力与可行性的减弱最终使原创业机会的价值大为减小,以致新创企业不得不重新考虑创业项目或调整创业方案。

确定了创业机会的吸引力与可行性,就可以综合这两个方面对创业机会进行评估。按吸引力大小和可行性强弱组合可构成创业机会的价值评估矩阵,如下图所示。

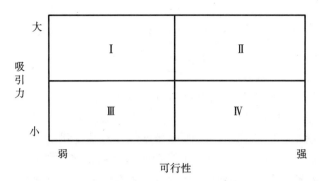

区域Ⅰ为吸引力大、可行性弱的创业机会。一般来说,该种创业机会的价值不会很大。除了少数好冒风险的创业者,一般创业者不会将主要精力放在此类创业机会上。但是,创业者可时刻注意决定其可行性大小的内、外环境条件的变动情况,并做好当其可行性变大进入区域Ⅱ迅速反应的准备。

区域Ⅱ为吸引力、可行性俱佳的创业机会,该类创业机会的价值最大。通常,此类创业机会既稀缺又不稳定。创业者的一个重要任务就是要及时、准确地发现有哪些创业机会进入或退出了该区域。该区域的创业机会是创业活动最理想的选择。

区域Ⅲ为吸引力、可行性皆差的创业机会。通常创业者不会去注意该类价值最低的创业机会。该类创业机会不大可能直接跃居到区域Ⅱ中,它们通常需经由区域Ⅰ、Ⅳ才能向区域Ⅱ转变。当然,有可能在极特殊的情况下,该区域的创业机会的可行性、吸引力突然同时大幅度增加。创业者对这种现象的发生也应有一定的准备。

区域Ⅳ为吸引力小、可行性大的创业机会。该类创业机会的风险低,获利能力也小,通常稳定型创业者、实力薄弱的创业者以该类创业机会作为其创业活动的主要目标。对该区域的创业机会,创业者应注意其市场需求规模、发展速度、利润率等方面的变化情况,以便在该类创业机会进入区域Ⅱ时可以有效地把握。

需要注意的是,该矩阵是针对特定新创企业的。同一创业机会在不同新创企业的矩阵中出现的位置是不一样的。这是因为对不同经营环境条件的新创企业,创业机会的利润率、发展潜力等影响吸引力大小的因素状况以及可行性均会有所不同。

在上述矩阵中,创业机会的吸引力与可行性大小的具体确定方法一般采用加权平均估算法。该方法将决定创业机会的吸引力(或可行性)的各项因素设定权值,再将当前新创企业这些因素的具体情况确定一个分数值,最后加权平均之和即从数量上反映了该创业机会对新创企业的吸引力(或可行性)的大小。

三、创业计划书的编制

(一)创业计划书的定义

创业计划书又称商业计划书,最初出现在美国,当时被当作从私人投资者和风险投资家那里获取资金的一种手段。这些投资者会成为公司的股东之一,并提供保证金。在目前以及将来的国内外投融资市场上,不管面对何种类型的投资方,创业计划书已经成为针对各类潜在的投资者一开始就需要准备的一项最重要的书面材料。

创业计划书是公司、企业或项目单位、创业团队以达到招商融资和其他发展目标为目的,在经过前期对项目科学地调研、分析、收集与整理有关资料的基础上,根据一定的格式和内容的具体要求而编辑整理的一个向读者全面展示公司和项目目前状况、未来发展潜力的书面材料,它包括企业融资、企业战略规划与执行等一切经营活动的蓝图与指南,也是企业的行动纲领和执行方案,其目的在于为投资者提供一份创业的项目介绍,向他们展现创业的潜力和价值,并说服他们对项目进行投资。

(二)创业计划书的用途

1. 实现创业构想的指南 创业计划书是创业者根据已知数据和在此基础上的科学分析做出的对创业过程的总体选择,体现了创业者对创业构想的能动性选择。

"凡事预则立,不预则废"。创业计划书无论是对于新创企业、创业团队,还是已经形成规模的企业来说,都具有现实的指导意义。在一项新业务起步的时候,会面临大量繁杂的工作与各种各样的问题,一份科学而完备的创业计划书应该对构想进行科学的分析与安排,让你知道你的设想能否实现,能从这个项目中到底获得多少回报,其市场有多大,会有什么损失与风险,风险的防范是否可行等。它就如同一部功能超强的电脑,帮助创业者记录许多创业的内容、创业的构想。在客观环境与预先判断相吻合的前提下,创业计划书具有指南作用,可以让创业者排除不确定因素的干扰,按计划实现创业构想。

2. 获得经营资源的工具 对于正在寻求资金的风险企业来说,创业计划书就是企业的电话通话卡片。创业计划书的好坏,往往决定了经营资源获取的成败。对初创的风险企业来说,创业计划书的作用尤为重要。一个酝酿中的项目,往往很模糊,通过制订创业计划书,把正反理由都书写下来,然后再逐条推敲、说明,这样投资者或合作者就能对这一项目的利弊有更清晰的认识,使这个项目易于获得资金、人员、市场等各方面条件的支持。

3. 实施创业管理的依据 创业方案记录了创业者在创业实践之前根据哪些数据、运用何种方法和工具对未来做出预测、判断和选择。这一系列的思考过程就是实施创业管理的依据,通过事前判断与事后结果的比较,找出决策的失误,做出针对性的改正。

由此可以得出结论:创业计划书关乎整个创业活动的成败,创业的过程就是对创业计划书实现一一改进的过程。

(三)编制创业计划书的原则

创业计划书不是学术论文,它可能面对的是非技术背景但对计划有兴趣的人,如可能的创业团队成员,可能的投资人和合作伙伴、供应商、消费者、政策机构等。因此,一份好的创业计划书应该遵循以下编制原则。

1. 呈现竞争优势与投资回报 创业计划不仅要将资料完整陈列出来,更重要的是整份计划书要呈现出具体的竞争优势,并明确指出投资者的回报所在,显示经营者创造利润的强烈企图,而不仅是追求企业发展。

2. 具有市场导向 企业利润来自市场的需求,没有依据明确的市场需求分析,所撰写的创业计划书将会是空泛的。因此,创业计划书应按照市场导向的观点来撰写,并充分显示对于市场现况掌握与未来发展预测的能力与具体成就。

3. 内容全面 创业计划书是一份综合性的正式文件,要集中阐述自己独特的战略、目标、规划、行动,而且要使用非技术专家、非知识分子和一切感兴趣人士都能阅读和理解的文字。

4. 创意实在 创业计划书不能是空泛构想,更不能夸夸其谈。要由整个团队根据市场状况和技术发展实实在在地集体讨论撰写,避免个人包揽,也不允许外聘咨询公司代笔。

5. 突出重点 首先,创业计划书要突出产品与业务,这是新创企业存在的基础,如果读者连新创企业到底要提供什么样的产品与业务都未能理解,其他所有的内容都是废话;其次,要突出创业计划书中最有吸引力的部分,也许是市场机遇特别好,也许是产品具有独创性,也许是技术的领先,也许是营销上的独辟蹊径,也许是营利能力超强,也许是管理上的创新。确定创业方案最大的卖点,用更多的笔墨讲深讲透。此外,对创业方案中最难以让读者理解的部分也应该重点阐述。

6. 明确精练 优秀的创业计划书一定要用词精练,明确表达观点或结论,切忌长篇大论却没有明确观点。如果读者不得不费尽心思去归纳总结整个方案或每个部分所要表达的意图,他就不会有兴趣读下去,甚至会对创业者的能力产生怀疑。首先,一份逻辑清楚、一目了然的目录必不可少,方便读者了解整体思路并轻松检索具体内容;同时,创业方案第一部分执行摘要要做到高度总结、明确清晰,同时在每个部分、每个段落的首尾都要有明确精练的表达观点的概括性语句。

7. 逻辑严明 一份优秀的创业计划书可以让读者轻松读完并理解,这就要求方案撰写必须体现出严密而清楚的逻辑结构。方案整体必须有一个清晰的逻辑架构,各部分顺理成章、转接自然;方案的每个部分,甚至每个段落同样要有各自的逻辑结构,切不可简单堆砌素材和结论。当然,创业计划书可以有不同的逻辑体系,可以是先提出问题和需求,然后提供解决方案,再论证可行性,也可以是先提供解决方案,然后解释方案所针对的问题与需求,再论证可行性。但不管采用什么逻辑思路,必须做到清晰流畅。

8. 言之有据　商业构想的表达非常注重事实基础和数据基础,空洞苍白的道理和口号不但不能达到煽情的效果,反而无助于读者真正理解方案的具体内容,甚至会招致读者的反感。只有事实和数据才具有说服力,所以撰写方案应尽可能用事实和数据说话。

(四)创业计划书的框架

最为常见的创业计划书的结构是从简短的概述发展到更为详细的解释。因此,计划书的开始部分——计划书概要和项目描述都是简要地介绍这个项目的。创业计划书的正文包括对这个项目基本要素和问题的深入阐述,如这个项目由谁参与、如何开展、经营对象以及经营地点等。创业计划书的附件包括细节的资料:财务数据、管理人员的个人履历等。创业计划书典型的结构如下表所示。

序号	内容	序号	内容
1	封面、标题及目录	7	运营计划
2	创业计划概要	8	组织和人力资源计划
3	新创企业和创业团队简介	9	投资计划
4	产品和服务	10	财务计划和财务评价
5	市场分析	11	风险评价和对策
6	营销计划	12	附件

需要注意的是,并非所有的创业计划书都严格遵循这样的格式,一些创业计划书可能会将几个部分结合起来,也可能会增加新的章节或删除一些章节。但所有的创业计划书都必须能回答3个基本问题,即项目是什么？项目有好的商业模式吗？项目的可行性有多大？

(五)创业计划书的内容体系

1. 封面、标题及目录　封面上应该有醒目的项目名称,同时要有公司名称或团队名称、地址、电话。封面页之后应有与正文内容和页码匹配的目录,目录是读者阅读的首要指南,也是体现创业者思路和能力的第一印象。目录中除了列出每部分的大标题外,还应列出较深层次的小标题。当然也可在目录之前增加一页,写明方案的目的、保密提示、方案版本、编撰日期、关键观点与资金需求等内容。

2. 创业计划概要　创业计划概要是整个创业计划的第一部分,相当于整个创业计划的浓缩,是整个创业计划的精华所在。举例说明:创业计划书的作者一般都把它作为提供给风险投资家的一个简洁的计划介绍,目的是激起风险投资家的兴趣。由于风险投资家的时间和精力都有限,不可能把所有到手的创业计划都逐个仔细研究。通常,他们都是先阅览创业计划书的概要部分,通过从概要部分获取的信息来判断是否有继续读下去的必要。也就是说,如果你的概要部分不能激发风险投资家的兴趣,后面内容即使写得再好也无济于事！于是,概要部分的重要性也就不言而喻了。

3. 新创企业简介　这部分的目的是让投资者了解创业者要成立一个什么样的公司,不但了解公司的过往和现状,更能看到一个充满希望的未来。主要内容如下:公司成立时间、法律形式与创立者;公司股东结构,包括股东背景资料、股权结构;公司发展简史,包括现状;公司业务范围;公司宗旨与公司战略;公司未来五年的发展规划及更长远的设想。

4. 产品和服务　投资人最关心的问题之一就是产品、技术或服务能否以及在多大程度上解决现实生活中的问题,或者产品(服务)能否帮助消费者节约开支、增加收入,这就是客户价值。此部分主要是阐述提供的产品或服务的概念、性能、技术特点、市场竞争力、典型客户、产品的研究和开发过程、产品的品牌和专利、产品的市场前景预测,以及未来产品研发计划和成本分析。在定义产品和服务时,应从客户的需要和利益的角度进行考虑,同时投资人本质上是极看重收益和回报的商人,他们更加认同市场对于产品的反馈。所以,在这部分需讲清楚公司的产品体系,向投资人展示公司产品线的完整和可持续发展能力。表述要准确,通俗易懂,即使非专业人员的投资者也能够理解。一般情况下,产品介绍都要附上产品原型、照片或其他介绍。这一部分是创业计划中的核心内容,需要较大篇幅论述。

5. 市场分析 通过对宏观和微观市场环境的分析,说明市场机会在哪里?有多大?为什么新创企业及其产品(服务)具有可行性?为什么公司的战略和营销策略是可行的?为什么公司及业务可以持续发展?这一部分是创业计划中的重要内容,在本计划中具有承上启下的作用,需要较大篇幅论述。

一般而言,市场分析包含以下内容:宏观环境分析;行业分析;目标市场分析(消费者分析);竞争分析;企业内部环境分析;企业所在地环境分析;市场分析结论。

6. 营销计划 在了解公司、产品和市场后,接下来要解决的问题是,如何把产品或服务销售给目标消费者,从而实现公司的经营目标和财务指标,回报投资者,这就需要一个可行的营销计划。制订营销计划的一种方法是从市场营销的 4P 着手,4P 指市场营销的四个方面,即产品(Product)、价格(Price)、地点(Place)、促销(Promotion)。市场营销计划主要包含与 4P 相应的产品策略、价格策略、渠道策略、广告与促销策略,以及营销目标(预测)及营销管理方面的计划。

7. 运营计划 如果新创企业属于制造业,则有必要制订一个生产制造计划。这个计划应该描述完整的制造过程。产品的制作过程可能包括许多工序,有的企业自己完成所有的制造工序,但也有的企业可能会将制造过程中的一些工序分包给其他企业去完成,一般根据何种方式的成本较低来定。如果新创企业准备将某些甚至所有制造工序分包给其他企业,则应该在生产计划中对分包商加以说明,包括地点、选择该分包商的原因、成本、以及该分包商履行过的合同情况等。对创业者将要实施的全部或部分制造工序,也需要描述厂房的布局、制造运营过程中所需要的机器设备、所需原材料及供应商的名称、地址、供货条件、制造成本,以及任何资本设备的将来需求等。对制造营运中的这些条款的讨论,对于潜在的投资者评估资金的需求很重要。

8. 组织和人力资源计划 在投资者考虑的所有因素中,管理团队的素质是首要的,它甚至比产品或服务更重要。大多数投资者宁愿向一个拥有一流水平的管理团队和二流产品或服务的企业投资,也不愿意向一个拥有二流水平的管理团队和一流产品或服务的企业投资。创业者在组织计划中必须详细说明创业团队需具备的能力、团队关键管理人员及其主要职责、企业的组织结构、组织模式,描述企业董事会、企业外脑、其他投资者的所有权状况,团队成员的敬业精神,企业中的技术、管理、商业技能和经验应有合理的平衡,主要涉及以下几个方面。

(1)企业所有者形式及组织模式:说明企业将采取哪种所有制形式,是独资公司、股份合作制企业、有限责任公司,还是股份制企业。

(2)企业管理的组织结构:组织结构就是对实现企业职能如何进行分工、分组和协调合作的组织形式,包括公司的组织机构图(体现部门设置),各层级、各部门的角色与职责,各部门的主要负责人及主要成员。

(3)人才需求与来源:新创企业需要哪些关键的人才?现有状况如何?哪些人才不足?不足的人才从何处招揽?首先,介绍创业核心团队。其次,说明缺少哪些人才,这些人才需要具备什么样的素质,可以从哪些渠道招揽至本企业。最后,企业外脑。新创企业可能还需要其他专业机构或专业人士的支持和服务,这些专业机构或专业人士又被称为企业外脑。

(4)激励约束机制:投资者十分看重企业的激励约束机制,要在创业计划中说明所有员工,包括管理团队中关键成员的薪酬水平和方式、员工的持股计划、股票期权实施办法、红利分配原则,员工升迁发展的机会、员工股票持有和处置的限制、员工凭业绩分配股票期权及其他奖金计划。

9. 投资计划 创业的资金投入通常分为两类:一是长期投资(以固定资产为主);二是短期投资,又称流动资金投资,指在一年内能收回的投资。

长期投资指那些价值较高的、使用寿命较长的项目所需要的资金,主要包括土地和房屋的购置或租金(一般指需要支付半年甚至更长时间的租金)支出、建设和装修费用、设备和设施或者工具的采购和装配支出、购买交通运输工具的支出、开办费等。有的企业用很少的投资就能开办,有的却需要大量的投资才能启动。明智的做法是把必要的投资降到最低限度,让企业少担风险。

短期投资通常指企业日常经营所需要支出的资金,又称经营性支出。企业开张后要运转一段时间才能有销售收入,制造商在销售之前必须先生产产品,服务企业在提供服务前必须购买原材料和用品,零售商和批发商在卖货之前必须先买货,所有企业在招揽消费者前必须先花时间和费用进行营销活动。因此,新创企业需要流动资金支付以下开销:房屋或场地的租金(月付)、购买并储存原料和成品的费用、人工费用(工资、奖金)、营销费用(广告宣传与促销)、物业水电费用、消耗性办公用品费用、通信费用、差旅招待费用、五险一金、借贷利息以及不可预见费用的备用金等。

对于投资支出,创业者通常都有较为全面、充分的认识,但对流动资金的认识往往不足,常常因为琐碎或者支出金额较小而被忽视,但流动资金会影响整个项目的正常运作,是启动资金预算中不可或缺的。至于企业需要准备多少个月的流动资金,不同的企业是不同的。创业者必须预测,在获得销售收入前,新创企业需要多少资金来支撑。通常情况下,刚开始时销售并不顺利,需要较为充裕的流动资金。

10. 财务计划 财务计划编制的原则包括以下两项。

(1)内容的完整性:一般而言,完整的财务计划至少应包含下表的内容。

序号	内容	序号	内容
1	财务计划说明	7	工资福利费用测算表
2	固定资产投资明细表	8	成本费用明细预测表
3	流动资金投资明细表	9	利润及利润分配明细表
4	启动资金预算合计表	10	现金流量预估表
5	销售收入测算表	11	资产负债预估表
6	销售收入税金及附加测算表		

(2)数据的可信性和可靠性:财务计划中的数据来自何处?为何财务计划和创业计划书前面的章节总是显得各自为政,财务上引用的数据甚至难以自圆其说!这个问题一直是创业计划写作的一大难点。答案:财务计划中的数据应是创业计划书中决策的结果或者结论。

举例说明:

如在营销计划一节中,创业者提出销售的目标是1000万元,单位产品的定价是100元;在生产运营计划一节中,年产量是11万台(按10%的库存量计算),这样在销售收入测算表中就得到了1000万元的销售收入数据。

由此可见,创业计划书的章节之间都有内在的逻辑联系。如果财务计划中引用的数据确实在创业计划书前文中找不到出处,那应在财务计划一节的章前简单阐述假设的理由,并且还应叙述采用的会计准则和会计制度。

11. 风险评价和对策 风险评价包括风险识别和风险预测,风险的识别是风险管理的首要环节。只有在全面了解各种风险的基础上,才能够预测风险可能造成的危害,从而选择处理风险的有效手段。

风险预测实际上就是估算、衡量风险,由风险管理人员运用科学的方法,对其掌握的统计资料、风险信息及风险的性质进行系统分析和研究,进而确定各项风险的频度和强度,为选择适当的风险处理方法提供依据。

应对风险的对策,有以下几种。

(1)回避风险策略:这是一种保守的风险管理策略。对于那些厌恶风险的决策者而言,他们总是以无风险或低风险作为衡量各种备选方案优劣的标准,把那些可能发生风险的备选方案拒之门外。尽管这种策略较为稳健简便易行,但并不经常采用,因为风险总是和收益联系在一起的,没有风险也就没有丰厚的收益。一个成功的经营者往往很少采用这种策略。

(2) 减少风险策略：在风险管理中，采取相应的措施，减少因发生风险可能给企业带来的损失，也称控制风险策略。这种策略在实践中经常采用。减少风险策略还可做进一步分类。按控制风险的目的可分为预防性控制和抑制性控制。前者是指预先确定可能发生的损失，提出相应的措施，防止损失的实际发生；后者是指对可能发生的损失，采用相应的措施，尽量降低损失的程度，缩减损失的延续性。按控制风险的方式可分为技术控制和行为控制。前者是指用相应的工程技术措施，减少可能发生的风险；后者是通过强化对有关人员的行为管理，减少可能发生的风险。

(3) 接受风险策略：这种策略指对可能发生的风险，提前做好准备以应付风险带来的损失。企业中的风险有些是不可避免的，如赊销商品的坏账风险、市场波动引起的库存风险等。对于这些风险，企业应采取自我保护的接受风险策略，即每期提存一笔准备金，作为将来发生风险给企业带来损失的补偿。如实践中的提取坏账准备金、长期财产保值，都是这种策略的具体运用。

(4) 转移风险策略：指对某些可能发生风险损失的财产或项目，用转移的方式转出企业，并交换回较保险的财产或项目。例如，通过保险转移风险、合同转移风险、股票上市转移风险、风险投资公司转移风险等方式。

12. 附件的内容　　附上能够证实前述各项计划的资料；附上详细的制造流程与技术方面资料；附上各种参照对象的佐证资料；附上创业者详细经历与自传。

(六) 创业计划书的评价

创业计划竞赛要求参赛者组成优势互补的竞赛小组，提出一个具有市场前景的产品/服务，围绕这一产品/服务，完成一份完整、具体、深入，可行性、操作性俱佳的创业计划书。创业计划书基于具体的产品/服务，着眼于特定的市场、竞争、营销、运作、管理、财务等策略方案，描述公司的创业机会，阐述把握机会创立公司的过程并说明所需的资源。

1. 概述要求　　概述应简明、扼要，具有鲜明的特色。重点包括对公司及产品服务的介绍、市场概貌、营销策略、生产销售管理计划、财务预测；指出新思想的形成过程和对企业发展目标的展望；介绍创业团队的特殊性和优势等。

2. 产品/服务要求　　如何满足关键用户需要；进入策略和市场开发策略；说明其专利权、著作权、政府批文、鉴定材料等；指出产品服务目前的技术水平是否处于领先地位，是否适应市场的需求，能否实现产业化。

3. 市场分析要求　　市场容量与趋势、市场竞争状况、市场变化趋势及潜力，细分目标市场及客户描述，估计市场份额和销售额。市场调查和分析应当严密科学。

4. 竞争分析要求　　公司的商业目的、市场定位、全盘战略及各时期的目标等，同时要有对现有和潜在竞争者的分析、替换品竞争、行业对手内原有竞争的分析。总结本公司的竞争优势并研究战胜对手的方案，并对主要的竞争对手和市场驱动力进行适当的分析。

5. 营销计划要求　　阐述如何保持并提高市场占有率，把握企业的总体进度，对收入、盈亏平衡点、现金流量、市场份额、产品开发、主要合作伙伴和融资等重要事件有所安排，构建一条通畅合理的营销渠道和与之相适应的新颖而富有吸引力的促销方式。

6. 运营计划要求　　原材料的供应情况，工艺设备的运行安排，人力资源安排等。这部分要求以产品或服务为依据，以生产工艺为主线，力求描述准确、合理、可操作性强。

7. 组织和人力资源设计要求　　介绍管理团队中各成员有关的教育和工作背景、经验、能力、专长；组建营销、财务、行政、生产、技术团队；明确各成员的管理分工和互补情况，公司组织结构情况，领导层成员，创业顾问及主要投资人的持股情况；指出企业股份比例的划分。

8. 财务计划要求　　包含营业收入和费用、现金流量、盈利能力和持久性、固定和变动成本、前两年财务月报，后三年财务年报。数据应基于对经营状况和未来发展的正确估计，并能有效反映出公司的财务绩效。

9. 书面语言表述要求　　条理清晰；表述应避免冗余，力求简洁、清晰、重点突出、条理分明；专业语言的运用准确和适度，相关数据科学、诚信、翔实。

(七)编制创业计划书应避免的问题

1. 将行业前景的分析与项目前景混为一谈或空洞口号式说法 很多的市场分析可以归为"市场好好,潜力大大,发展广阔,商机无限"一类的口号式宣传。有些企业引用专家学者的话,以证明项目的市场价值,如某电子商务网站的计划书写着,"世界公认的竞争战略权威迈克尔波特先生说:'关键问题不是是否应该应用因特网技术,而是如何应用它,企业根本没有选择,如果它们想保持竞争力的话……'"这样的表述方式对于国外投资者来说,基本不具任何说服力。

多看一眼:"挑战杯"中国大学生创业计划竞赛书面评审标准

2. 对项目的盈利估计过于乐观或者依据不足 国外投资人最慎重的就是对盈利估值的判断,往往要进行行业标杆企业之间的对比分析,特别是参考同类上市公司的经营数据,在行业平均盈利水平的基础上,根据各种合理的假设条件,做出乐观、中位值和保守估计。而国内企业在这个问题上,往往表现得大而化之,漫不经心,容易让外商误以为合作方敷衍或不够诚实。

以服装项目为例,项目计划先对国内市场和国际市场规模进行估算,然后估算本企业所占的市场份额比例和利润率,与市场总额相乘算出利润额。这个过程看似合理,其实存在重大欠缺。抛开国内市场不谈,在国际市场上,自己的企业能够占到多大份额,利润率是如何确定的,行业的平均利润率是多少,这些计算过程都是有前提假设的,多数的创业计划书都没有明确说明这些假设条件,就给出了估算值,给国外投资人不专业、依据不足或过于乐观的印象。

3. 未对竞争对手和竞争态势进行细致的调查分析 对于竞争对手的估计也突显出国内企业不成熟的一面。最常见的说法,如"因为在中国某某行业还没有知名品牌,成功的企业还是空白,我公司在这一行业没有直接的竞争对手",如一个网站的创业计划书这样写道,"网络服务是最新的东西,没有标准也没有领导者。所以,在如此大的市场空间内,网络服务方面还没有真正意义上的竞争对手"。前者有掩耳盗铃之嫌,后者更像是自我安慰。在市场上,就算暂时领先,也不是没有竞争者。而且竞争的态势时刻变化,今天的落后者明天可能就是企业的劲敌,竞争者不仅仅是指领先于自己的企业,还有紧跟在后面的追赶者,甚至将来可能出现的新生力量。

对于竞争对手和竞争态势的细致调查和分析能够说服投资者更加相信你的企业的控制能力。一个不能知己知彼的企业,是无法值得信赖的,也不可能成功。

4. 没有投资退出方式的考虑 对于国外投资者来说,无论是股权投资,还是债权融资,目的只有一个,就是在某个时间段内要保本并达到期望的盈利水平。猎头公司、投资人并不会永远与企业捆绑在一起,甚至从本质上讲,投资就是为了成功地退出,而且退出越快越可以提高资金的使用效率,产生更大的增值。国内企业往往没有这个习惯,很少考虑投资者资金退出的方式,这与改革前国有企业预算软约束和法制不健全有关,只要能找来投资,能不能按时还钱,能不能给投资人带来好处,似乎和自己没有太大关系。这种态度对于国外投资人是根本行不通的,没有提出明确的投资退出方式和期限的项目计划书被认为是不完整的,就像一篇文章少了结尾,是不合格的。

一般来说,为了使项目公司值得信赖,争取到投资方的资金支持,要在可靠的市场增长预测值的基础上,估算出企业在若干年后的价值,并选择对投资人最有利而各利益相关方都能够接受的方式,如上市、回购、再出售等让投资人获利后再退出本金。在最保守的情况下,还要考虑公司清盘时给投资人带来的可能损失和补救办法。

关于如何撰写创业计划书,可以很方便地买到各种版本的指南和小册子,网上也不难淘到各种大同小异的创业计划书模板。创业计划书沦落为表面功夫的花架子。实际上,在投资人一方看来,有阅读价值的创业计划书却越来越少了。而融资方和投资方匹配比例低,与创业计划书上存在的问题有直接关联。

四、企业创立与管理

(一)企业注册登记

1. 开业登记基本要求 创业者在各种条件准备就绪后,要向工商行政机关登记注册,方可开业。

开业登记有两个基本要求。

(1)开业者要符合国家规定的开业条件。根据《中华人民共和国市场主体登记管理条例施行细则》规定,工商企业申请登记时,应符合下列基本条件:有固定的生产经营场所和必要的设施;有固定人员;有必要的资金;常年生产经营或季节性生产经营在3个月以上;有明确的生产经营范围并符合国家相关政策法令。

(2)要备齐以下法律文件。公司筹建人签署的申请登记书;政府部门或主管部门的批文;公司章程;公司主要负责人的名单和身份证明(并附照片)。

2. 企业开业登记的基本程序

(1)企业名称预先核准,创业者到工商局查询后确认公司的名称。

(2)企业住所证明,需要公司住所的产权证明或租房合同,出租方必须出示相应的产权证明,工商局进行现场调查。

(3)特种行业审批,若企业从事的行业属于特种经营,如医药等,必须到各行业主管部门办理行业审批。

(4)办理企业注册资金,实行认缴登记制度,除募集设立股份有限公司外,无需提交验资报告。

(5)申请企业开业注册。向工商局提交相应的文件,如企业设立登记申请书、公司章程、股东名录、企业法定代表人任职文件和身份证明与上述要求的文件等。上述文件范本、须填表格等可到工商局获取。工商局将通过受理、审查、核准等程序,最后颁发企业法人营业执照和营业执照,并由工商局统一组织发布企业法人登记公告。

(6)企业领取营业执照后,首先要刻制印章,如公章、财务章、合同章等,刻章前要先去公安局特行科审批。

(7)办理企业法人代码。

(8)开立银行基本账户。

(9)办理税务登记。

(10)办理工资保险和统计登记。

3. 公司注册后必须办理的四项手续

(1)办理公章:参股股东中包括法人股的,应持其中一家法人单位介绍信、营业执照副本原件、章样一式两份进行办理;参股股东中无法人股,即全部为自然人参股的应由法人代表办理,携带本人身份证原件、复印件各一份,营业执照副本原件、复印件各一份,章样一式两份。到公安局指定的刻章社刻公章和财务专用章,费用一般为120~180元。

(2)办代码:凭营业执照到技术监督局办理组织机构代码证。

(3)进行税务登记:带上工商执照、个人身份证、经营场所的房产证或租赁协议就可以去办理。如果是销售商品的公司,国税、地税都要办税务登记;提供服务的公司,只办地税,不需要办国税。

(4)进行银行开户:所属地任一具有对公业务的银行网点均可办理对公账户。需提供的资料:开户证明、企业的营业执照、组织机构代码证、法人身份证复印件、国地税的税务登记证、盖一套单位的印鉴卡(一式三份,由银行提供)、开立单位银行结算账户的申请书(一式三份,需加盖单位公章,法人签名)、法人(或负责人)授权委托证明书一份、代理人身份证复印件等,银行需提供的其他资料。

4. 企业登记注册基本常识

(1)名称登记:企业名称即企业的名字、字号,是企业区别于其他企业或社会组织,被社会识别的标志。名称一般由四部分组成:行政区划+字号+行业特点+组织形式,比如成都市(行政区划)锦城(字号)商贸(行业特点)有限公司(组织形式)。工商行政管理机关对企业名称实行分级登记管理。国家工商行政管理局的管辖范围包括:冠以"中国""中华""全国""国家""国际"字样的企业名称;名称中间使用"中国""中华""全国""国家"等字样的;不含行政区划的;冠以省市行政区划的名称相应由省市工商行政管理局管辖,对企业经营范围、组织形式、注册资本也有相关的归口;上述机构管辖范围之外的其他企业、内资企业分支机构、个体工商户的名称则由区县工商分局根据市局复核意见进行核准。

(2)法人、企业法人及法定代表人：法人是指具有民事权利能力和民事行为能力，依法独立享有民事权利和承担民事义务的组织。根据《中华人民共和国民法通则》的规定，法人必须具备四个条件：依法成立；有必要的财产或者经费；有自己的名称、组织机构和场所；能够独立承担民事责任。从法人的设立性质上讲，法人通常包括企业法人、事业法人、机关法人等。法定代表人是依照法律或法人组织章程的规定，代表法人行使职权的负责人。法定代表人必须是法人组织的负责人，能够代表法人行使职权，可以由厂长、经理担任，也可以由董事长、理事长担任。法定代表人的权力是由法人赋予的，法人对法定代表人的正常活动承担民事责任，但代表人的行为超出法人授予的权利范围，法人也可能为其承担责任。

(3)注册资本和注册资金：注册资本是公司的登记注册事项之一，是投资人对企业的永久性投资，是经国家确认的公司独立财产的货币形态，包括流动资金和固定资产以及无形资产，也称法定资本。注册资金是国家授予企业法人经营管理的财产或者企业法人自有财产的数额体现。

(4)验资证明与股东出资方式：验资证明是会计师事务所或者审计师事务所及其他有验资资格的机构出具的证明资金真实性的文件。根据《中华人民共和国公司法》规定，公司的注册资本必须经过法定验资机构出具验资证明。有限责任公司股东发起人的出资方式有以下几种：货币、实物、工业产权、非专利技术、土地使用权等。其中工业产权是一个内容非常广泛的概念，包括发明、实用新型、外观设计、商标服务标记、厂商名号(商号)、货源标记或原产地名称、制止不正当竞争等可用于工业领域(确切地说是各种生产经营行为)领域，能够提高企业市场竞争力并能创造利润的智力成果，但严格来说，只有那些经过法定程序被依法授予的、并在一定时间和地域内所独占的法律保护的财产权利，才能被视为有效的工业产权。在我国主要指专利权(包括发明、实用新型和外观设计的专利权)和注册商标专用权(包括商品商标和服务商标的专用权)。

(5)公司章程：公司章程是关于公司组织和行为的基本规范。公司章程不仅是公司的自治法规，也是国家管理公司的重要依据。它是公司设立的最主要条件和最重要的文件，是确定公司权利、义务关系的基本法律文件，是公司对外进行经营交往的基本法律依据，对企业非常重要，所以公司股东和发起人必须考虑周全，制订明确详细、理解上没有歧义的公司章程。

(二)新创企业的管理

新创企业成立之后，即将面临的首要问题便是内部管理。新创企业管理有哪些特点？新创企业要持续发展，又面临一些什么样的管理难题？这些都是新创企业管理者必须解决的问题。

1. 新创企业管理的特点 新创企业在成立初期，生存是企业的首要目标，因此大多数新创企业在创业初期通常都是重业务、轻管理。创业期的企业管理通常有如下特点。

(1)企业主集权：新创企业的企业主由于全身心投入创立事业的激情中，往往容易陷入凡事亲力亲为的状态，公司大小事务均需获得企业主授权才可进行，于是公司既定的组织结构未能发挥效用，员工整天围着企业主转，大量内耗，最后企业主自己也苦不堪言。小公司发展过程中15人是个坎，50人是个坎，200人又是个坎，管理方法不改进，一般无法进一步发展。企业主事事亲力亲为的公司，很难超过15人，毕竟一个人的管理能力再强，精力也是有限的。

(2)管理制度朝令夕改：新创企业的管理者都有科学管理的意识，因此，在公司创立初期便会制订一系列的管理制度，尽管有的制度还比较粗糙，一般的公司执行下来也能应付公司的日常管理。但是，一旦公司逐步成长，管理制度的漏洞就会凸显出来。这时，新创企业的管理者便会着急修改制度，有时候往往是看到别的公司有一项好的管理制度，不经过深思熟虑就匆忙照抄照搬，一段时间发现效果不好又改回原样，导致公司制度朝令夕改，令员工缺乏稳定感。

(3)人事管理太随意：新创企业最常出现的管理问题，通常体现为几个方面：一是盲目招聘"最好的"员工，结果发现根本留不住人才；二是撒不下面子录用亲戚朋友，导致管理难度增大；三是薪酬体系、绩效考核不完善，引发员工随意提出加薪要求，人员流失严重；四是没有规范的考勤考核机制，导致员工吃大锅饭，抹杀工作积极性。

(4)财务制度不完善：制订完善明晰的财务制度是新创企业务必要重视的管理问题，但研究发现，大量的新创企业都没有意识到这一管理问题的重要性。在企业创立初期,往往为了省钱甚至连财务岗位设置都不完整,财务制度也有严重漏洞,存在财务往来记录不全,财务审批制度不严格等问题,不少的新创企业都因此吃过亏,公司明明赚到钱,结果一到账上却所剩无几,连企业主自己也不清楚每笔资金的具体流向。

(5)重结果轻过程:新创企业都是以业绩为导向的,因此在管理过程中往往只重视结果而忽略对过程的管理。这就导致员工也是结果导向型的,公司对过程的监控几乎没有,因此员工在过程中做了哪些努力,出现了什么样的偏差,管理者都无从得知,最后对结果也只能被动地接受,导致原本可以控制的小问题演变成大问题,原本可以更好的业绩最后却结果平平。

2. 新创企业管理内容 鉴于新创企业的管理特点,以及在初期成长过程的种种管理风险,新创企业必须在成长期逐步实现管理的规范化,以使企业稳步发展,获取长远的竞争优势。新创企业的主要管理内容有业务管理、制度管理、骨干员工管理、财务管理和劳动关系管理等。

(1)业务管理:对于新创企业而言,业务管理无疑是管理者关注的焦点,因为这是初创企业生存的根本。新创企业要对自己的业务线和业务模式有清晰的认识和设计,并有专门的部门或组织体系来执行、管理和监督,以确保业务的顺利开展,并掌握详尽的客户数据库和交易信息,做到所有来往业务都清晰可查。

(2)制度管理:无规矩不成方圆,新创企业在成长的过程中必须逐渐摸索出一套适合自己企业的管理制度,包括财务制度、人事制度、规章制度、考核制度等,用组织的机制来保障公司各项业务的正常运行,适当的授权以发挥各组织结构的管理职能,使公司高效率、有序化地运转。没有制度,新创企业一旦进入正轨之后,就会出现各种状况,使得企业无章可循,管理混乱,进而影响公司的正常经营。当然,新创企业的制度建设必须循序渐进,否则将会出现前文所述风险,朝令夕改,让员工没有安全感而大量流失。

(3)骨干员工管理:新创企业创立初期,最担忧的就是员工流失,尤其是骨干员工流失,这对刚起步的公司无疑是巨大的损失,因此,想办法留住骨干员工是公司管理的重要任务。不同的公司采取的方法不一样,有的采取发展骨干员工入股的方法,让其成为主人翁,有的用逐年提升的薪酬稳定骨干员工。不论采取什么样的方法,企业都得抓住骨干员工的心,尽可能将其稳定在创业团队之中不流失,以保障公司的长远发展。

(4)财务管理:新创企业最容易出现的问题就是财务混乱,账目不清,导致企业主对企业的经营状况没有准确的财务数据,难以清晰评估企业现状,导致错误的决策,引起严重后果。因此,财务管理是新创企业管理的核心内容之一。新创企业的财务管理最基础的要求是入账要有清晰的流程、票据、责任人和记录;出账要有经办人、依据、审批和登记,必须要有严格的财务管理制度,做到账务有审批,有依据,有监督,可查询,这样方可防止出现财务问题。

(5)劳动关系管理:劳动关系管理也是新创企业管理的重要内容,这是确保公司稳定,同时也是保障员工基本利益的前提。新创企业须遵照《中华人民共和国劳动法》的基本要求,与员工签订正式劳动合同,为员工缴纳相应社会保险,按时发放工资。很多新创企业为了省钱,想尽办法节约用人成本,比如找临时工,不交保险,或者一遇到资金周转困难就拖欠员工工资。长此以往,员工对公司和老板的信任将荡然无存。调查表明,员工对于公司最无法容忍的行为就是拖欠工资,这也经常是某些企业人员流失的最主要因素。

新创企业的管理规范化还涉及很多内部管理的制度,需要在公司成长过程中逐步规范。

3. 新创企业的成长周期 新创企业走上正轨之后,要面临的一个问题就是企业的成长。管理大师彼得德鲁克曾说,成长是企业生存所必需的。新创企业如何把握在企业的生命周期不同的阶段采取何种策略?新创企业又如何保持其核心竞争力?本节将解开这些难题。

最简明的企业生命周期理论认为,每个新创企业诞生后,一般都要经过培育期、成长期、成熟期和衰退期四个阶段。处于培育期的企业称为初创企业,或者说是初创阶段的企业;企业能经过培育期存活下来,一般会较快地转入成长期;企业过了成长期,就会进入成长速度放缓、但利润率提高的收获季节,称为成熟期;成熟期的企业如果不能成功进行蜕变,就会沦为衰退企业。

企业生命周期的每个阶段管理方式都不一样,因为面临的问题大不相同,管理者应该根据每个阶段的特点不断调整管理方式。同时,根据葛雷纳的企业成长模型,新创企业每个成长阶段所关注的重点有所不同,因此因时制宜是每个新创企业都必须把握的法则。

(1) 培育期:在创业的初期,企业有非常明显的特点,就是更多地依靠创业者的个人创造性和英雄主义。此阶段重点是搞清楚自己的核心产品和业务,并把握主要的市场,亲力亲为,研究怎样把新产品迅速销售出去,企业才能迅速成长,因此不需要太复杂的管理和战略,透过创业者本人就可以控制整个团队。在此阶段,企业通过创造而成长。关键的挑战在于市场是否能够接受新企业的产品或者服务。在这个阶段,不断地进行尝试和市场测试是非常必要的。

(2) 成长期:经过1~3年的发展,随着员工日益增加,企业出现剧烈动荡。企业可能进入一个危险期,即领导危机。企业也更需要一个职业化的领导来进行科学的指导和管理控制,所以这个时候要么是创业者成长为职业化的领导,要么是找到一个更职业化的经理人,委派其进行控制。这时比较困难的是,需要创业者自我变革、有足够的勇气放弃很多东西。此时创业者会发现,要继续监控发展这个企业,还需要掌握更多的信息,并且有必要制订可行的发展战略。企业再发展到一定程度,又会出现一次动荡,即自立危机。主要原因是员工需要获得自主权,中、基层经理希望增加自主权。由于指导作用和员工的具体实践使其工作经验和水平不断提升,企业规模扩大、管理层次增加,都会刺激员工对自主权的渴求,从而导致企业发展出现新的鸿沟,此时就需要授权,并建立一个更为规范的管理体系。

(3) 成熟期:该阶段的重点就是授权,通过分权而成长。这时大多数企业高速成长,产品转向更为广泛的主流市场。随着员工人数迅速膨胀,部门快速分拆,销售地域和网络越来越分散,此时需要更多的授权。但企业经过1~3年的高速发展后,同样又会遇到新的问题,被新的危机所困扰,即控制危机。这个危机需要通过加强控制来解决,但依靠过去传统的控制手段不能解决危机。授权过多就会导致自作主张,出现本位主义,控制过多就会出现不协调、合作困难的现象,因此协调是跨越发展鸿沟的主要手段。到了企业成熟的鼎盛时期,企业需要通过更规范、更全面的管理体系和管理流程,或者说是更多、更先进的管理信息系统来支撑,通过协调而成长。但官僚主义的出现又会引发新的危机,即烦琐公事程序危机。管理层次过多,决策周期拉长,人员冗余,因此企业在面对新的鸿沟时,需要加强合作,这时要更多采用项目管理的手段,建立很多团队,通过按产品、地域设立适宜的部门和团队来增强市场竞争的快速应变能力。

(4) 衰退期:衰退是每个新创企业都不可避免要面临的险境。当企业进入衰退期时,企业的创业者必须有新的战略来力挽狂澜,以适应不断变革的市场环境。

> **测试题**

1. 创业计划书应该包括哪些内容?
2. 创业计划书编制应避免哪些问题?
3. 如果你想成立企业,开业登记需要经过哪些基本程序?

第四部分

法务篇

全面依法治国是国家治理的一场深刻革命,关系党执政兴国,关系人民幸福安康,关系党和国家长治久安。必须更好发挥法治固根本、稳预期、利长远的保障作用,在法治轨道上全面建设社会主义现代化国家。

我们要坚持走中国特色社会主义法治道路,建设中国特色社会主义法治体系、建设社会主义法治国家,围绕保障和促进社会公平正义,坚持依法治国、依法执政、依法行政共同推进,坚持法治国家、法治政府、法治社会一体建设,全面推进科学立法、严格执法、公正司法、全民守法,全面推进国家各方面工作法治化。

(1)完善以宪法为核心的中国特色社会主义法律体系。坚持依法治国首先要坚持依宪治国,坚持依法执政首先要坚持依宪执政,坚持宪法确定的中国共产党领导地位不动摇,坚持宪法确定的人民民主专政的国体和人民代表大会制度的政体不动摇。加强宪法实施和监督,健全保证宪法全面实施的制度体系,更好发挥宪法在治国理政中的重要作用,维护宪法权威。加强重点领域、新兴领域、涉外领域立法,统筹推进国内法治和涉外法治,以良法促进发展、保障善治。推进科学立法、民主立法、依法立法,统筹立改废释纂,增强立法系统性、整体性、协同性、时效性。完善和加强备案审查制度。坚持科学决策、民主决策、依法决策,全面落实重大决策程序制度。

(2)扎实推进依法行政。法治政府建设是全面依法治国的重点任务和主体工程。转变政府职能,优化政府职责体系和组织结构,推进机构、职能、权限、程序、责任法定化,提高行政效率和公信力。深化事业单位改革。深化行政执法体制改革,全面推进严格规范公正文明执法,加大关系群众切身利益的重点领域执法力度,完善行政执法程序,健全行政裁量基准。强化行政执法监督机制和能力建设,严格落实行政执法责任制和责任追究制度。完善基层综合执法体制机制。

(3)严格公正司法。公正司法是维护社会公平正义的最后一道防线。深化司法体制综合配套改革,全面准确落实司法责任制,加快建设公正高效权威的社会主义司法制度,努力让人民群众在每一个司法案件中感受到公平正义。规范司法权力运行,健全公安机关、检察机关、审判机关、司法行政机关各司其职、相互配合、相互制约的体制机制。强化对司法活动的制约监督,促进司法公正。加强检察机关法律监督工作。完善公益诉讼制度。

(4)加快建设法治社会。法治社会是构筑法治国家的基础。弘扬社会主义法治精神,传承中华优秀传统法律文化,引导全体人民做社会主义法治的忠实崇尚者、自觉遵守者、坚定捍卫者。建设覆盖城乡的现代公共法律服务体系,深入开展法治宣传教育,增强全民法治观念。推进多层次多领域依法治理,提升社会治理法治化水平。发挥领导干部示范带头作用,努力使尊法学法守法用法在全社会蔚然成风。

第八章

树立法治思维

扫码看PPT

学习目标

1. 了解《中华人民共和国劳动法》《中华人民共和国劳动合同法》《中华人民共和国社会保险法》《中华人民共和国工会法》《中华人民共和国劳动争议调解仲裁法》等法律法规。
2. 熟悉就业权益保障的相关知识及就业权益保障途径。
3. 掌握劳动合同、劳动争议调解协议书等法律文书的核心要素。
4. 了解工伤条例的有关知识。

案例导入

庄某于2001年4月到某信息技术公司工作,双方于2001年4月29日签订了2年期劳动合同和聘任协议书,双方约定庄某担任销售经理,月薪为6000元。此后,庄某在信息技术公司担任售前部总监和董事长助理,月薪调整为10000元。2002年11—12月,信息技术公司在未向员工说明情况及进行协商的情况下,扣发了包括庄某在内的部分员工20%的工资,庄某作为部门负责人,代表被扣发工资的员工向信息技术公司反映了员工的意见,就补发工资问题进行了交涉。2002年12月6日,信息技术公司书面答复员工称降薪是公司经营发生困难所致,由于时间仓促,没能按正常程序操作并与大家达成共识,给大家造成暂时的经济损失和误解,向大家表示歉意,同时承诺所欠工资将在2003年一季度补发。同年12月9日,庄某与部分降薪员工联名提交了书面意见,要求信息技术公司于12月11日发放所扣工资并给予相应的补偿。2002年12月10日,信息技术公司以庄某违反劳动合同第20条规定为由,发给庄某《解除劳动合同通知书》,但未说明具体违纪事实和相应的处理依据。信息技术公司于同日还发布了"告全体员工书",宣布免去庄某所有职务,警示员工引以为戒。庄某于当日办理了离职手续。

庄某与信息技术公司所签劳动合同第20条约定:"有下列情况之一,甲方(信息技术公司)可以解除本合同:①在试用期间,被证明不符合录用条件的;②严重违反劳动纪律或甲方规章制度的;③严重失职,营私舞弊,对甲方利益造成重大损害的;④被依法追究刑事责任的。"在本案审理中,信息技术公司称庄某在2002年11月6日至12月4日期间有2.5天旷工,违反了公司考勤制度,并向法院提交了刷卡记录予以证明。庄某为了证明其不存在旷工问题,向法院提交了有主管负责人签字的考勤统计表、电子邮件及证人证言。信息技术公司另在庭审中称庄某存在不服从公司工作安排的行为,庄某对此不予认可。

讨论:
1. 如果你是庄某,你会怎样做?
2. 怎样维护自身就业中的权益?
3. 这个故事对你有哪些启发?

多看一眼:案例解析

第一节 《中华人民共和国劳动法》

一、概述

《中华人民共和国劳动法》是为了保护劳动者的合法权益,调整劳动关系,建立和维护适应社会主义市场经济的劳动制度,促进经济发展和社会进步,根据宪法而制定的。本法面向在中华人民共和国境内的企业、个体经济组织(以下统称用人单位)和与之形成劳动关系的劳动者。

本法于1994年7月5日第八届全国人民代表大会常务委员会第八次会议通过;根据2009年8月27日第十一届全国人民代表大会常务委员会第十次会议《关于修改部分法律的决定》第一次修正;根据2018年12月29日第十三届全国人民代表大会常务委员会第七次会议《关于修改〈中华人民共和国劳动法〉等七部法律的决定》第二次修正。

本法共计十三章。第一章是总则,第二章是促进就业,第三章是劳动合同和集体合同,第四章是工作时间和休息休假,第五章是工资,第六章是劳动安全卫生,第七章是女职工和未成年工特殊保护,第八章是职业培训,第九章是社会保险和福利,第十章是劳动争议,第十一章是监督检查,第十二章是法律责任,第十三章是附则。

第一章(第一条至第九条)阐释了劳动法的立法目的、适用范围、劳动者权利及用人单位义务等内容;第二章(第十条至第十五条)阐释了国家扶持就业、男女就业平等、特殊人员就业等内容;第三章(第十六条至第三十五条)规定了劳动合同的订立和变更、合同形式和条款、试用期约定、合同终止和解除,以及集体合同等相关内容;第四章(第三十六条至第四十五条)明确了国家工时制度、报酬标准、法定假日、带薪年休假制度等;第五章(第四十六条至第五十一条)阐释了工资分配原则、分配方式和水平、最低工资保障等内容;第六章(第五十二条至第五十七条)确定了用人单位职责、劳动安全卫生设施标准、特种作业资格、劳动过程安全防护等内容;第七章(第五十八条至第六十五条)明确了女职工和未成年工特殊劳动保护、劳动强度限制等内容;第八章(第六十六条至第六十九条)阐释了职业培训、职业技能标准、资格证书等要求;第九章(第七十条至第七十六条)阐释了社会保险的宗旨、基金来源、享受社保情形,以及国家和用人单位发展福利事业的责任;第十章(第七十七条至第八十四条)明确了劳动争议处理的原则、途径,以及集体合同争议处理的相关规定;第十一章(第八十五条至第八十八条)阐释了劳动行政部门监督检查的相关要求;第十二章(第八十九条至第一百零五条)明确了对劳动规章违法的相关处理、处罚规定内容;第十三章(第一百零六条至第一百零七条)要求各省、自治区、直辖市人民政府根据本法和本地区的实际情况,规定劳动合同制度的实施步骤,报国务院备案,并明确了本法的施行时间。

二、主要条文内容及释析

第三条 劳动者享有平等就业和选择职业的权利、取得劳动报酬的权利、休息休假的权利、获得劳动安全卫生保护的权利、接受职业技能培训的权利、享受社会保险和福利的权利、提请劳动争议处理的权利以及法律规定的其他劳动权利。

劳动者应当完成劳动任务,提高职业技能,执行劳动安全卫生规程,遵守劳动纪律和职业道德。

[条文释析]本条中的"劳动报酬"指劳动者从用人单位得到的全部工资收入。本条中"法律规定的其他劳动权利"指,劳动者依法享有参加和组织工会的权利,参加职工民主管理的权利,参加社会义务劳动的权利,参加劳动竞赛的权利,提出合理化建议的权利,从事科学研究、技术革新、发明创造的权利,依法解除劳动合同的权利,对用人单位管理人员违章指挥、强令冒险作业有拒绝执行的权利,对危害生命安全和身体健康的行为有权提出批评、检举和控告的权利,对违反劳动法的行为进行监督的权利等。

第十六条 劳动合同是劳动者与用人单位确立劳动关系、明确双方权利和义务的协议。

建立劳动关系应当订立劳动合同。

［条文释析］此条明确：建立劳动关系的所有劳动者，不论是管理人员，技术人员还是原来所称的固定工，都必须订立劳动合同。"应当"在这里是"必须"的含义。

第十七条 订立和变更劳动合同，应当遵循平等自愿、协商一致的原则，不得违反法律、行政法规的规定。

劳动合同依法订立即具有法律约束力，当事人必须履行劳动合同规定的义务。

［条文释析］本条第一款中的"法律、行政法规"既包括现行的法律、行政法规，也包括以后颁布实行的法律、行政法规，既包括劳动法律、法规，也包括民事、经济方面的法律、法规。本条第二款中的"依法"是指订立劳动合同时所依据的现行法律和法规。

劳动合同依法订立即具有法律约束力，任何第三方不得非法干预劳动合同的履行。

第十八条 下列劳动合同无效：

（一）违反法律、行政法规的劳动合同；

（二）采取欺诈、威胁等手段订立的劳动合同。

无效的劳动合同，从订立的时候起，就没有法律约束力。确认劳动合同部分无效的，如果不影响其余部分的效力，其余部分仍然有效。

劳动合同的无效，由劳动争议仲裁委员会或者人民法院确认。

［条文释析］本条第一款第（一）项中"法律、行政法规"与本法第十七条解释相同。第（二）项中，"欺诈"是指一方当事人故意告知对方当事人虚假的情况，或者故意隐瞒真实的情况，诱使对方当事人作出错误意思表示的行为；"威胁"是指以给公民及其亲友的生命健康、荣誉、名誉、财产等造成损害为要挟，迫使对方作出违背真实的意思表示的行为。（欺诈、威胁的解释依据《最高人民法院关于贯彻执行〈中华人民共和国民法通则〉若干问题的意见（试行）》）。

劳动合同的无效，经仲裁未引起诉讼的，由劳动争议仲裁委员会认定；经仲裁引起诉讼的，由人民法院认定。

第二十一条 劳动合同可以约定试用期。试用期最长不得超过六个月。

［条文释析］本条中规定的"试用期"适用于初次就业或再次就业时改变劳动岗位或工种的劳动者。

第二十二条 劳动合同当事人可以在劳动合同中约定保守用人单位商业秘密的有关事项。

［条文释析］根据《反不正当竞争法》第十条规定，商业秘密指不为公众所知悉，能为用人单位带来经济利益，具有实用性并经用人单位采取保密措施的技术信息和经营信息。

第二十五条 劳动者有下列情形之一的，用人单位可以解除劳动合同：

（一）在试用期间被证明不符合录用条件的；

（二）严重违反劳动纪律或者用人单位规章制度的；

（三）严重失职，营私舞弊，对用人单位利益造成重大损害的；

（四）被依法追究刑事责任的。

［条文释析］本条中"严重违反劳动纪律"的行为，可根据《企业职工奖励条例》和《国营企业辞退违纪职工暂行规定》等有关法规认定。

本条中的"重大损害"由企业内部规章来规定。因为企业类型各有不同，对重大损害的界定也千差万别，故不便对重大损害做统一解释。若由此发生劳动争议，可以通过劳动争议仲裁委员会对其规章规定的重大损害进行认定。

本条中"被依法追究刑事责任"，具体指：①被人民检察院免予起诉的；②被人民法院判处刑罚（刑罚包括主型：管制、拘役、有期徒刑、无期徒刑、死刑；附加刑：罚金、剥夺政治权利、没收财产）的；③被人民法院依据刑法第32条免予刑事处分的。

第二十六条 有下列情形之一的，用人单位可以解除劳动合同，但是应当提前三十日以书面形式通知劳动者本人：

（一）劳动者患病或者非因工负伤，医疗期满后，不能从事原工作也不能从事由用人单位另行安排的工作的；

（二）劳动者不能胜任工作，经过培训或者调整工作岗位，仍不能胜任工作的；

（三）劳动合同订立时所依据的客观情况发生重大变化，致使原劳动合同无法履行，经当事人协商不能就变更劳动合同达成协议的。

［条文释析］本条第（一）项指劳动者医疗期满后，不能从事原工作的，由原用人单位另行安排适当工作之后，仍不能从事另行安排的工作的，可以解除劳动合同。

本条第（二）项中的"不能胜任工作"，指不能按要求完成劳动合同中约定的任务或者同工种、同岗位人员的工作量。用人单位不得故意提高定额标准，使劳动者无法完成。

本条中的"客观情况"指发生不可抗力或出现致使劳动合同全部或部分条款无法履行的其他情况，如企业迁移、被兼并、企业资产转移等，并且排除本法第二十七条所列的客观情况。

第二十七条　用人单位濒临破产进行法定整顿期间或者生产经营状况发生严重困难，确需裁减人员的，应当提前三十日向工会或者全体职工说明情况，听取工会或者职工的意见，经向劳动行政部门报告后，可以裁减人员。

用人单位依据本条规定裁减人员，在六个月内录用人员的，应当优先录用被裁减的人员。

［条文释析］本条中的"法定整顿期间"指依据《中华人民共和国破产法》和《民事诉讼法》的破产程序进入的整顿期间。"生产经营状况发生严重困难"可以根据地方政府规定的困难企业标准来界定。"报告"仅指说明情况，无批准的含义。"优先录用"指同等条件下优先录用。

第二十八条　用人单位依据本法第二十四条、第二十六条、第二十七条的规定解除劳动合同的，应当依照国家有关规定给予经济补偿。

［条文释析］《中华人民共和国中外合资经营企业劳动管理规定》第四条规定，企业应对被解雇的职工予以经济补偿。

第二十九条　劳动者有下列情形之一的，用人单位不得依据本法第二十六条、第二十七条的规定解除劳动合同：

（一）患职业病或者因工负伤并被确认丧失或者部分丧失劳动能力的；

（二）患病或者负伤，在规定的医疗期内的；

（三）女职工在孕期、产假、哺乳期内的；

（四）法律、行政法规规定的其他情形。

［条文释析］本条第（一）项、第（二）项、第（三）项之所以以法律的形式规定不得解除劳动合同，是为了保证劳动者在特殊情况下的权益不受侵害。在第（二）项、第（三）项规定的情形下劳动合同到期的，应延续劳动合同到医疗期满或女职工"三期"届满为止。

本条第（四）项中的"法律、法规规定的其他情形"，这类规定是立法时经常采用的技术性手段，其立法用意：①在该条款列举情况时，为避免遗漏现行法律、法规规定的其他情况，采用此种办法使该法与其他法相衔接。②便于以后颁布的法律相衔接，即与新法相衔接。本法第四十二条第（三）项的解释与此相同。

第三十一条　劳动者解除劳动合同，应当提前三十日以书面形式通知用人单位。

［条文释析］本条规定了劳动者的辞职权，除此条规定的程序外，对劳动者行使辞职权不附加任何条件。但违反劳动合同约定者要依法承担责任。

第三十二条　有下列情形之一的，劳动者可以随时通知用人单位解除劳动合同：

（一）在试用期内的；

（二）用人单位以暴力、威胁或者非法限制人身自由的手段强迫劳动的；

（三）用人单位未按照劳动合同约定支付劳动报酬或者提供劳动条件的。

［条文释析］本条中的"非法限制人身自由"指采用拘留、禁闭或其他强制方法非法剥夺或限制他人按照自己的意志支配自己的身体活动的自由的行为。

第三十六条　国家实行劳动者每日工作时间不超过八小时、平均每周工作时间不超过四十四小时的工时制度。

［条文释析］根据《国务院关于职工工作时间的规定》，目前，职工的标准工作时间为每日工作八小时，平均每周工作四十四小时。但企业可以根据实际情况，在标准工作时间范围内合理安排生产和劳动时间。但每日不能超过八小时，平均每周不能超过四十四小时。

第三十七条 对实行计件工作的劳动者，用人单位应当根据本法第三十六条规定的工时制度合理确定其劳动定额和计件报酬标准。

［条文释析］本条应理解为：①对于实行计件工资的用人单位，在实行新的工时制度下应既能保证劳动者享受缩短工时的待遇，又尽量保证劳动者的计件工资收入不减少。②如果适当调整劳动定额，在保证劳动者计件工资收入不降低的前提下，计件单价可以不做调整；如果调整劳动定额有困难，就应该考虑适当调整劳动者计件单价，以保证收入不减少。

第三十八条 用人单位应当保证劳动者每周至少休息一日。

［条文释析］本条应理解为用人单位必须保证劳动者每周至少有一次24小时不间断的休息。

第三十九条 企业因生产特点不能实行本法第三十六条、第三十八条规定的，经劳动行政部门批准，可以实行其他工作和休息办法。

［条文释析］劳动部、人事部颁发的《国务院关于职工工作时间的规定实施办法》中规定："由于工作性质和职责的限制，不宜实行定时工作制的职工，由国务院行业系统主管部门提出意见，报国务院劳动、人事行政主管部门批准，可以实行不定时工作制。"如：出租车驾驶员、森林巡视员等。

第四十四条 有下列情形之一的，用人单位应当按照下列标准支付高于劳动者正常工作时间工资的工资报酬：

（一）安排劳动者延长工作时间的，支付不低于工资的150％的工资报酬；

（二）休息日安排劳动者工作又不能安排补休的，支付不低于工资的200％的工资报酬；

（三）法定休假日安排劳动者工作的，支付不低于工资的300％的工资报酬。

［条文释析］本条的"工资"，实行计时工资的用人单位，指的是用人单位规定的其本人的基本工资，其计算方法：用月基本工资除以月法定工作天数即得日工资，用日工资除以日工作时间即得小时工资；实行计件工资的用人单位，指的是劳动者在加班加点的工作时间内应得的计件工资。

第四十八条 国家实行最低工资保障制度。最低工资的具体标准由省、自治区、直辖市人民政府规定，报国务院备案。

用人单位支付劳动者的工资不得低于当地最低工资标准。

［条文释析］本条中的"最低工资"指劳动者在法定工作时间内履行了正常劳动义务的前提下，由其所在单位支付的最低劳动报酬。最低工资包括基本工资和奖金、津贴、补贴，但不包括加班加点工资、特殊劳动条件下的津贴，国家规定的社会保险和福利待遇排除在外。

第五十一条 劳动者在法定休假日和婚丧假期间以及依法参加社会活动期间，用人单位应当依法支付工资。

［条文释析］法定休假日，指法律、法规规定的劳动者休假的时间，包括法定节日（即元旦、春节、国际劳动节、国庆节及其他节假日）以及法定带薪休假。婚丧假，指劳动者本人结婚以及其直系亲属死亡时依法享受的假期。依法参加社会活动指行使选举权；当选代表，出席政府、党派、工会、青年团、妇女联合会等组织召开的会议；担任人民法庭的人民陪审员、证明人、辩护人；出席劳动模范、先进工作者大会；《中华人民共和国工会法》规定的不脱产工会基层委员会委员因工会活动占用的生产时间等。

第八十一条 劳动争议仲裁委员会由劳动行政部门代表、同级工会代表、用人单位方面的代表组成。劳动争议仲裁委员会主任由劳动行政部门代表担任。

［条文释析］本条中的"用人单位方面的代表"，指政府指定的经营综合管理部门或者有关社会团体的代表。

第八十二条 提出仲裁要求的一方应当自劳动争议发生之日起六十日内向劳动争议仲裁委员会提出书面申请。仲裁裁决一般应在收到仲裁申请的六十日内作出。对仲裁裁决无异议的，当事人必须履行。

［条文释析］本条中的"劳动争议发生之日"指当事人知道或者应当知道其权利被侵害之日。

三、典型案例

【案例一】郭懿诉江苏益丰大药房连锁有限公司劳动争议案

原告：郭懿，男22岁，住南京市荼南仁园。

被告：江苏益丰大药房连锁有限公司；住所地：南京市白下区汉中路。

法定代表人：高毅，该公司董事长。

原告郭懿因与被告江苏益丰大药房连锁有限公司（以下简称益丰公司）发生劳动争议纠纷，向江苏省南京市白下区人民法院提起诉讼。

原告郭懿诉称：原告系南京市莫愁职业高级中学2008届毕业生。2007年10月原告至被告处进行求职登记，经被告人力资源部和总经理审核，同意试用。2007年10月30日双方签订劳动合同，为期三年，自2007年10月30日起至2010年12月30日止，包含试用期60天。2008年7月，被告益丰公司以对原、被告间是否存在劳动关系持有异议为由，向南京市白下区劳动争议仲裁委员会提起仲裁申请，请求确认原、被告之间的劳动关系不成立。南京市白下区劳动争议仲裁委员会于2008年8月19日做出仲裁决定，以原告系在校学生，不符合就业条件，不具有建立劳动关系的主体资格，原、被告间的争议不属于劳动争议处理范围为由，决定终结仲裁活动。原告对此不服，认为原、被告之间存在劳动关系，双方签订的劳动合同真实、合法、有效，请求法院判决确认原、被告之间的劳动合同有效。

被告益丰公司辩称：原告郭懿与被告签订劳动合同时的身份为在校学生，根据原劳动部《关于贯彻执行〈中华人民共和国劳动法〉若干问题的意见》的规定，在校学生不具备劳动关系的主体资格。《工伤保险条例》也没有将在校学生纳入参保范围，亦充分说明在校学生不属于劳动者的范畴。同时原告也不具备劳动合同约定的录用条件。被告在招聘简章及与原告签订的劳动合同中约定的录用条件是具备中专以上学历，而原告于2008年7月才毕业，其签约时并不具备被告要求的录用条件。因此，原、被告之间的合同名为劳动合同，实为实习合同，原、被告之间所建立的不是劳动关系，不属于劳动法调整的劳动法律关系。请求依法驳回原告的起诉。

南京市白下区人民法院一审查明：

原告郭懿系江苏广播电视大学（南京市莫愁中等专业学校办学点）药学专业2008届毕业生，于2008年7月毕业。2007年10月26日原告郭懿向被告益丰公司进行求职登记，并在被告益丰公司的求职人员登记表中登记其为南京市莫愁职业高级中学2008届毕业生，2007年是其实习年。2007年10月30日原告与被告签订劳动合同书一份，期限三年，从2007年10月30日起至2010年12月30日止；其中试用期60天，从2007年10月30日起至2007年12月30日止。合同还约定，录用条件之一为具备中专或中专以上学历；原告从事营业员工作；试用期满后月工资收入不少于900元，试用期工资标准不低于同工种同岗位职工工资的80%等。2008年7月21日，被告向南京市白下区劳动争议仲裁委员会提出仲裁申请，请求确认其与原告之间的劳动关系不成立。南京市白下区劳动争议仲裁委员会经审查，依据原劳动和社会保障部《关于贯彻执行〈中华人民共和国劳动法〉若干问题的意见》，于2008年8月19日作出仲裁决定，以原告系在校学生，不符合就业条件，不具有建立劳动关系的主体资格，在校学生勤工助学或实习与用人单位之间的关系不属于《中华人民共和国劳动法》的调整范围，故被告与原告之间的争议不属于劳动争议处理范围为由，决定终结被告诉原告的仲裁活动，并于2008年8月27日送达了仲裁决定书。

另查明，被告益丰公司原名江苏益丰大药房有限公司，2008年7月21日经南京市工商行政管理局白下分局核准更名为江苏益丰大药房连锁有限公司。

以上事实有双方当事人陈述、求职人员登记表、劳动合同、仲裁申诉书、仲裁决定书、招聘简章、南京市莫愁中等专业学校证明、江苏广播电视大学毕业证书、公司准予变更登记通知书等证据予以证实，足以认定。

本案一审的争议焦点：原告郭懿与被告益丰公司签订的劳动合同是否有效。

南京市白下区人民法院一审认为：

首先，判断原告郭懿与被告益丰公司签订的劳动合同是否有效，要看原告郭懿是否具备劳动关系的主体资格。原告与被告益丰公司签订劳动合同时已满19周岁，符合《中华人民共和国劳动法》规定的就业年龄，具备与用工单位建立劳动关系的行为能力和责任能力。原劳动和社会保障部《关于贯彻执行〈中华人民共和国劳动法〉若干问题的意见》（以下简称《意见》）第四条仅规定了公务员和比照实行公务员制度的事业组织和社会团体的工作人员，以及农村劳动者、现役军人和家庭保姆不适用劳动法，并未将在校学生排除在外，学生身份并不限制郭懿作为普通劳动者加入劳动力群体。《意见》第十二条规定："在校生利用业余时间勤工助学，不视为就业，未建立劳动关系，可以不签订劳动合同。"该条规定仅适用于在校生勤工助学的行为，并不能由此否定在校生的劳动权利，推定出在校生不具备劳动关系的主体资格。综上，法律并无明文规定在校生不具备劳动关系的主体资格，故原告能够成为劳动关系的主体。

其次，原告郭懿于被告益丰公司处劳动的行为不属于意见第十二条规定的情形。该条规定针对的是学生仍以在校学习为主，不以就业为目的，利用业余时间在单位进行社会实践打工补贴学费、生活费的情形。勤工助学和实习时，学生与单位未建立劳动关系，可以不签订劳动合同，不需要明确岗位、报酬、福利待遇等。本案中，郭懿的情形显然不属于勤工助学或实习。郭懿在登记求职时，已完成了全部学习任务，明确向益丰公司表达了求职就业愿望，双方签订了劳动合同书。郭懿在与益丰公司签订劳动合同后，亦按照规定内容为益丰公司付出劳动，益丰公司向郭懿支付劳动报酬，并对其进行管理，这完全符合劳动关系的本质特征。故益丰公司辩称双方系实习关系的理由不能成立。

再次，原告郭懿签约时虽不具备实行益丰公司要求的录用条件，但郭懿在填写益丰公司求职人员登记表时，明确告知了益丰公司其系2008届毕业生，2007年是学校规定的实习年，自己可以正常上班，但尚未毕业。益丰公司对此情形完全知晓，双方在此基础上就应聘、录用达成一致意见，签订劳动合同。因此，劳动合同的签订是双方真实意思的表示，不存在欺诈、隐瞒事实或胁迫等情形，并没有违反法律、行政法规的规定，且郭懿已于2008年7月取得毕业证书，益丰公司辩称郭懿不符合录用条件的理由亦不能成立。

综上，原告郭懿与被告益丰公司存在劳动关系，双方签订的劳动合同合法、有效，对双方均具有法律约束力。据此，南京市白下区人民法院依照《中华人民共和国劳动法》第十七条、第十八条之规定，于2008年11月18日判决如下：

原告郭懿与被告益丰公司于2007年10月30日签订的劳动合同有效。

【案例二】法定节日期间工资及加班工资如何发放

尚某曾在某公司就职，负责对外贸易工作，并与公司签订了劳动合同，月工资标准2000元。在工作期间，公司派其赴国外布展和参加贸易洽谈活动。回国后，尚某深感自己的知识水平还不能完全胜任眼前的工作，决定辞职，准备复习报考硕士研究生，但此时已临近国庆节，公司要求"十一"放假期间，参加洽谈会的人员，尽快将订单整理好。于是尚某在10月1日至3日在公司加班整理订单。10月8日假期一结束，便向公司提出书面解除劳动合同的申请。因尚某已整理好各种资料，随时可办理交接手续，所以公司当即同意了尚某的申请并为其结算工资，当尚某拿过工资结算单时，发现公司仅支付自己"十一"休假期间3天的工资，尚某认为国庆节放假7天，仅支付3天的工资不合法，并且对于自己3天的加班，也应支付加班工资。但公司认为，按公司的惯例，每次参加完洽谈会后所有的工作人员均应及时将各种订单整理好并报公司，只因这次恰好赶上"十一"放假，国庆节放假本应是不发工资的，但考虑到尚某的确来上班了，所以按日工资标准发放了工资。由于双方对此各执己见，僵持不下，尚某遂向劳动争议仲裁委员会提出申诉。

这起争议案焦点有两个：一是国庆节7天休假如何支付工资。按照国务院《全国年节及纪念日放假办法》的规定，国庆节的放假时间是3天，也就是说这3天属于法定休假日，按《中华人民共和国劳动法》第五十一条规定"劳动者在法定休假日和婚丧假期间以及依法参加社会活动期间，用人单位应当依法支付工资"。这说明国庆节3天放假是应该带薪的。另外,由于近年来"假日经济"理念的确立,为方便百姓出游,国家一般又将国庆节前后的4个休息日借用与国庆节连在一起,共有7天的假期。根据原劳动和社会保障部对职工全年月平均工作时间和工资折算问题的相关规定,未包括所有的休息日。所以这4天休息日则是不应带薪的。二是国庆节期间加班工资如何支持。《中华人民共和国劳动法》第四十四条规定,"有下列情形之一的,用人单位应当按照下列标准支付高于劳动者正常工作时间工资的工资报酬……(三)法定休假日安排劳动者工作的,支付不低于工资的百分之三百的工资报酬"。此案中,尚某在国庆节法宝休假日3天加班的事实清楚,按上述法律规定,是应当支付加班工资的,其他任何理由均是不成立的。因此仲裁委裁决:某公司按不低于工资300%的标准支付尚某10月1日至3日的加班工资;驳回尚某要求支付放假期间另4天工资的请求。

【案例三】企业在女职员产假期间单方变更劳动合同是否有效

甲于2003年3月到A公司工作。A公司与甲于2005年1月1日签订了一份劳动合同,合同期限为一年,即从2005年1月1日至2005年12月31日。甲的职务为工程部文员,月工资包括基础工资500元、社会保险300元、效益工资700元,交通及话费补贴40元,午餐补贴每天5元。工资于每月10日一并发放。

甲自2005年10月至2005年12月期间休产假,A公司从2005年10月开始每月向其支付基础工资500元。A公司主张在2005年10月与甲口头协商将其产假期间的月工资变更为500元,甲已按月领取工资。甲主张A公司电话通知其工资数额的变更,没有与其协商。2006年1月10日,甲一次性领取3个月的产假期间工资1500元。

甲向北京市海淀区劳动争议仲裁委员会申请仲裁,要求A公司全额支付产假期间工资。2006年3月22日该委作出裁决:A公司向甲支付2005年10月至2005年12月产假期间欠发工资3000元。

A公司不服仲裁裁决,遂向法院提起诉讼。A公司认为,甲于2005年2月份休婚假,2005年10月休产假。甲怀孕期间不断以休病假及事假名义请假而不告知A公司已怀孕的事实情况,给A公司造成工作安排的很多麻烦。在甲提出休产假时,因为甲没有事先通知A公司其怀孕的事实,所以A公司与甲商量其产假工资为每月500元,且甲也已同意,A公司认为双方就原合同已经进行了变更,甲按月领取工资500元,均有签字为证。如果甲对双方新的工资约定有异议,甲应该在领取工资时或者在劳动争议发生之日起60日内提出对A公司的疑问或仲裁。事情发生时间为2005年10月,而甲提请仲裁为2006年2月6日,也不符合相关法律的规定。为维护A公司的合法权益,请求法院判决撤销仲裁裁决书,对事实进行重新审理,驳回甲的仲裁请求。

甲辩称,A公司陈述的事实理由与事实不符。甲未欺骗A公司,甲的休假符合规定。A公司未与甲商量,单方告知产假期间每月支付500元工资,2006年1月10日领取工资,保险金及效益工资均未发给甲。甲于2006年1月23日到海淀劳动保障局咨询,当天就提出申诉,并未超过诉讼时效。请求法院驳回A公司的诉讼请求,维持仲裁裁决。

一审判决认为,甲与A公司通过签订劳动合同书明确了双方的权利义务,故双方当事人的合法权益均受《中华人民共和国劳动法》保护。双方在履行劳动合同过程中应依据《中华人民共和国劳动法》的规定行使各自的权利、履行各自的义务。甲因生育按规定享受3个月的产假,受《中华人民共和国劳动法》的保护,在此期间A公司应当向其支付劳动合同规定的工资。甲的月工资根据劳动合同约定包括基础工资500元、社会保险300元、效益工资700元,上述内容均属于工资范畴。A公司在甲产假期间将其月工资变更为500元,其未能提供相关证据证明工资标准的变更已经与甲协商一致,因此变更工资的行为属于A公司的单方行为,不具有变更劳动合同的效力,故A公司应按劳动合同中约定的月工资1500元向甲支付工资,未支付的数额应予补发。根据《中华人民共和国劳动法》第八十二条的规定,提出仲裁要求的一方应当自劳动争议发生之日起60日内向劳动争议仲裁委员会提出书面申请。A公司在2005年10月起变更甲产假期间的月工资标准,但甲于2006年1月产假结束,其虽然未在A公司变更工资标准的60天内提出申诉,但甲休产假的事实应属于正当理由。甲的申诉时效应当以其法定产假结束之日起算,即从 2006 年 1 月 1 日起算。因此对于 A 公司提出甲的诉讼请求已超过法定申诉时效的意见,法院不予支持。依照《中华人民共和国劳动法》第五十、六十二条之规定,判决:A 公司支付甲 2005 年 10 月至 2005 年 12 月产假期间欠发的工资 3000 元,于本判决生效之日起 7 日内履行。

A 公司不服原审法院判决提起上诉,请求撤销原判。二审与一审持相同意见,并驳回 A 公司的上诉。

多看一眼:
《中华人民共和国劳动法》

第二节 《中华人民共和国劳动合同法》

一、概述

《中华人民共和国劳动合同法》是为了完善劳动合同制度,明确劳动合同双方当事人的权利和义务,保护劳动者的合法权益,构建和发展和谐稳定的劳动关系而制定的。中华人民共和国境内的企业、个体经济组织、民办非企业单位等组织与劳动者建立劳动关系,订立、履行、变更、解除或者终止劳动合同,适用本法。国家机关、事业单位、社会团体和与其建立劳动关系的劳动者,订立、履行、变更、解除或者终止劳动合同,依照本法执行。

本法于 2007 年 6 月 29 日第十届全国人民代表大会常务委员会第二十八次会议通过;根据 2012 年 12 月 28 日第十一届全国人民代表大会常务委员会第三十次会议《关于修改〈中华人民共和国劳动合同法〉的决定》修正。本法自 2008 年 1 月 1 日起施行。

本法共计八章。第一章为总则,第二章为劳动合同的订立,第三章为劳动合同的履行和变更,第四章为劳动合同的解除和终止,第五章为特别规定(第一节集体合同,第二节劳务派遣,第三节非全日制用工),第六章为监督检查,第七章为法律责任,第八章为附则。

第一章(第一条至第六条)阐释了《劳动合同法》的立法宗旨、适用范围、订立劳动合同基本原则等内容;第二章(第七条至第二十八条)阐释了劳动合同的订立规定、劳动合同的种类、劳动合同的内容以及无效劳动合同等内容;第三章(第二十九条至第三十五条)规定了劳动合同的履行、加班、用人单位变更、劳动合同如何变更等相关内容;第四章(第三十六条至第五十条)明确了用人单位与劳动者协商一致或按规定解除劳动合同,以及相关补偿等内容;第五章(第五十一条至第七十二条)阐释了集体合同的订立、内容、法律救济,劳务派遣条件、协议、双方权利义务,非全日制用工的概念、劳动合同、劳动报酬等内容;第六章(第七十三条至第七十九条)确定了劳动合同制度的监督管理体制、监督检查事项,以及劳动者权利救济途径等内容;第七章(第八十条至第九十五条)明确了用人单位与劳动者违反劳动合同的法律责任等内容;第八章(第九十六条至第九十八条)明确了特殊情况的参照要求、过渡性条款,以及本法的施行时间。

二、主要条文内容及释析

第二条 中华人民共和国境内的企业、个体经济组织、民办非企业单位等组织(以下称用人单位)与劳动者建立劳动关系,订立、履行、变更、解除或者终止劳动合同,适用本法。

国家机关、事业单位、社会团体和与其建立劳动关系的劳动者,订立、履行、变更、解除或者终止劳动合同,依照本法执行。

[条文释析] 本条第一款中的"企业"是指从事产品生产、流通或服务性活动等实行独立经济核算的经济单位,包括各种所有制类型的企业,如工厂、农场、公司等。"个体经济组织"是指一般雇工在七人以下的个体工商户。本条第二款所指劳动者的适用范围,包括三个方面:①国家机关、事业组织、社会团体的工勤人员;②实行企业化管理的事业组织的非工勤人员;③其他通过劳动合同(包括聘用合同)与国家机关、事业单位、社会团体建立劳动关系的劳动者。本法的适用范围排除了公务员和比照实行公务员制度的事业组织和社会的工作人员,以及农业劳动者、现役军人和家庭保姆等。

第三条　订立劳动合同,应当遵循合法、公平、平等自愿、协商一致、诚实信用的原则。

依法订立的劳动合同具有约束力,用人单位与劳动者应当履行劳动合同约定的义务。

［条文释析］劳动合同依法订立后即具有法律约束力。劳动合同依法订立是一个动态过程,在不同阶段其法律约束力的内容和责任形态是不同的。商洽阶段产生的法律约束力,主要表现为当事人双方基于诚实作用原则均不得恶意磋商,其责任属于缔约过失责任;劳动合同订立完成且依法生效后,其法律约束力表现为劳动合同的履行效力,当事人必须按照劳动合同的约定履行义务,否则产生违约责任。

第七条　用人单位自用工之日起即与劳动者建立劳动关系。用人单位应当建立职工名册备查。

［条文释析］本条规定建立劳动关系的唯一标准是实际提供劳动。

第九条　用人单位招用劳动者,不得扣押劳动者的居民身份证和其他证件,不得要求劳动者提供担保或者以其他名义向劳动者收取财物。

［条文释析］本条中"招用"不能理解为招收录用,而应当理解为招收和使用,不仅包括劳动合同的订立过程,还包括劳动合同订立后的运行过程。"其他证件"是指证明个人特定身份、资格或权利的个人证件,实践中有学历证、学位证、从业资格证、暂住证、边防证、计划生育证等。"担保",既包括物的担保,也包括人的担保(如由第三人作保);既包括正规形式的担保,也包括变相形式的担保(如扣发工资)。"以其他名义向劳动者收取财物",指以担保以外的名义(如风险金、服装费等)出于强使或诱导劳动者缔结或维持劳动关系的目的向劳动者收取货币或其他财物。值得注意的是,出于实行岗位责任制、职工民主管理、职工分享利润等的需要,在劳动者自愿的前提下向劳动者收取的岗位责任、股金等,只要不具有强使劳动者维持劳动关系的目的,可不包括其中。

第十一条　用人单位未在用工的同时订立书面劳动合同,与劳动者约定的劳动报酬不明确的,新招用的劳动者的劳动报酬按照集体合同规定的标准执行;没有集体合同或者集体合同未规定的,实行同工同酬。

［条文释析］本条中的"同工同酬"指用人单位对于从事相同工作,付出等量劳动且取得相同劳绩的劳动者,应支付同等的劳动报酬。

第十二条　劳动合同分为固定期限劳动合同、无固定期限劳动合同和以完成一定工作任务为期限的劳动合同。

［条文释析］劳动合同期限是指劳动合同的有效时间,是劳动关系当事人双方享有权利和履行义务的时间。它一般始于劳动合同的生效之日,终于劳动合同的终止之时,在实践中,它是表现劳动关系稳定性程度的一个重要标志。

第十三条　固定期限劳动合同,是指用人单位与劳动者约定合同终止时间的劳动合同。

用人单位与劳动者协商一致,可以订立固定期限劳动合同。

［条文释析］固定期限劳动合同,是指用人单位与劳动者约定合同终止时间的劳动合同。具体是指劳动合同双方当事人在劳动合同中明确规定了合同效力的起始和终止时间。劳动合同期限届满,劳动关系即告终止。如果双方协商一致,还可以续订劳动合同,延长期限。固定期限的劳动合同可以是较短时间的,如一年、两年,也可以是较长时间的,如五年、十年,甚至更长时间。不管时间长短,劳动合同的起始和终止日期是固定的。具体期限由当事人双方根据工作需要和实际情况确定。

第十四条　无固定期限劳动合同,是指用人单位与劳动者约定无确定终止时间的劳动合同。

用人单位与劳动者协商一致,可以订立无固定期限劳动合同。有下列情形之一,劳动者提出或者同意续订、订立劳动合同的,除劳动者提出订立固定期限劳动合同外,应当订立无固定期限劳动合同:

(一)劳动者在该用人单位连续工作满十年的;

(二)用人单位初次实行劳动合同制度或者国有企业改制重新订立劳动合同时,劳动者在该用人单位连续工作满十年且距法定退休年龄不足十年的;

(三)连续订立二次固定期限劳动合同,且劳动者没有本法第三十九条和第四十条第一项、第二项规定的情形,续订劳动合同的。

用人单位自用工之日起满一年不与劳动者订立书面劳动合同的,视为用人单位与劳动者已订立无固定期限劳动合同。

[条文释析]"无确定终止时间",指劳动合同没有一个确切的终止时间,劳动合同的期限长短不能确定,但并不是没有终止时间。只要没有出现法定解除情形或者双方协商一致解除的,双方当事人就要继续履行劳动合同,一旦出现了法定情形或者双方协商一致解除的,无固定期限劳动合同同样也能解除。

劳动者在同一用人单位中连续工作满十年,一是与签订劳动合同的次数和劳动合同的期限都没有关系,这十年中从前到后劳动者可以签订多个劳动合同,每个劳动合同的期限都可以不同。如劳动者的劳动合同一年一签,连续签了十次,属于本规定中连续工作满十年的情形。再如,劳动者在用人单位先签订了两年期限的劳动合同,后出于种种原因,接下来一年没有签订书面劳动合同,之后几年又签订了书面劳动合同,只要连续工作满十年,就属于本规定的情形。二是工作必须是连续的,中间不得有间断。如有的劳动者在用人单位工作五年后,离职到别的单位去工作了两年,又回到了这个用人单位工作五年。虽然累计时间达到了十年,但是劳动合同期限有所间断,不属于本规定的情形。

第十六条　劳动合同由用人单位与劳动者协商一致,并经用人单位与劳动者在劳动合同文本上签字或者盖章生效。

劳动合同文本由用人单位和劳动者各执一份。

[条文释析]将劳动合同文本交付劳动者是用人单位的义务。

第十七条　劳动合同应当具备以下条款:

(一)用人单位的名称、住所和法定代表人或者主要负责人;

(二)劳动者的姓名、住址和居民身份证或者其他有效身份证件号码;

(三)劳动合同期限;

(四)工作内容和工作地点;

(五)工作时间和休息休假;

(六)劳动报酬;

(七)社会保险;

(八)劳动保护、劳动条件和职业危害防护;

(九)法律、法规规定应当纳入劳动合同的其他事项。

劳动合同除前款规定的必备条款外,用人单位与劳动者可以约定试用期、培训、保守秘密、补充保险和福利待遇等其他事项。

[条文释析]本条提供了一个较完备的劳动合同条款体系。

劳动合同条款可分为法定必备条款和约定必备条款。前者即依据法律规定劳动合同必须具备的条款,如本条第一款;后者即依据当事人一方或双方的要求而必须具备的条款,如本条第二款。

"职业危害",指用人单位的劳动者在职业活动中,因接触职业性有害因素,如粉尘、放射性物质和其他有毒、有害物质等而对生命健康所造成的危害。用人单位与劳动者订立劳动合同时,应当将工作过程中可能产生的职业病危害及其后果、职业病防护措施和待遇等如实告知劳动者,并在劳动合同中写明,不得隐瞒或者欺骗。用人单位应当按照有关法律、法规的规定严格履行职业危害防护的义务。"补充保险",指除了国家基本保险以外,用人单位根据自己的实际情况为劳动者建立的一种保险,它用来满足劳动者高于基本社会保险需求的愿望,包括补充医疗保险、补充养老保险等。补充保险的建立依用人单位的经济承受能力而定,由用人单位自愿实行,国家不做强制的统一规定。

第十九条　劳动合同期限三个月以上不满一年的,试用期不得超过一个月;劳动合同期限一年以上不满三年的,试用期不得超过二个月;三年以上固定期限和无固定期限的劳动合同,试用期不得超过六个月。

同一用人单位与同一劳动者只能约定一次试用期。

以完成一定工作任务为期限的劳动合同或者劳动合同期限不满三个月的,不得约定试用期。

试用期包含在劳动合同期限内。劳动合同仅约定试用期的,试用期不成立,该期限为劳动合同期限。

［条文释析］试用期指用人单位对新招收的职工的思想品德、劳动态度、实际工作能力、身体情况等进行进一步考察的时间期限。试用期是一个约定的条款,如果双方没有事先约定,用人单位就不能以试用期为由解除劳动合同。劳动者在试用期间应当享有全部的劳动权利。试用期包括在整个劳动合同期限里,不管试用期之后订立还是不订立劳动合同,都不允许单独约定试用期。

第二十条　劳动者在试用期的工资不得低于本单位相同岗位最低档工资或者劳动合同约定工资的百分之八十,并不得低于用人单位所在地的最低工资标准。

［条文释析］最低工资是一种保障制度。试用期内约定的工资可高于本条规定的标准。

第二十一条　在试用期中,除劳动者有本法第三十九条和第四十条第一项、第二项规定的情形外,用人单位不得解除劳动合同。用人单位在试用期解除劳动合同的,应当向劳动者说明理由。

［条文释析］本条告知用人单位应把握:①一定要在试用期内适用本条规定;②一定要有合法、经过民主程序制定且告知劳动者的录用条件;③一定要有证据能够证明劳动者不符合录用条件。用人单位对试用期的常见误解:①试用期满后,再根据试用期规定解除劳动合同;②把延长试用期作为处罚手段;③试用期内不享受社会保险待遇。

第二十六条　下列劳动合同无效或者部分无效:

(一)以欺诈、胁迫的手段或者乘人之危,使对方在违背真实意思的情况下订立或者变更劳动合同的;

(二)用人单位免除自己的法定责任、排除劳动者权利的;

(三)违反法律、行政法规强制性规定的。

对劳动合同的无效或者部分无效有争议的,由劳动争议仲裁机构或者人民法院确认。

［条文释析］无效的劳动合同指由当事人签订成立而国家不予承认其法律效力的劳动合同。导致劳动合同无效有以下几方面的原因:①因采取欺诈、胁迫等手段而无效。欺诈指当事人一方故意制造假象或隐瞒事实真相,欺骗对方,诱使对方形成错误认识而与之订立劳动合同。胁迫是指当事人以将要发生的损害或者以直接实施损害相威胁,一方迫使另一方处于恐怖或者其他被胁迫的状态而签订劳动合同,威胁可能涉及生命、身体、财产、名誉、自由、健康等方面。②用人单位免除自己的法定责任、排除劳动者权利的劳动合同无效。用人单位免除自己的法定责任、排除劳动者权利的情况的通常表现:劳动合同简单化,法定条款缺失,仅规定劳动者的义务,有的甚至规定"生老病死都与企业无关""用人单位有权根据生产经营变化以及劳动者的工作情况调整其工作岗位,劳动者必须服从安排"等霸王条款。③违反国家法律、行政法规的强制性规定而无效,包括:a.用人单位和劳动者中的一方或者双方不具备订立劳动合同的法定资格;b.劳动合同的内容直接违反法律、法规的规定;c.劳动合同因损害国家利益和社会公共利益。

第三十一条　用人单位应当严格执行劳动定额标准,不得强迫或者变相强迫劳动者加班。用人单位安排加班的,应当按照国家有关规定向劳动者支付加班费。

［条文释析］支付加班费的具体标准:在标准工作日安排劳动者延长工作时间的,支付不低于工资的150%的工资报酬;休息日安排劳动者工作又不能安排补休的,支付不低于工资的200%的工资报酬;法定休假日安排劳动者工作的,支付不低于工资的300%的工资报酬。

第三十五条　用人单位与劳动者协商一致,可以变更劳动合同约定的内容。变更劳动合同,应当采用书面形式。

变更后的劳动合同文本由用人单位和劳动者各执一份。

［条文释析］本条关键词:协商一致,书面形式。

第三十六条　用人单位与劳动者协商一致,可以解除劳动合同。

［条文释析］本条关键词:协商一致。

第三十七条　劳动者提前三十日以书面形式通知用人单位,可以解除劳动合同。劳动者在试用期内提前三日通知用人单位,可以解除劳动合同。

[条文释析] 本条是劳动者需提前预告用人单位解除劳动合同的时间规定。注意"三十日"与"三日"使用前提。

第三十八条 用人单位有下列情形之一的,劳动者可以解除劳动合同:
(一)未按照劳动合同约定提供劳动保护或者劳动条件的;
(二)未及时足额支付劳动报酬的;
(三)未依法为劳动者缴纳社会保险费的;
(四)用人单位的规章制度违反法律、法规的规定,损害劳动者权益的;
(五)因本法第二十六条第一款规定的情形致使劳动合同无效的;
(六)法律、行政法规规定劳动者可以解除劳动合同的其他情形。

用人单位以暴力、威胁或者非法限制人身自由的手段强迫劳动者劳动的,或者用人单位违章指挥、强令冒险作业危及劳动者人身安全的,劳动者可以立即解除劳动合同,不需事先告知用人单位。

[条文释析] 本条是劳动者无需向用人单位预告就可通知用人单位解除劳动合同的相关规定内容。

第三十九条 劳动者有下列情形之一的,用人单位可以解除劳动合同:
(一)在试用期间被证明不符合录用条件的;
(二)严重违反用人单位的规章制度的;
(三)严重失职,营私舞弊,给用人单位造成重大损害的;
(四)劳动者同时与其他用人单位建立劳动关系,对完成本单位的工作任务造成严重影响,或者经用人单位提出,拒不改正的;
(五)因本法第二十六条第一款第一项规定的情形致使劳动合同无效的;
(六)被依法追究刑事责任的。

[条文释析] 本条是关于因劳动者的过错,用人单位可以单方解除劳动合同的规定。

(1)试用期的确定应当以劳动合同的约定为准;若劳动合同约定的试用期超出法定最长时间,则以法定最长时间为准;若试用期满后仍未办理劳动者的转正手续,则不能认为还处在试用期间,用人单位不能以试用期不符合录用条件为由与其解除劳动合同。一般情况下应当以法律、法规规定的基本录用条件和用人单位在招聘时规定的知识文化、技术水平、身体状况、思想品质等条件为准。对于劳动者在试用期间不符合录用条件的,用人单位必须提供有效的证明。如果用人单位没有证据证明劳动者在试用期间不符合录用条件,就不能解除劳动合同,否则,需承担因违法解除劳动合同所带来的一切法律后果。

(2)劳动者同时与其他用人单位建立劳动关系,即我们通常所说的"兼职"。从事兼职工作,在时间上、精神力上必然会影响到本职工作。作为用人单位来讲,对一个不能全心全意为本单位工作,并严重影响到工作任务完成的人员,有权与其解除劳动合同。

第四十条 有下列情形之一的,用人单位提前三十日以书面形式通知劳动者本人或者额外支付劳动者一个月工资后,可以解除劳动合同:
(一)劳动者患病或者非因工负伤,在规定的医疗期满后不能从事原工作,也不能从事由用人单位另行安排的工作的;
(二)劳动者不能胜任工作,经过培训或者调整工作岗位,仍不能胜任工作的;
(三)劳动合同订立时所依据的客观情况发生重大变化,致使劳动合同无法履行,经用人单位与劳动者协商,未能就变更劳动合同内容达成协议的。

[条文释析] 本条是用人单位可在劳动者无过失情形下解除劳动合同的相关规定内容。注意"三十日"和"书面"的通知要求,以及"额外支付一个月工资后"可解除劳动合同。

第四十一条 有下列情形之一,需要裁减人员二十人以上或者裁减不足二十人但占企业职工总数百分之十以上的,用人单位提前三十日向工会或者全体职工说明情况,听取工会或者职工的意见

后,裁减人员方案经向劳动行政部门报告,可以裁减人员:

(一)依照企业破产法规定进行重整的;

(二)生产经营发生严重困难的;

(三)企业转产、重大技术革新或者经营方式调整,经变更劳动合同后,仍需裁减人员的;

(四)其他因劳动合同订立时所依据的客观经济情况发生重大变化,致使劳动合同无法履行的。

裁减人员时,应当优先留用下列人员:

(一)与本单位订立较长期限的固定期限劳动合同的;

(二)与本单位订立无固定期限劳动合同的;

(三)家庭无其他就业人员,有需要扶养的老人或者未成年人的。

用人单位依照本条第一款规定裁减人员,在六个月内重新招用人员的,应当通知被裁减的人员,并在同等条件下优先招用被裁减的人员。

[条文释析]经济性裁员是指企业由于经营不善等经济性原因,解雇多个劳动者的情形。经济性裁员属于用人单位解除劳动合同的一种情形。

第四十二条 劳动者有下列情形之一的,用人单位不得依照本法第四十条、第四十一条的规定解除劳动合同:

(一)从事接触职业病危害作业的劳动者未进行离岗前职业健康检查,或者疑似职业病病人在诊断或者医学观察期间的;

(二)在本单位患职业病或者因工负伤并被确认丧失或者部分丧失劳动能力的;

(三)患病或者非因工负伤,在规定的医疗期内的;

(四)女职工在孕期、产期、哺乳期的;

(五)在本单位连续工作满十五年,且距法定退休年龄不足五年的;

(六)法律、行政法规规定的其他情形。

[条文释析]本条是用人单位不得解除劳动合同的情形。

"医疗期"指企业职工因患病或非因工负伤停止工作治病休息不得解除劳动合同的时限。医疗期一般为三个月至二十四个月,以劳动者本人实际参加工作年限和在本单位工作年限为标准计算具体的医疗期。

第四十四条 有下列情形之一的,劳动合同终止:

(一)劳动合同期满的;

(二)劳动者开始依法享受基本养老保险待遇的;

(三)劳动者死亡,或者被人民法院宣告死亡或者宣告失踪的;

(四)用人单位被依法宣告破产的;

(五)用人单位被吊销营业执照、责令关闭、撤销或者用人单位决定提前解散的;

(六)法律、行政法规规定的其他情形。

[条文释析]劳动合同终止指劳动合同的法律效力依法被消灭,即劳动关系由于一定法律事实的出现而终结,劳动者与用人单位之间原有的权利义务关系不再存在。

第四十六条 有下列情形之一的,用人单位应当向劳动者支付经济补偿:

(一)劳动者依照本法第三十八条规定解除劳动合同的;

(二)用人单位依照本法第三十六条规定向劳动者提出解除劳动合同并与劳动者协商一致解除劳动合同的;

(三)用人单位依照本法第四十条规定解除劳动合同的;

(四)用人单位依照本法第四十一条第一款规定解除劳动合同的;

(五)除用人单位维持或者提高劳动合同约定条件续订劳动合同,劳动者不同意续订的情形外,依照本法第四十四条第一项规定终止固定期限劳动合同的;

(六)依照本法第四十四条第四项、第五项规定终止劳动合同的;

(七)法律、行政法规规定的其他情形。

［条文释析］用人单位与劳动者可以协商一致解除劳动合同,但由用人单位首先提出解除协议的,应当支付经济补偿。劳动合同期满时,用人单位同意续订劳动合同,且维持或者提高劳动合同约定条件,劳动者不同意续订,劳动合同终止,用人单位不支付经济补偿;如果用人单位同意续订劳动合同,但降低劳动合同约定条件,劳动者不同意续订的,劳动合同终止,用人单位应当支付经济补偿;如果用人单位不同意续订,无论劳动者是否同意续订,劳动合同终止,用人单位应当支付经济补偿。

第四十七条 经济补偿按劳动者在本单位工作的年限,每满一年支付一个月工资的标准向劳动者支付。六个月以上不满一年的,按一年计算;不满六个月的,向劳动者支付半个月工资的经济补偿。

劳动者月工资高于用人单位所在直辖市、设区的市级人民政府公布的本地区上年度职工月平均工资三倍的,向其支付经济补偿的标准按职工月平均工资三倍的数额支付,向其支付经济补偿的年限最高不超过十二年。

本条所称月工资是指劳动者在劳动合同解除或者终止前十二个月的平均工资。

［条文释析］劳动者在单位工作的年限,应从劳动者向该用人单位提供劳动之日起计算。

第四十八条 用人单位违反本法规定解除或者终止劳动合同,劳动者要求继续履行劳动合同的,用人单位应当继续履行;劳动者不要求继续履行劳动合同或者劳动合同已经不能继续履行的,用人单位应当依照本法第八十七条规定支付赔偿金。

［条文释析］"违反本法规定"指违反本法第三十六条、第三十九条、第四十条、第四十一条、第四十二条、第四十四条、第四十五条等规定。具体情形包括不符合法定条件用人单位单方解除的、解除时没有履行法定义务的、不符合法定条件用人单位终止的等。

第五十条 用人单位应当在解除或者终止劳动合同时出具解除或者终止劳动合同的证明,并在十五日内为劳动者办理档案和社会保险关系转移手续。

劳动者应当按照双方约定,办理工作交接。用人单位依照本法有关规定应当向劳动者支付经济补偿的,在办结工作交接时支付。

用人单位对已经解除或者终止的劳动合同的文本,至少保存二年备查。

［条文释析］劳动合同解除或终止之后,当事人也负有在善后阶段所承担的义务,即"后合同义务"。

第六十二条 用工单位应当履行下列义务:
(一)执行国家劳动标准,提供相应的劳动条件和劳动保护;
(二)告知被派遣劳动者的工作要求和劳动报酬;
(三)支付加班费、绩效奖金,提供与工作岗位相关的福利待遇;
(四)对在岗被派遣劳动者进行工作岗位所必需的培训;
(五)连续用工的,实行正常的工资调整机制。

用工单位不得将被派遣劳动者再派遣到其他用人单位。

［条文释析］用工单位不得将被派遣劳动者再派遣到其他用人单位,也就是说接受以劳务派遣形式用工的单位接收被派遣劳动者必须是自用。

第六十八条 非全日制用工,是指以小时计酬为主,劳动者在同一用人单位一般平均每日工作时间不超过四小时,每周工作时间累计不超过二十四小时的用工形式。

［条文释析］本条为非全日制用工的界定要素。本法规定的非全日制用工,其用工主体要有用人单位资格;自然人为雇主的非全日制用工,不在劳动法调整范围内,属于民事雇佣,由民法调整。

第八十二条 用人单位自用工之日起超过一个月不满一年未与劳动者订立书面劳动合同的,应当向劳动者每月支付二倍的工资。

用人单位违反本法规定不与劳动者订立无固定期限劳动合同的,自应当订立无固定期限劳动合同之日起向劳动者每月支付二倍的工资。

［条文释析］本条要点:一是一个月内订立劳动合同;二是书面形式;三是如果用人单位自用工之

日起超过一年不与劳动者订立书面劳动合同的,视为用人单位与劳动者已订立无固定期限劳动合同。此时,用人单位还不与劳动者签订劳动合同的按照本条第二款的规定,每月支付二倍的工资。

第八十七条　用人单位违反本法规定解除或者终止劳动合同的,应当依照本法第四十七条规定的经济补偿标准的二倍向劳动者支付赔偿金。

[条文释析]用人单位违反劳动合同法的规定解除或者终止劳动合同的,应当承担的法律责任是依照本法第四十七条规定的经济补偿标准的二倍向劳动者支付赔偿金,即用人单位应当按照劳动者在该单位工作的年限,每满一年支付两个月工资的标准向劳动者支付。

第八十八条　用人单位有下列情形之一的,依法给予行政处罚;构成犯罪的,依法追究刑事责任;给劳动者造成损害的,应当承担赔偿责任:

(一)以暴力、威胁或者非法限制人身自由的手段强迫劳动的;

(二)违章指挥或者强令冒险作业危及劳动者人身安全的;

(三)侮辱、体罚、殴打、非法搜查或者拘禁劳动者的;

(四)劳动条件恶劣、环境污染严重,给劳动者身心健康造成严重损害的。

[条文释析]用人单位侵害劳动者人身权益的违法行为主要包括四种。用人单位的上述违法行为应当承担法律责任主要包括行政责任、刑事责任和民事责任。

三、典型案例

【案例一】张建明诉京隆科技(苏州)有限公司支付赔偿金纠纷案

原告:张建明,男,29岁,住江苏省苏州市。

被告:京隆科技(苏州)有限公司;住所地:江苏省苏州工业园区凤里街。

原告张建明因与被告京隆科技(苏州)有限公司(以下简称京隆公司)发生支付赔偿金纠纷,向江苏省苏州工业园区人民法院提起诉讼。

原告张建明诉称:原告于2007年11月5日进入被告京隆公司工作,于2007年12月26日与京隆公司签订劳动合同,合同期限为2007年12月26日至2010年12月6日。合同签订后原告按约定履行工作职责。2009年4月20日,京隆公司以原告乘坐非法营运车辆为由,通知原告解除劳动合同。原告认为,京隆公司解除劳动合同的行为无事实与法律依据,属违法解除劳动合同。原告申请仲裁,仲裁裁决驳回了原告的请求。原告为维护自身合法权益,故起诉要求判决被告支付经济赔偿金7800元,并由被告承担本案诉讼费用。

被告京隆公司辩称:原告张建明2009年4月13日上午10点30分左右,乘坐非法营运车辆至我公司宿舍区,被我公司宿舍区警卫人员发现,警卫人员随即根据相关规定进行记录并通报主管人员。在对事件经过进行反复核对查明后,公司立即做出了对其予以解除劳动合同的处理,并通知张建明办理相应离职手续。因张建明不来办理离职手续,公司人事部门于4月20日发出"离职通知单",并完成了后续的离职及退工备案手续。公司未违反劳动合同法规定,故无需支付赔偿金,请求驳回原告的诉讼请求。

苏州工业园区人民法院一审查明:

原告张建明于2007年11月5日进入被告京隆公司工作,于2007年12月26日与京隆公司签订劳动合同,期限自2007年12月26日起至2010年12月6日止,约定张建明从事设备维护工程师工作,月工资为2542元。2009年4月13日上午10点左右,张建明乘坐牌照为苏E8D891的车辆前往京隆公司宿舍区。2009年4月20日,京隆公司向张建明发出离职通知单,以张建明乘坐非法营运车辆为由与张建明解除劳动合同。

被告京隆公司于2008年9月8日召开职工代表大会,通过"不允许乘坐黑车,违者以开除论处"的决议。经双方确认,2009年4月13日原告张建明休息。张建明离职前十二个月月工资为2542元。张建明于2009年6月就本案诉讼请求申诉至苏州工业园区劳动争议仲裁委员会。该仲裁委员会于2009年7月27日裁决驳回张建明的全部仲裁请求。

本案一审的争议焦点:被告京隆公司解除与原告张建明的劳动合同是否有合法依据。

苏州工业园区人民法院一审认为：

用人单位的规章制度是用人单位制定的组织劳动过程和进行劳动管理的规则和制度，也称企业内部劳动规则。规章制度既要符合法律、法规的规定，也要合理。被告京隆公司有权通过制定规章制度进行正常生产经营活动的管理，但劳动者在劳动过程以及劳动管理范畴以外的行为，用人单位适宜进行倡导性规定，对遵守规定的员工可给予奖励，但不宜进行禁止性规定，更不能对违反此规定的员工进行惩罚。京隆公司以乘坐非法营运车辆存在潜在工伤危险为由，规定员工不允许乘坐黑车，违者开除，该规定已超出企业内部劳动规则范畴，且乘坐非法营运车辆行为应由行政机关依据法律或法规进行管理，用人单位无权对该行为进行处理。工伤认定是行政行为，工伤赔偿责任是用人单位应承担的法定责任，京隆公司通过规章制度的设置来排除工伤责任，没有法律依据，因此亦属无效规定。故京隆公司不得依据该规定对员工进行处理，该公司以原告张建明乘坐非法营运车辆为由解除劳动合同违反劳动合同法的规定，损害了劳动者的合法权益，依法应当向张建明支付赔偿金。张建明要求京隆公司支付赔偿金7800元，未超过法律规定的赔偿金范围，法院予以支持。

据此，苏州工业园区人民法院依照《中华人民共和国劳动合同法》第四十八条、第八十七条之规定于2009年11月19日作出判决：

被告京隆公司应于本判决生效之日起十日内支付原告张建明赔偿金7800元。

【案例二】梁介树诉南京乐府餐饮管理有限公司劳动争议案

原告：梁介树，男，19岁，住江苏省滨海县通榆镇西沙村。

被告：南京乐府餐饮管理有限公司；住所地：江苏省南京市江宁区莱茵达路。

法定代表人：张景春，该公司董事长。

原告梁介树因与被告南京乐府餐饮管理有限公司（以下简称乐府餐饮公司）发生劳动争议，向南京市江宁区人民法院提起诉讼。

原告梁介树诉称：2009年11月18日原告进入被告乐府餐饮公司从事餐饮服务工作，后双方签订劳动合同，合同期限自2009年12月1日起至2011年11月30日止，劳动合同由被告保管。因在被告处每天工作时间长，劳累过度，其在2010年5月初突然发病，经医院诊断为肾病综合征——足细胞病。2011年3月7日，被告将劳动合同终止日期私自更改为2010年11月30日，并以医疗期满为由终止双方劳动合同。其所患疾病应当是大病，依法应当享受24个月的医疗期。在医疗期内，被告终止双方的劳动合同属终止不当。现诉至法院，请求判令：①撤销被告2011年3月7日作出的《劳动合同终止告知书》，保持与被告的劳动合同关系；②支付被告2011年3月至11月病假津贴8208元（1140元/月×9个月×80％）以及医疗期工资27360元（1140元/月×24个月），总计35568元。

被告乐府餐饮公司辩称：双方签订的劳动合同期限自2009年12月1日起至2010年11月30日止，我公司并未更改劳动合同的终止期限。原告梁介树并未提供证据证明其所患疾病严重程度等同于瘫痪、癌症、精神病等重大疾病，不应当享有24个月的医疗期。按照原告的工作年限，其依法应当享有的医疗期为3个月，故其在2011年3月7日终止与原告之间的劳动合同关系是合法的，不应当撤销。请求法院依法做出公正判决。

南京市江宁区人民法院一审查明：

原告梁介树于2009年11月18日入职被告乐府餐饮公司工作，双方签订了劳动合同。梁介树于2010年5月初生病，经中国人民解放军东部战区总医院（原南京军区南京总医院）诊断为足细胞病，其后一直休病假，乐府餐饮公司向梁介树支付病假工资至2011年2月。2011年3月7日，乐府餐饮公司以其已经将劳动合同期限顺延至医疗期满为由，通知梁介树终止双方的劳动合同关系。2011年6月7日，梁介树向南京市江宁区劳动争议仲裁委员会（以下简称江宁区仲裁委）申请仲裁。2011年7月11日，江宁区仲裁委作出宁劳仲案字（2011）第1247号仲裁裁决书，后梁介树不服前述裁决书，于法定期限内向南京市江宁区人民法院提起诉讼。

另查明，原告梁介树所患足细胞病为肾病综合征的一种，是肾脏足细胞病变。尿毒症是慢性肾功能不全(又称慢性肾功能衰竭)第四期(也即最后阶段),慢性肾功能不全是各种进展性肾病的最终结局。足细胞病是导致慢性肾功能不全的病因之一。2011年11月,梁介树因病情复发至中国人民解放军东部战区总医院(原南京军区南京总医院)治疗,原南京军区南京总医院向梁介树出具病重通知单。治疗中,病程记录亦多次提及梁介树病情严重,随时可能出现猝死,危及生命。

又查明,2011年2月起南京市最低工资标准为1140元/月。

审理中,被告乐府餐饮公司未能提供双方签订的劳动合同原件,未能提供证据证明原告梁介树持有所签合同原件。乐府餐饮公司提供的劳动合同复印件中,关于劳动合同期限处载明的期限为2009年12月1日至2010年11月30日,"2010年"处有改动痕迹。另乐府餐饮公司提供于2010年10月22日在江宁区劳动就业管理中心备案的录用备案花名册及职工录用登记表,录用备案花名册及职工录用登记表记载梁介树的劳动合同期限为2009年12月1日至2010年11月30日。

本案一审的争议焦点:原告梁介树应当享受的医疗期的期限。

南京市江宁区人民法院一审认为,劳动者患病或者非因工负伤,在规定的医疗期内劳动合同期满,劳动合同应当延续至医疗期满时终止。关于原告梁介树应当享受的医疗期问题,因其所患疾病病情严重,难以治疗,随时可能出现生命危险,应属特殊疾病,不受实际工作年限的限制,故梁介树应当享受的医疗期为24个月。关于本案中双方签订的劳动合同的终止日期问题,因乐府餐饮公司未能提供劳动合同原件,提供的复印件截止日期"2010年"处有改动痕迹,且录用备案花名册及职工录用登记表备案时间又在梁介树生病之后,故对乐府餐饮公司陈述双方劳动合同期限至2010年11月30日终止的主张法院不予采信,对梁介树陈述双方劳动合同终止日期为2011年11月30日的主张法院予以采信。梁介树与乐府餐饮公司之间的劳动合同在2011年11月30日期满,但该日期仍在梁介树享有的医疗期内,故劳动合同应当延续至医疗期满。在医疗期内被告乐府餐饮公司终止与梁介树的劳动合同,违反了法律规定,因此乐府餐饮公司于2011年3月7日做出的《劳动合同终止告知书》无效,应予撤销。劳动者患病或者非因工负伤停止劳动,且在国家规定医疗期内的,用人单位应当按照工资分配制度的规定,按不低于当地最低工资标准的80%,向劳动者支付病假工资。原告主张的其他费用没有依据,法院不予支持。

综上,南京市江宁区人民法院依照《中华人民共和国劳动法》第七十七条、《中华人民共和国劳动合同法》第四十二条、第四十五条、《江苏省工资支付条例》第二十七条、第三十二条、《中华人民共和国民事诉讼法》第六十四条第一款之规定,于2011年11月30日判决:

(1)撤销被告乐府餐饮公司于2011年3月7日做出的《劳动合同终止告知书》。

(2)被告乐府餐饮公司于本判决发生法律效力之日向原告梁介树支付2011年3月1日至2011年11月30日的病假工资8208元。

(3)被告乐府餐饮公司于本判决发生法律效力之日起每月以南京市最低月工资标准的80%向原告梁介树支付病假工资(自2011年12月起至双方劳动关系依法解除、终止)。

(4)驳回原告梁介树的其他诉讼请求。

【案例三】最高人民法院指导案例18号——中兴通讯(杭州)有限责任公司王鹏劳动合同纠纷案(最高人民法院审判委员会讨论通过,2013年11月8日发布)

关键词:民事 劳动合同 单方解除。

裁判要点:劳动者在用人单位等级考核中居于末位等次,不等同于"不能胜任工作",不符合单方解除劳动合同的法定条件,用人单位不能以此单方解除劳动合同。

相关法条:《中华人民共和国劳动合同法》第三十九条、第四十条。

基本案情:2005年7月,被告王鹏进入原告中兴通讯(杭州)有限责任公司(以下简称中兴通讯)工作,劳动合同约定王鹏从事销售工作,基本工资每月3840元。该公司的《员工绩效管理办法》规定:员工半年、年度绩效考核分别为S、A、C1、C2四个等级,分别代表优秀、良好、价值观不符、业绩待改进;S、A、C(C1、C2)等级的比例分别为20%、70%、10%;不胜任工作原则上考核为C2。王鹏原在该公司分销科从事销售工作,2009年1月后因分销科解散等原因,转岗至华东区从事销售工作。2008年下半年、2009年上半年及2010年下半年,王鹏的考核结果均为C2。中兴通讯认为,王鹏不能胜任工作,经转岗后,仍不能胜任工作,故在支付了部分经济补偿金的情况下解除了劳动合同。

2011年7月27日,王鹏提起劳动仲裁。同年10月8日,劳动仲裁委员会做出裁决:中兴通讯支付王鹏违法解除劳动合同的赔偿金余额36596.28元。中兴通讯认为其不存在违法解除劳动合同的行为,故于同年11月1日诉至法院,请求判令不予支付解除劳动合同赔偿金余额。

裁判结果:浙江省杭州市滨江区人民法院于2011年12月6日做出(2011)杭滨民初字第885号民事判决:原告中兴通讯(杭州)有限责任公司于本判决生效之日起十五日内一次性支付被告王鹏违法解除劳动合同的赔偿金余额36596.28元。宣判后,双方均未上诉,判决已发生法律效力。

裁判理由:法院生效裁判认为,为了保护劳动者的合法权益,构建和发展和谐稳定的劳动关系,《中华人民共和国劳动法》《中华人民共和国劳动合同法》对用人单位单方解除劳动合同的条件进行了明确限定。原告中兴通讯以被告王鹏不胜任工作,经转岗后仍不胜任工作为由,解除劳动合同,对此应负举证责任。根据《员工绩效管理办法》的规定"C(C1、C2)考核等级的比例为10%",虽然王鹏曾经考核结果为C2,但是C2等级并不完全等同于"不能胜任工作",中兴通讯仅凭该限定考核等级比例的考核结果,不能证明劳动者不能胜任工作,不符合据此单方解除劳动合同的法定条件。虽然2009年1月王鹏从分销科转岗,但是转岗前后均从事销售工作,并存在分销科解散导致王鹏转岗这一根本原因,故不能证明王鹏是因不能胜任工作而转岗。因此,中兴通讯主张王鹏不能胜任工作,经转岗后仍然不胜任工作的依据不足,存在违法解除劳动合同的情形,应当依法向王鹏支付经济补偿标准的两倍赔偿金。

多看一眼:
《中华人民共和国劳动合同法》

多看一眼:
《中华人民共和国工会法》
《中华人民共和国劳动争议调解仲裁法》

多看一眼:
劳动合同文书范本

主要参考文献

[1] 胡楠,郭冬娥.大学生职业规划与就业指导教程[M].北京:人民邮电出版社,2017.
[2] 刘晨.大学生职业生涯规划与就业指导[M].四川:四川大学出版社,2018.
[3] 熊苹.职业生涯规划[M].北京:清华大学出版社,2014.
[4] 通识教育规划教材编写组.大学生职业生涯规划[M].北京:人民邮电出版社,2019.
[5] 宗敏,夏翠翠.大学生职业生涯规划[M].北京:人民邮电出版社,2019.
[6] 黄士安.大学生职业生涯规划与就业指导[M].北京:高等教育出版社,2016.
[7] 陈夏初.大学生职业生涯规划与管理[M].南京:江苏人民出版社,2013.
[8] 胡列.大学生职业生涯规划与就业指导[M].武汉:华中师范大学出版社,2012.
[9] 朱世忠.大学生职业发展与就业指导[M].济南:山东人民出版社,2009.
[10] 韩祥杰,侯同运,王剑.大学生职业发展与就业指导[M].长春:东北师范大学出版社,2009.
[11] 法律出版社法规中心.新编劳动法小全书[M].北京:法律出版社,2010.
[12] 法律出版社法规中心.新编劳动合同法小全书[M].北京:法律出版社,2007.
[13] 中国法制出版社.中华人民共和国工会法 中国工会章程[M].北京:中国法制出版社,2018.
[14] 中国法制出版社.工伤保险条例[M].北京:中国法制出版社,2012.
[15] 姚裕群,刘辉.职业发展与就业指导[M].北京:中国人民大学出版社,2020.
[16] 杨龙,王骚.政府经济学[M].天津:天津大学出版社,2004.